2011 年吉林大学博士学位论文

2013 年度国家社科基金一般项目"渤海瓦当研究"结项成果

2016 年度国家社科基金重大项目"东北亚视野下的渤海遗存研究"阶段性成果

渤海瓦当研究

宋玉彬　著

文物出版社

图书在版编目（CIP）数据

渤海瓦当研究／宋玉彬著 . — 北京：文物出版社，
2023.12

ISBN 978-7-5010-8240-7

Ⅰ.①渤…　Ⅱ.①宋…　Ⅲ.①瓦当（考古）-研究-渤
海国　Ⅳ.①K876.34

中国国家版本馆 CIP 数据核字（2023）第 214634 号

审图号：GS（2023）4457 号

渤海瓦当研究

著　　者：宋玉彬

责任编辑：吴　然
封面设计：程星涛
责任印制：张　丽

出版发行：文物出版社
社　　址：北京市东城区东直门内北小街 2 号楼
邮　　编：100007
网　　址：http://www.wenwu.com
经　　销：新华书店
印　　刷：宝蕾元仁浩（天津）印刷有限公司
开　　本：889mm×1194mm　1/16
印　　张：18.25　插页：2
版　　次：2023 年 12 月第 1 版
印　　次：2023 年 12 月第 1 次印刷
书　　号：ISBN 978-7-5010-8240-7
定　　价：160.00 元

序

　　宋玉彬教授的《渤海瓦当研究》即将出版，这是作者在十多年前的博士论文基础上，几经充实修改而完成的一部力作。瓦大体出现于新石器时代的龙山文化时期，在我国古代建筑史中，瓦当是后人研究瓦件的重点和全面考察建筑本体的重要对象之一。这主要是因为瓦当的花纹复杂多变，年代特征较为明显，而且还往往包含有不同地区和不同民族的文化因素。所以本书的出版，对于促进和深化渤海考古与历史的研究具有重要的价值。

　　全书分五章，其内容正如作者在"结语"中所谈可分为两部分，一是基础性研究，二是拓展性研究。在基础性研究中，作者按水域将渤海分为八个地区，对各地区内不同地点出土的瓦当分别进行了详细的介绍和分析，然后对其年代和文化因素进行了探讨。在拓展性研究中，以上述研究为基础，对渤海佛寺、王城和高等级墓葬等重要课题进行了"全新视角的学术解读"。

　　渤海各地出土的瓦当，其花纹同样是复杂多变的，为此，本书从两个方面进行了考察和研究。一是花纹构图，本书划分为四分法、裂瓣纹和双重（多重）三种布局形式。二是主题花纹，结合构图，本书分地区、分地点将其划分出多种类型，图文并茂，齐全清楚，为学界同行认识和研究渤海瓦当提供了很大方便。我粗略翻看对比了一下，这些不同类型的花纹，大体可以归纳为花草纹和"倒心形"双瓣莲花纹（即本书所称"倒心形"花瓣莲花纹）两大类。不仅两大类之内表现各有不同，两大类之间也有交叉和影响，比如本书命名的"莲蕾纹"就同时具备两类花纹的特征。

　　这些不同类型瓦当的分布，本书通过详细统计得知，图们江流域和牡丹江流域两地区最为密集。其中在图们江流域地区花草纹瓦当和"倒心形"双瓣莲花纹瓦当均有出土，而且数量都不少；而牡丹江流域地区则是以"倒心形"双瓣莲花纹瓦当为主体，花草纹瓦当很少见。或者说，"倒心形"双瓣莲花纹瓦当在图们江流域和牡丹江流域两地区均有出土，而花草纹瓦当则主要见于图们江流域地区。占全书分量达三分之二的第三章"渤海瓦当类型学分析"，作者在前几节分地区介绍和分析之后，第八节又对图们江流域地区出土瓦当和"倒心形"双瓣莲花纹瓦当分别进行了重点归纳总结和详细剖析，也应是出此考虑的吧。

　　图们江流域和牡丹江流域出土瓦当的差别，应与两个地区的历史背景和渤海文化的形成发展有着密切的关系。7世纪末渤海政权始建，其王城所在至今仍未确定，但是到8世纪末之前的近百年中，渤海政权的政治中心始终没有离开这两个地区，而8世纪末之后的一百多年则固定于牡丹江中游地区再未变动。渤海政权建立之前，牡丹江流域迄今尚未出土早于渤海时期的瓦当，而图们江流域则不同，本书所举有三例值得注意。

一是位于珲春河右岸的杨木林子寺庙址，出土瓦当上的忍冬纹，其形态与集安高句丽忍冬瓦当的花纹是一样的。

二是位于珲春河与图们江汇流之间的温特赫部城址，出土了一块花纹与集安东台子遗址所出完全相同的瓦当，瓦当外圈绕20颗连珠纹，内圈是9颗"不规则形纹"（本书称谓，《集安文物志》称该瓦当为"立莲瓣纹瓦当"，《高句丽考古》称为"连珠顺瓣莲花瓦当"）。该花纹瓦当比较突出，至今只见于上述两处。

三是位于温特赫部城址东南约200米的古城村1号寺庙址，出土的几何形网状底纹莲花瓦当，与辽西三燕的同类瓦当相同。

类似情况的出现，与高句丽势力向图们江流域的发展及高句丽与辽西地区三燕的关系是分不开的。由此也说明，研究渤海及高句丽瓦当，需要对同时期及同时期之前周邻地区的瓦当有所了解，需要对汉唐时期东亚地区的文化交往有所了解。

以莲花纹瓦当为例，这是渤海分布最广、数量最多的瓦当，也是南北朝、隋唐时期东亚地区最流行的花纹瓦当。那么该瓦当是何时何地最先出现的？是因为此时期佛教的盛行而出现的，还是由某种类似花纹演变而来的？这一直是学术界所关注的问题。有学者研究，类似花纹瓦当在辽西三燕出现得较早，其花瓣为"叶瓣状"单瓣，构图有的是四界格或六界格，有的是以几何形网状纹饰为底纹，其中四界格构图的在新宾永陵南城址已有出土，年代在公孙氏时期。高句丽的界格莲花纹瓦当则是受到了三燕的影响，界格为六界格或八界格，偶见四界格，花瓣有单瓣也有双瓣。洛阳、南京出土的莲花纹瓦当的年代稍晚，瓦当上没有上述界格，莲瓣少则五瓣，多则十二瓣，有单瓣也有双瓣，肥瘦不一，精致美观。此时不只是瓦当，在其他建筑构件、石刻、绘画中都可看到形式多样的莲花花纹。渤海莲花纹瓦当同样没有界格，花瓣皆为双瓣。同为双瓣，高句丽、渤海、中原互有差异，各具特色。莲花纹饰流行的同时，忍冬纹也流行起来，上边谈到的渤海花草纹瓦当中，有的花纹可以明显看出受到了忍冬纹的影响。高句丽、渤海前后相隔三十年，皆与中原相邻相接，与此同时，向东还有百济、新罗和日本，都在这个大文化圈内。所以对于高句丽、渤海、中原及整个东亚地区的瓦当以及文化之间的关系，要相互联系起来做细致的考察和研究。

本书第二部分拓展性研究所谈到的佛寺、王城、高等级墓葬等问题，都是近年来渤海考古研究中的重要课题。对此，本书虽未全面展开，但都面面俱到，而且视角和观点多有新意，对于今后这些课题的深入研究很有启发和促进。

渤海遗存的发现和渤海考古的调查发掘及研究，至今已逾百年，先后发表、出版了大量的简报、论文和报告，综合研究也已开始，但是，如上所述还有不少问题仍未有结论，还在继续探讨。为此，作为重要课题的专题研究，当前应放在重要的位置上，本书的出版无疑是一个很好的示范。此项研究的完成，与作者多年的工作经历有直接关系。作者大学毕业后，长期在吉林省文物考古研究所工作，并先后任副所长和所长，主持过高句丽国内城、渤海中京西古城等大型考古发掘工作。在西古城发掘期间，我也曾到工地，看到他对宫殿的规划布局和不同建筑构件的出土十分关注。回到吉林大学后，他又讲授高句丽渤海考古和古代建筑课程。所有这些都为他在攻读博士学位期间选此课题和之后继续深入研究奠定了坚实的基础。他编著的《西古城》发掘报告出版后，曾约我写个书评。当时因为在岗工作忙乱，同时听说有其他先生在写，所以我一直没有动笔。《西古城》是一本很好、很规范的考古报告，受到国内外学术界的一致好评。我没有完成《西古城》报告书评的任务，今天为《渤海瓦当研究》写序，也算是弥补了当年的一个缺憾。

我从 2008 年出版《渤海考古》后，对于渤海考古的材料和研究看得很少了，很多想法还停留在十几年之前。以上所写，可能有不少都过时了，所以希望读者不要受此误导，还是请仔细阅读和查看本书的文字和插图吧。

魏存成

2023 年 12 月

前　言

　　《渤海瓦当研究》是基于唐代渤海国境内出土的檐头筒瓦类遗物标本而确立的学术命题。开展此课题研究，旨在透过瓦作屋面建筑（以下简称瓦作建筑）遗存的表象，获取全新的信息、构建全新的平台，借此拓展渤海文化研究的学术视野、完善渤海文化研究的认知空间、提升渤海文化研究的认识高度、充实渤海文化研究的话语体系。因此，这是一个立足于考古发现，致力于多视角、多维度，兼容并蓄的学术课题。

　　基于考古发现，东亚地区瓦作建筑的年代上限可以追溯至新石器时代的龙山文化时期①。大体上，北宋以前，瓦作建筑经历了两个发展阶段。一是单纯使用实用性瓦作构件营建的瓦作建筑，其年代下限为商代②；二是在实用性瓦作构件的基础上，使用了装饰性建筑构件，此类瓦作建筑肇始于西周③。受房屋建筑承重技术的限制，同时，由于礼制等级制度的制约，直至唐代，具有装饰性功能的瓦作构件始终未能在普通民居房屋建筑中得到具体应用，其中，包括渤海国建筑。基于此，瓦作建筑是体现渤海国社会进步、彰显渤海文明高度的重要物化表象。

　　对于渤海文化而言，瓦作构件、瓦作建筑均属于外来文化、舶来品，其在渤海国境内的具体应用，是渤海文化对外域文明载体的移植、模仿与借鉴。因此，为了正确理解、理性判断瓦作建筑在渤海国社会发展进程中的作用与意义，需要系统梳理、宏观把握东亚及东北亚视野下瓦作建筑的历史脉络、演进轨迹，以便于科学解读渤海瓦作建筑产生的原因及其发展的动力。在此基础上，通过辨识渤海瓦作建筑富于个性化的文化创新，合理定位渤海文化在东北亚地区人类社会发展进程中的角色与作用。

　　开展瓦当视角下的渤海文化研究，涉及诸多瓦作构件类遗物的释名问题。众所周知，基于田野调查与考古发掘，考古工作者获取了大量瓦作构件类遗物标本，但因文献史料匮乏，同时，由于缺少跨学科的交流与合作，有些标本未能查询到其实际应用时的原本称谓。在这种情况下，基于自身的理解，考古工作者适时对一些建筑构件进行了考古学视角

---

① 宝鸡市考古研究所：《宝鸡发现龙山文化时期建筑构件》，《文物》2011 年第 3 期。
② 李乃胜等：《郑州商城遗址出土商代陶板瓦的工艺研究》，《建筑材料学报》2012 年第 4 期。
③ 陕西周原考古队：《扶风召陈西周建筑群基址发掘简报》，《文物》1981 年第 3 期；陕西省博物馆等：《陕西岐山礼村附近周遗址的调查和试掘》，《文物资料丛刊》（2），文物出版社，1978 年。

下的学术命名。

一、瓦当释名

就概念而言，瓦当属于建筑构件中瓦作构件的术语名词。关于瓦作构件术语，在中国存世最早的古建文献《营造法式》卷一三《瓦作制度》中，留存有"瓪瓦"（筒瓦）、"瓪瓦"（板瓦）、"华头瓪瓦"、"重唇瓪瓦"、"垂尖华头瓪瓦"等词语，未见"瓦当"一词。当代被称为"瓦当"的实物遗存，虽然出现的时间很早，但其在不同时期可能存在不同的称谓。在冠名为《中国古建筑术语词典》的专业工具书中，竟然没有收录"瓦当"词条，究其原因，或许与其概念难以界定有关。通过检索《中国古建筑术语词典》"勾头"词条可知："勾头，一种特殊形式的筒瓦。多用（于）筒瓦垄的檐头，比普通筒瓦多一个圆形的瓦当。元代以前称瓦当，至明、清两代，改称勾头。"[①] 通读该文不难发现，该词条先后两次使用了"瓦当"一词，但表述了不同的概念内涵。后一个"瓦当"表明，元代以前，其曾经作为独立的瓦作构件术语而存在，但随着时间推移，明、清时被"勾头"替代。前一个"瓦当"，则仅为"勾头"的部件名称。元人李好文在其《长安志图》中称此类器物为"瓦头"[②]。综合《营造法式》《中国古建筑术语词典》信息可知，"华头瓪瓦"即为"勾头"，不过，两者之间可能还存在一个被称为"瓦当"的过渡期。至于"瓦当"一词的概念转换，据《秦汉瓦当图记》《秦汉瓦当文字》《秦汉瓦当图》等清代金石学著述可知[③]，至迟到清代，瓦当已经成为勾头的部件名称。在考古学文献中，考古工作者很少使用"勾头"一词，而是按照铺设部位，将端部黏结有半圆形、圆形部件的筒瓦命名为檐头筒瓦。同时，延续了金石学著述的表述方式，即用"瓦当"一词专指檐头筒瓦端部黏结的半圆形、圆形部件。焦南峰、田亚岐撰文指出，"瓦当，俗称瓦头，是古建筑中屋顶檐头部位覆盖在两行板瓦勾缝上的筒瓦的端头部分"[④]。基于此，在本书的表述中，将使用考古学界约定俗成的檐头筒瓦、瓦当概念。

迄今为止，考古发现的时代最早的瓦当标本出土于陕西扶风召陈遗址[⑤]、岐山礼村遗址[⑥]，时代均为西周时期。需要指出的是，除了从属于檐头筒瓦，瓦当还曾作为其他形式的瓦作构件而加以具体应用。例如，根据出土的实物标本可知，瓦当曾作为独立的瓦作构件应用于建筑物的外露椽头之上——椽当；根据汉代陶楼、石阙推测，在鸱尾出现以前，至迟在汉代，瓦当曾经作为组合式瓦作构件装饰于建筑物的脊端。在唐代渤海国遗存中，

---

① 王效清主编：《中国古建筑术语词典》，第 70 页，文物出版社，2007 年。

② （元）李好文：《长安志图》，《文津阁四库全书·史部·地理类》，商务印书馆，2006 年。

③ 清时，朱枫著《秦汉瓦当图记》、程敦撰《秦汉瓦当文字》、毕沅著《秦汉瓦当图》，转引自申云艳：《中国古代瓦当研究》，第 2 页，文物出版社，2006 年。

④ 焦南峰等：《雍城秦汉瓦当集粹》，三秦出版社，2008 年。

⑤ 陕西周原考古队：《扶风召陈西周建筑群基址发掘简报》，《文物》1981 年第 3 期。

⑥ 陕西省博物馆等：《陕西岐山礼村附近周遗址的调查和试掘》，《文物资料丛刊》（2），文物出版社，1978 年。

除了檐头筒瓦类瓦当遗物，也曾见有椽当个体标本。

二、瓦当的形制

在废弃后的瓦作建筑倒塌堆积中，受制于折尺形的器身轮廓，多数檐头筒瓦难以完整保存，相对而言，瓦当则因其不易破损的平面实体器身而保留下诸多完整的个体标本。为此，基于其信息丰富的装饰性纹饰图案，同时，随着考古调查和发掘获取的实物标本的不断增加，瓦当逐渐成为考古学视角下独立的客体研究对象。

瓦当形制的类型学考察，主要围绕其外形轮廓和当面形态而展开。

在外形轮廓方面，瓦当主要存在半圆形、圆形两种形制，另见少量的大半圆形瓦当以及个别新月形瓦当①、花式瓦当②。以往研究表明，瓦当的上述外形特征均具有一定的时间节点属性或时代性特点。大体上，瓦当经历了一个由半圆形轮廓向圆形轮廓演变的外形转化过程。目前所见时代最早的西周瓦当，均为半圆形轮廓。春秋末期或战国初期，圆形瓦当逐渐得到具体应用③。进入东汉时期，半圆形瓦当基本绝迹④。其后，瓦作建筑所使用的檐头筒瓦普遍黏结圆形瓦当。作为个别现象，战国时期燕国、秦国的一些高等级建筑中应用了大半圆形瓦当⑤，汉代礼制建筑址中清理出造型别致的新月形瓦当⑥，辽上京遗址中则出土了轮廓复杂的花式瓦当⑦。唐代时期的瓦当均为圆形轮廓，本书所考察的渤海瓦当，亦无出其右。

在当面形态方面，主要存在有无边轮、有无当心隆起的形制之别。不过，根据现有资料还无法建立起上述差别的历时性年代学序列。因此，本书只是作为问题提出，不作细化研究。至于渤海瓦当，其当面均存在边轮，其当心均有乳突状隆起。

综上，无论是外形轮廓，还是当面形态，渤海瓦当的形制特点均顺应了其所处时代的流行风尚。

三、瓦当的纹饰

根据当面有无纹饰，可以将瓦当简单地区分为素面瓦当、纹饰瓦当两种类型。迄今为

---

① 考古研究所汉城发掘队：《汉长安城南郊礼制建筑遗址群发掘简报》，《考古》1960 年第 7 期。

② 内蒙古自治区文物考古研究所：《内蒙古出土瓦当》，文物出版社，2003 年。

③ 刘庆柱：《战国秦汉瓦当研究》，《古代都城与帝陵考古学研究》，科学出版社，2000 年。

④ 刘庆柱：《战国秦汉瓦当研究》，《古代都城与帝陵考古学研究》，科学出版社，2000 年。

⑤ 徐锡台、楼宇栋、魏效祖：《周秦汉瓦当》，文物出版社，1988 年；赵康民：《秦始皇陵北二、三、四号建筑遗迹》，《文物》1979 年第 12 期；辽宁省文物考古研究所：《辽宁绥中县"姜女坟"秦汉建筑遗址发掘简报》，《文物》1986 年第 8 期；河北省文物研究所等：《金山咀秦代建筑遗址发掘报告》，《文物春秋》1992 年增刊；辽宁省文物考古研究所：《姜女石——秦行宫遗址发掘报告》，文物出版社，2010 年。

⑥ 考古研究所汉城发掘队：《汉长安城南郊礼制建筑遗址群发掘简报》，《考古》1960 年第 7 期。

⑦ 内蒙古自治区文物考古研究所：《内蒙古出土瓦当》，文物出版社，2003 年。

止，在年代最早的瓦当标本出土地——陕西扶风召陈西周遗址，虽然素面瓦当、纹饰瓦当共出，但根据素面瓦当数量多于纹饰瓦当的情况推断，素面瓦当出现的时间或早于纹饰瓦当①。东汉时，素面瓦当绝迹，纹饰瓦当一统天下。

关于纹饰瓦当，学术界曾将汉代施纹瓦当细分为图像及图案瓦当、文字瓦当两种类型。其中，文字瓦当易于理解。至于图像及图案瓦当，则存在如何区分图像纹饰、图案纹饰的问题。目前，在可资检索的文献中，我国学者尚缺少相关的研究与界定。韩国学者许仙瑛曾撰文指出，其一，"图像纹包括反映现实人间生活的图像和反映人们思想意识的神话图像。这些图像纹饰，运用线与面的结合，以写实的手法多方面逼真摹写生活与自然景物，大胆地表现幻想中的物象"；其二，"图案纹是对现实生活中具体形象的高度提炼和抽象，是图画艺术的最高阶段。中国瓦当纹饰刚开始，它运用几何线条简略地勾勒，是线的艺术结构。这些图案所表现的对象被简化、变形，其基本的含义已被逐渐忘掉，而线条本身却不断地生出新的内涵"②。受之启发，笔者认为，随着基础资料的日趋丰富、研究理念的不断更新，为了进一步开展瓦当纹饰的类型学考察，有必要明晰图像纹饰、图案纹饰的界定标准及区分原则。为了避免简单问题复杂化，本书将中原地区战国至隋唐时期所见的动物纹、兽面纹、人面纹主题纹饰归类为图像纹饰，将花草纹、线性几何纹主题纹饰定名为图案纹饰。其中，图像纹饰瓦当的当面用全景画面表现主题纹饰，没有构思独立的当心纹饰；而图案纹饰瓦当的当面则存在独立的当心纹饰，其外缘环形排列主题纹饰，两者组合成内外双重构图的复合画面。基于此，有无当心纹饰，是区分图像纹饰、图案纹饰瓦当的标识性特征③。如此划分的目的，旨在解析瓦当纹饰的构图理念。需要指出的是，渤海国境内出土的瓦当均为图案纹饰瓦当。上述思考，成为本书研究的学术切入点，促使笔者开展了全新的构图理念视角下的学术研究。

四、瓦当纹饰的构图理念

在以往的研究中，将瓦当的构图理念作为学术问题加以关注，肇始于刘庆柱的瓦当研究。以始见于战国中晚期秦遗址的四区间界格瓦当为学术切入点，刘庆柱总结了秦汉至魏晋时期瓦当的构图特点，"当面四区间界格的出现，对秦汉瓦当当面布局产生了深远而广泛的影响，秦汉至魏晋几百年间圆瓦当当面的主要布局结构基本承袭了这一模式"④。与之相关，学术界多将瓦当四区间布局称为"四分法"构图。近年来，李零注意到，四区间布局不仅是秦汉瓦当所采用的构图模式，也是同时期铜镜所遵循的主要构图理念。为此，通过开展"云纹""柿蒂纹""裂瓣纹"专题研究，李零进一步指出，秦汉时期瓦当的

① 刘庆柱：《战国秦汉瓦当研究》，《古代都城与帝陵考古学研究》，科学出版社，2000年。
② ［韩］许仙瑛：《汉代瓦当研究》，（台北）台湾大学中国文学研究所博士学位论文，2005年。
③ 宋玉彬：《构图理念视角下的高句丽和渤海瓦当研究》，《考古》2020年第6期。
④ 刘庆柱：《秦瓦当概论》，《古代都城与帝陵考古学研究》，科学出版社，2000年。

"四分法"构图模式体现了古代中国四方（东、西、南、北）、四方八位（东北、西北、东南、西南）的方图思想。具体而言，云纹主题纹饰是标识四方的四瓣花的变体①；基于铜镜铭文释读，此期流行的柿蒂纹应称为寓意四方的方花纹②；至于南北朝时期的莲瓣纹瓦当，其构图模式与西方艺术中"裂瓣纹"（Lobed Decoration）的构图理念相近③。受其启发，笔者在开展渤海瓦当类型学考察时，形成了本书"四分法""裂瓣纹"构图理念视角下的全新思考与学术解读。

五、渤海瓦当的概念界定

本课题拟开展研究的客体对象——渤海瓦当，其当面形制均为图案纹饰构图，涉及边轮、当面纹饰、主题纹饰、当心纹饰、间饰纹、"四分法"构图、"裂瓣纹"构图等具体概念。其中的主题纹饰，可以进一步细化为单一主题纹饰、复合主题纹饰、双重（多重）复合主题纹饰等形制类型（图一）。

边轮，瓦当当面外缘环绕的一周凸棱纹边框。渤海瓦当均见有边轮，但存在高边轮、低边轮的形制差别。

当面纹饰，瓦当当面边轮内装饰的浅浮雕纹样造型（少量标本边轮上施连珠纹）。渤海瓦当的当面纹饰以花草纹为主，存在少量线性几何纹样构图。

主题纹饰，瓦当当面的主要构图纹样。

当心纹饰，瓦当当面中心区域的构图纹样，由乳突、凸棱纹同心圆、连珠纹等纹样元素组合而成的不同图案。

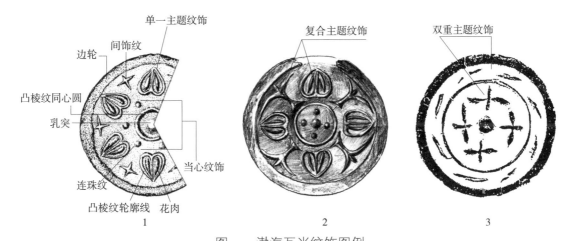

图一　渤海瓦当纹饰图例
1. "裂瓣纹"构图瓦当　2. "四分法"构图瓦当　3. 双重（多重）构图瓦当

① 李零：《说云纹瓦当——兼论战国秦汉铜镜上的四瓣花》，《上海文博论丛》2004 年第 4 期。
② 李零：《"方华蔓长，名此曰昌"——为"柿蒂纹"正名》，《中国国家博物馆馆刊》2012 年第 7 期。
③ 李零：《论西辛战国墓裂瓣纹银豆——兼谈我国出土的类似器物》，《文物》2014 年第 9 期。

间饰纹，施于相邻主题纹饰肩部位置处的纹饰，其与主题纹饰的构图比例、彼此之间的空隙均不足以将其称为主题纹饰。

"四分法"构图，基于中国古代四方、四方八位的方图思想，当面每一种主题纹饰的数量为 4 或 8。

"裂瓣纹"构图，基于西方几何原理，形成辐射状纹饰，当面每一种主题纹饰的数量不能被 4 整除。

双重（多重）构图，与上述两种构图方式不同，其特点是由里及外分区构图。

单一主题纹饰，主题纹饰由若干同一种纹样构成的图案。

复合主题纹饰（环形复合主题纹饰），当面由两种或两种以上主题纹饰构成的纹样图案。即，当面环形分布、交叉排列有两种主题纹饰。需要加以说明的是，单一主题纹饰瓦当多施有间饰纹，复合主题纹饰瓦当则没有间饰纹。

双重（多重）复合主题纹饰，当面呈内外圈结构的双重或多重环形排列的两种或两种以上主题纹饰。其外圈为环形排列的纹饰带，内圈则存在遵循"裂瓣纹"或"四分法"等不同构图理念的主题纹饰类型。

六、渤海瓦当研究的基本理念

本书拟在全面汇集渤海瓦当实物标本信息资源的基础上，充分借鉴以往相关研究的学术成果，围绕概念界定、纹饰构图、纹样造型等具体问题开展渤海瓦当的类型学考察。同时，根据瓦当标本出土地点的考古发现，开展渤海瓦作建筑的年代学考察，界定遗存性质及其文化属性。在此基础上，透过瓦作建筑的表象，开展渤海文化研究。在开展瓦当形制的类型学考察时，作为学术创新，将重点讨论瓦当主题纹饰的组合关系，即，以主题纹饰的构图理念为学术切入点获取全新的学术认识。

目　录

插图目录

第一章　渤海瓦当的学术研究史

第一节　研究缘起

肇始于 20 世纪初期的渤海考古学研究，主要是围绕渤海城址而开展的田野调查和发掘工作。确切地说，第一个正式纳入考古学研究视野的渤海遗存是渤海国上京龙泉府故址，最初关于渤海的考古学研究即针对"东京城"所进行的考古调查、发掘及其相关学术研究。"东京城"地处牡丹江流域，位于今黑龙江省宁安市渤海镇。该城址曾一度被误认为金代古城，当地民间曾赋予其各种称谓，其中以"东京城"流传最广。

清代，基于阿桂①、曹廷杰②等人所开展的历史地理学考证，"东京城"逐渐恢复了其渤海国上京龙泉府故址的真实历史身份。1931 年、1933～1934 年，任职于"满洲"研究所的俄国人 B. B. 波诺索夫（В. В. ПОНОСОВЪ）③ 及日本东亚考古学会④先后对城址进行了 3 次考古发掘。借助考古学研究手段，不仅清理出大型台基式建筑基址，而且出土了大量瓦作建筑构件类遗物标本，渤海国上京龙泉府故址具体而表象的文化内涵得以突显出来。"东京城"发掘的考古学意义不仅局限于此，更为重要的是，学术界从此掌握了诸多具有标尺性属性的界定渤海遗存，尤其是渤海国城址的遗物种类，其中，包括瓦当标本。

依据古代文献记载，渤海国存国期间曾经几度迁徙都城⑤。渤海国上京龙泉府故址的确认，激发了学术界寻找其他渤海国都城故址的兴致。其后，参照"东京城"的考古发

---

① （清）阿桂等：《钦定满洲源流考》卷一〇《疆域三·渤海国境》，《钦定四库全书》（浙江大学图书馆藏本）。

② （清）曹廷杰：《东三省舆地图说》，辽海丛书本，辽沈书社，1985 年。

③ ［日］東亞考古學會：《東京城——渤海國上京龍泉府址の發掘調查》附录，東方考古學叢刊甲種第五册，雄山閣，1939 年。

④ ［日］東亞考古學會：《東京城——渤海國上京龍泉府址の發掘調查》附录，東方考古學叢刊甲種第五册，雄山閣，1939 年。

⑤ 《新唐书》卷四三《地理志七》载："显州，天宝中王所都。"第 1147 页，中华书局，1975 年；《武经总要·北番地理》载："显州……唐天宝以前，渤海国所都。"《文渊阁四库全书》，上海古籍出版社，2003 年；《新唐书》卷二一九《渤海传》载："天宝末，钦茂徙上京，直旧国三百里忽汗河之东。""贞元时，东南徙东京。钦茂死……华玙为王，复还上京。"第 6181 页，中华书局，1975 年。

现，地处图们江流域的西古城城址①、八连城城址②相继被确认为渤海国中京显德府治所故址和东京龙原府治所故址。就渤海考古学术史而言，"东京城"、西古城、八连城之所以载入史册，不仅由于它们不可替代的渤海国都城故址的政治地位，而且还在于它们是首批基于田野考古工作而明确文化内涵的渤海遗存。三座城址共性化的考古发现是，均出土了形制多样的瓦当类遗物标本。当时，虽然学术界鲜少开展专题性的瓦当研究，但瓦当是肇始期渤海时期城址研究的重要组成部分。并且，随着渤海时期城址研究的不断拓展，瓦当的学术价值日趋突显。因此，可以说，渤海瓦当研究与渤海考古学相伴而生。渤海时期城址考古奠定了渤海瓦当研究的学术基础，渤海瓦当研究推动了渤海时期城址乃至渤海文化认知的学术进步。

随着时间的推移，以瓦当为视角的学术认知逐渐拓展到不同类型、不同属性的渤海瓦作建筑遗存的解读与阐释。渤海瓦当以其独具特色的形制特点，已经成为辨识渤海考古学遗存，尤其是渤海瓦作建筑遗存的指征性器物之一。瓦当的这种标尺性的辨识功能，在田野考古调查中的作用尤为明显。即使是在缺少其他佐证依据的情况下，考古工作者也往往能够根据其所采集的瓦当标本推定其所调查的遗存是否为渤海文化或者是否拥有渤海文化因素的客观属性。长期以来，这种研究方式一直被学术界所遵循。总之，通过充分占有学术资源，笔者的学术感怀是，经过近百年的探索与积淀，随着遗物标本数据的不断增多、瓦作建筑信息的不断丰富，瓦当已经成为认知渤海文化不可替代的实证线索、数据支撑。因此，深入细致地开展渤海瓦当研究，其学术意义不仅局限于解读瓦当自身的形制特点、廓清瓦作建筑的客观属性，而且有助于透过遗存的物化表象，洞察渤海文明的社会发展进程。

第二节　研究现状

作为国际性学术课题，渤海文化研究在东北亚国家学术界得到了不同程度的关注。基于不同时期的考古发现，中国、日本、朝鲜、韩国、俄罗斯学者针对渤海遗存地点出土的瓦当进行了不同视角的学术解读。此处需要说明的是，通过考古发掘报告开展的瓦当研究将在本书第二章节中加以细化。

一、国际学术界的研究

（一）日本学术界的研究

利用最早接触实物遗存的便利条件，日本学者率先开展了渤海瓦当研究。1939 年，日

---

① ［日］鸟山喜一、藤田亮策：《间岛省古蹟调查报告》，"满洲国"古蹟古物调查报告第三编，民生部，1941 年。
② ［日］斋藤优：《半拉城と他の史蹟》，半拉城址刊行会，1978 年。

本东亚考古学会出版的《东京城》①，对渤海上京城发掘出土的瓦当标本进行了简单的类型学形制划分。1947 年，三上次男发表的《渤海的瓦》一文②，是学术界第一篇关于渤海瓦当的命题研究。不过，由于刊发该文的杂志发行量很小，该文未能引起相应的学术重视。1990 年，三上次男的论文集《高句丽与渤海》出版时③，将该文收录其中，使学术界得以了解其早年的学术观点。三上次男认为，渤海"倒心形"花瓣瓦当的花肉存在由丰满向纤细变化的形制特点。该认知得到了田村晃一④、小岛芳孝⑤、中村亚希子⑥等日本学者的传承与细化，使之逐步发展成为日本学者开展渤海瓦当研究所遵循的话语主张。

（二）朝鲜学术界的研究

1971 年，朱荣宪（주영헌）出版专著《渤海文化》⑦，对渤海瓦当进行了专题性论述。1992 年，柳炳兴（류병흥）发表的《渤海遗址中出土瓦当的纹饰考察》一文⑧，是目前可资查询的唯一一篇朝鲜学者撰写的渤海瓦当专题性研究成果。2002 年，韩国图书出版中心出版了朝鲜学者金宗赫（김종혁）的学术专著《朝鲜东海岸一带渤海遗迹研究》，该书对朝鲜咸镜南道琴湖地区梧梅里寺庙址（오매리절터）出土的瓦当标本开展了类型学考察⑨。

---

① ［日］東亞考古學會：《東京城——渤海國上京龍泉府址の發掘調查》，東方考古學叢刊甲種第五册，雄山閣，1939 年。
② ［日］三上次男：《渤海の瓦》，《座右寶》第 10、11、12 号，座右寶刊行會，1947 年。
③ ［日］三上次男：《高句麗と渤海》，吉川弘文館，1990 年。
④ ［日］田村晃一著、李云铎译：《关于渤海瓦当花纹的若干考察》，《历史与考古信息·东北亚》2003 年第 1 期（原文见《青山史学》第 19 号，青山学院大学史学研究室，2001 年）；［日］田村晃一著、何恭倨译：《关于渤海瓦当的再考察》，《历史与考古信息·东北亚》2003 年第 2 期（原文见《早稻田大学大学院文学研究科纪要》第 47 辑第四分册，2002 年）；［日］田村晃一著、郝海波译：《关于渤海上京龙泉府址——东京城出土的瓦当》，《历史与考古信息·东北亚》2007 年第 1 期（原文见《渤海都城的考古学研究》，平成 14、15 年度科学研究经费补助金项目）；［日］田村晃一著、唐淼译：《上京龙泉府出土莲花纹瓦当的研究》，《东北亚考古资料译文集》(7)，北方文物杂志社，2007 年（原文见《东亚的都城与渤海》，财团法人东洋文库，2005 年）。
⑤ ［日］小岛芳孝著、吴丽丹译：《图们江流域的渤海都城和瓦当——根据斋藤优先生的调查资料》，《东北亚考古资料译文集》(7)，北方文物杂志社，2007 年（原文见《东亚的都城与渤海》，2005 年）；［日］小嶋芳孝：《渤海平地城の檢討》，《扶桑——田村晃一先生喜寿記念論文集》，青山考古學會田村晃一先生喜寿記念論文集刊行會，2009 年。
⑥ ［日］中村亞希子：《渤海上京龍泉府出土軒丸瓦の編年》，東京大学考古教研室研究紀要(20)，2006 年；［日］中村亞希子：《三次元測データを用いた瓦研究——東亞考古學會渤海上京城発掘資料の再檢討》，《中國考古学論叢》第十七号，2017 年；［日］中村亞希子：《渤海瓦塼研究の諸問題——なぜ、考古學者は瓦を研究する》，《高句麗渤海史射程——古代東北アヅア史研究の新動向》，汲古書院，2022 年。
⑦ ［朝］주영헌：《발해문화》，평양：사회과학출판사，1971.
⑧ ［朝］柳炳兴著、包艳玲译：《渤海遗址中出土瓦当的纹饰考察》，《历史与考古信息·东北亚》2015 年第 1 期（原文见《朝鲜考古研究》1992 年第 4 期）。
⑨ ［朝］김종혁：《동해안 일대의 발해 유적에 대한 연구》도서출판중심，2002；［朝］金宗赫著、李云铎译：《朝鲜东海岸一带渤海建筑址》，《历史与考古信息·东北亚》2003 年第 1 期（节译自《朝鲜东海岸一带渤海遗迹研究》，韩国图书出版中心，2002 年）。

2009 年，朝鲜社会科学院考古研究所出版了 61 卷本的《朝鲜考古全书》，在其第四三卷《渤海的遗物》中①，对渤海瓦当进行了类型学考察。

　　基于上述研究，朝鲜学者以瓦当为切入点，重点强调了渤海文化对高句丽文化的继承性问题。不过，就学术规范而言，其主张均缺少脉络清晰的论证过程以及必要的基础性数据支撑。

（三）韩国学术界的研究

　　由于缺少学术资源，韩国学术界的渤海瓦当研究起步较晚、成果较少。随着《西古城》②《渤海上京城》③ 的出版，金希燦（김희찬）将渤海瓦当纳入其瓦当研究的学术视野。2010 年，金希燦发表《渤海莲花纹瓦当的纹样变化与时代变迁》④ 和《关于渤海莲花纹瓦当对高句丽继承性的探讨》⑤ 两篇论文，论述了其有关渤海瓦当编年、渤海文化对高句丽文化继承性等问题的学术观点。金希燦有关复合主题纹饰的形制区分与概念表述，在笔者的研究中得到了具体应用。

（四）俄罗斯学术界的研究

　　在 1968 年出版的《渤海国及其在滨海地区的文化遗存》一书中，Э. В. 沙弗库诺夫（Э. В. Шавкунов）最早著述了俄罗斯境内出土的渤海瓦当信息⑥。1996 年，Э. В. 沙弗库诺夫发表《渤海屋顶瓦的纹饰与分类》一文⑦，对渤海瓦当进行了类型学区分并开展了文化因素分析。1998 年，在《滨海地区境内渤海时期的祭祀设施》一文中⑧，Н. Г. 阿尔杰米耶娃（Н. Г. Артемьева）对滨海地区出土的渤海瓦当进行了类型学梳理。2004 年，Е. В. 阿斯塔申科娃（Е. В. Астшенкова）、В. И. 博尔金（В. И. Болдин）发表《克拉斯基

---

①　[朝] 社会科学院考古研究所著、包艳玲译：《渤海的建筑构件》，《历史与考古信息·东北亚》2010 年第 2 期（节译自《朝鲜考古全书》卷四三《渤海的遗物》，2009 年）。

②　吉林省文物考古研究所等：《西古城——2000~2005 年度渤海国中京显德府故址田野考古报告》，文物出版社，2007 年。

③　黑龙江省文物考古研究所：《渤海上京城——1998~2007 年度考古发掘调查报告》，文物出版社，2009 年。

④　[韩] 金希燦著、包艳玲译：《渤海莲花纹瓦当的纹样变化与时代变迁》，《历史与考古信息·东北亚》2013 年第 2 期（原文见《白山学报》第 87 号，白山学会，2010 年）。

⑤　[韩] 金希燦著、包艳玲译：《关于渤海莲花纹瓦当对高句丽继承性的探讨》，《历史与考古信息·东北亚》2010 年第 2 期（原文见《高句丽渤海研究》第 36 辑，高句丽渤海研究会，2010 年）。

⑥　Шавкунов Э. В. , *ГОСУДОРСТВО БОХАЙ И ПАМЯТНИКИ ЕГО КУЛЬТУРЫ В ПРИМОРЬЕ*, издательство наука ленинградское отделение Ленинград, 1968.

⑦　Шавкунов Э. В. , *Декор бохайской кревельной черепицы и его классификация // Археология северной пасифики —Владивосток*, 1996.

⑧　[俄] Н. Г. 阿尔杰米耶娃著、孙危译：《俄罗斯滨海地区发现的渤海国时期的宗教性建筑》，《东北亚考古资料译文集》（7），北方文物杂志社，2007 年（原文见 Артемьева Н. Г. , *Культовые сооружения бохайского времени на терртории Приморья//Российская археология*, 1998：4）。正文中名称为笔者所译。

诺古城遗址（Краскинское городище）瓦当的纹饰》一文①，对克拉斯基诺城址出土的渤海瓦当进行了分类、分期研究。2009 年，И. В. 科尔祖诺夫（И. В. Колзунов）发表《关于中世纪国家高句丽、渤海瓦当纹饰中植物图案之语义》一文②，对渤海瓦当的纹样寓意进行了学术解读。

由于研究理念不同、辨识标准有异，虽然笔者不能完全认同俄罗斯学者的话语主张，然而，不可否认的是，本书的诸多思考得益于上述成果所秉持的理念及所运用的方法。

二、中国学术界的研究

（一）中国学者的研究

在笔者开展渤海瓦当研究之前，我国学术界主要形成了以下研究成果。

1. 1991 年，在《高句丽、渤海的考古与历史》一书中③，李殿福对渤海瓦当进行了形制区分，认为渤海莲纹瓦当的风格与唐代莲纹瓦当甚为接近。

2. 1995 年，刘滨祥、郭仁发表《渤海瓦当的分类与分期研究》一文④，开展了渤海瓦当专题研究，主张六顶山墓地出土瓦当的年代最早，其次是西古城、八连城出土的瓦当，渤海上京城出土瓦当的年代最晚。

3. 1997 年，中国社会科学院考古研究所出版《六顶山与渤海镇》一书⑤，对 1963～1964 年度渤海上京城发掘出土的瓦当标本进行了类型学考察。

4. 2000 年，严长录、朴龙渊发表《论渤海的瓦和砖的特点及其渊源》一文⑥，开展了渤海建筑构件类遗物的专题性研究，认为渤海砖瓦是在继承高句丽工艺技术的基础上，吸收唐文化中原工艺技术烧制而成。

5. 2006 年，在《中国古代瓦当研究》一书中⑦，申云艳阐释了其有关渤海瓦当的学术认识，认为间饰纹是渤海瓦当的个性化形制特点。

---

① ［俄］E. B. 阿斯塔申科娃、B. И. 博尔金著，王德厚译：《克拉斯基诺古城遗址瓦当的纹饰》，《北方文物》2006 年第 4 期（原文见《俄罗斯与亚洲太平洋地区》2004 年第 1 期）。

② И. В. Колзунов, *О семантике растительного орнамента в оформлении черепиц средневековых государств когурё и бохай* //Декоративно—прикладное искусство Восточной азии символика и культурные традици—Влади восток, 2009.

③ 李殿福：《高句麗・渤海の考古と歴史》，（东京）学生社，1991 年。

④ 刘滨祥、郭仁：《渤海瓦当的分类与分期研究》，《北方文物》1995 年第 3 期。

⑤ 中国社会科学院考古研究所：《六顶山与渤海镇——唐代渤海国的贵族墓地与都城遗址》，中国大百科全书出版社，1997 年。

⑥ 严长录、朴龙渊：《论渤海的瓦和砖的特点及其渊源》，《渤海文化研究》，吉林人民出版社，2000 年。

⑦ 申云艳：《中国古代瓦当研究》，文物出版社，2006 年。

6. 2007 年，吉林省文物考古研究所出版《西古城》一书①，对 2000~2005 年度西古城发掘出土的瓦当标本进行了类型学考察。

7. 2007、2008 年，赵越通过学位论文《渤海瓦当研究》②、学术论文《渤海瓦当类型学考察及分期》③，开展了渤海瓦当编年研究，提出了渤海瓦当早（698~748 年）、中（748~794 年）、晚（794~926 年）三期说。

8. 2009 年，黑龙江省文物考古研究所出版《渤海上京城》一书④，对 1998~2007 年度上京城发掘出土的瓦当标本进行了类型学考察。

9. 2010 年，在《渤海上京城研究补遗》一文中⑤，赵虹光对渤海瓦当纹样的演变态势进行了类型学考察。其学术认知是，渤海莲纹瓦当的莲瓣经历了由精美到呆板、花瓣内部的莲肉由丰腴到清瘦的历时性变化。

10. 2012 年，吉林省文物考古研究所出版《六顶山渤海墓葬》一书⑥，对 2004~2009 年度六顶山墓地发掘出土的瓦当标本进行了类型学考察。

11. 2014 年，吉林省文物考古研究所出版《八连城》一书⑦，对 2004~2009 年度八连城发掘出土的瓦当标本进行了类型学考察。

需要指出的是，2001 年和 2013 年，日本学者田村晃一曾经对我国学者进行瓦当研究所采用的方法以及得出的结论，提出了两点批评。一是年代学考察套用文献信息，二是类型学考察缺少辨识标准⑧。面对田村晃一的质疑，笔者虽不能完全认同，但在开展相关研究时，提醒自己努力规避了其所指出的问题。

（二）笔者自身的研究

自 2010 年伊始，围绕渤海瓦当问题，笔者进行了以下学术思考。

1. 2010 年，基于《渤海瓦当纹饰的文化因素分析》一文⑨，通过开展渤海瓦当类型学考察，笔者讨论了渤海瓦当纹饰的文化渊源问题。同时注意到，佛教寺院与行政建置的瓦

---

① 吉林省文物考古研究所等：《西古城——2000~2005 年度渤海国中京显德府故址田野考古报告》，文物出版社，2007 年。

② 赵越：《渤海瓦当研究》，吉林大学硕士学位论文，2007 年。

③ 赵越：《渤海瓦当类型学考察及分期》，《北方文物》2008 年第 4 期。

④ 黑龙江省文物考古研究所：《渤海上京城——1998~2007 年度考古发掘调查报告》，文物出版社，2009 年。

⑤ 赵虹光：《渤海上京城研究补遗》，《中国考古学会第十二次年会论文集》（2009），文物出版社，2010 年。

⑥ 吉林省文物考古研究所等：《六顶山渤海墓葬——2004~2009 年清理发掘报告》，文物出版社，2012 年。

⑦ 吉林省文物考古研究所等：《八连城——2004~2009 年度渤海国东京故址田野考古报告》，文物出版社，2014 年。

⑧ ［日］田村晃一著、李云铎译：《关于渤海瓦当花纹的若干考察》，《历史与考古信息·东北亚》2003 年第 1 期（原文见《青山史学》第 19 号，青山学院大学史学研究室，2001 年）；［日］田村晃一：《近时における渤海都城研究の动向と课题》，《青山考古》第 29 号，2013 年。

⑨ 宋玉彬：《渤海瓦当纹饰的文化因素分析》，《中国考古学会第十二次年会论文集》（2009），文物出版社，2010 年。

作建筑曾各自使用了不同形制的瓦当类型。

2. 2011 年，笔者与刘玉成合作撰写的《渤海上京瓦当的类型学考察》一文①，对渤海上京城出土的瓦当标本进行了类型学考察。

3. 2011 年，以《渤海瓦当研究》为题，笔者通过了吉林大学博士研究生学位论文答辩②。依托该文，在全面收集学术资料的基础上，开展了瓦当视角下渤海城址、寺庙址、墓葬问题的学术讨论。

4. 2012 年，通过《曲背檐头筒瓦研究》一文③，围绕高句丽文化、渤海文化关系问题，笔者开展了瓦作建筑构件视角下，文化继承与文化因素影响异同性问题的学术讨论。

5. 2014 年，笔者发表《渤海瓦当"倒心形"花瓣母题纹饰探源》一文④，进一步深化了《渤海瓦当纹饰的文化因素分析》一文的学术认识，认为渤海瓦当标识性的"倒心形"花瓣产生于图们江流域。

6. 2018 年，笔者发表《试论渤海瓦当的"图们江流域地域性纹饰"类型》一文⑤，认为西古城瓦作建筑所使用的瓦当受到了图们江流域佛寺瓦当的影响。并在此基础上，进一步讨论了西古城城址的始建年代问题。

7. 2019 年，以《渤海瓦当研究》为题，笔者完成了 2013 年度国家社科基金一般项目的结项工作⑥。以此为契机，充实和完善了同名博士研究生学位论文所开展的瓦当视角下渤海城址、寺庙址、墓葬研究的学术观点。

8. 2020 年，笔者发表《构图理念视角下的高句丽和渤海瓦当研究》一文⑦，以构图理念为切入点，在宏观的学术视野下梳理了高句丽、渤海瓦当的发展和演变态势。

综上，如果说，国内外学者出版、发表的有关渤海瓦当的学术著述是笔者获取学术启迪的信息资源，那么，笔者自身的系列研究则是本书不断调整的前行历程。

---

① 宋玉彬、刘玉成：《渤海上京瓦当的类型学考察》，《东北史地》2011 年第 5 期。

② 宋玉彬：《渤海瓦当研究》，吉林大学博士学位论文，2011 年。

③ 宋玉彬：《曲背檐头筒瓦研究》，《庆祝宿白先生九十华诞文集》，科学出版社，2012 年。

④ 宋玉彬：《渤海瓦当"倒心形"花瓣母题纹饰探源》，《庆祝张忠培先生八十岁论文集》，科学出版社，2014 年。

⑤ 宋玉彬：《试论渤海瓦当的"图们江流域地域性纹饰"类型》，《新果集（二）——庆祝林沄先生八十华诞论文集》，科学出版社，2018 年。

⑥ 宋玉彬：《渤海瓦当研究》，2013 年度国家社科基金一般项目结项成果，项目批准号：13BKG011。

⑦ 宋玉彬：《构图理念视角下的高句丽和渤海瓦当研究》，《考古》2020 年第 6 期。

第二章 渤海瓦当的发现与地域分布

第一节 出土渤海瓦当的遗存地点

本书以现国境为准，分别介绍中国、俄罗斯、朝鲜境内渤海瓦当考古发现的具体情况（图二、三）。

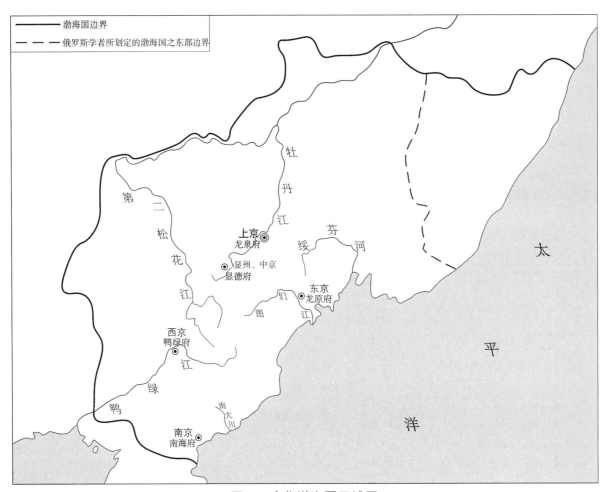

图二 唐代渤海国区域图

一、中国境内出土渤海瓦当的遗存地点

中国境内渤海瓦当的考古发现，可以分为两个阶段：第一个阶段为 20 世纪 30～40 年代，第二个阶段为 20 世纪 50 年代至今。

第一个阶段，由于当时特殊的历史背景，田野考古工作几乎完全被日本人所操纵控制。渤海瓦当标本主要出土于牡丹江流域的 "东京城" 城址①、图们江流域的西古城城址②和八连城城址③。此外，在鸭绿江流域的集安地区，发现了渤海时期的瓦当标本④。这一时期出土的渤海瓦当均已流失国外，基础性资料也未能全部发表。

第二个阶段，中华人民共和国成立以后，中国学者主导了中国境内渤海遗存的田野考古工作。通过文物普查、专题性考古调查、考古发掘等多项具体工作，考古工作者获取了大量的渤海瓦当实物标本。

（一）发掘信息

通过考古发掘报告，学术界得以掌握下列遗存地点出土的渤海瓦当信息：

1. 黑龙江省宁安市渤海上京城址⑤
2. 黑龙江省宁安市杏山砖瓦窑址⑥
3. 吉林省和龙市西古城址⑦
4. 吉林省珲春市八连城址⑧

---

① ［日］東亞考古學會：《東京城——渤海國上京龍泉府址の發掘調查》，東方考古學叢刊甲種第五册，雄山閣，1939 年。
② ［日］鳥山喜一、藤田亮策：《間島省古蹟調查報告》，"滿洲國"古蹟古物調查報告第三編，民生部，1941 年。
③ ［日］鳥山喜一、藤田亮策：《間島省古蹟調查報告》，"滿洲國"古蹟古物調查報告第三編，民生部，1941 年；［日］斎藤優：《半拉城と他の史蹟》，半拉城址刊行會，1978 年。
④ ［日］朝鮮總督府：《朝鮮古蹟圖譜》，1915 年。
⑤ ［日］東亞考古學會：《東京城——渤海國上京龍泉府址の發掘調查》，東方考古學叢刊甲種第五册，雄山閣，1939 年；［朝］조·중 합동 고고학발굴대：《중국 동북 지방의 유적 발굴 보고 1963～1965》,평양：사회과학원출판사,1966；中国社会科学院考古研究所：《六顶山与渤海镇——唐代渤海国的贵族墓地与都城遗址》，中国大百科全书出版社，1997 年；黑龙江省文物考古研究所：《渤海上京城——1998～2007 年度考古发掘调查报告》，文物出版社，2009 年。
⑥ 黑龙江省文物考古研究所：《渤海砖瓦窑址发掘报告》，《北方文物》1986 年第 2 期。
⑦ ［日］鳥山喜一、藤田亮策：《間島省古蹟調查報告》，"滿洲國"古蹟古物調查报告第三编，民生部，1941 年；吉林省文物考古研究所等：《西古城——2000～2005 年度渤海国中京显德府故址田野考古报告》，文物出版社，2007 年；吉林省文物考古研究所等：《吉林和龙西古城城址 2007～2009 年发掘简报》，《文物》2016 年第 12 期。
⑧ ［日］鳥山喜一、藤田亮策：《間島省古蹟調查報告》，"滿洲國"古蹟古物调查报告第三编，民生部，1941 年；［日］斎藤優：《半拉城と他の史蹟》，半拉城址刊行會，1978 年；吉林省文物考古研究所等：《八连城——2004～2009 年度渤海国东京故址田野考古报告》，文物出版社，2014 年。

5. 吉林省敦化市六顶山墓地①

6. 吉林省和龙市高产寺庙址②

7. 吉林省蛟河市七道河遗址③

8. 吉林省珲春市东六洞二号遗址④

9. 吉林省汪清县红云遗址⑤

10. 吉林省集安市国内城⑥

11. 吉林省和龙市龙头山墓地⑦

12. 吉林省抚松县新安遗址⑧

（二）调查信息

通过考古调查简报，学术界得以了解下列地点采集到的渤海瓦当标本：

1. 黑龙江省牡丹江市南城子城址⑨

2. 黑龙江省东宁市大城子城址⑩

3. 黑龙江省宁安市哈达渡口遗址⑪

4. 黑龙江省牡丹江市牤牛河子遗址⑫

5. 黑龙江省林口县烟筒砬子遗址⑬

6. 吉林省和龙市河南屯寺庙址⑭

（三）内部资料信息

通过《吉林省文物志》编委会以内部资料形式出版的吉林省各市、县文物志，学术界

---

① 王承礼：《敦化六顶山渤海墓清理发掘记》，《社会科学战线》1979 年第 3 期；吉林省文物考古研究所等：《吉林敦化市六顶山墓群 2004 年发掘简报》，《考古》2009 年第 6 期；吉林省文物考古研究所等：《六顶山渤海墓葬——2004~2009 年清理发掘报告》，文物出版社，2012 年。

② 何明：《吉林和龙高产渤海寺庙址》，《北方文物》1985 年第 4 期。

③ 吉林市博物馆：《吉林省蛟河市七道河村渤海建筑遗址清理简报》，《考古》1993 年第 2 期。

④ 吉林省图珲铁路考古发掘队：《珲春市东六洞二号遗址发掘简报》，《北方文物》1990 年第 1 期。

⑤ 吉林省文物考古研究所：《吉林汪清县红云渤海建筑遗址的发掘》，《考古》1999 年第 6 期。

⑥ ［日］三上次男：《高句麗と渤海》，吉川弘文馆，1990 年；吉林省文物考古研究所等：《国内城——2000~2003 年集安国内城与民主遗址试掘报告》，文物出版社，2004 年。

⑦ 吉林省文物考古研究所等：《吉林和龙市龙海渤海王室墓葬发掘简报》，《考古》2009 年第 6 期；吉林省文物考古研究所等：《龙头山》，文物出版社，待出版。

⑧ 吉林省文物考古研究所：《吉林抚松新安遗址发掘报告》，《考古学报》2013 年第 3 期。

⑨ 陶刚：《牡丹江市郊南城子调查记》，《黑龙江省文物博物馆学会成立纪念文集》，1980 年。

⑩ 张太湘：《大城子古城调查记》，《文物资料丛刊》（4），文物出版社，1981 年。

⑪ 黑龙江省文物考古工作队：《宁安县镜泊湖地区文物普查》，《黑龙江文物丛刊》1983 年第 2 期。

⑫ 牡丹江市文物管理站：《牤牛河子遗址调查》，《高句丽渤海研究集成》，哈尔滨出版社，1994 年。

⑬ 刘滨祥：《浅谈烟筒砬子渤海建筑址出土物的性质和年代》，《北方文物》1994 年第 3 期。

⑭ 吉林大学边疆考古研究中心等：《吉林和龙"河南屯古城"复查简报》，《文物》2017 年第 12 期。

得以了解下列地点发现的渤海瓦当信息：

1. 著录于《和龙县文物志》的遗存地点①：

长仁遗址、龙渊遗址、河南屯古城、龙海寺庙址、东南沟寺庙址。

2. 著录于《珲春县文物志》的遗存地点②：

温特赫部故城③、马滴达寺庙址、良种场北寺庙址、立新寺庙址（又称四方坨子寺庙址、八连城第二寺庙址）、五一寺庙址、杨木林子寺庙址、大荒沟寺庙址、盘岭沟口遗址④。

3. 著录于《汪清县文物志》的遗存地点⑤：

鸡冠古城、河北古城、高城古城、龙泉坪古城、影壁建筑址、中大川建筑址、幸福建筑址、转角楼建筑址、天桥岭建筑址、骆驼山建筑址、新田建筑址。

4. 著录于《图们市文物志》的遗存地点⑥：

岐新六队二号遗址。

5. 著录于《龙井县文物志》的遗存地点⑦：

太阳古城、滩前遗址、东沟建筑址。

6. 著录于《安图县文物志》的遗存地点⑧：

岛兴遗址、万宝新兴遗址、东清寺庙址。

7. 著录于《延吉市文物志》的遗存地点⑨：

龙河南山遗址、帽儿山山顶遗址、南溪四队遗址、锦城一队遗址、台岩遗址、河龙古城、北大古城。

8. 著录于《敦化市文物志》的遗存地点：

庙屯寺庙址⑩。

9. 著录于《桦甸县文物志》的遗存地点⑪：

苏密城、北土城子古城。

---

① 《吉林省文物志》编委会：《和龙县文物志》（内部资料），1984年。
② 《吉林省文物志》编委会：《珲春县文物志》（内部资料），1984年。
③ 延边博物馆《延边文物简编》编写组：《延边文物简编》，延边人民出版社，1988年。
④ 李正凤：《珲春县英安镇盘岭沟口渤海遗址》，《博物馆研究》1989年第3期。
⑤ 《吉林省文物志》编委会：《汪清县文物志》（内部资料），1983年。
⑥ 《吉林省文物志》编委会：《图们市文物志》（内部资料），1986年。
⑦ 《吉林省文物志》编委会：《龙井县文物志》（内部资料），1984年。
⑧ 《吉林省文物志》编委会：《安图县文物志》（内部资料），1985年。
⑨ 《吉林省文物志》编委会：《延吉市文物志》（内部资料），1985年。
⑩ 据文物志记载：该遗址"采集的文物有褐色板瓦及筒瓦唇的残片，均有布纹，与六顶山古墓群的砖瓦极其相似"，但资料已遗失。参见《吉林省文物志》编委会：《敦化市文物志》（内部资料），1985年。
⑪ 《吉林省文物志》编委会：《桦甸县文物志》（内部资料），1986年。

10. 著录于《浑江市文物志》的遗存地点①：

四道沟镇河南屯遗址。

11. 著录于《长白朝鲜族自治县文物志》的遗存地点②：

长白古城。

中国境内出土瓦当的渤海遗址，大体可以分为三种类型：城址、旷野类型遗址（寺庙址、建筑址）和墓葬。其中，关于旷野类型遗址，需要说明的是，经过发掘并确认为寺庙址的地点，本书予以明确定名；仅通过地表调查采集到瓦当标本的地点，因缺少界定遗存性质的具体依据，本书暂且称之为旷野类型建筑址。

二、俄罗斯境内出土渤海瓦当的遗存地点

俄罗斯境内发现的渤海瓦当均出土于佛寺遗存之中，迄今为止，在俄罗斯滨海边疆区总计发现了 5 处渤海时期的佛教寺庙址。其中，4 处地点为旷野类型佛寺遗存，另外 1 处为位于克拉斯基诺城址区域分属旷野类型、城域类型的早晚两期佛寺遗存③。具体地点如下：

1. 马蹄山寺庙址（Копытинский храм）④

2. 杏山寺庙址（Абрикосовский храм）⑤

3. 鲍里索夫卡寺庙址（Борисовский храм）⑥

---

① 《吉林省文物志》编委会：《浑江市文物志》（内部资料），1984 年。

② 《吉林省文物志》编委会：《长白朝鲜族自治县文物志》（内部资料），1988 年。

③ 长期以来，学术界一直认为，克拉斯基诺城址发掘的遗迹、遗物均为克拉斯基诺城址堆积。基于 2017、2018 年度实施的解剖清理得以确认，克拉斯基诺城营建于村落之上。村落时期，居民已经在旷野类型佛寺中礼佛。参见韩国东北亚历史财团等：《2018 年俄罗斯滨海边疆区克拉斯基诺城址考古考察报告》，韩国，2019 年。具体信息详见下文。

④ ［俄］Э. В. 沙弗库诺夫著、林树山译：《苏联滨海边区的渤海文化遗存》，《东北考古与历史》第 1 辑，文物出版社，1982 年（节译自 ГОСУДОРСТВО БОХАЙ И ПАМЯТНИКИ ЕГО КУЛЬТУРЫ В ПРИМОРЬЕ, издательство наука ленинградское отделение Ленинград, 1968）；［俄］Э. В. 沙弗库诺夫著、林树山译：《渤海国及其在滨海地区的文化遗存》，《民族史译文集》第 13 期，中国社会科学院民族研究所历史研究室资料组，1985 年（节译自 ГОСУДОРСТВО БОХАЙ И ПАМЯТНИКИ ЕГО КУЛЬТУРЫ В ПРИМОРЬЕ, издательство наука ленинградское отделение Ленинград, 1968）；［俄］Э. В. 沙弗库诺夫著、宋玉彬译：《马蹄山发掘》，《历史与考古信息·东北亚》1997 年第 2 期（原文见《俄罗斯科学院远东分院院刊》1995 年第 2 期）。

⑤ ［俄］Э. В. 沙弗库诺夫著、林树山译：《苏联滨海边区的渤海文化遗存》，《东北考古与历史》第 1 辑，文物出版社，1982 年（节译自 ГОСУДОРСТВО БОХАЙ И ПАМЯТНИКИ ЕГО КУЛЬТУРЫ В ПРИМОРЬЕ, издательство наука ленинградское отделение Ленинград, 1968）；［俄］Э. В. 沙弗库诺夫著、林树山译：《渤海国及其在滨海地区的文化遗存》，《民族史译文集》第 13 期，中国社会科学院民族研究所历史研究室资料组，1985 年（节译自 ГОСУДОРСТВО БОХАЙ И ПАМЯТНИКИ ЕГО КУЛЬТУРЫ В ПРИМОРЬЕ, издательство наука ленинградское отделение Ленинград, 1968）。

⑥ ［俄］В. Е. 麦德维杰夫著、全仁学译：《俄罗斯滨海地区渤海寺庙址》，《历史与考古信息·东北亚》2007 年第 2 期（原文见韩国学研文化社，1999 年）。

4. 科尔萨科沃寺庙址（Корсаковский храм）①

5. 克拉斯基诺城址寺庙综合体（Храмовой комплекс в Краскинское городище）②

三、朝鲜境内出土渤海瓦当的遗存地点

汇总各种学术信息，朝鲜境内计有 5 处地点出土了渤海瓦当标本，其中包括 1 座城址、4 处寺庙址。

1. 青海城址（청해토성)③

2. 梧梅里寺庙址④

庙谷 1 号建筑址（절골 1 호절터)⑤、庙谷 2 号建筑址（절골 2 호절터)⑥、金山 1 号建

---

① ［韩］文明大著、赵俊杰译：《科尔萨科夫卡佛教寺院址的发掘》，《历史与考古信息·东北亚》2008 年第 2 期（原文见韩国大陆研究所出版部，1994 年）。

② ［俄］В. И. 博尔金著、宋玉彬译：《克拉斯基诺城址中的佛教寺庙址》，《历史与考古信息·东北亚》1995 年第 2 期（节译自《远东及其毗邻地区民族文化史问题》，布拉戈维申斯克，1993 年）；［俄］В. И. 博尔金等著、王德厚译：《滨海地区克拉斯基诺城址渤海佛教综合体的发掘》，《东北亚考古资料译文集》第四集，北方文物杂志社，2002 年（原文见俄罗斯科学院西伯利亚分院考古与民族研究所出版社，2000 年）；［俄］В. И. 博尔金等著、宋玉彬译：《克拉斯基诺城址四年"一体化"考察》，《历史与考古信息·东北亚》2004 年第 1 期（原文见《俄罗斯科学院远东分院院刊》2001 年 3 期）；［俄］Е. И. 格尔曼等著、宋玉彬译：《克拉斯基诺城址井址发掘》，《历史与考古信息·东北亚》2004 年第 1 期；［俄］Ивлиев А. Л. 、Болдин В. И. , *Исследова ния Краскинского родища и археологическое изучение Бохая в Приморье //*Россия и АТР—Владивосток，2006（3）；［韩］Фонд исследований Когурё и др, *Отчёт об Археологических Исследований на Бахайском Храмовом Комплексе в Краскинском Городище Приморья РФ* , Сеул，2005；［韩、俄］Фонд исследований Когурё и др, *Отчёт об Археологических Исследований на Краскинском Городище Приморского края России в 2004г* , Сеул，2005；［韩、俄］Фонд исследований Когурё и др, *Отчёт об Археологических Исследований на Краскинском Городище Приморского края России в 2005г* , Сеул，2006；［韩、俄］Фонд изучения Северо—Восточной Азии и др, *Отчёт об Археологических Исследо ваний на Краскинском Городище Приморского края Россив 2006г* , Сеул，2007；［韩、俄］Фонд изучения Северо—Восточной Азии и др, *Отчёт об Археологических Исследо- ваний на Краскинском Городище Приморского края России в 2007г* , Сеул，2008；［韩、俄］Фонд изучения Северо—Восточной Азии и др, *Отчёт об Археологических Исследований на Краскинском Городище Приморского края России в 2008г* , Сеул，2009；［韩、俄］Фонд изучения Северо—Восточной Азии и др, *Отчёт об Археологических Исследований на Краскинском Городище Приморского края России в 2018г* , Сеул，2019；［韩］김은국·정석배：《크라스키노 발해성 – 발굴 40 년의 성과》，동북아역사재단，2021.

③ ［朝］조선유적유물도감편찬위원회：《조선유적유물도감 8(발해)》,1991. ［朝］金宗赫著、李云铎译：《朝鲜东海岸一带渤海建筑址》，《历史与考古信息·东北亚》2003 年第 2 期（节译自《朝鲜东海岸一带渤海遗迹研究》，韩国图书出版中心，2002 年）。

④ ［朝］金宗赫著、李云铎译：《朝鲜东海岸一带渤海建筑址》，《历史与考古信息·东北亚》2003 年第 2 期（节译自《朝鲜东海岸一带渤海遗迹研究》，韩国图书出版中心，2002 年）。

⑤ ［朝］金宗赫著、李云铎译：《朝鲜东海岸一带渤海建筑址》，《历史与考古信息·东北亚》2003 年第 2 期（节译自《朝鲜东海岸一带渤海遗迹研究》，韩国图书出版中心，2002 年）。

⑥ ［朝］金宗赫著、李云铎译：《朝鲜东海岸一带渤海建筑址》，《历史与考古信息·东北亚》2003 年第 2 期（节译自《朝鲜东海岸一带渤海遗迹研究》，韩国图书出版中心，2002 年）。

筑址（금산 1 호절터)①、金山 2 号建筑址（금산 2 호절터)②。

　　上述地点出土的瓦当标本是开展本课题研究的主要学术材料。另外，日本东京大学收藏的 1933~1934 年渤海上京城发掘出土的瓦当资料，吉林省博物院、吉林省延边朝鲜族自治州所辖各市县博物馆、文物管理所收藏的渤海瓦当标本是本课题研究的重要信息补充。2011 年 4 月，吉林省文物考古研究所在吉林省延边朝鲜族自治州敦化市、和龙市、珲春市、安图县、汪清县进行了渤海遗存专题考古复查、调查，除了采集到一些全新形制的瓦当标本外，还发现了太安等新的遗存地点③。总之，在本课题不断修改完善过程中，最大限度地补充了最新发表的学术资源。

第二节　渤海瓦当出土地点的遗存分类与地域分布

一、瓦当地点的遗存分类

　　基于现有资料，渤海瓦当主要见于渤海时期的城址、墓葬、旷野遗址（寺庙址、建筑址）等遗存地点。需要说明的是，本书根据各类遗存所开展的考古工作的具体情况，城址类遗存重点讨论了渤海上京城、西古城、八连城的考古发现，旷野遗址则关注了寺庙址的考古发现。按照以往研究界定的辨识渤海都城的三项标准——"城市设施的中轴线布局""大型宫殿建筑""釉陶建筑构件"④，同时，结合史料文献信息，本书将渤海上京城、西古城、八连城等三座城址作为都城（京城）遗存加以讨论。除此之外，将包括渤海南京南海府故址青海城址在内的渤海府、州、县级治所故址均作为普通城址遗存加以介绍。至于旷野遗址，关注寺庙址遗存的原因有三。首先，在实施过考古发掘的永安遗址⑤、细鳞河遗址⑥、渡口遗址⑦、河

①　[朝]金宗赫、金智哲著，李云铎译：《新浦市梧梅里金山渤海建筑址发掘简报》，《历史与考古信息·东北亚》1990 年第 1 期（原文见《朝鲜考古研究》1989 年第 2 期）；[朝]조선유적유물도감편찬위원회：《조선유적유물도감 8(발해)》，1991；[朝]金宗赫著、李云铎译：《朝鲜东海岸一带渤海建筑址》，《历史与考古信息·东北亚》2003 年第 2 期（节译自《朝鲜东海岸一带渤海遗迹研究》，韩国图书出版中心，2002 年）。
②　[朝]金宗赫、金智哲著，郑仙华译：《金山第二建筑址发掘报告》，《历史与考古信息·东北亚》1994 年第 2 期（原文见《朝鲜考古研究》1991 年 3 期）；[朝]조선유적유물도감편찬위원회：《조선유적유물도감 8(발해)》，1991.
③　吉林省文物考古研究所：《2011 吉林省境内渤海国寺庙址调查报告》，《边疆考古研究》第 14 辑，科学出版社，2013 年。
④　宋玉彬、曲轶莉：《渤海国的五京制度与都城》，《东北史地》2008 年第 6 期。
⑤　吉林省文物考古研究所：《吉林浑江永安遗址发掘报告》，《考古学报》1997 年第 2 期。
⑥　黑龙江省文物考古研究所等：《1996 年海林细鳞河遗址发掘的主要收获》，《北方文物》1997 年第 4 期。
⑦　黑龙江省文物考古研究所等：《黑龙江海林市渡口遗址的发掘》，《考古》1997 年第 7 期。

口遗址①、振兴遗址②、东兴遗址③、鲍里索夫卡遗址（Селище Борисовка）④、科尔萨科沃遗址（Корсаковское селище）⑤ 等村落址遗存地点，清理揭露的房屋类建筑遗迹均未发现瓦作构件类遗物标本。其次，通过发掘，确认了 2 处仅出土有筒瓦、板瓦等实用性瓦作构件遗物标本的遗存地点。一处是位于图们江干流的吉林省延边朝鲜族自治州珲春市的甩弯子遗址，在其地面式石构建筑的废弃堆积中出土了较多完整的筒瓦、板瓦标本⑥，其建筑遗迹性质未能确定。另一处是位于俄罗斯滨海边疆区十月地区的康士坦丁诺夫斯科耶 1 号村落址（Селище Константиновка-1），在其中一座规格为 7.9 米×6.2 米、基槽深达 1 米的半地穴房址中，也出土了板瓦、筒瓦标本⑦。最后，即使是进行过考古发掘的渤海城址，如俄罗斯境内的克拉斯基诺城址、尼古拉耶夫斯克 1 号城址（Городище Николаевское-1）⑧、尼古拉耶夫斯克 2 号城址（Городище Николаевское-2）⑨、新戈尔杰耶夫斯克城址（Новогордеевское городище）⑩、斯塔罗列契斯克城址（Стореченкое городище）⑪、锡涅利尼科沃 1 号城址（городище Синельниково-1）⑫、科克沙罗夫卡 1 号城址（городище Кокшаровка-1）⑬，清理揭露的房屋类建筑遗迹中，均没有发现瓦作建

① 黑龙江省文物考古研究所等：《黑龙江海林市河口遗址发掘简报》，《考古》1996 年第 2 期。

② 黑龙江省文物考古研究所等：《黑龙江省海林县振兴遗址发掘简报》，《北方文物》1997 年第 3 期。

③ 黑龙江省文物考古研究所：《黑龙江省海林东兴遗址 1992 年试掘简报》，《北方文物》1996 年第 2 期。

④ ［俄］Э. В. 沙弗库诺夫等著、宋玉彬译：《渤海国及其俄罗斯远东部落》，东北师范大学出版社，1997 年（原文见莫斯科科学出版社，1994 年）。

⑤ ［俄］Э. В. 沙弗库诺夫等著、宋玉彬译：《渤海国及其俄罗斯远东部落》，东北师范大学出版社，1997 年（原文见莫斯科科学出版社，1994 年）。

⑥ 图珲铁路考古发掘队：《吉林省珲春市甩弯子渤海房址清理简报》，《北方文物》1991 年第 2 期。

⑦ ［俄］Э. В. 沙弗库诺夫等著、宋玉彬译：《渤海国及其俄罗斯远东部落》，东北师范大学出版社，1997 年（原文见莫斯科科学出版社，1994 年）；［俄、韩］Институт истории археологи и иэтнографии народов Дольненого Востока ДВО РАН и др, *Бахайские памятники в Приморье и Константиновское 1 селище*，Сеул，2010.

⑧ ［俄］Э. В. 沙弗库诺夫等著、宋玉彬译：《渤海国及其俄罗斯远东部落》，东北师范大学出版社，1997 年（原文见莫斯科科学出版社，1994 年）。

⑨ ［俄］Э. В. 沙弗库诺夫等著、宋玉彬译：《渤海国及其俄罗斯远东部落》，东北师范大学出版社，1997 年（原文见莫斯科科学出版社，1994 年）。

⑩ ［俄］Э. В. 沙弗库诺夫等著、宋玉彬译：《渤海国及其俄罗斯远东部落》，东北师范大学出版社，1997 年（原文见莫斯科科学出版社，1994 年）。

⑪ ［俄］Э. В. 沙弗库诺夫等著、宋玉彬译：《渤海国及其俄罗斯远东部落》，东北师范大学出版社，1997 年（原文见莫斯科科学出版社，1994 年）。

⑫ ［俄、韩］Институт истории археологии и этнографии народов Дольненого Востока ДВО РАН и др, *Итоги исследований на городище Синельниково-1 в Российском Приморье*，Тэджон，2018.

⑬ ［俄、韩］Институт истории археологии и этнографии народов Дольненого Востока ДВО РАН и др, *Городище Кокшаровка-1 в Приморье: истоги раскопок российско-корейской экспедиции в 2008-2011годах*，Тэджон，2012；［俄、韩］Институт истории археологии и этнографии народов Дольненого Востока ДВО РАН и др, *Археологические памятники Кокшаровка-1 и Кокшаровка-8 в Приморье: итоги исследований российско-корейской экспедиции в 2012-2014годах*，Тэджон，2015.

筑构件类遗物标本。基于此，虽然不排除普通民居建筑已经使用单纯实用性瓦作构件的可能性（如康士坦丁诺夫斯科耶1号村落址的考古发现），但结合学术界有关隋唐时期檐头筒瓦尚未普及应用到普通民居房屋建筑的学术认识[1]，本书将出土瓦当但未能廓清遗存性质的旷野类型遗存地点分为寺庙址、建筑址加以介绍，在学术解读时主要围绕寺庙址而展开。

二、瓦当地点的地域分布

依据文献记载，渤海政权存国期间，其疆域的行政区划包括五京、十五府、六十二州[2]。由于文献信息过于简洁，加之考古学的发现与研究相对薄弱，目前还无法将已发现的渤海遗存地点与渤海国的行政建制一一对应。学术界有关渤海行政建制的观点主张，主要是基于历史地理学考证而形成的学术判断，始终没有达成共识性学术认知。因此，本书以瓦当为学术切入点所开展的专题研究，将按照自然地域划分出土渤海瓦当的遗存地点的分布区域。参照彭善国的学术主张[3]，根据出土瓦当标本的渤海遗存地点所处的地理位置、自然环境，本书以牡丹江流域、图们江流域、绥芬河流域、波谢特湾楚卡诺夫卡河流域、西流松花江流域、鸭绿江流域、北青川流域[4]等七个自然区域为地理单元，分别对其加以客观梳理与主观考察。在辨识渤海瓦当区域性特点的基础上，最终形成渤海瓦当的总体学术认识。

---

① 申云艳：《中国古代瓦当研究》，文物出版社，2006年。
② 《新唐书》卷二一九《渤海传》，第6182页，中华书局，1975年。
③ 彭善国：《渤海遗迹调研报告》（内部资料），2005年。
④ 北青川位于朝鲜咸镜南道北青郡境内，旧称南大川。

第三章　渤海瓦当类型学考察

第一节　牡丹江流域渤海瓦当类型学考察

基于考古发现，目前，牡丹江流域计有 10 处遗存地点出土了渤海时期瓦当标本。其中，上游地区 1 处，中游地区 9 处。

一、六顶山墓地

（一）以往田野工作

六顶山墓地位于牡丹江上游地区的敦化盆地，行政区划隶属于吉林省延边朝鲜族自治州敦化市，是目前已知牡丹江上游地区最重要的渤海遗存。六顶山墓地发现于 1949 年，因埋葬有渤海第三代王——大钦茂次女贞惠公主而引起学术界的广泛关注①，1961 年被国务院公布为第一批全国重点文物保护单位。墓地分为一、二两个墓区，曾先后于 1959 年②、1964 年③、1997 年④、2004~2005 年⑤进行过 5 次不同规模的考古发掘清理工作。其中，1959 年度的发掘，在一墓区出土了 3 件瓦当标本（2 件乳丁纹瓦当、1 件"十"字花瓣纹瓦当）；1964 年度的发掘，在二墓区 M208 出土了 1 件乳丁纹瓦当。上述标本成为渤海瓦当研究不可或缺的组成部分，遗憾的是，由于资料零星，尤其是 1959 年度发掘报告发表时，没有明确标注瓦当标本的具体出土单位，在一定程度上制约了渤海瓦当研究的学术进步。2004~2005 年，吉林省文物考古研究所对墓地进行了为期两个年度的清理性考古发掘。基于此次清理，在一墓区确认了数座存在墓上瓦作建筑的墓葬。对于渤海瓦当研究

① 《吉林省文物志》编委会：《敦化市文物志》（内部资料），1985 年。

② 王承礼：《敦化六顶山渤海墓清理发掘记》，《社会科学战线》1979 年第 3 期。

③ 中国社会科学院考古研究所：《六顶山与渤海镇——唐代渤海国的贵族墓地与都城遗址》，中国大百科全书出版社，1997 年。

④ 资料现藏吉林省延边朝鲜族自治州文物管理委员会办公室。

⑤ 吉林省文物考古研究所等：《吉林敦化市六顶山墓群 2004 年发掘简报》，《考古》2009 年第 6 期；吉林省文物考古研究所等：《六顶山渤海墓葬——2004~2009 年清理发掘报告》，文物出版社，2012 年。

而言，此次工作的学术意义在于，学术界得以知晓瓦作构件类遗物标本的具体出土地点。

（二）六顶山墓地瓦当类型学考察

综合现有资料，六顶山墓地一墓区ⅠM1、ⅠM3、ⅠM4、ⅠM5和二墓区M208等5座墓葬出土了瓦当标本。通过开展类型学考察，该墓地出土瓦当的共同特点是，均遵循了"四分法"构图理念。根据其细部形制特征，可以进一步区分为Ⅰ、Ⅱ、Ⅲ等3种形制。

Ⅰ型，"双重+'四分法'"构图、"飞鸟纹+'十'字纹"复合主题纹饰瓦当。

标本ⅠM3：27，双重主题纹饰。外圈环形分布8个"抽象的飞鸟图案"主题纹饰①；内圈为"四分法"构图、"十"字纹单一主题纹饰；内、外圈纹饰带之间存在凸棱纹同心圆界格线。当心纹饰为单纯的乳突造型（图四：1）。

Ⅱ型，"双重+'四分法'"构图、"飞鸟纹+大乳丁纹+小乳丁纹"复合主题纹饰瓦当。

标本ⅠM3：35，双重主题纹饰。外圈环形分布9个"抽象的飞鸟图案"主题纹饰；内圈为"四分法"构图的复合主题纹饰——四大四小相间分布的8颗乳丁纹。当心纹饰为凸棱纹同心圆环绕乳突（图四：2）。

Ⅲ型，"四分法"构图（？）、变体"十"字纹瓦当。

因未见完整个体，依据当面残存纹饰未能分辨出其为双重主题纹饰构图抑或单纯"四分法"构图。标本ⅠM5：9，当面残存"四分法"构图的单一主题纹饰——4个变体"十"字纹，"十"字纹的横枝两端装饰有杏叶形花瓣。当心纹饰为凸棱纹同心圆（图四：3）。

二、渤海上京城

（一）以往田野工作

渤海上京城以往所开展的田野考古工作，大体上可以划分为四个阶段。第一阶段，20世纪30年代由日本学者主导的田野调查与考古发掘。根据此期的考古发现，日本东亚考古学会出版了题为《东京城——渤海国上京龙泉府址的发掘调查》的考古发掘报告②。如果按照今天的学术标准加以评判，无论是发掘方法的技术含量，还是基础资料的信息发布，此期工作均存在明显的时代性局限。同时，由于此期出土的瓦当均已流失国外，各种缺憾在很大程度上延缓了渤海瓦当研究的学术进程。第二阶段，20世纪60年代中国和朝

---

① "抽象的飞鸟图案"一词引自原报告。参见吉林省文物考古研究所等：《六顶山渤海墓葬——2004～2009年清理发掘报告》，第53页，文物出版社，2012年。

② ［日］東亞考古學會：《東京城——渤海國上京龍泉府址の發掘調查》，東方考古學叢刊甲種第五册，雄山閣，1939年。

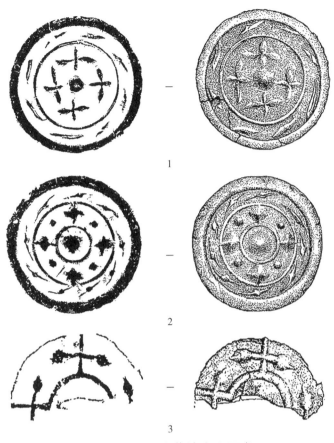

图四　六顶山墓地出土瓦当

1. Ⅰ型（ⅠM3∶27）　2. Ⅱ型（ⅠM3∶35）　3. Ⅲ型（ⅠM5∶9）

鲜联合开展的考古发掘。由于"文化大革命"的冲击，考古报告未能如期出版。1966 年，朝鲜单方面公布了部分发掘资料①；1997 年，中国出版了正式考古报告《六顶山与渤海镇——唐代渤海国的贵族墓地与都城遗址》②。然而，此次联合发掘最终公布的基础性数据同样过于简洁，内涵丰富的考古学信息依然没有得到足够充分的展示，因此，此期成果也未能成为引发渤海瓦当研究学术进步的新动力。第三阶段，20 世纪 80 年代中国学者自主开展的考古调查与发掘③。此期工作的考古收获，虽然陆续以发掘简报的形式发表于专业学术期刊，但没有对渤海瓦当研究形成强有力的学术冲击。第四阶段，1997～2007 年围绕渤海大遗址保护工程而开展的课题性、规划性考古发掘④。通过大规模、全方位的考古发掘，渤海上京城出土了信息丰富的瓦当标本。不过，由于考古资料的整理周期过于漫

① ［朝］조•중 합동 고고학발굴대 :《중국 동북 지방의 유적 발굴 보고 1963～1965》, 평양 : 사회과학원출판사 ,1966.

② 中国社会科学院考古研究所 :《六顶山与渤海镇——唐代渤海国的贵族墓地与都城遗址》，中国大百科全书出版社，1997 年。下文简称《六顶山与渤海镇》。

③ 黑龙江省文物考古工作队 :《渤海上京宫城第一宫殿东、西廊庑遗址发掘清理简报》，《文物》1985 年第 11 期；黑龙江省文物考古工作队 :《渤海上京宫城第 2、3、4 号门址发掘简报》，《文物》1985 年第 11 期；黑龙江省文物考古研究所 :《渤海上京宫城内房址发掘简报》，《北方文物》1987 年第 1 期。

④ 黑龙江省文物考古研究所 :《渤海上京城——1998～2007 年度考古发掘调查报告》，文物出版社，2009 年。

长，新的考古资料未能及时推动渤海瓦当研究的学术进步。

21 世纪伊始，渤海瓦当研究出现转机。首先，日本学者田村晃一不仅对东京大学收藏的 1933～1934 年出土于渤海上京城的瓦当标本进行了系统整理，而且发表了系列研究成果。基于此，学术界得以了解尘封多年的渤海上京城出土瓦当的诸多基础性信息①。其次，经过艰辛努力，黑龙江省文物考古研究所于 2009 年出版了渤海上京城集十年发掘资料于一身的考古报告《渤海上京城——1998～2007 年度考古发掘调查报告》②。最后，伴随新、旧瓦当资料的相继发表、出版，学术界适时开展了渤海上京城出土瓦当的类型学考察③。以此为契机，渤海瓦当研究步入了全新的时代。

针对渤海上京城出土的瓦当标本，本书将开展三个层次的学术考察。第一，在全面收集学术资源的基础上，按照统一的学术标准进行系统的类型学考察。第二，理性判断不同遗迹单位出土瓦当的共性化特征、个性化差异。第三，在宏观学术视野下，形成渤海上京城出土瓦当的整体性学术认识。

为便于表述，同时，也为便于理解，下文将要开展的渤海上京城出土瓦当类型学考察，并没有按照考古资料发表的时间顺序加以介绍，而是通过资料最为丰富的《渤海上京城》发掘报告加以展开。

（二）《渤海上京城——1998~2007 年度考古发掘调查报告》开展的瓦当研究的述评

1. 《渤海上京城》所开展的瓦当类型学考察

《渤海上京城》所公布的瓦当信息，先是根据瓦当的纹样形态进行了学术命名与类型划分，在此基础上，结合瓦当细部的形制特点进行了类型学考察。基于当面主题纹饰的形制特点，报告认为："根据当面纹饰构成的不同，可分莲花纹、莲蕾纹、宝相花纹 3 种"瓦当④。

关于莲花纹瓦当的形制特点，报告的界定是："当面为凸起的莲花纹饰，由外向内分别

---

① ［日］田村晃一著、李云铎译：《关于渤海瓦当花纹的若干考察》，《历史与考古信息·东北亚》2003 年第 1 期（原文见《青山史学》第 19 号，青山学院大学史学研究室，2001 年）；［日］田村晃一著、何恭倨译：《关于渤海瓦当的再考察》，《历史与考古信息·东北亚》2003 年第 2 期（原文见《早稻田大学大学院文学研究科纪要》第 47 辑第四分册，2002 年）；［日］田村晃一著、郝海波译：《关于渤海上京龙泉府址——东京城出土的瓦当》，《历史与考古信息·东北亚》2007 年第 1 期（节译自《渤海都城的考古学研究》，平成 14、15 年度科学研究经费补助金项目）；［日］田村晃一著、唐淼译：《上京龙泉府出土莲花纹瓦当的研究》，《东北亚考古资料译文集》（7），北方文物杂志社，2007 年（节译自《东亚的都城与渤海》，财团法人东洋文库，2005 年）。

② 黑龙江省文物考古研究所：《渤海上京城——1998～2007 年度考古发掘调查报告》，文物出版社，2009 年。下文简称《渤海上京城》。

③ 宋玉彬、刘玉成：《渤海上京瓦当的类型学考察》，《东北史地》2011 年第 5 期。

④ 黑龙江省文物考古研究所：《渤海上京城——1998～2007 年度考古发掘调查报告》，第 106 页，文物出版社，2009 年。

是莲瓣、莲瓣间装饰花纹、圈和点等组成的莲实，分为七瓣、六瓣、五瓣、四瓣四类。"①

关于莲蕾纹瓦当的形制特点，报告的界定是："莲蕾纹瓦当，图案中有 4 个花瓣，花瓣状若莲蕾，瓣间饰枝状纹饰。线条高厚，清晰流畅。莲实由中心凸起和其外的圆环组成，圆环线条较细，中心凸起呈较高陡的丘状，丘底部几乎填满圆环。"②

关于宝相花纹瓦当的形制特点，报告认为："图案整体呈宝相花状，中心为一个圆台状突起。整个图案以圆台状凸起为中心向外辐射，外部由 4 个形状相同的花枝组成。花枝中间为竖直的枝条，枝条线条向内较细，与中心凸起相连，端部呈芽状……"③

通过开展类型学考察，该报告将其所著录的瓦当标本区分出 3 类、6 型、31 种亚型。3 类为莲花纹瓦当、莲蕾纹瓦当、宝相花纹瓦当；6 型为七瓣莲花纹、六瓣莲花纹、五瓣莲花纹、四瓣莲花纹、莲蕾纹、宝相花纹；31 种亚型为在 6 型瓦当基础上进一步区分出来的 31 种类型。

（1）莲花纹瓦当

①七瓣莲花纹瓦当

由于此类瓦当均施萼形纹间饰，报告将其统一命名为七瓣 A 型。根据当面纹饰的细部特征，进一步区分出 3 种亚型，即七瓣 Aa、Ab、Ac 型。

②六瓣莲花纹瓦当

由于此类瓦当存在 7 种纹样各异的间饰纹，报告将此类瓦当分为 7 种类型，依次命名为六瓣 A～G 型。根据当面纹饰的细部特征，将其中 2 型细分出 13 种亚型。故而，六瓣莲花纹瓦当存在 18 种形制的瓦当类型。

六瓣 A 型，萼形纹间饰，该型存在 11 种亚型：Aa～Ak。

六瓣 B 型，"十"字纹间饰，该型存在 2 种亚型：Ba、Bb。

六瓣 C 型，植物纹间饰，1 种形制。

六瓣 D 型，曲线、折线纹间饰，1 种形制。

六瓣 E 型，弯月纹（外旋弧线纹，下同）间饰，1 种形制。

六瓣 F 型，T 形间饰，1 种形制。

六瓣 G 型，残，间饰不清，1 种形制。

③五瓣莲花纹瓦当

由于此类瓦当存在 4 种纹样各异的间饰纹，报告将此类瓦当分为 4 种类型，依次命名

① 黑龙江省文物考古研究所：《渤海上京城——1998～2007 年度考古发掘调查报告》，第 106、110 页，文物出版社，2009 年。

② 黑龙江省文物考古研究所：《渤海上京城——1998～2007 年度考古发掘调查报告》，第 346 页，文物出版社，2009 年。

③ 黑龙江省文物考古研究所：《渤海上京城——1998～2007 年度考古发掘调查报告》，第 347 页，文物出版社，2009 年。

为五瓣 A～D 型。根据当面纹饰的细部特征，将其中 2 型细分出 4 种亚型。故而，五瓣莲花纹瓦当存在 6 种形制的瓦当类型。

五瓣 A 型，萼形纹间饰，该型存在 2 种亚型：Aa、Ab。

五瓣 B 型，萼形纹复合弯月纹或单纯弯月纹间饰，该型存在 2 种亚型：Ba、Bb。

五瓣 C 型，T 形间饰，1 种形制。

五瓣 D 型，内旋弧线形间饰，1 种形制。

④四瓣莲花纹瓦当

由于此类瓦当存在 2 种纹样各异的间饰纹，报告将此类瓦当分为 2 种类型，依次命名为四瓣 A、B 型。

四瓣 A 型，连珠纹复合"十"字纹间饰，1 种形制。

四瓣 B 型，植物纹间饰，1 种形制。

（2）莲蕾纹，1 种形制。

（3）宝相花纹，1 种形制。

2. 对《渤海上京城》瓦当类型学考察的检讨

（1）存在的问题

为了便于开展渤海上京城出土瓦当的类型学考察，《渤海上京城》统一界定了不同形制瓦当的命名原则、分类标准。不过，通读报告后发现，其在具体操作过程中存在一些疏漏。概括起来，问题有二：

其一，虽然报告统一界定了渤海上京城出土瓦当标本的类型划分标准，但由于其未能编制一张完整的类型学图例，从而导致该报告在介绍不同遗迹单位出土的瓦当标本时，出现了表述不一、彼此矛盾等方面的问题。

其二，报告将第 3、4 号宫殿视为同一建筑单元的前、后两个组成部分，这种主张本无可厚非，但其统一介绍两者出土遗物的做法过于武断，属于硬性要求学术界接受其主观判断，从而导致诸多基础性信息的缺失。

（2）对《渤海上京城》学术认识的修正

①针对瓦当主题纹饰学术命名所做的部分调整

《渤海上京城》"第二章第四节"明确指出，渤海上京城存在莲花纹、莲蕾纹、宝相花纹等 3 种主题纹饰的瓦当类型。

报告在介绍第 3、4 号宫殿址出土的瓦当标本时，著录了 1 件"宝相花纹"瓦当标本：标本 01NSGⅠT008015②：51（《渤海上京城》图二四〇：4；图版二五七：2）。根据西古城①、

---

①　吉林省文物考古研究所等：《西古城——2000～2005 年度渤海国中京显德府故址田野考古报告》，文物出版社，2007 年。

八连城公布的瓦当资料①，第 3、4 号宫殿址的"宝相花纹"瓦当的主题纹饰与上述城址的"花草纹"瓦当的主题纹饰存在内在关联。同时，依据田村晃一披露的资料，东京大学收藏有渤海上京城出土的单纯的"花草纹"瓦当②。基于此，本书将《渤海上京城》公布的"宝相花纹"瓦当更名为"花草纹"瓦当。

报告在介绍第 2 号宫殿址出土的瓦当标本时，以"莲蕾纹"之名介绍了 2 件标本：04NSGⅣT013005②：1 和 99NSGⅣT001002②：2。但在报告的插图、图版中（《渤海上京城》图八五：5、6；图版一六九：5、6），却将之冠名为"四瓣莲花纹 B 型瓦当""莲花纹"，从而导致了图文不符。为了避免学术误导，本书将第 2 号宫殿址出土的上述 2 件标本统一定名为"莲蕾纹"瓦当。

②对《渤海上京城》划分的瓦当"型"所做的部分调整

A. 对《渤海上京城》划分的七瓣莲花纹瓦当的修正

在《渤海上京城》所区分的七瓣 Ab 型莲花纹瓦当中，一些标本的"莲花纹"花瓣没有装饰凸棱纹外轮廓线，因此，需要将其从 Ab 型中剥离，重新命名为七瓣莲花纹瓦当的新的亚型。例如：标本 00NSGⅠT009007②：18（《渤海上京城》图二二四：4；图版二五○：1）、标本 00 NSGⅠT009007②：5（《渤海上京城》图二一一：1）、标本 00 NSGⅠT006009②：63（《渤海上京城》图二一一：2）。

B. 对《渤海上京城》划分的六瓣莲花纹瓦当（图五：1）的修正

a. 在介绍第 3、4 号宫殿址区域出土瓦当时，报告所划分的六瓣 Bb 型瓦当中，标本 00 NSGⅠT007006②：12（图五：2）、标本 00 NSGⅠT008010①a：59（图五：3），其"莲花纹"花瓣凸棱纹轮廓线的内部，两瓣花肉之间无界格线，其形制有别于该城址其他六瓣 Bb 型瓦当，应重新命名为新型瓦当。

b. 在介绍第 3、4 号宫殿址区域出土瓦当时，报告所划分的六瓣 Bb 型瓦当中，标本 00 NSGⅠT004006①a：6（图五：4），"莲花纹"花瓣凸棱纹轮廓线内部的花肉呈凸棱纹轮廓线造型，其形制与该城址其他六瓣 Bb 型瓦当呈实体造型的花肉存在差异，需将之命名为新型瓦当。

c. 在介绍第 5 号宫殿南门址出土瓦当时，报告所划分的六瓣 Bb 型瓦当中，标本 02NSGⅠM：11，"莲纹"花瓣凸棱纹轮廓线的内部填充三瓣花肉，其间无界格线，这一特征有别于该城址其他六瓣 Bb 型瓦当，应将其重新命名为新型瓦当（图五：5）。

d. 在介绍皇城南门址出土瓦当时，报告所划分的六瓣 Ad 型瓦当中，标本 07NSHⅣT002084②：43（《渤海上京城》图三八三：4），当心纹饰由里及外为乳突→6 颗

①　吉林省文物考古研究所等：《八连城——2004～2009 年度渤海国东京故址田野考古报告》，文物出版社，2014 年。

②　[日] 田村晃一著、唐森译：《上京龙泉府出土莲花纹瓦当的研究》，《东北亚考古资料译文集》（7），北方文物杂志社，2007 年（节译自《东亚的都城与渤海》，财团法人东洋文库，2005 年）。

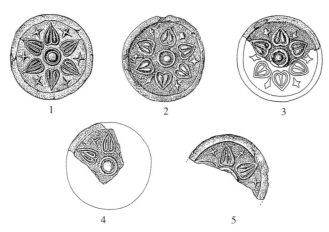

图五　渤海上京城出土六瓣 Bb 型瓦当
1. 标准 Bb 型　2. 标本 00NSGⅠT007006②：12　3. 标本 00NSGⅠT008010①a：59
4. 标本 00NSGⅠT004006①a：6　5. 标本 02NSGⅠM：11

连珠纹→凸棱纹同心圆，这种形制属于报告所界定的六瓣 Ae 型瓦当。

e. 在介绍皇城南门址出土瓦当时，报告所划分的 7 件六瓣 Ae 型瓦当中，标本 07NSHⅢT002083②：34（《渤海上京城》图三八三：5），当心纹饰由里及外为乳突→凸棱纹同心圆→连珠纹，这种形制属于报告所界定的六瓣 Ag 型瓦当。

f. 在介绍皇城南门址出土瓦当时，报告所划分的六瓣 Af 型瓦当中，标本 07NSHⅢT003084②：16（《渤海上京城》图三八三：6），当心纹饰由里及外为乳突→凸棱纹同心圆→连珠纹复合"十"字纹，这种形制属于报告所界定的六瓣 Ah 型瓦当。

g. 在介绍第 50 号宫殿址出土瓦当标本时，其文中记述的六瓣 Ac 型瓦当，图及图版均被标注为 Aa 型，如标本 04SYDD1：9（《渤海上京城》图三六三：2；图版三四四：2）。

h. 在介绍第 50 号宫殿址出土瓦当时，报告所划分的 5 件六瓣 E 型瓦当中，标本 04SYDD1：13、标本 04SYDD1：8（《渤海上京城》图三六四：5、6；图版三四五：5、6），其 T 形间饰有别于该城址其他六瓣 E 型瓦当，与报告的六瓣 F 型瓦当形制相同。

i. 通过图文对照，第 50 号宫殿址出土的 22 件六瓣 Ab 型瓦当，其形制特征与该宫殿址出土的 7 件 Ag 型瓦当基本一致。因此，应将 22 件六瓣 Ab 型瓦当并入报告所划分的 Ag 型瓦当，如标本 04SYDL1：12（《渤海上京城》图三六三：4；图版三四四：4）。

C. 对《渤海上京城》划分的五瓣莲花纹瓦当的修正

a. 在介绍第 3、4 号宫殿址出土瓦当时，报告将标本 00NSGⅠT009013②：3（《渤海上京城》图二三八：3；图版二五五：6）划分为五瓣 Ba 型瓦当，将标本 00 NSGⅠT007010①a：1（《渤海上京城》图二三八：4；图版二五六：1）划分为五瓣 Bb 型瓦当。前者所施"弯月纹+萼形纹"间饰，与该城址其他遗迹单位出土的同型标本的间饰纹存在明显的形制差异；后者所施内旋弧线纹间饰，与报告所划分的五瓣 D 型瓦当形制相近。因此，该区域所划分的 Ba、Bb 型瓦当均应重新予以定"型"。同时，鉴于 Bb 型瓦当与报告公布的五瓣 D 型瓦当存在关联，需要重新考虑渤海上京城出土的五瓣 D 型瓦当标本的命名问题。

b. 在第 2 号宫殿址划分的五瓣 D 型瓦当中，标本 99NSGⅣT002001②：7（《渤海上京城》图八五：3；图版一六九：3）施"弯月纹+尊形纹"间饰，有别于该城址其他五瓣 D 型瓦当，与第 3、4 号宫殿址的五瓣 Ba 型瓦当形制相同。因此，第 2 号宫殿址的五瓣 D 型瓦当应随第 3、4 号宫殿址的五瓣 Ba 型瓦当统一更名。

c. 第 50 号宫殿址著录的 2 件五瓣 Aa 型瓦当，标本 05SYDF5：137（《渤海上京城》图三六五：1；图版三四六：1）呈单纯乳突造型的当心纹饰，有别于该城址其他五瓣 Aa 型瓦当，按其形制应将其归入报告所划分的五瓣 Ab 型瓦当。

d. 第 50 号宫殿址著录的五瓣 C 型瓦当，标本 05SYDF5：138（《渤海上京城》图三六五：2；图版三四六：2）的"十"字形间饰，有别于该城址其他五瓣 C 型瓦当，应将其重新命名为新型瓦当。

综上，基于类型学考察，对《渤海上京城》公布的瓦当资料做如下修正。

首先，按照报告所划分的类型，对部分瓦当标本进行了必要的调整：

A. 皇城南门址出土的 4 件六瓣 Ad 型瓦当标本应归入报告的 Ae 型瓦当；

B. 皇城南门址出土的六瓣 Af 型瓦当应归入报告的 Ah 型瓦当；

C. 第 50 号宫殿址出土的 22 件六瓣 Ab 型瓦当均应归入报告的 Ag 型瓦当；

D. 第 50 号宫殿址出土的 2 件五瓣 Aa 型瓦当应归入报告的 Ab 型瓦当；

E. 皇城南门址出土的 7 件六瓣 Ae 型瓦当标本应归入报告的 Ag 型瓦当；

F. 第 50 号宫殿址出土的 2 件六瓣 E 型瓦当应归入报告的 F 型瓦当；

其次，基于形制特点，一些瓦当标本需要重新予以定名。

G. 第 3、4 号宫殿址出土的五瓣 Ba、Bb 型瓦当，以及报告划分的五瓣 D 型瓦当，需要重新考虑其"型"的划分；

H. 第 2 号宫殿址出土的五瓣 D 型瓦当与第 3、4 号宫殿址出土的五瓣 Ba 型瓦当形制相同，应统一予以定名；

I. 第 50 宫殿址出土的五瓣 C 型瓦当需要重新予以定名。

J. 第 3、4 号宫殿址区域出土的部分六瓣 Bb 型瓦当需要重新予以定名；

K. 第 5 号宫殿南门址出土的六瓣 Bb 型瓦当需要重新予以定名；

L. "宝相花纹"瓦当更名为"花草纹"瓦当；

M. 第 2 号宫殿址介绍的 2 件"莲蕾纹"瓦当标本应予以统一定名；

N. 七瓣 Ab 型莲花纹瓦当中的一些标本应重新定名为七瓣 Ac 型莲花纹瓦当；

最后，在《渤海上京城》所划分的瓦当类型中，4 种类型（1 种见于七瓣 Ab 型、3 种见于六瓣 Bb 型）需要重新定"型"。如此，《渤海上京城》公布的瓦当资料可以区分出 35 种形制。

（三）《六顶山与渤海镇——唐代渤海国的贵族墓地与都城遗址》开展的瓦当研究的述评

1. 《六顶山与渤海镇》所开展的瓦当类型学研究

基于类型学考察，《六顶山与渤海镇》指出：此次发掘出土的"所有的瓦当都饰莲花纹，按照纹样的变化和差异，可以分为四型"①。根据纹饰细部差异，该报告总计区分出17种形制的瓦当标本。

A型，七瓣莲纹瓦当。萼形间饰，当心纹饰存在9颗连珠纹造型。该型瓦当出自寝殿遗址、城北9号佛寺址。

B型，六瓣莲纹瓦当。"根据纹样细部的差异，可分为十一式"（双引号内文字为原报告语，下同）：

BⅠ式，当心纹饰由里及外为乳突→10颗连珠纹→凸棱纹同心圆。均发现于寝殿遗址。

BⅡ式，"莲瓣及萼形纹肥宽"，当心纹饰存在7颗连珠纹或6颗连珠纹造型。该型瓦当发现于寝殿遗址、"堆房"遗址和官署遗址。

BⅢ式，"莲肉和萼形纹较细瘦，莲实的小圆珠减为六个，其位置在圆圈之外"，即当心纹饰存在6颗连珠纹造型。该型瓦当发现于寝殿遗址及东半城1号佛寺址。

BⅣ式，"莲实圆圈外的小圆珠之间插入'十'字纹"。该型瓦当发现于寝殿遗址。

BⅤ式，"莲实的小圆珠之间插入弧线纹"。该型瓦当发现于城北9号佛寺址。

BⅥ式，"十"字形间饰，"除'堆房'遗址之外，各个遗址都有发现"。

BⅦ式，"与BⅥ式基本相似，但莲实由半球状凸起和一圆圈组成。""除城门遗址以外，各个遗址都有发现。"

BⅧ式，T形间饰。该型瓦当发现于"堆房"遗址和东半城1号佛寺遗址。

BⅨ式，"除寝殿和城门遗址以外，各个遗址都有发现"，"莲实圆圈外有的仍有六个小圆珠，有的已无"，东半城1号佛寺址两者均出。

BⅩ式，"发现于官署遗址和城门址……各莲瓣之间插入由曲线或折线所构成的图案，较为复杂"（《渤海上京城》称之为"莲瓣之间均装饰有6种形状不同的装饰花纹"）。

BⅪ式，"莲瓣仅存轮廓线，无肉，每一莲瓣的两侧各添一弧形曲线，各瓣之间插入弧线纹"（《渤海上京城》称之为"瓣间饰有1个细长的萼形纹和2个仰月纹组成的草形纹"）。该型瓦当发现于城北9号佛寺址。

C型，五瓣莲纹瓦当。"根据纹样细部的差异，可分为四式"：

CⅠ式，"各莲瓣之间插一萼形纹，莲实较小，小圆珠为五个，在圆圈之内"。该型瓦

---

① 中国社会科学院考古研究所：《六顶山与渤海镇——唐代渤海国的贵族墓地与都城遗址》，第101页，中国大百科全书出版社，1997年。

当发现于寝殿遗址。

Ｃ Ⅱ 式，"仅见于'堆房'遗址。形制与Ｃ Ⅰ 式相似，莲实的小圆珠在圆圈之上"。

Ｃ Ⅲ 式，"仅见于'堆房'遗址。形制与Ｃ Ⅱ 式相似，唯莲实的小圆珠已不存在"。

Ｃ Ⅳ 式，"仅见于城北9号佛寺遗址……各莲瓣之间插入一个萼形纹、两个弧线纹；莲实的半球形凸起较小，小萼珠为八个，位置在圆圈之内"。

Ｄ 型，四瓣莲纹瓦当。"1件……发现于寝殿遗址，为所有瓦当中最少见的一种……莲花为四瓣，莲瓣轮廓线卷曲，肉较瘦，仅一片；各莲瓣之间插一叉形纹"。

2. 对《六顶山与渤海镇》瓦当类型学考察的检讨

为了完成本书的命题研究，需要对渤海上京城出土的瓦当开展统一标准的类型学考察。为此，对《六顶山与渤海镇》所进行的型式划分加以必要的学术调整。

（1）对报告中瓦当纹饰命名的修正

报告将其所著录的瓦当划分为Ａ、Ｂ、Ｃ、Ｄ等4种类型，并将其均称为莲纹瓦当。通过图文比对，该报告的Ａ、Ｂ、Ｃ等3型瓦当与《渤海上京城》所著录的莲花纹瓦当相同，其Ｄ型瓦当与《渤海上京城》所著录的莲蕾纹瓦当相同。因此，为了便于开展渤海上京城出土瓦当的类型学考察，需将Ａ、Ｂ、Ｃ等3型瓦当更名为莲花纹瓦当，将Ｄ型瓦当更名为莲蕾纹瓦当。

（2）对报告所使用的类型学概念的修正

报告在运用类型学概念时，对"型""式"的理解存在误区。1997年出版《六顶山与渤海镇》时，学术界已经倾向性认为，在类型学概念中，"型"是遗物间共时性年代关系概念，"式"是遗物间历时性年代关系的概念。报告虽然将Ｂ型瓦当进一步细分为11式，但并没有指出各"式"之间存在的历时性相对早晚关系，说明在报告编写者的理念中，其所划分的"式"不具有纵向时间概念。鉴于此，在开展新的类型学考察时，为了学术规范，需要将Ｂ型11式瓦当转化成不同的"型"与"亚型"。

（3）对报告所划分的瓦当型式的修正

报告对Ｂ型瓦当所进行的11种"式"别的区分，未能明确规定具体的分类标准，从而导致其所划定的各"式"瓦当之间缺少必要的内在形制关联。对此，田村晃一曾提出质疑："关于各型式间的关系却毫未涉及。"[1] 除此之外，在报告所区分的同"式"标本之中，一些标本存在明显的形制差异，基于此，同《渤海上京城》一样，《六顶山与渤海镇》也存在异型标本同型化问题。

总体而言，在《六顶山与渤海镇》所划分的Ｂ型11种形制的瓦当中，存在萼形、"十"字形、Ｔ形、"弯月形"、曲线形、折线形、弧线形、弯月纹复合萼形纹等8种间饰

---

① ［日］田村晃一著、李云铎译：《关于渤海瓦当花纹的若干考察》，《历史与考古信息·东北亚》2003年第1期（原文见《青山史学》第19号，青山学院大学史学研究室，2001年）。

图案，不能笼统地称之为"B型"，应重新予以学术命名。

a. 报告所著录的BⅡ型瓦当标本中，根据其各自的具体形制特征应进一步区分出2种亚型。如：标本T113：12，当心纹饰呈现7颗连珠纹环绕乳突的形制特点（《六顶山与渤海镇》图59：3）；标本T306：305，当心纹饰呈现6颗连珠纹环绕乳突的形制特点（《六顶山与渤海镇》图版88：5）。

b. 在报告所著录的BⅦ型瓦当标本中，基于同样的原因，也可以进一步区分出2种亚型。如标本T306：7，其"莲花纹"花瓣凸棱纹轮廓线内部填充的两瓣花肉之间存在界格线（《六顶山与渤海镇》图版90：2）；标本T415：12（图六：1）、标本T001：106（图六：2）则与之不同，其"莲花纹"花瓣凸棱纹轮廓线的内部没有界格线，呈三瓣花肉造型。

c. 在报告所著录的BⅨ型瓦当标本中，同样可以进一步区分出2种亚型。标本T001：107，当心纹饰没有连珠纹构图（图六：3），标本T408：6，当心纹饰存在连珠纹构图（图六：4）。

如此，在《六顶山与渤海镇》所划分的B型瓦当中，可以将11种亚型拓展至14种亚型。结合该报告所公布的仅有1"式"的A型瓦当、共有4"式"的C型瓦当和仅有1"式"的D型瓦当，此次发掘出土的瓦当总计可以分出20种亚型。其中，在《六顶山与渤海镇》所公布的瓦当中，有3种形制的瓦当未见于《渤海上京城》，分别为BⅨ型瓦当（当心纹饰无连珠纹环绕）、BⅪ型瓦当、CⅡ型瓦当。

（4）《六顶山与渤海镇》与《渤海上京城》各型瓦当的对应关系

A型对应《渤海上京城》七瓣Aa型，出土于寝殿遗址、城北9号佛寺址。

BⅠ型对应《渤海上京城》六瓣Aa型，均出土于寝殿遗址。

BⅡ型与《渤海上京城》的对应关系是，当心7连珠标本对应六瓣Ad型，出土于寝殿遗址、"堆房"遗址和官署遗址；当心6连珠标本对应六瓣Ae型，出土于寝殿遗址。

图六　《六顶山与渤海镇》著录瓦当

1. 标本T415：12　2. 标本T001：106　3. 标本T001：107　4. 标本T408：6

BⅢ型对应《渤海上京城》六瓣 Ag 型，出土于寝殿遗址及东半城 1 号佛寺址。

BⅣ型对应《渤海上京城》六瓣 Ah 型，出土于寝殿遗址。

BⅤ型对应《渤海上京城》六瓣 Ai 型，出土于城北 9 号佛寺址。

BⅥ型对应《渤海上京城》六瓣 Ba 型，"除'堆房'遗址之外，各个遗址都有发现"。

BⅦ型与《渤海上京城》的对应关系是，"莲花纹"花瓣凸棱纹轮廓线内部填充两瓣花肉的标本对应六瓣 Bb 型；"莲花纹"花瓣凸棱纹轮廓线内部填充三瓣花肉标本与《渤海上京城》同种形制的瓦当需要重新定"型"。"除城门遗址以外，各个遗址都有发现"。

BⅧ型对应《渤海上京城》六瓣 F 型，"发现于'堆房'遗址和东半城 1 号佛寺遗址"。

BⅨ型与《渤海上京城》的对应关系是，当心纹饰有连珠环绕的标本对应六瓣 E 型；当心纹饰无连珠环绕的标本未见于《渤海上京城》。"除寝殿和城门遗址以外，各个遗址都有发现"。

BⅩ型对应《渤海上京城》六瓣 D 型。

BⅪ型，未见于《渤海上京城》。

CⅠ型对应《渤海上京城》五瓣 Aa 型。

CⅡ型，未见于《渤海上京城》。

CⅢ型对应《渤海上京城》五瓣 Ab 型。

CⅣ型对应《渤海上京城》五瓣 Ba 型。

D 型对应《渤海上京城》莲蕾纹瓦当。

（四）对《东京城——渤海国上京龙泉府址的发掘调查》及田村晃一系列研究的检讨

日本东亚考古学会出版的《东京城——渤海国上京龙泉府址的发掘调查》，以插图、图版方式著录了 25 件瓦当标本，书中根据主题纹饰花瓣瓣数，将其所著录的瓦当分为七瓣、六瓣、五瓣、四瓣等 4 种类型①。除此之外，该报告未再进行更为细致的类型学考察。

2001~2005 年，通过《关于渤海瓦当花纹的若干考察》②《关于渤海瓦当的再考察》③《关于渤海上京龙泉府址——东京城出土的瓦当》④《上京龙泉府出土莲花纹瓦当的研

① ［日］東亞考古學會：《東京城——渤海國上京龍泉府址の發掘調查》，東方考古學叢刊甲種第五册，雄山閣，1939 年。下文简称《东京城》。

② ［日］田村晃一著、李云铎译：《关于渤海瓦当花纹的若干考察》，《历史与考古信息·东北亚》2003 年第 1 期（原文见《青山史学》第 19 号，青山学院大学史学研究室，2001 年）。

③ ［日］田村晃一著、何恭倨译：《关于渤海瓦当的再考察》，《历史与考古信息·东北亚》2003 年第 2 期（原文见《早稻田大学大学院文学研究科纪要》第 47 辑第四分册，2002 年）。

④ ［日］田村晃一著、郝海波译：《关于渤海上京龙泉府址——东京城出土的瓦当》，《历史与考古信息·东北亚》2007 年第 1 期（节译自《渤海都城的考古学研究》，平成 14、15 年度科学研究经费补助金项目）。

究》①等四篇论文，田村晃一开展了渤海瓦当系列研究。其中，《关于渤海瓦当花纹的若干考察》是针对《东京城》著录的瓦当开展的类型学考察；《关于渤海瓦当的再考察》则是基于瓦当之形制差异而开展的具体遗迹营建时序讨论；《关于渤海上京龙泉府址——东京城出土的瓦当》是其整理东京大学收藏的渤海上京城出土瓦当而得出的初步学术认识；《上京龙泉府出土莲花纹瓦当的研究》是其对渤海上京城出土瓦当所进行的综合性学术阐述。

1. 《关于渤海瓦当花纹的若干考察》（以下简称"田村一"）的瓦当类型学考察

2001 年，通过"田村一"，田村晃一将《东京城》著录的瓦当标本分为三类 7 型。

第一类，七瓣莲花纹、萼形间饰纹瓦当，3 种形制。

A 型，当心纹饰存在 7 颗连珠纹装饰造型。

B 型，当心纹饰存在 9 颗连珠纹装饰造型。

C 型，当心纹饰存在 7 颗连珠纹装饰造型，但主题纹饰"莲花纹"花瓣的花肉没有外轮廓线。

第二类，六瓣莲花纹、萼形间饰纹瓦当，2 种形制。

A 型，当心纹饰："珠纹在中央隆起部和圈线之间"（双引号内文字为日文论文的中文译文，下同。意指凸棱纹同心圆内连珠纹环绕乳突）。

B 型，当心纹饰："珠纹在圈线之外"（即当心纹饰由里及外为乳突、凸棱纹同心圆、连珠纹）。

第三类，六瓣莲花纹、"十"字形或半月形间饰纹瓦当，2 种形制。

A 型，当心纹饰："珠纹在圈线之外"（即当心纹饰由里及外为乳突、凸棱纹同心圆、连珠纹）。

B 型，当心纹饰没有珠纹（即凸棱纹同心圆环绕乳突）。

2. 对"田村一"瓦当研究的检讨

通过开展类型学考察，田村晃一注意到，渤海上京城出土的莲花纹瓦当，其"莲花纹"花瓣存在有、无凸棱纹外轮廓线之细部形制差别。不过，在其后来所发表的研究成果中，该细部形制差别不再是其所坚持的分型标准。客观而言，"田村一"的分类存在两个问题：其一，该文在已经注意到瓦当所施间饰纹存在诸多差异的情况下，因过于关注当心纹饰的变化而没有将间饰纹视为分型的重要依据，从而导致其所设定的类型学分类标准疏于严谨；其二，由于其未能将《东京城》著录的所有瓦当标本均纳入类型学考察的学术视野，从而导致其所划分的瓦当类型具有一定的片面性。

回到《东京城》报告，根据其所著录的 25 件瓦当标本的图像学信息（清绘图、图

---

① ［日］田村晃一著、唐森译：《上京龙泉府出土莲花纹瓦当的研究》，《东北亚考古资料译文集》（7），北方文物杂志社，2007 年（节译自《东亚的都城与渤海》，财团法人东洋文库，2005 年）。

片），依据其形制特征，可以区分出 14 种形制的瓦当类型。

Ⅰ型，七瓣莲花纹、萼形间饰纹瓦当。根据纹饰的细部形制差别，可以将其进一步划分为 3 种亚型。

Ⅰa 型（《东京城》图版七七：1），同于"田村一"第一类 B 型、《六顶山与渤海镇》A 型、《渤海上京城》七瓣 Aa 型。

Ⅰb 型（《东京城》图版七七：2），同于"田村一"第一类 A 型、《渤海上京城》七瓣 Ab 型。

Ⅰc 型（《东京城》图版七八：4），同于"田村一"第一类 C 型，《渤海上京城》未予区分。

Ⅱ型，六瓣莲花纹、萼形间饰纹瓦当。根据纹饰的细部形制差别，可以将其进一步划分为 3 种亚型。

Ⅱa 型（《东京城》图版七七：3），同于"田村一"第二类 A 型、《六顶山与渤海镇》部分 BⅡ型、《渤海上京城》六瓣 Ae 型。

Ⅱb 型（《东京城》图版七七：6），同于"田村一"第二类 B 型、《六顶山与渤海镇》BⅢ型、《渤海上京城》六瓣 Ag 型。

Ⅱc 型（《东京城》图版七八：3），当心纹饰由里及外为乳突→凸棱纹同心圆→珠纹复合弧线纹。该型瓦当同于《六顶山与渤海镇》BⅤ型，同于《渤海上京城》六瓣 Ai 型，"田村一"未予区分。

Ⅲ型，六瓣莲花纹、"十"字形间饰纹瓦当。根据纹饰的细部形制差别，可以将之进一步划分为 3 种亚型。

Ⅲa 型（《东京城》插图四八：1、3；图版七八：5），当心纹饰由里及外为乳突→凸棱纹同心圆→连珠纹。该型瓦当同于《六顶山与渤海镇》BⅣ型、《渤海上京城》六瓣 Ba 型，包括"田村一"第三类 A 型的部分标本。

Ⅲb 型（《东京城》图版七七：4；图版七八：5），当心纹饰由里及外为乳突→凸棱纹同心圆。该型瓦当同于《六顶山与渤海镇》部分 BⅦ型、《渤海上京城》六瓣 Bb 型，包括"田村一"第三类 B 型的部分标本。

Ⅲc 型（《东京城》插图四九），主题纹饰的莲瓣只有轮廓线，没有花肉。当心纹饰由里及外为乳突→凸棱纹同心圆→12 颗连珠纹。该型瓦当"田村一"未予区分，不见于《六顶上与渤海镇》《渤海上京城》。

Ⅳ型，六瓣莲花纹、植物形间饰纹瓦当。1 种形制（《东京城》图版七八：2），当心纹饰由里及外为乳突→凸棱纹同心圆→6 颗连珠纹。该型瓦当"田村一"未予区分，不见于《六顶山与渤海镇》，同于《渤海上京城》六瓣 C 型。

Ⅴ型，六瓣莲花纹、"'十'字纹+云纹"间饰纹瓦当。1 种形制（《东京城》图版七八：6），当心纹饰由里及外为乳突→凸棱纹同心圆→连珠纹。该型瓦当"田村一"未予区分，不见于《六顶山与渤海镇》，同于《渤海上京城》六瓣 G 型。

Ⅵ型，六瓣莲花纹瓦当。莲瓣之间饰以 6 种不同纹样的间饰，1 种形制（《东京城》图版八五：1、2），当心纹饰由里及外为乳突→凸棱纹同心圆→连珠纹。该型瓦当同于《六顶山与渤海镇》BX 型、《渤海上京城》六瓣 D 型，"田村一"未予区分。

Ⅶ型，五瓣莲花纹瓦当。1 种形制（《东京城》图版七八：7），内旋弧线纹间饰，当心纹饰由里及外为乳突→凸棱纹同心圆→连珠纹。该型瓦当同于《渤海上京城》第 3、4 号宫殿址出土的五瓣 D 型，"田村一"未予区分，不见于《六顶山与渤海镇》。

Ⅷ型，四瓣莲花纹瓦当。1 种形制（《东京城》图版七八：1），主题纹饰"倒心形"莲瓣的花肉没有装饰外轮廓线，T 形间饰。当心纹饰由里及外为乳突→凸棱纹同心圆→连珠纹。该型瓦当"田村一"未予区分，不见于《六顶山与渤海镇》《渤海上京城》。

2002 年，田村晃一发表《关于渤海瓦当的再考察》（以下简称"田村二"）一文，重点梳理了各型瓦当的出土地点，其学术切入点未涉及瓦当形制的类型学考察，故暂且搁置，留待下文予以评述。

3.《关于渤海上京龙泉府址——东京城出土的瓦当》（以下简称"田村三"）的瓦当类型学考察

2004 年，通过"田村三"一文，田村晃一公布了其所整理的东京大学收藏的 1933 ~ 1934 年发掘出土的渤海上京城瓦当资料。

在该文中，一方面，田村晃一承认，凸棱纹外轮廓线是渤海莲花纹瓦当"莲纹"花瓣的特色；另一方面，由于七瓣、六瓣、五瓣"莲花纹"花瓣瓦当中均存在无此轮廓线的个体标本，他认为，有无轮廓线，并不是开展类型学考察所要秉持的重要条件。基于此，在"田村三"以及后来发表的《上京龙泉府出土莲花纹瓦当的研究》（以下简称"田村四"）中，有无轮廓线不再作为问题而加以讨论。即，其摒弃了"田村一"中第一类 C 型瓦当的类型划分。对于田村晃一研究理念中类型学考察标准的上述转变，笔者既无法理解也难以苟同。由于渤海瓦当的纹饰均为模印而成，表明其纹饰的任何细部特征均是创作者有意而为，则其纹饰中的个性化差异均应视为进行类型学考察的重要线索与标准。

在"田村三"中，田村晃一将其整理的瓦当资料分为 6 种"式"别。由于该文属于整理工作的阶段性研究成果，其学术认识主要体现在 2005 年发表的"田村四"一文之中。基于此，通过下文对其类型学考察结果进行综合讨论。

4.《上京龙泉府出土莲花纹瓦当的研究》的瓦当类型学考察

在该文中，根据瓦当直径规格，田村晃一将其整理的渤海上京城出土的瓦当分为两组：大直径组（直径 15 ~ 17 厘米）和小直径（直径 10 ~ 13 厘米）。除此之外，他还介绍了该城址出土的"特殊纹饰"瓦当及釉陶瓦当标本。

（1）大直径组

田村晃一将该组瓦当分为 6 型 16 式。

1 型，七瓣莲花纹、萼形间饰纹瓦当。根据当心纹饰的细部差异，进一步区分出 2 种亚型。

1a 式，当心纹饰由里及外为乳突→7 颗连珠纹→凸棱纹同心圆。

1b 式，当心纹饰由里及外为乳突→9 颗连珠纹→凸棱纹同心圆。

据"田村四"统计，1 型瓦当计有 130 件个体残块，其中，24 件标本能够明确出土地点。"均出土于主要的宫殿，其中旧第二宫殿址（今第 1 宫殿址）8 块、旧第四宫殿址（今第 3 号宫殿址）5 块、旧第五宫殿址（今第 4 号宫殿址）11 块"。

2 型，六瓣莲花纹、萼形间饰纹瓦当。根据当心纹饰的细部差异，进一步区分出 3 种亚型。

2a 式，当心纹饰由里及外为乳突→10 颗连珠纹→凸棱纹同心圆。

2b 式，当心纹饰由里及外为乳突→8 颗连珠纹→凸棱纹同心圆。

2c 式，当心纹饰由里及外为乳突→6 颗连珠纹→凸棱纹同心圆。

据"田村四"统计，能够明确出土地点的 2 型瓦当，"旧第二宫殿址 4 块，旧第四宫殿址 1 块，旧第五宫殿址 5 块，旧第六宫殿址（今第 5 号宫殿址）2 块，旧第五宫殿西宫址 1 块"。

3 型，六瓣莲花纹、萼形间饰纹瓦当。根据当心纹饰的细部差异，进一步区分出 2 种亚型。

3a 式，当心纹饰由里及外为乳突→凸棱纹同心圆→6 颗连珠纹。

3b 式，当心纹饰由里及外为乳突→凸棱纹同心圆→连珠环复合"十"字纹。

据"田村四"统计，能够明确出土地点的 3 型瓦当，"旧第二宫殿址 6 块，旧第四宫殿址 4 块，旧第五宫殿址 5 块，旧第五宫殿西宫址 2 块，旧第六宫殿址 5 块，旧第二寺址（今第 6 寺址）1 块"。

需要指出的是，田村晃一将 3 型称作"西古城式"。

4 型，六瓣莲花纹、"十"字形间饰纹瓦当。根据当心纹饰的细部差异，进一步区分出 4 种亚型。

4a 式，当心纹饰由里及外为乳突→凸棱纹同心圆→6 颗连珠纹。田村晃一强调，该型瓦当的形制特点在于，莲瓣与连珠纹之间的"空间狭窄"（图七：1）。

4b 式，当心纹饰由里及外为乳突→凸棱纹同心圆→6 颗连珠纹。田村晃一强调，该型瓦当的形制特点在于，莲瓣与连珠纹之间的"空间宽敞"（图七：2）。

4c 式，当心纹饰由里及外为乳突→凸棱纹同心圆→6 颗连珠纹。田村晃一强调，该型瓦当的形制特点在于，纹饰的"线条纤细，给人柔弱的感觉"（图七：3）。

4d 式，当心纹饰由里及外为乳突→凸棱纹同心圆→6 颗连珠纹。田村晃一强调，该型瓦当的形制特点在于，"莲瓣稍偏长，花肉用线形表示"（图七：4）。

据"田村四"统计，能够明确出土地点的 4 型瓦当，"旧第二宫殿址 2 块，旧第四宫殿址 3 块，旧第五宫殿址 23 块，旧第六宫殿址 5 块，北墙址 2 块"。

5 型，六瓣莲花纹、植物形间饰瓦当。当心纹饰由里及外为乳突→凸棱纹同心圆→6 颗连珠纹。

据"田村四"统计，能够明确出土地点的 5 型瓦当，"旧第四宫殿址 1 块，旧第五宫殿址 3 块"。

6 型，六瓣莲花纹、"十"字形间饰纹瓦当。根据当心纹饰的细部差异，进一步区分出 4 种亚型。

6a 式，当心纹饰由里及外为乳突→凸棱纹同心圆。田村晃一强调，该型瓦当的形制特点在于，"花肉有点膨胀，'十'字纹虽小但做得很结实"（图七：5）。

6b 式，当心纹饰由里及外为乳突→凸棱纹同心圆。田村晃一强调，该型瓦当的形制特点在于，"花瓣做得细长，'十'字形纹饰偏大"（图七：6）。

6c 式，当心纹饰由里及外为乳突→凸棱纹同心圆。田村晃一强调，该型瓦当的形制特点在于，"花瓣细长且顶端发尖，'十'字纹比 6b 型小一些"（图七：7）。

6d 式，当心纹饰由里及外为乳突→凸棱纹同心圆。田村晃一强调，该型瓦当"最大的特征是心形底部的轮廓线中间凹陷呈直线，心形这个渤海独特的创作主题已经完全形式化"（图七：8）。

据"田村四"统计，能够明确出土地点的 6 型瓦当，"旧第二宫殿址 6 块，旧第五宫殿址 3 块，西寺址 2 块"。

（2）小直径组（小型）

七瓣莲花纹、萼形间饰纹瓦当。"田村四"图版 13：1～3。此 3 件标本属于"田村一"划分的第一类 C 型瓦当，但在"田村三""田村四"中，田村晃一不再将其视为一种独立的瓦当类型。

六瓣莲花纹、弯月形间饰纹瓦当。"田村四"图版 13：8。当心纹饰由里及外为乳突→凸棱纹同心圆→6 颗连珠纹。该型瓦当未见于《六顶山与渤海镇》《渤海上京城》。

（3）"特殊纹饰"瓦当

"田村四"以"特殊纹饰"瓦当介绍了其所整理的不分类型瓦当标本。其中，有些标本成为本研究区分渤海上京瓦当类型的重要线索。

六瓣莲花纹、T 形间饰纹瓦当。"田村四"图版 14：3。"莲花纹"花瓣凸棱纹轮廓线内部没有界格线，填充 3 瓣花肉。当心纹饰为凸棱纹同心圆环绕乳突。该型瓦当未见于《六顶山与渤海镇》《渤海上京城》。

六瓣莲花纹、"十"字形间饰纹瓦当。"田村四"图版 14：9、10。此 2 件标本，"莲花纹"花瓣凸棱纹轮廓线内部没有界格线，其花肉呈凸棱纹轮廓线造型。据"田村四"统计，该型瓦当计有 7 件个体残片，它们成为辨识《渤海上京城》第 3、4 号宫殿址所区分的六瓣 Bb 型瓦当之完整器形的重要补充。

莲花纹花瓣、T 形间饰纹瓦当。"田村四"图版 14：6、7。此 2 件标本，"莲花纹"花瓣没有凸棱纹外轮廓线。该型瓦当计有 8 件个体标本，均发现于西寺址。《东京城》公布了该型瓦当的完整个体标本，但未见于《六顶山与渤海镇》《渤海上京城》。

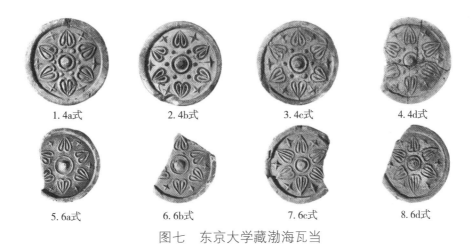

1. 4a式　　2. 4b式　　3. 4c式　　4. 4d式

5. 6a式　　6. 6b式　　7. 6c式　　8. 6d式

图七　东京大学藏渤海瓦当

侧视花草纹瓦当。"田村四"图版14：12。该型瓦当未见于《六顶山与渤海镇》《渤海上京城》。

莲花纹花瓣、"'十'字纹+云纹"间饰纹瓦当。"田村四"图版14：11。该型瓦当标本成为辨识《渤海上京城》第2号宫殿址所区分的六瓣G型瓦当完整器形的重要补充。

5. 对"田村四"类型学考察的学术梳理

通过开展对比研究，"田村四"划分的瓦当类型与《六顶山与渤海镇》《渤海上京城》瓦当类型的对应关系为：

1a式对应《渤海上京城》七瓣Ab型。

1b式对应《六顶山与渤海镇》A型、《渤海上京城》七瓣Aa型。

2a式对应《六顶山与渤海镇》BⅠ型、《渤海上京城》六瓣Aa型。

2b式对应《渤海上京城》六瓣Ac型。

2c式对应《六顶山与渤海镇》BⅡ型（当心纹饰环绕6颗连珠标本）、《渤海上京城》六瓣Ae型。

3a式对应《六顶山与渤海镇》BⅢ型、《渤海上京城》六瓣Ag型。

3b式对应《六顶山与渤海镇》BⅣ型、《渤海上京城》六瓣Ah型。

4a、4b、4c、4d式对应《六顶山与渤海镇》BⅥ型、《渤海上京城》六瓣Ba型。

5型对应《渤海上京城》六瓣C型。

6a、6b、6c、6d式对应《六顶山与渤海镇》六瓣Bb型。

在"田村四"所界定的小型瓦当、"特殊纹饰"瓦当中，"莲花纹"花瓣内部填充三瓣花肉型瓦当（"田村四"图版11：7）对应《六顶山与渤海镇》部分BⅦ型标本、《渤海上京城》第5号宫殿南门址出土的六瓣Bb型瓦当。

"田村四"图版14：9、10，此2件标本对应《渤海上京城》第3、4号宫殿址所区分的六瓣Bb型。

"田村四"图版14：11，此件标本对应《渤海上京城》第2号宫殿址所区分的六瓣G型。

"田村四"图版14：6、7、12，这些标本所体现的瓦当形制未见于《六顶山与渤海镇》《渤海上京城》。

（五）渤海上京城址瓦当类型学考察

通过收集遗物标本信息、梳理以往研究成果，本研究按照大类、小类、型、亚型等4个层级概念开展渤海上京城出土瓦当的类型学考察。所谓大类，是根据主题纹饰的纹样形态，将渤海上京城出土的瓦当分为三类，分别命名为"倒心形"花瓣瓦当、莲蕾纹瓦当、花草纹瓦当。所谓小类，是按照两个辨识标准，综合开展具体瓦当标本的类型学考察，一是依据主题纹饰瓣数（七瓣、六瓣、五瓣、四瓣），二是基于其所遵循的构图理念（"裂瓣纹""四分法"）。所谓型，也是两个辨识标准，一是根据间饰纹纹样差异划分每小类"倒心形"花瓣瓦当的型，二是根据主题纹饰纹样形制划分莲蕾纹瓦当、花草纹瓦当的型。所谓亚型，重点考察每型瓦当当心纹饰的细部形制差异。

在表述方面，用大写数字标识主题纹饰的个体数量（如：七瓣、六瓣等），用英文大写字母标识"型"，用英文小写字母标识"亚型"。需要指出的是，遵循考古类型学考察标准，本书所区分的"型""亚型"，均为平行时间概念，彼此之间未包含任何纵向的早晚之别。

1. "倒心形"花瓣瓦当

关于"倒心形"花瓣，根据具体遗物标本的形制特征，其标准形制的纹样构成要素有三。其一，凸棱纹的"倒心形"外形轮廓；其二，在"倒心形"轮廓线内部，利用心尖与心窝之间的凸棱纹界格线将花瓣分为左右两区；其三，两区内部各填充1瓣水滴形花肉。基于上述界定，在渤海瓦当中区分出三种形制的"倒心形"纹样：标准"倒心形"花瓣、缺少构成要素的非标准"倒心形"花瓣、外形呈现"倒心形"轮廓的花瓣。

渤海上京城出土的"倒心形"花瓣瓦当，根据主题纹饰的瓣数，同时，结合构图理念，本书依次开展七瓣、六瓣、五瓣、四瓣"倒心形"花瓣瓦当的类型学考察。

（1）七瓣"倒心形"花瓣瓦当。"裂瓣纹"构图、单一主题纹饰。萼形间饰。按照构图要素的细部形制特征，可以细分出3种亚型。

①七瓣Aa，标本99NSGⅣT011003②：10[①]，标准"倒心形"花瓣。当心纹饰为凸棱纹同心圆内有9颗连珠纹环绕乳突（图八：1）。

②七瓣Ab，标本99NSGⅣT001002②：31，标准"倒心形"花瓣。当心纹饰为凸棱纹同心圆内有7颗连珠纹环绕乳突（图八：2）。

③七瓣Ac，标本00NSGⅠT009007②：18，非标准"倒心形"花瓣，其外缘没有装饰凸棱纹轮廓线，其他细部特征同于七瓣Ab（图八：3）。该型瓦当属于新辨识类型，其标

---

① 黑龙江省文物考古研究所：《渤海上京城——1998~2007年度考古发掘调查报告》，文物出版社，2009年。下文未标注出处者，均引自该书，不另注。

本见于《渤海上京城》《东京城》及东京大学藏品。

（2）六瓣"倒心形"花瓣瓦当。均为"裂瓣纹"构图，单一主题纹饰占据绝对优势，仅有1种亚型呈现出"裂瓣纹"构图、复合主题纹饰的形制特点。基于此，根据间饰纹的纹样差异，可以将六瓣"倒心形"瓦当分为A、B、C、D、E、F、G、H等8型。其中，A、B、E、F等4型还可以进一步细分出22种亚型。需要说明的是，六瓣H型为"裂瓣纹"构图、复合主题纹饰瓦当，余者均为"裂瓣纹"构图、单一主题纹饰瓦当。为了便于表述，没有对六瓣H型标本单独设型。

六瓣A型，标准"倒心形"花瓣主题纹饰、萼形间饰纹。根据当心纹饰的细部差异，进一步区分出11种亚型。

①六瓣Aa，标本01NSGⅠT007025②：48，标准"倒心形"花瓣。当心纹饰由里及外为乳突→10颗连珠纹→凸棱纹同心圆（图八：4）。

②六瓣Ab，标本99NSGⅣT002004②：10，标准"倒心形"花瓣。当心纹饰由里及外为乳突→9颗连珠纹→凸棱纹同心圆（图八：5）。

③六瓣Ac，标本00NSGⅠT006014②：2，标准"倒心形"花瓣。当心纹饰由里及外为乳突→8颗连珠纹→凸棱纹同心圆（图八：6）。

④六瓣Ad，标本00NSGⅠT005007①a：4，标准"倒心形"花瓣。当心纹饰由里及外为乳突→7颗连珠纹→凸棱纹同心圆（图八：7）。

⑤六瓣Ae，标本99NSGⅣT001003②：7，标准"倒心形"花瓣。当心纹饰由里及外为乳突→6颗连珠纹→凸棱纹同心圆（图八：8）。

⑥六瓣Af，标本01NSGⅠT011011②：23，标准"倒心形"花瓣。当心纹饰由里及外为乳突→凸棱纹同心圆→12颗连珠纹→凸棱纹同心圆（图八：9）。

⑦六瓣Ag，标本99NSGⅣT009004②：83，标准"倒心形"花瓣。当心纹饰由里及外为乳突→凸棱纹同心圆→6颗连珠纹（图八：10）。

⑧六瓣Ah，标本04SYDL1：32，标准"倒心形"花瓣。当心纹饰由里及外为乳突→凸棱纹同心圆→"6颗连珠纹+6个'十'字形纹"（图八：11）。

⑨六瓣Ai，标本02NSGⅠM：14，标准"倒心形"花瓣。当心纹饰由里及外为乳突→凸棱纹同心圆→"6颗连珠纹+6个'⌒'形内旋弧线纹"（图八：12）。

⑩六瓣Aj，标本05SYDF5：140，标准"倒心形"花瓣。当心纹饰由里及外为乳突→凸棱纹同心圆（图八：13）。

⑪六瓣Ak，标本04NSGⅣT014006②：3，釉陶，标准"倒心形"花瓣。当心纹饰由里及外为星状乳突→凸棱纹同心圆（图八：14）。

六瓣B型，"十"字形间饰纹，主题纹饰既包括标准"倒心形"花瓣，也见有个性化"倒心形"花瓣。根据当面纹饰的细部差异，进一步区分出7种亚型。需要说明的是，与六瓣A型瓦当不同，此型瓦当除了施标准"倒心形"花瓣主题纹饰外，还见有个性化纹

1. (七) Aa型　　　　　2. (七) Ab型　　　　　3. (七) Ac型

4. (六) Aa型　　　　　5. (六) Ab型　　　　　6. (六) Ac型

7. (六) Ad型　　　　　8. (六) Ae型　　　　　9. (六) Af型

10. (六) Ag型　　　　　11. (六) Ah型　　　　　12. (六) Ai型

13. (六) Aj型　　　　　14. (六) Ak型

图八　渤海上京城七瓣、六瓣"倒心形"花瓣瓦当

样的"倒心形"花瓣主题纹饰，但为了便于叙述，没有加以区分。不过，此问题会在具体论证环节加以体现。

①六瓣 Ba，标本 01NSGⅠT012026②：18，标准"倒心形"花瓣。当心纹饰由里及外为乳突→凸棱纹同心圆→6 颗连珠纹（图九：1）。

②六瓣 Bb，标本 99NSGⅣT009004②：85，标准"倒心形"花瓣。当心纹饰由里及外为乳突→凸棱纹同心圆（图九：2）。

③六瓣 Bc，标本 BT41：1①，非标准"倒心形"花瓣，凸棱纹轮廓线内部填充 3 瓣花肉，没有界格线（图九：3）。其他细部特征同于六瓣 Bb 型。该型瓦当属于新辨识类型，其标本见于《渤海上京城》《六顶山与渤海镇》及东京大学藏品。

④六瓣 Bd，标本 00NSGⅠT007006②：12，非标准"倒心形"花瓣，凸棱纹轮廓线内部填充 2 瓣花肉，没有界格线（图九：4）。其他细部特征同于六瓣 Bb 型。该型瓦当属于新辨识类型，其标本见于《渤海上京城》。

⑤六瓣 Be，标本 00NSGⅠT004006①a：6，非标准"倒心形"花瓣，凸棱纹轮廓线内部的 2 瓣花肉呈凸棱纹轮廓线造型，花肉之间没有界格线（图九：5）。其他细部特征同于六瓣 Bb 型。该型瓦当属于新辨识类型，其标本见于《渤海上京城》、东京大学藏品。

⑥六瓣 Bf，标本"标 C872"②，非标准"倒心形"花瓣，仅有凸棱纹轮廓线，内部没有填充花肉。当心纹饰由里及外为乳突→凸棱纹同心圆→12 颗连珠纹（图九：6）。该型瓦当属于新辨识类型，其标本见于东京大学藏品。

⑦六瓣 Bg，非标准"倒心形"花瓣，仅有凸棱纹轮廓线，内部没有填充花肉。当心纹饰由里及外为乳突→凸棱纹同心圆→6 颗连珠纹（图九：7）。该型标本著录于《朝鲜遗迹遗物图鉴（8）》③。

六瓣 C 型，植物形间饰纹。

标本 00NSGⅠT009013②：2，标准"倒心形"花瓣。当心纹饰由里及外为乳突→凸棱纹同心圆→6 颗连珠纹（图九：8）。

六瓣 D 型，饰 6 种纹样不一的间饰纹④。

标本 01NSGⅠT011011②：4，标准"倒心形"花瓣。除了间饰纹，其他纹样同于六瓣 C 型（图九：9）。

六瓣 E 型，弯月形间饰纹。根据细部特征，进一步区分出 2 种亚型。

---

① ［日］田村晃一著、唐森译：《上京龙泉府出土莲花纹瓦当的研究》，《东北亚考古资料译文集》（7），北方文物杂志社，2007 年（节译自《东亚的都城与渤海》，财团法人东洋文库，2005 年）。

② ［日］田村晃一著、郝海波译：《关于渤海上京龙泉府址——东京城出土的瓦当》，《历史与考古信息·东北亚》2007 年第 1 期（节译自《渤海都城的考古学研究》，平成 14、15 年度科学研究经费补助金项目）。

③ ［朝］朝鲜遗迹遗物图鉴编纂委员会：《朝鲜遗迹遗物图鉴（8）》，图版 226，1991 年。

④ 日本学者曾推测该间饰纹是梵文，参见東亞考古學會：《東京城——渤海國上京龍泉府址の發掘調查》，東方考古學業刊甲種第五册，雄山閣，1939 年。

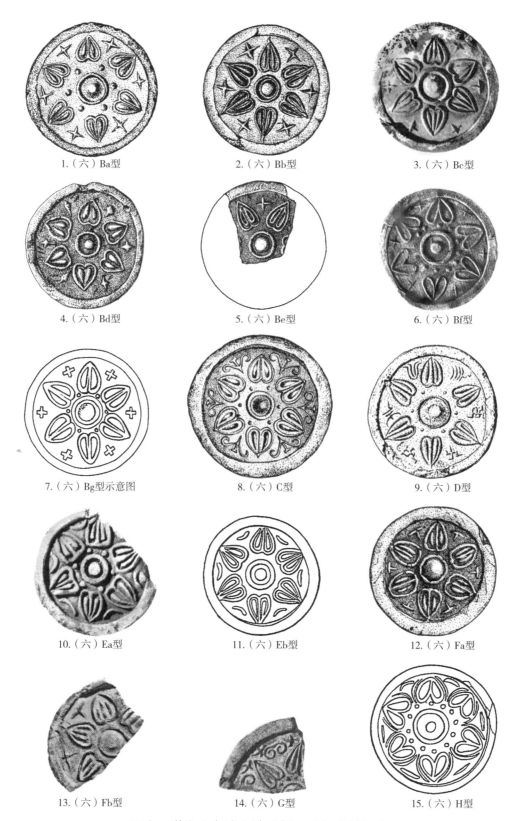

1. （六）Ba型　　　　　　2. （六）Bb型　　　　　　3. （六）Bc型

4. （六）Bd型　　　　　　5. （六）Be型　　　　　　6. （六）Bf型

7. （六）Bg型示意图　　　8. （六）C型　　　　　　9. （六）D型

10. （六）Ea型　　　　　　11. （六）Eb型　　　　　12. （六）Fa型

13. （六）Fb型　　　　　　14. （六）G型　　　　　　15. （六）H型

图九　渤海上京城六瓣“倒心形”花瓣瓦当

①六瓣 Ea，标本 BT5：66①，标准"倒心形"花瓣。当心纹饰由里及外为乳突→凸棱纹同心圆→6 颗连珠纹（图九：10）。

②六瓣 Eb，标本 T001：107②，标准"倒心形"花瓣。当心纹饰由里及外为乳突→凸棱纹同心圆（图九：11）。

六瓣 F 型，T 形间饰纹，主题纹饰既包括标准"倒心形"花瓣，也见有个性化"倒心形"花瓣。根据主题纹饰、当心纹饰的细部差异，进一步区分出 2 种亚型。

①六瓣 Fa，标本 00NSGⅠT005007②：28，标准"倒心形"花瓣。当心纹饰由里及外为乳突→凸棱纹同心圆（图九：12）。

②六瓣 Fb，标本 BT5：62③，非标准"倒心形"花瓣，凸棱纹轮廓线内部没有界格线，填充 3 瓣花肉（图九：13）。其他形制特征同于六瓣 Fa 型。该型瓦当属于新辨识类型，其标本见于东京大学藏品。

六瓣 G 型，"'十'字纹+云纹"间饰纹。

标本 BT216：2④，该型瓦当属于新辨识类型，其标本见于东京大学藏品（图九：14）。

六瓣 H 型，"裂瓣纹"构图、复合主题纹饰。

标本 T001：108⑤，6 瓣"倒心形"花瓣与 6 组弧线纹相间分布，共同构成复合主题纹饰。其中，非标准"倒心形"花瓣，仅有凸棱纹轮廓线，内部没有填充花肉；弧线纹组合由 1 条内旋弧线、2 条反向侧旋弧线构成。当心纹饰由里及外为乳突→凸棱纹同心圆→12 颗连珠纹（图九：15）。

（3）五瓣"倒心形"花瓣瓦当。"裂瓣纹"构图、单一主题纹饰瓦当。根据间饰纹的形制差异，将其分为 A、B、C、D、E 等 5 种类型。其中，A、D 等 2 种类型进一步细分出 5 种亚型。

五瓣 A 型，萼形间饰纹。根据细部特征，进一步区分出 3 种亚型。

①五瓣 Aa，标本 99NSGⅣT005001②：5，标准"倒心形"花瓣。当心纹饰由里及外为乳突→6 颗连珠纹→凸棱纹同心圆（图一〇：1）。

②五瓣 Ab，标本 98NSGⅠT013058②：33，标准"倒心形"花瓣。当心纹饰由里及外

①　［日］田村晃一著、唐淼译：《上京龙泉府出土莲花纹瓦当的研究》，《东北亚考古资料译文集》（7），北方文物杂志社，2007 年（节译自《东亚的都城与渤海》，财团法人东洋文库，2005 年）。

②　中国社会科学院考古研究所：《六顶山与渤海镇——唐代渤海国的贵族墓地与都城遗址》，中国大百科全书出版社，1997 年。

③　［日］田村晃一著、唐淼译：《上京龙泉府出土莲花纹瓦当的研究》，《东北亚考古资料译文集》（7），北方文物杂志社，2007 年（节译自《东亚的都城与渤海》，财团法人东洋文库，2005 年）。

④　［日］田村晃一著、唐淼译：《上京龙泉府出土莲花纹瓦当的研究》，《东北亚考古资料译文集》（7），北方文物杂志社，2007 年（节译自《东亚的都城与渤海》，财团法人东洋文库，2005 年）。

⑤　中国社会科学院考古研究所：《六顶山与渤海镇——唐代渤海国的贵族墓地与都城遗址》，中国大百科全书出版社，1997 年。

为乳突→凸棱纹同心圆（图一〇：2）。

③五瓣 Ac，标本 T308：47[1]，标准"倒心形"花瓣。当心纹饰由里及外为乳突→凸棱纹同心圆。同时，凸棱纹同心圆之上叠压着 6 颗连珠纹（图一〇：3）。

五瓣 B 型，"新月纹+尊形纹"间饰纹。

标本 00NSGⅠT009013②：3，标准"倒心形"花瓣。当心纹饰由里及外为乳突→8 颗连珠纹→凸棱纹同心圆（图一〇：4）。

五瓣 C 型，T 形间饰纹。

标本 00NSGⅠT006011②：6，标准"倒心形"花瓣。当心纹饰为单一的乳突造型（图一〇：5）。

五瓣 D 型，弧线形间饰纹。根据细部特征，进一步区分出 2 种亚型。

①五瓣 Da，标本 00NSGⅠT008011②：13，标准"倒心形"花瓣。当心纹饰由里及外为乳突→5 颗连珠纹→凸棱纹同心圆（图一〇：6）。

②五瓣 Db，标本 00NSGⅠT007010①a：1，标准"倒心形"花瓣。当心纹饰由里及外为乳突→凸棱纹同心圆（图一〇：7）。

五瓣 E 型，"十"字形间饰纹。标本 OSSYD F5：139，标准"倒心形"花瓣。当心纹饰由里及外为乳突→凸棱纹同心圆（图一〇：8）。

（4）四瓣"倒心形"花瓣瓦当。"四分法"构图、单一主题纹饰或复合主题纹饰。根据主题纹饰的细部差异，分为 A、B、C 等 3 种类型。

四瓣 A 型，单一主题纹饰、"圆点纹+十字纹+圆点纹"间饰纹。

标本 06NSGⅠT013008②：1，单一主题纹饰，标准"倒心形"花瓣，"倒心形"花瓣之间以弧线相连。当心纹饰由里及外为乳突→凸棱纹同心圆，凸棱纹上布满压印凹窝（图一〇：9）。

四瓣 B 型，"'倒心形'花瓣+枝条纹"[2]复合主题纹饰瓦当。

标本 00NSGⅠT009006②：20，"四分法"构图、复合主题纹饰。相间分布的四瓣"倒心形"花瓣、四枝枝条纹构成复合主题纹饰，标准"倒心形"花瓣。当心纹饰为单一乳突造型（图一〇：10）。

四瓣 C 型，"'倒心形'花瓣+T 形纹"复合主题纹饰瓦当

标本 17[3]，"四分法"构图、复合主题纹饰。非标准"倒心形"花瓣，其造型没有装饰凸棱纹轮廓线。当心纹饰由里及外为乳突→凸棱纹同心圆→13 颗连珠纹

---

① 中国社会科学院考古研究所：《六顶山与渤海镇——唐代渤海国的贵族墓地与都城遗址》，中国大百科全书出版社，1997 年。

② 该枝条纹疑似变体忍冬纹，关于此，将在后文加以解读。

③ ［日］田村晃一著、李云铎译：《关于渤海瓦当花纹的若干考察》，《历史与考古信息·东北亚》2003 年第 1 期（原文见《青山史学》第 19 号，青山学院大学史学研究室，2001 年）。

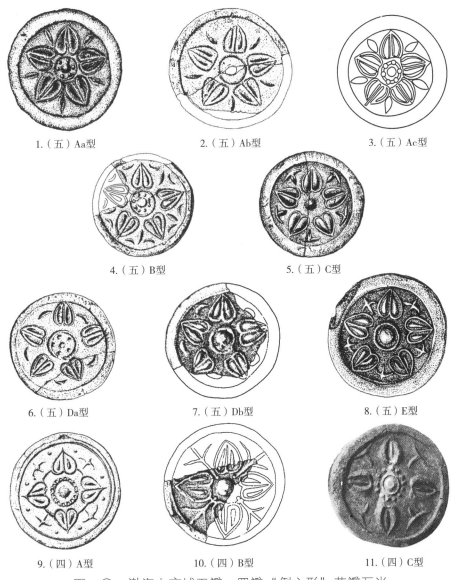

1.（五）Aa型　　　　2.（五）Ab型　　　　3.（五）Ac型

4.（五）B型　　　　5.（五）C型

6.（五）Da型　　　7.（五）Db型　　　8.（五）E型

9.（四）A型　　　10.（四）B型　　　11.（四）C型

图一〇　渤海上京城五瓣、四瓣"倒心形"花瓣瓦当

（图一〇：11）。该型瓦当属于新辨识类型，其标本见于东京大学藏品。

2. 莲蕾纹瓦当

"四分法"构图、四瓣莲蕾纹单一主题纹饰。根据间饰纹形制差异，区分出 A、B 等 2 种瓦当类型。

莲蕾纹 A 型，莲蕾纹单一主题纹饰、植物形间饰纹。

标本 04NSGⅣT013005②：1，当心纹饰由里及外为乳突→凸棱纹同心圆（图一一：1）。

莲蕾纹 B 型，莲蕾纹单一主题纹饰、枝条纹间饰纹。

标本 T123：12①，当心纹饰由里及外为乳突→凸棱纹同心圆（图一一：2）。此型瓦当

---

① 中国社会科学院考古研究所：《六顶山与渤海镇——唐代渤海国的贵族墓地与都城遗址》，中国大百科全书出版社，1997 年。

1. 莲蕾纹A型　　2. 莲蕾纹B型　　　　　　　　　1. 花草纹A型　　2. 花草纹B型

图一一　渤海上京城莲蕾纹瓦当　　　　　图一二　渤海上京城花草纹瓦当

仅出土了 2 件标本，均为残块，另 1 件标本 98NSGⅠT010058②：40 出土于郭城正北门址。

3. 花草纹瓦当

数量极少，仅有个别标本，根据主题纹饰的形制差异，将其分为 A、B 等 2 种类型。

花草纹 A 型，四枝侧视花草纹、单一主题纹饰。

标本 01NSGⅠT008015②：51，"四分法"构图、单一主题纹饰。侧视花草纹，花冠之上环以弧线纹。当心纹饰呈花结造型（图一二：1）。

花草纹 B 型，六枝侧视花草纹瓦当。

标本 BT5：61①，"裂瓣纹"构图、单一主题纹饰（图一二：2）。该型瓦当属于新辨识类型，见于东京大学藏品。需要指出的是，这件标本只有藏品号 BT5：61，没有标识其具体的出土位置，出土地点存疑。

以上是本书对目前已经见诸报道的渤海上京城瓦当资料所开展的类型学考察，总计区分出 44 种形制的瓦当标本（内含 21 种类型、33 种亚型）。需要加以补充说明的是，上述类型学划分，主要参照了《渤海上京城》型、亚型的界定，在此基础上，利用《六顶山与渤海镇》《东京城》刊布的瓦当标本以及田村晃一整理的东京大学藏品信息进行了必要的补充。现具体说明如下。

首先，在本书区分出来的 44 种瓦当类型之中，型、亚型界定存在三种情况。

一是 23 种类型沿用了《渤海上京城》的原"型"，分别为：七瓣 Aa、七瓣 Ab、六瓣 Aa、六瓣 Ab、六瓣 Ac、六瓣 Ad、六瓣 Ae、六瓣 Af、六瓣 Ag、六瓣 Ah、六瓣 Ai、六瓣 Aj、六瓣 Ak、六瓣 Ba、六瓣 Bb、六瓣 C、六瓣 D、五瓣 Aa、五瓣 Ab、五瓣 C、四瓣 A、四瓣 B、莲蕾纹 A 瓦当。

二是新辨识出 12 种瓦当类型，分别为：七瓣 Ac（源自《渤海上京城》七瓣 Ab），六瓣 Bc、六瓣 Bd、六瓣 Be（均源自《渤海上京城》六瓣 Bb），六瓣 Bf（源自《东京城》插图四九），六瓣 Bg（源自《朝鲜遗迹遗物图鉴（8）》图版 226），六瓣 Fb（源自东京大学藏品 BT5：62），六瓣 G（源自东京大学藏品 BT216：2），五瓣 E（源自《渤海上京

---

① ［日］田村晃一著、唐淼译：《上京龙泉府出土莲花纹瓦当的研究》，《东北亚考古资料译文集》（7），北方文物杂志社，2007 年（节译自《东亚的都城与渤海》，财团法人东洋文库，2005 年）。

城》图三六五），四瓣 C（源自《东京城》图版七八：1），莲蕾纹 B（源自《渤海上京城》图版三二八：6），花草纹 B（源自东京大学藏品 BT5：61）。

三是 9 种瓦当类型属于对《渤海上京城》《六顶山与渤海镇》原型的调整与改动，分别为：六瓣 Ea（源自《渤海上京城》六瓣 E）、六瓣 Eb（源自《六顶山与渤海镇》B Ⅸ）、六瓣 Fa（源自《渤海上京城》六瓣 F）、六瓣 H（源自《六顶山与渤海镇》B Ⅺ）、五瓣 Ac（源自《六顶山与渤海镇》C Ⅱ）、五瓣 B（源自《渤海上京城》五瓣 Ba）、五瓣 Db（源自《渤海上京城》五瓣 Bb）、五瓣 Da（源自《渤海上京城》五瓣 D）、花草纹 A（源自《渤海上京城》宝相花纹瓦当）。

其次，就构图理念而言，上京城出土的七瓣、六瓣、五瓣"倒心形"花瓣瓦当，均是遵循"裂瓣纹"构图理念的瓦当类型；四瓣"倒心形"花瓣、四瓣莲蕾纹、四瓣花草纹瓦当，则属于按照"四分法"构图理念施纹的瓦当类型。值得注意的是，在遵循"裂瓣纹"构图的瓦当类型中，仅有 1 种类型施复合主题纹饰，余者均为单一主题纹饰；在按照"四分法"构图的瓦当类型中，既包括单一主题纹饰，也见有复合主题纹饰。

最后，关于同类主题纹饰纹样的界定标准，主要涉及占绝对优势的"倒心形"花瓣，此类纹样不仅存在瓣数之别，其纹样造型也表现出诸多细部差异（如有界格线无花肉、有花肉无界格线等）。作为模印纹饰，上述差异除了具有历时性属性，还应该包括同型不同范以及个性化审美取向（如丰满、纤细）等共时性原因。显然，仅仅依靠类型学考察无法廓清导致上述差异的原因。为了行文流畅，没有对此类标本进行独立的形制区分。

此外，需要补充说明的问题有二。

一是釉陶瓦当标本。通过考古清理，渤海上京城址第 2 号宫殿址、第 3 号和第 4 号宫殿区、第 50 号宫殿址出土有釉陶瓦当标本。对照上述陶瓦当类型学考察结果，釉陶瓦当可以归入五瓣 Db 型（图一三：1）、五瓣 Ab 型（图一三：2~4）、六瓣 Bb 型（图一三：5~7）、六瓣 Ak 型（图一三：8）、六瓣 Aj 型（图一三：9、10）等瓦当类型之中，另有 2 件标本因器残而未能辨明器形（图一三：11、12）。值得注意的是，渤海上京城出土的釉陶瓦当，其当心纹饰均呈凸棱纹同心圆环绕乳突造型，没有使用连珠纹。

二是文字瓦问题。研究者倾向性认为，渤海文字瓦是制瓦工匠的个人标识[1]。被发掘者推断为渤海上京城专业制瓦作坊的杏山砖瓦窑址，出土有文字瓦标本[2]。因此，上京城出土文字瓦标本的各个遗存地点，其瓦作建筑是使用专业制瓦作坊烧制的产品营建而成。

本书所开展的类型区分与以往研究的对应关系，参见表一。各型瓦当在渤海上京城各个遗迹单位的具体出土情况，参见表二。

依据现有资料，渤海上京城城内、城外确认了 9 处寺庙址。其中，7 处位于城内（1~

---

[1]　李强：《论渤海文字》，《学习与探索》1982 年第 5 期；宋玉彬：《文字瓦视角下的渤海佛教遗存研究》，《学习与探索》2019 年第 7 期。

[2]　黑龙江省文物考古研究所：《渤海砖瓦窑址发掘报告》，《北方文物》1986 年第 2 期。

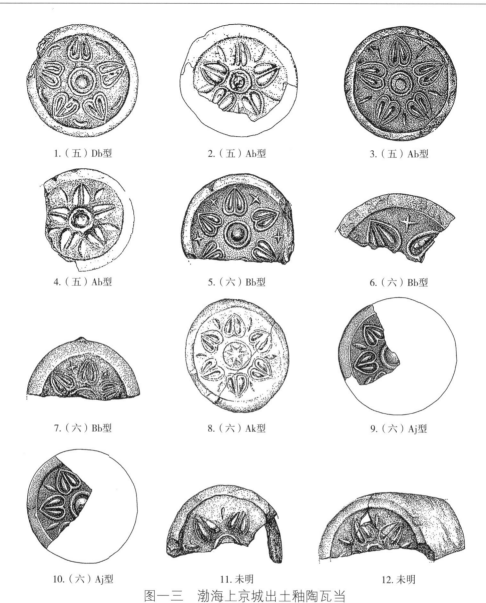

1.（五）Db型　　　　2.（五）Ab型　　　　3.（五）Ab型

4.（五）Ab型　　　　5.（六）Bb型　　　　6.（六）Bb型

7.（六）Bb型　　　　8.（六）Ak型　　　　9.（六）Aj型

10.（六）Aj型　　　　11.未明　　　　12.未明

图一三　渤海上京城出土釉陶瓦当

1、2、6、7. 出土于第 50 号宫殿址 F5　3、9、10. 出土于第 3、4 号宫殿区　4、11、12. 出土于第 50 号宫殿址 F4
8. 出土于第 2 号宫殿址

7 号寺庙址），2 处位于城外（8、9 号寺庙址）。新近研究成果认为，8、9 号寺庙址是
"天宝末"上京城初次为都时的旷野类型寺庙址；1～7 号寺庙址则极有可能是大华玙"复还
上京"后陆续营建的城域类型寺庙址①。目前，笔者获取了下列寺庙址出土瓦当的图文信息。

　　旷野类型的 9 号寺庙址。据《六顶山与渤海镇》公布的瓦当标本信息，同时，结合本
书的类型学考察，9 号寺庙址出土了七瓣 Aa、六瓣 Ai、六瓣 Aj、六瓣 Ba、六瓣 Bb、六瓣
Ea、六瓣 H、五瓣 B、莲蕾纹 A 等九型瓦当标本②。其中，值得注意的是六瓣 H 型、莲蕾

① 宋玉彬：《文字瓦视角下的渤海佛教遗存研究》，《学习与探索》2019 年第 7 期；刘晓东：《关于渤海上京城北
　垣外侧 8、9 号寺庙址始建年代的补充说明》，《边疆考古研究》第 25 辑，科学出版社，2019 年。

② ［日］田村晃一著、唐淼译：《上京龙泉府出土莲花纹瓦当的研究》，《东北亚考古资料译文集》（7），北方文
　物杂志社，2007 年（节译自《东亚的都城与渤海》，财团法人东洋文库，2005 年）。

纹 A 型两型瓦当。前者属于"裂瓣纹"构图、复合主题纹饰瓦当类型，后者则为"四分法"构图、单一主题纹饰瓦当类型。

图一四　南城子城址出土瓦当

城域类型的 1 号寺庙址。据《六顶山与渤海镇》公布的瓦当标本信息，同时，结合本书的类型学考察，1 号寺庙址出土了六瓣 Ag、六瓣 Ba、六瓣 Bb、六瓣 Bc、六瓣 Ea、六瓣 Eb、六瓣 Fa 等七型瓦当标本①。

城域类型的 6 号寺庙址。通过田村晃一《上京龙泉府出土莲花纹瓦当的研究》一文，同时，结合本书的类型学考察，6 号寺庙址出土了七瓣 A（田村论文所区分的 1 或 2）、六瓣 A（田村论文所区分的 3）、六瓣 Ba（田村论文所区分的 4）、六瓣 Bb（田村论文所区分的 6a、6b、6c）、六瓣 Be（田村论文所区分的特 4）等五型瓦当②。

三、南城子城址

该城址地处牡丹江中游地区右侧支流勒勒河的一级台地之上，行政区划隶属于黑龙江省牡丹江市③，其西南距牡丹江市区约 20 千米。据报道，通过地表调查，该遗址采集有渤海时期的板瓦、筒瓦、瓦当等建筑构件类遗物④。不过，目前仅公开发表了 1 件瓦当个体标本。

五瓣"倒心形"花瓣、萼形间饰纹瓦当。

"裂瓣纹"构图、单一主题纹饰。标准"倒心形"花瓣。当心纹饰由里及外为乳突→5 颗连珠纹→凸棱纹同心圆（图一四）。

四、宁安杏山砖瓦窑址

杏山砖瓦窑址地处黑龙江省宁安市西南约 50 千米的牡丹江河岸一级台地之上，其东北约 15 千米处为渤海上京城城址。窑址发现于 1963 年，1980 年 6~9 月，黑龙江省文物考古研究所对其进行了考古清理。通过发掘，揭露了四座烧制砖瓦的窑址，出土了数十件瓦当标本，区分出 5 种形制的瓦当类型⑤。遗憾的是，由于刊载报告的学术刊物印刷质量较差，目前已无法依据发掘报告著录的图片信息辨识其 5 种瓦当类型的细部形制特征。

---

① 中国社会科学院考古研究所：《六顶山与渤海镇——唐代渤海国的贵族墓地与都城遗址》，中国大百科全书出版社，1997 年。

② ［日］田村晃一著、唐淼译：《上京龙泉府出土莲花纹瓦当的研究》，《东北亚考古资料译文集》（7），北方文物杂志社，2007 年（原文见《东亚的都城与渤海》，财团法人东洋文库，2005 年）。

③ 本书著录的遗址行政区划隶属，主要参照了报告、文物志、地图集信息，其现今的区划建制多已发生了变化，请谨慎使用，下同。

④ 陶刚：《牡丹江市郊南城子调查记》，《黑龙江省文物博物馆学会成立纪念文集》，1980 年。

⑤ 黑龙江省文物考古研究所：《渤海砖瓦窑址发掘报告》，《北方文物》1986 年第 2 期。

在原报告所区分的 5 型瓦当之中，其中 1 型进一步细分出 3 式瓦当，其他 4 型则未再分式。结合原报告对各型瓦当的文字描述，本书作如下梳理。

一型，分 3 式①。

Ⅰ式，6 件。"瓦当正中有一突起的半球形圆点。其外饰一道圆圈，圆圈外饰有六个圆点，在两片花瓣之间的下部。其外是六片花瓣，两片花瓣之间上部印有突起的'十'字形纹饰，与花片之间下部圆点上下相对。"根据该段文字描述可知，该"式"瓦当同于渤海上京城的六瓣 Ba 型。

Ⅱ式，1 件。"瓦当中间也有一个较大的半球状圆点，外围九个小圆点，再以一道圆圈围上。其外是七瓣花片，花片之间饰以突起纹饰七个。"根据该段文字描述可知，该"式"瓦当同于渤海上京城的七瓣 Aa 型。

Ⅲ式，2 件。"瓦当中有一个较大的圆点，四面各有一个小圆点相互连接。其外为六角形饰，六角形外面是六片花瓣。花瓣之间有条状纹饰。从外形看颇似向日葵，此种瓦当以前没有发现过。"根据该段文字描述，无法明晰此型瓦当的具体形制。

二型，2 件。"纹饰结构大体与一型Ⅰ式相同。但规格小。"根据该段文字描述，无法辨识其型。

三型，3 件。"瓦当正中有一较大的圆点，外为花片六瓣。"根据该段文字描述，无法辨识其型。

四型，4 件。"瓦当正中有一圆点，外围一道圆圈，圈外是六片花瓣，花瓣之间饰突起的'十'字形纹饰。"根据该段文字描述可知，该"式"瓦当同于渤海上京城六瓣 Bb 型。

五型，1 件。"其纹饰大体与一型Ⅰ式相同，唯在花瓣之间饰有'Φ'形纹饰"。根据该段文字描述可知，该"式"瓦当同于渤海上京城六瓣 C 型。

橡当，原报告称之为"轮状莲花瓦"："一件。残，圆形，直径约 24 厘米。轮边有一道沿，尚存花瓣二片，与瓦当纹饰相同。中间有一圆孔，直径 4.5~5 厘米"（图一五）。需要说明的是，该件遗物是迄今为止渤海遗存中发现的唯一一件橡当个体标本。

图一五　杏山砖瓦窑址出土橡当

图一六　哈达渡口建筑址出土瓦当

---

①　原报告所划分的"式"，无时间早晚关系，相当于考古类型学中的亚型。下同。

综上，基于发掘报告文字表述推测，杏山砖瓦窑址出土有渤海上京城七瓣 Aa 型、六瓣 Ba 型、六瓣 Bb 型、六瓣 C 型瓦当。发掘者推测，"营建上京龙泉府所用的建筑砖瓦大均来源于此"[①]。

此外，发掘报告在介绍出土遗物时披露，窑址中出土有"文字瓦"标本[②]。

五、哈达渡口建筑址

哈达渡口建筑址地处牡丹江右岸的二级台地之上，行政区划隶属于黑龙江省宁安市。通过地表调查，在该遗址采集的瓦作建筑构件类遗物标本中，见有施模印"官"字的"文字瓦"残片、瓦当残块[③]。

六瓣"倒心形"花瓣、"十"字形间饰纹瓦当。"裂瓣纹"构图、单一主题纹饰，残。标准"倒心形"花瓣。当心纹饰由里及外为乳突→凸棱纹同心圆→连珠纹。该瓦当的形制，同于渤海上京城六瓣 B 型瓦当（图一六）。

六、牤牛河子建筑址

牤牛河子建筑址位于黑龙江省牡丹江市牤牛河子村，通过地表调查，遗址中采集的瓦当标本"均为同一种形式——六瓣莲花纹瓦当，花瓣间有一'+'形花纹，中间饰以凸形圆纽，应代表莲子。其中一件与瓦身相连，筒瓦与瓦当接触部分呈弧形（一般为直角90°），应是一种特殊的专用瓦"[④]。

图一七　牤牛河子建筑址出土瓦当

六瓣"倒心形"花瓣、"十"字形间饰纹瓦当。"裂瓣纹"构图、单一主题纹饰。标准"倒心形"花瓣。当心纹饰由里及外为乳突→凸棱纹同心圆（图一七）。根据形制特点，此件瓦当同于渤海上京城六瓣 Bb 型瓦当。

此外，调查报告中指出的"特殊的专用瓦"，应为曲背檐头筒瓦。

七、烟筒砬子建筑址

烟筒砬子建筑址位于黑龙江省林口县三道通乡立业村，通过地表调查，该遗址采集的

① 黑龙江省文物考古研究所：《渤海砖瓦窑址发掘报告》，《北方文物》1986 年第 2 期。
② 在以往研究中，学术界将渤海时期模印、刻划有文字或符号的板瓦和筒瓦称为渤海"渤海文字瓦"。参见宋玉彬：《文字瓦视角下的渤海佛教遗存研究》，《学习与探索》2019 年第 7 期。
③ 黑龙江省文物考古工作队：《宁安县镜泊湖地区文物普查》，《黑龙江文物丛刊》1983 年第 2 期。
④ 牡丹江市文物管理站：《牤牛河子遗址调查》，《高句丽·渤海研究集成》(6)，哈尔滨出版社，1997 年。

瓦当标本均为残块，由于破损严重，已经难以明确界定其构图及主题纹饰类型①。根据调查报告发表的线图，按照当面残存纹饰的形制特征，该遗址可以区分出2种类型的瓦当标本。

Ⅰ型，残。当面残存"十"字纹、单瓣莲纹，疑似"四分法"构图、"单瓣莲纹＋'十'字纹"复合主题纹饰瓦当。当心纹饰残缺（图一八：1、2）。

Ⅱ型，残。疑似"裂瓣纹"构图、单一主题纹饰瓦当。主题纹饰呈"倒心形"外形轮廓花瓣造型，在"倒心形"凸棱纹轮廓线内部，饰以三角纹的"花肉"。当心纹饰，残存凸棱纹同心圆及其内部的连珠纹（图一八：3）。

据调查报告可知，该遗址出土的Ⅰ型瓦当标本，其边轮较高。同时，采集到完整的无唇筒瓦个体标本②。

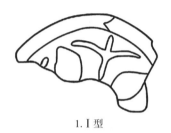  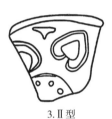

1.Ⅰ型　　　　　　2.Ⅰ型　　　　　　3.Ⅱ型

图一八　烟筒砬子建筑址出土瓦当

八、其他遗址

梳理材料时发现，在牡丹江流域，下列遗存地点出土了瓦作建筑构件，但缺少出土遗物的图像信息。

（一）庙屯寺庙址

庙屯寺庙址地处牡丹江上游的西岸冲积平原之上，行政区划隶属于吉林省敦化市红石乡一心屯。据《敦化市文物志》，该寺庙址曾采集到褐色板瓦、筒瓦等遗物标本，其形制特征与六顶山墓地出土板瓦、筒瓦极其相似③。遗憾的是，实物资料现已遗失。

（二）渤海上京城2号、3号、4号、5号、7号、8号寺庙址④

8号寺庙址为旷野类型寺庙址，2号、3号、4号、5号、7号寺庙址为城域类型寺庙

① 刘滨祥：《浅谈烟筒砬子渤海建筑址出土物的性质和年代》，《北方文物》1994年第3期。

② 刘滨祥：《浅谈烟筒砬子渤海建筑址出土物的性质和年代》，《北方文物》1994年第3期。

③ 《吉林省文物志》编委会：《敦化市文物志》（内部资料），1985年。

④ ［日］東亞考古學會：《東京城——渤海國上京龍泉府址の發掘調查》，東方考古學叢刊甲種第五册，雄山閣，1939年；中国社会科学院考古研究所：《六顶山与渤海镇——唐代渤海国的贵族墓地与都城遗址》，中国大百科全书出版社，1997年。

址。目前，缺少各个遗存地点出土遗物的图文信息。

（三）白花寺庙址

白花寺庙址①位于黑龙江省宁安市杏山乡白花村，南临杏山水库。遗址东部遭到破坏，地表有 5 个圆形土堆。

据调查报告，"该遗址的莲花瓦当、筒瓦、大板瓦与渤海上京龙泉府遗址出土的同类建筑遗物相同"，"村屯东路旁还出土过一件铜佛"②。基于出土的佛像，本书将该遗址界定为寺庙址。遗憾的是，由于公开发表的资料中没有公布图像信息，因此，单凭上述文字信息难以明晰该遗址出土瓦当的具体形制。

（四）三灵坟墓地

三灵坟墓地地处牡丹江左岸的二级台地之上，隔江南岸约 6 千米处为渤海上京城，其行政区划隶属于黑龙江省宁安市三陵乡三星村。

经考古勘探，现初步探明墓地中埋藏有 4 座墓葬。其中，二号墓由墓室、甬道、墓道三部分组成，其石构墓室（四壁、顶部）、甬道（两侧）绘有壁画。该墓早年被盗，在其填土中发现文字瓦标本③。另据《黑龙江省志·文物志》，三灵坟墓地散布有莲花瓦当、文字瓦等遗物④。遗憾的是，上述资料均未配发遗物的图片信息。

虽然墓主的身份有待明晰，但学术界倾向性认为，三灵坟墓地是渤海时期的高等级墓地。

九、小结

通过梳理可资查询的瓦当清绘图、照片信息，牡丹江流域计有 10 处遗存地点（渤海上京城城内、城外寺庙址作为独立遗存地点加以统计）出土了渤海瓦当遗物标本⑤。其中，1 处地点位于上游地区，为六顶山墓地；另外 9 处地点位于中下游地区，分别为 2 座城址、4 处旷野遗址（1 处寺庙址+3 处建筑址）、2 处城域类型寺庙址（渤海上京城 1 号、6 号寺庙址）、1 处窑址。该流域不仅遗存数量较多，而且遗存性质涵盖了城址、佛寺、墓

---

① 调查报告称之为"白花渤海建筑址"，参见黑龙江省文物考古工作队：《宁安县镜泊湖地区文物普查》，《黑龙江文物丛刊》1983 年第 2 期；《中国文物地图集》称之为"白花村建筑址"，参见国家文物局主编：《中国文物地图集·黑龙江分册》，文物出版社，2015 年。

② 黑龙江省文物考古工作队：《宁安县镜泊湖地区文物普查》，《黑龙江文物丛刊》1983 年第 2 期。

③ 赵评春：《渤海史研究的珍贵资料——渤海国王陵区大型石室壁画墓》，《中国十年百大考古新发现》，文物出版社，2002 年；黑龙江省文物考古研究所：《考古·黑龙江》，文物出版社，2011 年。

④ 黑龙江省地方志编纂委员会：《黑龙江省志·文物志》，黑龙江人民出版社，1994 年。

⑤ 此数据不包括仅有文字信息的遗存地点，下同。

上设施等所有渤海政权时期的高等级瓦作建筑类型①。以下，通过开展瓦当标本、瓦作建筑、渤海文化等问题的学术讨论，对本节内容进行初步总结。

首先，关于牡丹江流域渤海时期瓦当标本形制特点的学术解读。

基于类型学考察，牡丹江流域出土的瓦当存在地域性差异。在构图理念方面，地处上游地区的六顶山墓地出土的瓦当，其主题纹饰遵循了"多重+'四分法'"或"四分法"构图理念；中下游地区各个遗存地点出土的瓦当，其主题纹饰则以"裂瓣纹"构图为主②。需要思考的是，渤海上京城出土的"四分法"构图理念瓦当类型的学术解读。在主题纹饰类型方面，复合主题纹饰是六顶山墓地瓦当标本的主要特征，中下游地区遗存地点出土的瓦当则以单一主题纹饰为主。同样值得关注的是，渤海上京城出土的复合主题纹饰瓦当的学术解读。在主题纹饰纹样方面，六顶山墓地瓦当标本以个性化纹样为主；中下游地区遗存地点出土的瓦当则以"倒心形"花瓣为主（表三）。显然，在缺少层位学线索的情况下，上述梳理可以作为开展瓦当年代学考察的参考数据。

表三　　　　　　　　　　　牡丹江流域渤海瓦当的构图方式与主题纹饰

遗存	纹饰	构图方式			主题纹饰类型		主题纹饰纹样			
		四分法	多重构图	裂瓣纹	单一主题	复合主题	"倒心形"*	花草纹	几何纹	动物纹
城址	上京城	√		√	√	√	A/A（复）/B	√		
	南城子			√	√		A			
墓葬	六顶山	√	√						√	√
旷野遗址	上京9号寺庙址	√		√	√	√	A		√	
	哈达渡口建筑址			√	√		A			
	牤牛河子建筑址			√	√		A			
	烟筒砬子建筑址			√	√		C	√	√	
城域佛寺	上京1号寺庙址			√	√		A			
	上京6号寺庙址			√	√		A			
窑址	杏山			√	√		A			
合计		3+/10	1/10	9/10	9/10	2+/10	9/10	3/10	2/10	1/10

注：*此列标注的 A、B、C、（复）代表以下含义：A，标准"倒心形"花瓣；B，非标准"倒心形"花瓣；C，具有"倒心形"外形轮廓花瓣；（复），（A、B、C）花瓣作为复合主题纹饰而应用。

---

① 根据瓦作产品的功能，本书将渤海瓦作建筑分为两类。第一类是单纯使用板瓦、筒瓦等实用性瓦作产品的普通瓦作建筑，第二类是应用檐头板瓦、檐头筒瓦等具有装饰性功能瓦作产品的高等级瓦作建筑。

② 由于破损严重，未能明晰烟筒砬子建筑址瓦当的构图类型。

其次，瓦当视角下瓦作建筑的学术思考。

六顶山墓地出土的瓦当，其形制具有明显的共时性特点。既然学术界倾向性认为该墓地出土瓦作构件的墓葬均为渤海政权初创期的高等级墓葬，那么，缘何没有留存下渤海国存国期间的修缮痕迹？与之不同，长期作为城址的渤海上京城所出土的瓦当，多为后期修缮使用的遗物标本。至于其他遗存地点，除了烟筒砬子建筑址出土瓦当存在不确定因素，余者出土的"倒心形"花瓣瓦当均表明，其瓦作建筑的始建年代普遍偏晚。此外，值得注意的是，六顶山墓地、烟筒砬子建筑址出土的高边轮瓦当、无唇筒瓦，其形制特点蕴含着重要的时间节点信息①。

最后，瓦作建筑视角下渤海文化的学术思考。

牡丹江流域出土瓦当标本的 10 处遗存地点中，4 处为旷野类型遗存。基于考古清理，出土瓦当标本的旷野类型寺庙址营建有当时最高等级的瓦作建筑，显示着佛教僧侣拥有崇高的社会地位。基于此，瓦构寺庙址成为见证渤海政权社会发展进程、标识渤海文明辉煌高度的重要物化表象。近期的研究成果显示，位于渤海上京城北郊的 8、9 号寺庙址是上京城初次为都时的旷野类型佛寺遗存。其中，9 号佛寺是渤海政权统治集团的礼佛场所。渤海国定都上京后，其统治集团始得以在城内（即城域类型）佛寺中礼佛②。结合下文将要梳理的俄罗斯克拉斯基诺佛寺综合体的考古发现，渤海时期的佛教寺院，尤其是统治集团的礼佛场所，存在从旷野类型向城域类型发展的动态变化。此外，作为全新的学术命题，促使学术界思考的是，佛教东渐，不仅影响了社会各阶层人员的精神世界，佛寺瓦作建筑还推动了社会物质文明的进步。

第二节　绥芬河流域渤海瓦当类型学考察

绥芬河全长 443 千米，上游及中游部分区域流经中国境内（流域 258 千米），中下游区域主要流经俄罗斯滨海边疆区，最后注入日本海。在俄罗斯境内，绥芬河被称为拉兹多利纳亚河（Река Раздольная），是渤海遗存的主要分布区域。目前，绥芬河流域计有 5 处遗存地点出土了渤海瓦当。其中，中国境内发现 1 处城址，俄罗斯境内发现 4 处寺庙址。

一、中国境内绥芬河流域

中国境内绥芬河流域发现 1 处出土渤海瓦当的城址——大城子城址。该城址地处绥芬

---

① 渤海瓦当边轮的高度多约为 1 厘米，六顶山墓地瓦当的边轮则高达 2 厘米；所谓无唇筒瓦，其瓦身呈直线形，没有制作独立的瓦唇部件。六顶山墓地、烟筒砬子建筑址的上述发现，可参见下文。吉林省文物考古研究所等：《六顶山渤海墓葬——2004～2009 年清理发掘报告》，文物出版社，2012 年；刘滨祥：《浅谈烟筒砬子渤海建筑址出土物的性质和年代》，《北方文物》1994 年第 3 期。

② 宋玉彬：《文字瓦视角下的渤海佛教遗存研究》，《学习与探索》2019 年第 7 期。

河南岸，行政区划隶属于黑龙江省东宁市大城子村，西距城区 5 千米。城址平面近横向长方形，北墙中部略向外凸出。城内正中偏北存有土台，附近曾出土唐式铜镜残片、瓦当残块。根据发表资料、馆藏标本，该城址可以区分出Ⅰ、Ⅱ、Ⅲ等 3 种形制的瓦当类型。

Ⅰ型，八瓣萼形花瓣、无间饰纹瓦当①。

兼具"四分法""裂瓣纹"构图理念、单一主题纹饰，残。当面残存五瓣萼形花瓣主题纹饰。当心纹饰由里及外为乳突→凸棱纹同心圆（图一九：1）。

Ⅱ型，"萼形花瓣+枝条纹"复合主题纹饰瓦当②。

"裂瓣纹"构图、复合主题纹饰。相间分布的六瓣萼形花瓣、六枝 Y 形枝条纹构成复合主题纹饰，其萼形花瓣主题纹饰环以凸棱纹外轮廓线。当心纹饰由里及外为乳突→凸棱纹同心圆→连珠纹→凸棱纹同心圆（图一九：2）。

Ⅲ型，六瓣"倒心形"花瓣、萼形间饰纹瓦当③。

"裂瓣纹"构图、单一主题纹饰，残。当心纹饰由里及外为乳突→连珠纹→凸棱纹同心圆（图一九：3）。

值得注意的是，东宁市博物馆收藏有该城址出土的模印文字瓦标本。

1.Ⅰ型　　　　2.Ⅱ型　　　　3.Ⅲ型

图一九　大城子城址出土瓦当

二、俄罗斯境内绥芬河流域

迄今为止，在俄罗斯滨海边疆区绥芬河流域总计发现了 4 处出土渤海时期瓦当标本的遗存地点。经发掘确认，这些遗址均为旷野类型的佛教寺庙址。

（一）马蹄山寺庙址

马蹄山寺庙址位于绥芬河支流克罗乌诺夫卡河（Река Кроуновка）中游地区，坐落在其右岸谷地之上。该寺庙址曾先后进行过两次发掘。1958～1959 年，Э. В. 沙弗库诺夫发

---

① 张太湘：《大城子古城调查记》，《文物资料丛刊》（4），文物出版社，1981 年。

② 现藏黑龙江省东宁市博物馆。

③ 现藏黑龙江省东宁市博物馆。

掘了马蹄山寺庙址中心区域①。1993~1994 年，Э. В. 沙弗库诺夫对马蹄山寺庙址的庭院区域进行了考古清理②。经发掘确认，这是一座独立的、封闭式的、呈"佛殿+院落围墙"建置格局的佛教寺院遗址。

综合现有田野考古资料，该寺庙址区分出Ⅰ、Ⅱ、Ⅲ等 3 种类型的瓦当标本。

Ⅰ型，"三重+'四分法'"构图、"两圈连珠纹+'萼形花瓣+弧线萼形花瓣'"复合主题纹饰瓦当。

三重主题纹饰。在边轮之上，施外圈连珠纹主题纹饰；在当面外缘，施中圈连珠纹主题纹饰（在两圈凸棱纹同心圆内部填充 25 颗连珠纹）；内圈，"四分法"构图、复合主题纹饰，相间分布的四瓣萼形花瓣、四瓣"弧线+萼形花瓣"构成复合主题纹饰。当心纹饰由里及外为乳突→两圈凸棱纹同心圆（图二〇：1）。

Ⅱ型，"双重+'四分法'"构图、"单圈连珠纹+'萼形花瓣+弧线萼形花瓣'"复合主题纹饰瓦当。

该型瓦当与Ⅰ型瓦当的形制差异在于，其边轮之上没有施纹③。除此之外，纹饰同于Ⅰ型（图二〇：2）。

Ⅲ型，五瓣"倒心形"花瓣、萼形间饰纹瓦当。

"裂瓣纹"构图、单一主题纹饰。主题纹饰为非标准"倒心形"花瓣造型，其外缘没有装饰凸棱纹轮廓线。当心纹饰由里及外为乳突→凸棱纹同心圆（图二〇：3）。

根据俄罗斯学者的文字描述，这是一件曲背檐头筒瓦的瓦当标本。

1. Ⅰ型　　　　2. Ⅱ型　　　　3. Ⅲ型

图二〇　马蹄山寺庙址出土瓦当

① ［俄］Э. В. 沙弗库诺夫著、林树山译：《苏联滨海边区的渤海文化遗存》，《东北考古与历史》第 1 辑，文物出版社，1982 年（节译自 ГОСУДОРСТВО БОХАЙ И ПАМЯТНИКИ ЕГО КУЛЬТУРЫ В ПРИМОРЬЕ, издательство наука ленинградское отделение Ленинград, 1968)；［俄］Э. В. 沙弗库诺夫著、林树山译：《渤海国及其在滨海地区的文化遗存》，《民族史译文集》第 13 期，中国社会科学院民族研究所历史研究室资料组，1985 年（节译自 ГОСУДОРСТВО БОХАЙ И ПАМЯТНИКИ ЕГО КУЛЬТУРЫ В ПРИМОРЬЕ, издательство наука ленинградское отделение Ленинград, 1968)；［俄］Э. В. 沙弗库诺夫著、宋玉彬译：《马蹄山发掘》，《历史与考古信息·东北亚》1997 年第 2 期（原文见《俄罗斯科学院远东分院院刊》1995 年第 2 期）。

② ［俄］Э. В. 沙弗库诺夫著、宋玉彬译：《马蹄山发掘》，《历史与考古信息·东北亚》1997 年第 2 期（原文见《俄罗斯科学院远东分院院刊》1995 年第 2 期）。

③ ［俄］Шавкунов Э. В., Декор бохайской кревельной черепицы и его классификация // Археология северной пасифики —Владивосток, 1996.

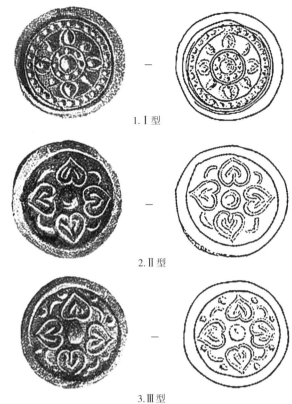

1. Ⅰ型

2. Ⅱ型

3. Ⅲ型

图二一 杏山寺庙址出土瓦当

（二）杏山寺庙址

杏山寺庙址位于绥芬河支流克罗乌诺夫卡河左岸谷地，东南距马蹄山寺庙址 0.5~0.7 千米。1960 年，Э. В. 沙弗库诺夫发掘了杏山寺庙址①。经发掘确认，这是一座独立的、封闭式的、呈 "佛殿＋院落围墙" 建置格局的佛教寺院遗址。

综合现有田野考古资料，该寺庙址区分出Ⅰ、Ⅱ、Ⅲ等 3 种类型的瓦当标本。

Ⅰ型，"双重＋'四分法'" 构图、"连珠纹＋'萼形花瓣＋弧线萼形花瓣'" 复合主题纹饰瓦当。

双重主题纹饰。外圈主题纹饰，在两圈凸棱纹同心圆内部填充 28 颗连珠纹；内圈施 "四分法" 构图的复合主题纹饰，其形制特征与马蹄山寺庙址出土的Ⅱ型瓦当相同。当心纹饰由里及外为乳突→凸棱纹同心圆→8 颗连珠纹→凸棱纹同心圆（图二一：1）。

Ⅱ型，四瓣 "倒心形" 花瓣、弧线间饰纹瓦当。

"四分法" 构图、单一主题纹饰。"倒心形" 轮廓造型的凸棱纹主题纹饰，其心窝处向内部空间延伸出短茎，短茎上部饰有 2 瓣呈 "八" 字形的花肉。当心纹饰为单纯乳突造型（图二一：2）。

Ⅲ型，四瓣 "倒心形" 花瓣、"弧线纹＋珠纹" 间饰纹瓦当。

"四分法" 构图、单一主题纹饰。主题纹饰与Ⅱ型瓦当相同。Ⅱ、Ⅲ型瓦当的区别在于间饰，该型瓦当的间饰，在内旋弧线的左右两端各复合 1 颗圆珠纹。当心纹饰为单纯乳突造型（图二一：3）。

需要指出的是，通过 Э. В. 沙弗库诺夫发表的研究成果可知，杏山寺庙址出土有曲背

① ［俄］Э. В. 沙弗库诺夫著、林树山译：《苏联滨海边区的渤海文化遗存》，《东北考古与历史》第 1 辑，文物出版社，1982 年（节译自 ГОСУДОРСТВО БОХАЙ И ПАМЯТНИКИ ЕГО КУЛЬТУРЫ В ПРИМОРЬЕ，издательство наука ленинградское отделение Ленинград，1968）；［俄］Э. В. 沙弗库诺夫著、林树山译：《渤海国及其在滨海地区的文化遗存》，《民族史译文集》第 13 期，中国社会科学院民族研究所历史研究室资料组，1985 年（节译自 ГОСУДОРСТВО БОХАЙ И ПАМЯТНИКИ ЕГО КУЛЬТУРЫ В ПРИМОРЬЕ，издательство наука ленинградское отделение Ленинград，1968）。

檐头筒瓦标本①。

（三）鲍里索夫卡寺庙址

鲍里索夫卡寺庙址地处绥芬河支流鲍里索夫卡河左岸，东距乌苏里斯克市直线距离不足 15 千米。1971 年，B. E. 麦德维杰夫对鲍里索夫卡寺庙址进行了考古发掘。在韩国的资助下，1999 年，在韩国出版了俄文、韩文双语考古报告②。

根据形制特点，该寺庙址区分出Ⅰ、Ⅱ等 2 种类型的瓦当。其中，Ⅰ型瓦当占据绝对优势地位，Ⅱ型瓦当仅见有 1 件个体标本。

Ⅰ型，"椭圆形花瓣+圆珠纹"复合主题纹饰瓦当。

考古报告表述的形制特征是："在边轮与凸棱纹同心圆之间，饰有 6 个风格相仿的莲花瓣，花瓣高出当面 0.15~0.2 厘米，其形状呈椭圆或扁桃形。花瓣面向边轮一侧略显变尖，有时，面向边轮及面向当心的花瓣两个端部均没有显现轮廓。在每一个花瓣内，存在两个形似稻粒的长圆形隆凸，不排除其所表现的是两瓣的某种籽实。这里需要补充的是，在莲瓣之间，靠近边轮一侧，存在 6 个半球形隆起的珍珠纹，其规格是乳突的二分之一。"③

简言之，该型瓦当的形制特点是："裂瓣纹"构图、复合主题纹饰。相间分布的六瓣椭圆形花瓣、六颗圆珠纹构成的复合主题纹饰，椭圆形凸棱纹轮廓线造型花瓣，其内部饰以两瓣萼形花肉。当心纹饰由里及外为乳突→凸棱纹同心圆（图二二：1、2）。

Ⅱ型，花草纹瓦当，残。

考古报告表述的形制特征是："当面心形浮雕凸棱纹的尖部朝向边轮，心形莲纹的内部为光面，莲纹的两侧各连接有涡形凸棱线纹，两者为一体模印而成。"④

由于破损严重，依据当面残存纹样难以辨识其构图理念、主题纹饰类型（图二二：3）。

值得注意的是，Ⅱ型瓦当主题纹饰的纹样，与朝鲜平壤地区高句丽壁画、瓦当上的莲纹造型具有一定的相似性⑤。此外，该寺庙址出土有曲背檐头筒瓦标本。

---

① ［俄］Э. B. 沙弗库诺夫著、林树山译：《渤海国及其在滨海地区的文化遗存》，《民族史译文集》第 13 期，中国社会科学院民族研究所历史研究室资料组，1985 年（节译自 ГОСУДОРСТВО БОХАЙ И ПАМЯТНИКИ ЕГО КУЛЬТУРЫ В ПРИМОРЬЕ，издательство наука ленинградское отделение Ленинград，1968）。

② ［俄］B. E. 麦德维杰夫著、全仁学译：《俄罗斯滨海地区渤海寺庙址》，《历史与考古信息·东北亚》2007 年第 2 期（原文见韩国学研文化社，1999 年）。

③ ［俄］B. E. 麦德维杰夫著、全仁学译：《俄罗斯滨海地区渤海寺庙址》，《历史与考古信息·东北亚》2007 年第 2 期（原文见韩国学研文化社，1999 年）。

④ ［俄］B. E. 麦德维杰夫著、全仁学译：《俄罗斯滨海地区渤海寺庙址》，《历史与考古信息·东北亚》2007 年第 2 期（原文见韩国学研文化社，1999 年）。

⑤ ［韩］경희대학교 중앙박물관：《고구려와당》，경희대학교 중앙박물관，2005.

1. Ⅰ型   2. Ⅱ型   3. Ⅲ型

图二二   鲍里索卡夫寺庙址出土瓦当

（四）科尔萨科沃寺庙址

科尔萨科沃寺庙址位于绥芬河支流克罗乌诺夫卡河下游左岸，东南距乌苏里斯克市 32
千米。1993 年，俄、韩学者对科尔萨科沃寺庙址进行了联合考古发掘。1994 年，在韩国
出版了俄文、韩文双语考古报告①。

根据形制特点，该寺庙址区分出Ⅰ、Ⅱ等 2 种类型的瓦当标本。其中，Ⅰ型瓦当的个
体数量占绝对优势，Ⅱ型瓦当仅见有 1 件个体标本。

Ⅰ型，"'倒心形'花瓣+鸟纹"复合主题纹饰瓦当。

"四分法"构图、复合主题纹饰。相间分布的四瓣"倒心形"花瓣、四只侧视鸟纹构
成复合主题纹饰，标准"倒心形"花瓣，其间，侧姿鸟纹呈两两相对、两两相背造型。当
心纹饰由里及外为乳突→凸棱纹同心圆（图二三：1、2）。

Ⅱ型，"太阳纹"瓦当。

瓦当当面仅有当心乳突，别无他纹（图二三：3）。

需要指出的是，"太阳纹"一词引自该寺庙址发掘报告②。

三、小结

综合现有资料，绥芬河流域总计发现了 5 处出土渤海瓦当的遗存地点，包括 1 处城
址、4 处旷野类型寺庙址。其中，4 处寺庙址均进行了考古发掘，支撑学术研究的基础性
数据较为充分。下面，通过开展瓦当标本、瓦作建筑、渤海文化等问题的学术讨论，对其
进行以下初步总结。

首先，关于绥芬河流域渤海时期瓦当标本形制特点的学术解读。

基于类型学考察，以遗存地点为单位，绥芬河流域出土瓦当特点有三。一是在构图理

---

① ［韩］文明大著、赵俊杰译：《科尔萨科夫卡佛教寺院址的发掘》，《历史与考古信息·东北亚》2008 年第 2 期
（原文见韩国大陆研究所出版部，1994 年）。

② ［韩］文明大著、赵俊杰译：《科尔萨科夫卡佛教寺院址的发掘》，《历史与考古信息·东北亚》2008 年第 2 期
（原文见韩国大陆研究所出版部，1994 年）。

念方面，"四分法"构图类型多于"裂瓣纹"构图类型；二是在主题纹饰类型方面，复合主题纹饰类型多于单一主题纹饰类型；三是在主题纹饰纹样方面，各个遗存地点均以个性化主题纹饰为主。综合上述因素，梳理出一些具有过渡期形制特点的瓦当类型，如，鲍里索夫卡寺庙址出土的"裂瓣纹"构图、复合主题纹饰瓦当，以及科尔萨科沃寺庙址出土的"四分法"构图、含"倒心形"花瓣主题纹饰的复合主题纹饰瓦当。显然，上述特点有助于开展宏观学术视野下的瓦当年代学考察（表四）。

其次，瓦当视角下瓦作建筑的学术思考。

综合20世纪50年代的考古发现，Э. B. 沙弗库诺夫推测，杏山佛寺不仅始建年代晚于马蹄山佛寺，而且二次利用了后者的建筑构件①。然而，根据20世纪90年代马蹄山寺庙址出土的Ⅲ型瓦当，需要重新审视上述观点的合理性。在鲍里索夫卡寺庙址发掘报告中，B. E. 麦德维杰夫认为，该寺庙址是滨海地区年代最早的渤海时期佛寺遗存②。通过开展构图理念视角下的瓦当类型学、年代学考察，鲍里索夫卡寺庙址的Ⅰ型瓦当应该具体应用于渤海第三代王大钦茂执政时期。具体论证过程，详见下文。在4处寺庙址中，科尔萨科沃寺庙址是唯一出土标准"倒心形"花瓣主题纹饰瓦当的佛寺遗存，其形制特点为开展该寺庙址的年代学考察提供了线索。至于大城子城址，东宁市博物馆收藏的瓦当、文字瓦标本，为讨论该城址的始建年代、建置功能提供了全新的探索空间。

最后，瓦作建筑视角下渤海文化的学术思考。

经发掘确认，绥芬河流域4处出土瓦当标本的旷野类型遗存地点均为佛教寺庙址。考古发现不仅为界定此类遗存瓦作建筑的性质提供了重要学术支撑，而且再次证明了佛教僧

1. Ⅰ型   2. Ⅱ型   3. Ⅲ型

图二三 科尔萨科沃寺庙址出土瓦当

① ［俄］Э. B. 沙弗库诺夫著、林树山译：《苏联滨海边区的渤海文化遗存》，《东北考古与历史》第1辑，文物出版社，1982年（节译自 ГОСУДОРСТВО БОХАЙ И ПАМЯТНИКИ ЕГО КУЛЬТУРЫ В ПРИМОРЬЕ，издательство наука ленинградское отделение Ленинград，1968）；［俄］Э. B. 沙弗库诺夫著、林树山译：《渤海国及其在滨海地区的文化遗存》，《民族史译文集》第13期，中国社会科学院民族研究所历史研究室资料组，1985年（节译自 ГОСУДОРСТВО БОХАЙ И ПАМЯТНИКИ ЕГО КУЛЬТУРЫ В ПРИМОРЬЕ，издательство наука ленинградское отделение Ленинград，1968）。

② ［俄］B. E. 麦德维杰夫著、全仁学译：《俄罗斯滨海地区渤海寺庙址》，《历史与考古信息·东北亚》2007年第2期（原文见韩国学研文化社，1999年）。

表四　　　　　　　　　　　　绥芬河流域渤海瓦当的构图方式与主题纹饰

遗址＼纹饰		构图方式			主题纹饰类型		主题纹饰纹样		
		四分法	多重构图	裂瓣纹	单一主题	复合主题	"倒心形"*	花草纹	动物纹
城址	大城子			∨	∨		A	∨	
旷野寺庙址	马蹄山	∨	∨	∨	∨	∨	B	∨	
	杏　山	∨	∨		∨		B	∨	
	鲍里索夫卡	？		∨	？	∨	？	∨	
	科尔萨科沃	∨			∨	∨	A（复）		∨
合计		3+？/5	2/5	3/5	4+？/5	5/5	4+？/5	4/5	1/5

注：*此列标注的 A、B、（复）代表以下含义：A，标准"倒心形"花瓣；B，非标准"倒心形"花瓣；（复），（A）、（B）花瓣作为复合主题纹饰而应用。

侣当时所拥有的崇高的社会地位。同时，促使学术界思考的是，佛教东渐滨海地区的初始时间及其传播方式。

第三节　楚卡诺夫卡河流域渤海瓦当类型学考察
——克拉斯基诺城址寺庙综合体

克拉斯基诺城址地处波谢特湾楚卡诺夫卡河（Река Цукановка，中文名称为岩杵河）河口的右岸，行政区划隶属于俄罗斯滨海边疆区哈桑地区克拉斯基诺镇，城址位于克拉斯基诺镇东北约 2 千米处的旷野中。作为一条独立的河流，楚卡诺夫卡河直接注入波谢特湾（图二四）。基于此，本书将克拉斯基诺城址寺庙综合体单独列为一节加以介绍。

一、以往田野考古工作

1958 年，通过考古调查，Г. И. 安德烈耶夫（Г. И. Андреев）等人将克拉斯基诺城址著录于考察报告之中①。1960、1963 年，Э. В. 沙弗库诺夫先后对该城进行了两个年度的田野调查、考古测绘工作。根据地表采集遗物，Э. В. 沙弗库诺夫确认该城址为渤海国东京龙原府盐州故址②。克拉斯基诺城址的考古发掘工作肇始于 1980 年，在 В. И. 博尔金、

① ［俄］Андреев Г.И.，Андреева Ж.В.，*Отчёт об Археологических Исследованиях Прибрежного отряда Дальневосточной экспедициив Лазовском Ольгинском и Хасанском районах Приморского края в 1958г //* Архив ИА РАН. — Р—1，№1777.

② ［俄］Э. В. 沙弗库诺夫著、林树山译：《苏联滨海边区的渤海文化遗存》，《东北考古与历史》第 1 辑，文物出版社，1982 年（节译自 ГОСУДОРСТВО БОХАЙ И ПАМЯТНИКИ ЕГО КУЛЬТУРЫ В ПРИМОРЬЕ，издательство наука ленинградскоеотделениеЛенинград，1968）；《新唐书》卷二一九《渤海传》："濊貊故地为东京，曰龙原府，亦曰栅城府，领庆、盐、穆、贺四州。"第 6182 页，中华书局，1975 年。

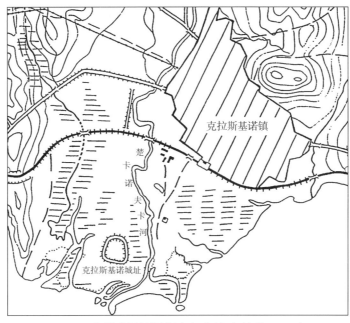

图二四　克拉斯基诺城址寺庙综合体位置示意图

E. И. 格尔曼前后两任领队的带领下，考古工作者已经对该城址实施了约 40 个年度田野季节的发掘工作①。

40 年来，克拉斯基诺城址发掘主要围绕三个区域而展开。一是位于城址西北角的寺庙综合体区域，二是以寺庙址为基点，在其东、东南、南侧城域开辟的发掘区，三是针对城址西、东城垣墙体以及城址东门区域开展的考古清理工作。其中，寺庙址区域的发掘可以分为早、晚两个阶段。1980~1990 年度实施的早期阶段发掘工作，由俄罗斯（包括苏联）考古界独自完成。按照俄罗斯（包括苏联）的田野考古管理办法②，此期撰写的年度发掘报告均未予发表，而是作为档案资料存档。基于此，学术界尤其是国际学术界只能根据发掘者发表的研究性文章了解该阶段大致的考古发现③。1994~2004 年度实施的晚期阶段发掘工作，由俄罗斯、韩国学者联合实施。2005 年，俄、韩合作出版了《俄罗斯联邦

① ［韩、俄］Фонд изучения Северо—Восточной Азии и др，*Отчёт об Археологических Исследований на Краскинском Городище Приморского края России в 2018г*，Сеул，2019 年；［韩］김은국・정석배：《크라스키노 발해성 – 발굴 40 년의 성과》，동북아역사재단，2021.

② 宋玉彬：《俄罗斯远东南部地区考古发掘与考古研究的模式》，《边疆考古研究》第 8 辑，科学出版社，2009 年。

③ ［俄］В. И. 博尔金著、宋玉彬译：《克拉斯基诺城址中的佛教寺庙址》，《历史与考古信息・东北亚》1995 年第 2 期（节译自《远东及其毗邻地区民族文化史问题》，布拉戈维申斯克，1993 年）；［俄］В. И. 博尔金等著、王德厚译：《滨海地区克拉斯基诺城址渤海佛教综合体的发掘》，《东北亚考古资料译文集》（4），北方文物杂志社，2002 年（原文见俄罗斯科学院西伯利亚分院考古与民族研究所出版社，2000 年）；［俄］В. И. 博尔金等著、宋玉彬译：《克拉斯基诺城址四年"一体化"考察》，《历史与考古信息・东北亚》2004 年第 1 期（原文见《俄罗斯科学院远东分院院刊》2001 年 3 期）；［俄］Е. И. 格尔曼等著、宋玉彬译：《克拉斯基诺城址井址发掘》，《历史与考古信息・东北亚》2004 年第 1 期；［俄］Ивлиев А. Л.，Болдин В. И.，*Исследования Краскинского городища и археологическое изучение Бохая в Приморье* // Россия и АТР—Владивосток，2006（3）。

滨海地区克拉斯基诺城址渤海寺庙综合体考古考察报告》①。城域发掘区为俄、韩合作发掘，自 2005 年伊始，双方按年度在韩国合作出版了俄文、韩文双语发掘报告。城墙区域由俄罗斯、日本联合发掘，日本学者撰写并发表了日文报告。

依据现有研究成果，在佛寺综合体发掘区，俄罗斯学者区分出早、晚两期佛寺遗存——属于上层建筑层位（стройтельный горизонт）②的晚期佛寺遗存和属于下层建筑层位的早期佛寺遗存③；在佛寺综合体外侧的城域发掘区，俄、韩学者辨识出由晚及早的 6 个建筑层位（第Ⅰ～Ⅵ）的遗存堆积。遗憾的是，目前学术界还缺少有关寺庙区上下 2 层建筑层位与城域区第Ⅰ～Ⅵ建筑层位遗存之间对应关系的学术解读。同时，长期以来，学术界倾向性认为，克拉斯基诺城址发掘区清理的遗迹、出土的遗物均为城址遗存。基于这一认知，早期佛寺的年代上限不会早于城址的始建年代。因此，如果不能明确界定早晚两期佛寺遗存与 6 个建筑层位之间的共时性、历时性关系，不仅会影响学术界开展早期佛寺的年代学考察，也将制约学术界对滨海地区渤海时期瓦当、瓦作建筑乃至渤海文化的整体把握与客观解读。

通过梳理 40 个年度的考古发现得以确认，克拉斯基诺城址出土的瓦当标本均为佛寺瓦作建筑留存的遗物。迄今为止，在佛寺以外城域开辟的发掘区内，虽然偶有个别瓦当残块出土，但始终未能辨识出使用檐头筒瓦营建的瓦作建筑迹象。基于上述认知，根据新近公布的克拉斯基诺城址城垣墙体解剖数据，同时，结合晚期佛寺院落南墙以及城域内道路设施的营建方式，促使笔者形成了以下学术思考。

其一，在梳理 2017～2018 年度清理发掘的城址西垣墙体解剖资料时发现，城墙营建于第Ⅳ建筑层位④。基于层位关系，上述解剖结果足以颠覆以往的学术认知。即，埋藏在第Ⅴ～Ⅵ建筑层位中的遗存，应该是渤海政权确立盐州行政建制、营建克拉斯基诺城垣建置以前形成的村落堆积。

其二，在梳理佛寺南侧城域发掘区的道路遗迹发掘资料时，发现了廓清早晚两期佛寺

①　［俄、韩］Фонд исследований Когурё и др, *Отчёт об Археологических Исследований на Бахайском Храмовом Комплексе в Краскинском Городище Приморья РФ*，Сеул，2005.

②　"стройтельный горизонт"为俄罗斯考古学专业术语。其中，"стройтельный"是形容词，可以译为"建筑的"；"горизонт"是名词，含"水平线""层位""采矿层"等多种语义。综合考古发现，作为词组，"стройтельный горизонт"可以译为"建筑层位"，意指含有建筑遗迹的堆积层。需要说明的是，由于主、客观的原因，目前，只有部分发掘区清理到了第Ⅵ建筑层位。

③　需要说明的是，以 2006 年出版的《2005 年俄罗斯滨海边疆区渤海遗存考古考察报告》为时间节点，此前俄罗斯学者绘制的克拉斯基诺城址寺庙综合体遗迹图，均标注有上、中、下等 3 个建筑层位（即早、中、晚三期）的佛寺遗迹。此后，自 2007 年出版的《2006 年俄罗斯滨海边疆区克拉斯基诺城址考古考察报告》伊始，不再使用上、中、下等 3 个建筑层位标注佛寺遗迹，在其新绘制的克拉斯基诺城址寺庙综合体遗迹图中，均将中层建筑层位遗迹并入了下层建筑层位遗迹。

④　［韩、俄］Фонд изучения Северо - Восточной Азии и др, *Отчёт об Археологических Исследований на Краскинском Городище Приморского края России в 2018г*，Сеул，2019.

与城域 6 个建筑层位对应关系的线索。清理道路遗迹时，在其垫层中出土了作为废弃物而被二次利用的瓦当残块。尤为重要的是，在早于城址遗存、处于第 V 建筑层位的道路遗迹的垫层中，不仅出土了瓦当残块，而且得以确认其形制特点与早期佛寺堆积中出土的瓦当标本相同①。因此，基于遗迹的层位关系，同时，结合遗物的类型学考察结果，不难发现，早期寺庙址是村落时期营建的旷野类型的佛寺遗存。种种迹象表明，第 V 建筑层位的道路遗迹是村落与早期佛寺之间的往来路线。

其三，在梳理晚期佛寺院落南墙遗存发掘信息时发现，该墙体与克拉斯基诺城址西墙相接。显然，晚期佛寺借用城垣西墙作为院落围墙。因此可以认定，晚期佛寺的年代上限晚于城址的始建年代，属于城域类型的佛寺遗存。

在渤海遗存中，克拉斯基诺寺庙综合体属于为数不多的存在层位叠压关系的瓦作建筑遗存，无论是开展瓦当的类型学考察抑或年代学考察，其特殊的学术意义不言而喻。基于此，有必要梳理一下早、晚两期佛寺的建置格局及其清理揭露的遗迹现象。

二、寺庙综合体区域清理揭露的遗迹现象

综合现有研究成果，在克拉斯基诺城址寺庙综合体区域内，俄罗斯学者辨识出早、晚两期具有层位叠压关系的建筑遗迹（图二五），即属于上层建筑层位的晚期寺庙综合体和属于下层建筑层位的早期寺庙址。

通过梳理图文信息得以确认，早、晚两期佛寺的共同特点是，两者均营建有封闭式的院落围墙，表明其各自拥有独立的建置格局。两者之间的个性化差异在于，早期佛寺院落内仅营建有佛殿主体建筑（图二六），晚期佛寺则不仅拥有佛寺主体建筑，还营建有一些附属性建筑（图二七）。

（一）早期寺庙址遗迹

在清理寺庙址区域上层建筑层位堆积时，为了保护晚期佛寺迹象，未能对叠压在其下的堆积予以清理。基于此，早期佛寺仅清理揭露了佛殿基址、佛寺院落围墙局部区域的遗迹现象。

由于未发表发掘报告，根据 2006 年发表的《克拉斯基诺城址考察与滨海地区渤海考古学研究》一文 ②，"可以明确克拉斯基诺城址一些客体的断代。其中，最早的遗存包括城垣墙体、早期建筑层位时期的佛寺基址以及其西部残存的与之平行的围墙墙体。位于寺庙综合体西侧的窑址，显然，它们早于晚期建筑层位的佛寺遗迹"。

---

① ［韩、俄］Фонд иучения Северо－Восточной Азии и др，*Отчёт об Археологических Исследований на Краскинском Городище Приморского края России в 2018г*，Сеул，2019.

② ［俄］Ивлиев А. Л.，Болдин В. И.，*Исследования Краскинского городища и археологическое изучение Бохая в Приморье //*Россия и АТР －Владивосток，2006（3）.

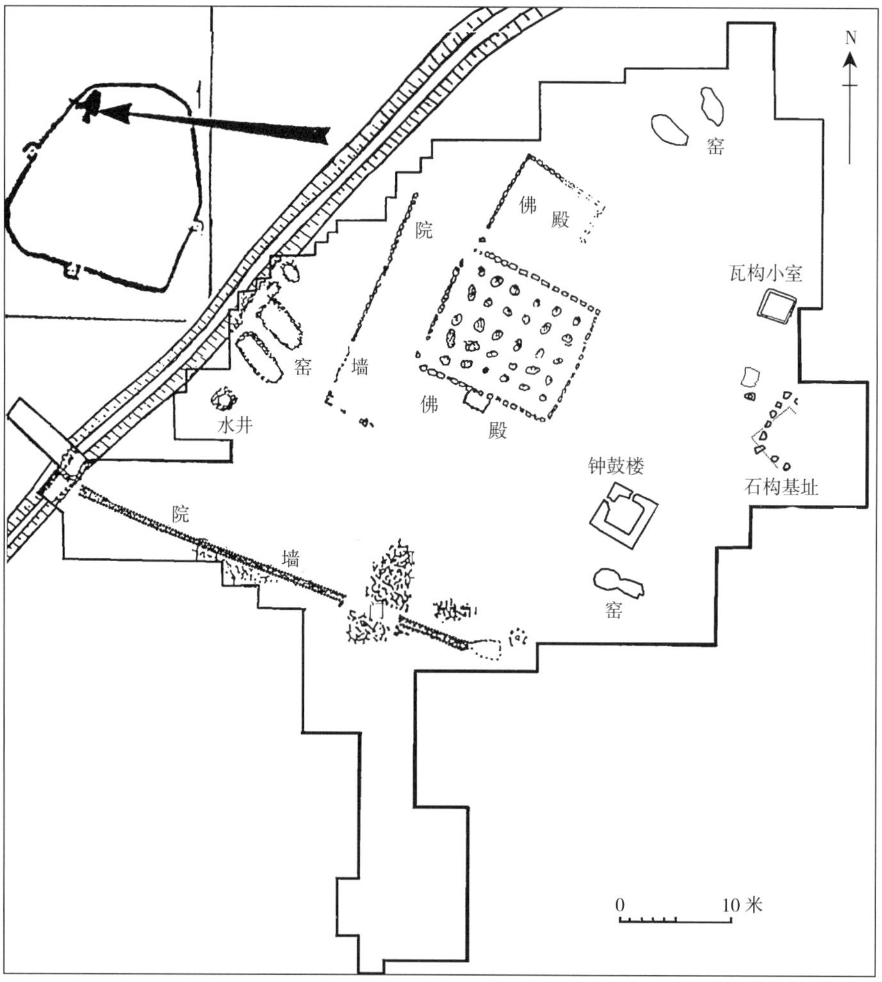

图二五 克拉斯基诺城址寺庙综合体遗迹平面图

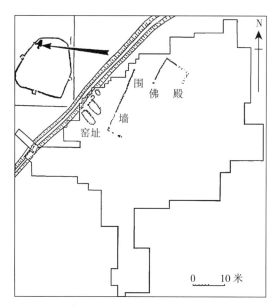

图二六 克拉斯基诺旷野类型早期佛寺遗迹图

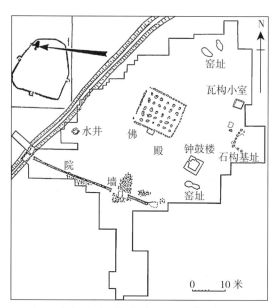

图二七 克拉斯基诺城域类型晚期佛寺遗迹图

通过《克拉斯基诺城址四年"一体化"考察》一文①，得以了解早期佛寺遗迹的一些基础性信息数据。作为旷野类型的佛教寺院，早期佛寺具有独立的、封闭的、呈"佛殿+院落"格局的建置特点。由于早期佛殿与晚期佛殿位置重合，为了保护晚期佛寺的佛殿基址遗迹，仅清理揭露了早期佛寺基址的西北部区域迹象、院落围墙的西南段墙体基址以及烧制瓦作建筑构件的窑址。

佛殿基址为台基式建筑，土质台基的外缘构筑有石块砌体。发掘过程中，仅清理出台基西北部区域的外缘包石砌体。其中，台基西缘残存 2 层石块砌体，长约 8、宽 0.3～0.4、残高 0.15～0.2 米；台基北缘仅残存西北角处包石砌体（数据不详），其大部分包石砌体只清理出包石砌体的基槽遗迹。在包石外侧的倒塌堆积中，出土有鸱尾、瓦当等遗物标本。

院落围墙基址，位于佛殿基址西南侧，与之平行。清理出的部分为一段呈东北—西南走向的院落围墙基址。该基址残存 2 层石构砌体，长约 17.5、宽约 0.4、残高约 0.35 米。在清理围墙基址外侧（西侧）堆积时，出土有瓦当、木炭等遗物标本。关于后者，发掘者认为是烧毁的石质墙基上部的木构围墙遗物。

窑址，位于院落围墙西侧，存在多组打破关系。根据俄罗斯学者的认知，其多是烧制早期佛寺所使用的瓦作产品的一次性窑址。

（二）晚期寺庙址遗迹

通过梳理国际学术界围绕克拉斯基诺城址考古发现而出版、发表的研究性著述，同时，结合 2005 年以来俄文、韩文双语出版的克拉斯基诺城址年度发掘报告所刊发的遗迹平面图，得以了解晚期佛寺遗迹的下列基础性信息数据②。

同早期佛寺一样，晚期佛寺也拥有独立、封闭的院落式建置格局。与早期佛寺不同的是，晚期佛寺借用克拉斯基诺城的西垣城墙作为其院落的西部屏障。通过考古清理，目前仅揭露了院落南墙基址，尚未确认院落的东墙、北墙遗迹。在院落内部，揭露了佛殿基址、钟鼓楼基址（Фундамент башни）、瓦构小室（Камера с черепичными стенами）、石

---

① ［俄］В. И. 博尔金等著、宋玉彬译：《克拉斯基诺城址四年"一体化"考察》，《历史与考古信息·东北亚》2004 年第 1 期（原文见《俄罗斯科学院远东分院院刊》2001 年 3 期）。

② ［俄］В. И. 博尔金著、宋玉彬译：《克拉斯基诺城址中的佛教寺庙址》，《历史与考古信息·东北亚》1995 年第 2 期（节译自《远东及其毗邻地区民族文化史问题》，布拉戈维申斯克，1993 年）；［俄］В. И. 博尔金等著、王德厚译：《滨海地区克拉斯基诺城址渤海佛教综合体的发掘》，《东北亚考古资料译文集》（4），北方文物杂志社，2002 年（原文见俄罗斯科学院西伯利亚分院考古与民族研究所出版社，2000 年）；［俄］В. И. 博尔金等著、宋玉彬译：《克拉斯基诺城址四年"一体化"考察》，《历史与考古信息·东北亚》2004 年第 1 期（原文见《俄罗斯科学院远东分院院刊》2001 年 3 期）；［俄］Е. И. 格尔曼等著、宋玉彬译：《克拉斯基诺城址井址发掘》，《历史与考古信息·东北亚》2004 年第 1 期；［俄、韩］Фонд исследований Когурё и др, *Отчёт об Археологических Исследований на Бахайском Храмовом Комплексе в Краскинском Городище Приморья РФ*, Сеул, 2005；［韩］김은국·정석배：《크라스키노 발해성 - 발굴 40년의 성과》，동북아역사재단，2021.

构建筑基址、水井、烧制瓦作建筑构件的窑址等遗迹。基于上述发现，俄罗斯学者将克拉斯基诺城址佛寺遗迹称为寺庙综合体（Храмовой комплекс），其含义主要针对晚期佛寺遗迹而言，因为除佛殿外，晚期寺院中还营建有一些附属设施。

　　院落南墙基址，石构建筑遗迹。佛寺院门辟于南墙，门址宽约 3.9 米。门址与城垣西墙之间的围墙得以完整揭露，此段院墙长约 22.8 米。门址以东的院落南墙仅局部得以清理，清理长度约为 8 米①。综合上述数据，院落南墙基址得以清理的长度约为 34.7 米，墙体基址宽约 1 米②。在现已开辟的发掘区内，未能确认院落南墙的转角迹象。

　　佛殿基址，位于院落中央，台基式建筑，平面呈横长方形，其长轴呈西南—东北走向（对角线呈正方向）。佛殿坐北朝南，其门址辟于台基南侧，与院落南墙门址遥相对应。台基外缘构筑有石块砌体，其纵长 11.8、横宽 10.4 米，面积约 122 平方米。根据台基之上揭露的础石柱网遗迹，俄罗斯学者推测，其主体建筑为柱廊式结构，面阔五间、进深四间③。

　　钟鼓楼基址，位于佛殿东南侧 9 米处。清理揭露了石块垒砌的方框基址，边长约 4.4、残高约 0.8 米。台基方向与佛殿的长轴方向相同，"根据倒塌下来的瓦的分布的情况判断，其顶部为单层四面坡顶"④。关于该遗迹的功能，据俄罗斯学者推测，"可能是贮藏经典的库房，也许是钟楼或鼓楼"⑤。

　　瓦构小室，位于佛殿基址的东北侧 14 米处，半地穴式建筑。遗迹平面近方形，其室内地面边长约为 2.3 米。使用废瓦（主要是板瓦）垒砌四面墙体，最大残高不超过 1.2 米。在其西壁发现了门址迹象。关于该遗迹的功能，俄罗斯学者推测，"它具有宗教仪式方面的用途。抑或是建在佛塔下面存放圣物的遗迹，抑或是僧侣的墓葬……后者的可能性更大"⑥。关于瓦构小室的始建年代，在《克拉斯基诺城址独一无二的发现》一文中，根据瓦构墙体中出土的瓦当标本，俄罗斯学者认为，"很明显，营建瓦构小室时，佛殿已经

---

① 通过城址发掘区遗迹平面图可以认定，晚期佛寺院落南墙的东段未在发掘区范围之内。

② ［俄］В. И. 博尔金等著、王德厚译：《滨海地区克拉斯基诺城址渤海佛教综合体的发掘》，《东北亚考古资料译文集》（4），北方文物杂志社，2002 年（原文见俄罗斯科学院西伯利亚分院考古与民族研究所出版社，2000年）。

③ ［俄］В. И. 博尔金著、宋玉彬译：《克拉斯基诺城址中的佛教寺庙址》，《历史与考古信息·东北亚》1995 年第 2 期（节译自《远东及其毗邻地区民族文化史问题》，布拉戈维申斯克，1993 年）。

④ ［俄］В. И. 博尔金等著、王德厚译：《滨海地区克拉斯基诺城址渤海佛教综合体的发掘》，《东北亚考古资料译文集》（4），北方文物杂志社，2002 年（原文见俄罗斯科学院西伯利亚分院考古与民族研究所出版社，2000年）。

⑤ ［俄］Е. И. 格尔曼著、裴石译：《渤海制瓦业发展的特点》，《东北亚考古资料译文集》（6），北方文物杂志社，2006 年（节译自《远东及其毗邻地区的考古学和社会文化人类学》，国立布拉戈维申斯克师范大学出版社，2003 年）。

⑥ ［韩］Фонд исследований Когурё и др, *Отчёт об Археологических Исследований на Краскинском Городище Приморского края России в 2004г*, Сеул, 2005.

存在。佛殿多半营建于9世纪，相应地，瓦构小室的始建年代为9~10世纪初"①。

石构建筑基址，由16块石块围成，平面近长方形，地面式基址，其纵长约5.8、横长4.6~4.9米，面积约28.5平方米。该基址纵轴与佛殿方向一致，呈西南—东北走向。在现有研究成果中，尚缺少有关该基址功能、性质的界定。

水井，位于佛殿基址西南侧18.3米处。其西侧为城垣西墙，东北侧为4号窑址。经清理确认，井口至井底深约2.8米。打井时首先下挖坑穴，然后在坑底依次铺垫木板、圆木、石板，形成一个较为平整的方形平面，最后使用石块垒砌井壁，并以石块、瓦片及黏土填充井壁与坑体之间的空隙。需要指出的是，随着深度变化，水井的横截面形状也会有所变化。值得注意的是，在井壁与坑体之间填充的瓦砾残块中，出土有瓦当标本。对此，俄罗斯学者指出，"修井使用的瓦块、陶片，使我们不仅了解了克拉斯基诺城址瓦的形制与纹饰变化，而且得以知晓制瓦过程的某些工艺"②。

窑址，位于佛殿基址东北、东南侧，属于晚期佛寺时期烧制瓦作产品的一次性窑址。需要强调的是，就近、就地烧制瓦作建筑构件是克拉斯基诺寺庙综合体发掘区的重要考古发现。这种生产模式应该是渤海时期旷野类型瓦作建筑的共性化特征。

以上，简要介绍了晚期佛寺留存的遗迹现象。在清理佛殿、瓦构小室、水井、窑址等遗存时，均出土了数量不等的瓦当标本③。关于晚期佛寺遗迹彼此间的营建时序，俄罗斯学者指出，"寺庙综合体西侧的窑址，显然，它们早于上层建筑层位的寺庙建筑。窑址附近的水井，其营建时间可能略晚于窑址。其后，是上层建筑层位时期的佛寺遗迹。大概，此期营建了塔楼、寺庙综合体南部的院墙。再下一个阶段，是瓦构小室建筑。最后，是城市存在最后阶段的庭院。同时，上层建筑平面的寺庙使用至城市毁灭之前，因为其上未发现更晚的建筑"④。

三、克拉斯基诺城址寺庙综合体区域瓦当类型学考察

（一）俄罗斯学者的类型学考察

2004年，通过《克拉斯基诺古城遗址瓦当的纹饰》一文⑤，E.B. 阿斯塔申科娃、

---

① ［俄］В. И. 博尔金等著、王德厚译：《克拉斯基诺古城址内罕见的发现物——瓦筑墙壁的小房》，《东北亚考古资料译文集》（7），北方文物杂志社，2007年（原文见 Болдин В. И. и др Уникальная находка на Краскинском городищ //Россия и АТР-Владивосток，2005：3）。正文中名称为笔者所译。

② ［俄］Е. И. 格尔曼等著、宋玉彬译：《克拉斯基诺城址井址发掘》，《历史与考古信息·东北亚》2004年第1期。

③ ［俄］В. И. 博尔金等著、宋玉彬译：《克拉斯基诺城址四年"一体化"考察》，《历史与考古信息·东北亚》2004年第1期（原文见《俄罗斯科学院远东分院院刊》2001年3期）。

④ ［俄］Ивлиев А. Л.，Болдин В. И.，Исследования Краскинского городища и археологическое изучение Бохая в Приморье //Россия и АТР -Владивосток，2006（3）.

⑤ ［俄］Е. В. 阿斯塔申科娃、В. И. 博尔金著，王德厚译：《克拉斯基诺古城遗址瓦当的纹饰》，《北方文物》2006年第4期（原文见《俄罗斯与亚洲太平洋地区》2004年第1期）。

В. И. 博尔金对克拉斯基诺城址寺庙综合体区域出土瓦当开展了类型学考察。迄今为止，这是唯一一篇关于克拉斯基诺城址出土瓦当的专题性研究成果。

依据纹样形制特征，俄罗斯学者将克拉斯基诺城址出土的瓦当分为 8 种类型。

类型 1，"半球体凸起纹当心，环绕有 5 颗更小一些的、直径约 0.5 厘米的半球体凸起纹①……上述构图被凸棱纹圆环所环绕，形成独特的'子房'。凸棱纹圆环外侧，分布有 5 瓣带小叶柄的心形花瓣。每瓣花瓣又被分隔出两小瓣，每一小瓣内部均有一个水滴状凸起纹。心形花瓣之间，各装饰有 1 个柳叶形凸起纹"②。

类型 2，"圆锥体或半球体凸起纹当心，环绕有 2 圈凸棱纹圆环，圆环之间装饰有 8 颗不大的、直径为 0.3~0.4 厘米的半球体凸起纹。在外圈凸棱纹圆环外侧不远处，分布有 4 瓣心形花瓣，每一心形花瓣内部均饰有 2 个椭圆形凸起纹。4 瓣心形花瓣之间，各装饰有 1 枝某种植物的枝条纹。在发掘水井时，出土有类似纹饰的瓦当碎片，与类型 2 细微的形制差异是，其心形花瓣带有叶柄。据此，我们得以在类型 2 中区分出两种变体"。

类型 3，"半球体凸起纹当心，环绕有凸棱纹圆环、5 瓣心形花瓣。每一瓣心形花瓣均由 2 小瓣凸起的花瓣组成，在 5 瓣心形花瓣之间，各装饰有 1 个菱形凸起纹"。

类型 4，"半球体凸起纹当心，环绕有六角形凸棱纹。其外侧分布有 6 瓣被置于括号纹内部的月桂树花瓣形凸起纹。其间，各装饰有 1 枝三叶形枝条纹"。

类型 5，"半球体凸起纹当心，环绕有 8 颗小型的、直径约 0.3 厘米的半球体凸起纹，上述构图被凸棱纹圆环所环绕。圆环外侧分布有 6 枝直茎三叶形花草纹，其中间叶片呈柳叶形花冠，另外两片近三角形叶片分别从茎秆的中部向两侧伸出。多半，其表现的是开花过程的某一时间节点造型——还没绽放的蓓蕾、嫩叶。6 枝花草纹之间，各装饰有 1 瓣心形花瓣。与类型 1~3 心形花瓣的心窝朝向当心不同，其花瓣心尖朝向当心。每一心形花瓣内部均装饰有凸起的括号纹，其造型可能是花瓣的变体，抑或是表现尚未开放的花蕾"。

类型 6，"半球体凸起纹当心，被呈'十'字形交叉构图的 4 个椭圆形凸起纹与 4 个半球体凸起纹所环绕，上述构图又被凸棱纹圆环所环绕。圆环外侧与瓦当边轮之间，分布有 16 颗规格不大的、直径约 0.5 厘米的半球体凸起纹"。

类型 7，"半球体凸起纹当心，环绕有凸棱纹圆环，圆环的外侧分布有 8 颗小型半球体凸起纹。上述构图被'十'字形凸棱纹轮廓线所环绕，凸棱纹轮廓线内部还装饰有 4 个椭圆形凸起纹。该凸棱纹轮廓线外侧，环绕有 4 个半球体凸起纹，每一个半球体凸起纹，均环绕有凸棱纹圆环。上述构图再次被凸棱纹圆环所围绕。在圆环的外侧，沿着当面外缘分布有 24 颗小型半球体凸起"。

---

① 作者强调，为了说明此类纹饰的规格不同，没有使用"连珠纹"一词。

② 引号中的文字均为笔者所译，与王德厚译文略有差异。［俄］E. B. 阿斯塔申科娃、В. И. 博尔金著，王德厚译：《克拉斯基诺古城遗址瓦当的纹饰》，《北方文物》2006 年第 4 期（原文见《俄罗斯与亚洲太平洋地区》2004 年第 1 期）。

类型 8，"该型纹饰可以区分出两种变体。变体 a，半球体凸起纹当心，处于 4 颗星状纹底边的中间，星状纹的射线呈凹底三角形。在星状纹之间，各装饰有 1 个弧面朝向边轮的括号纹。4 颗星状纹与 4 条括号纹形成的一体构图，被凸棱纹圆环所环绕。变体 b，与变体 a 的形制差异是，尖状凸起纹的当心，呈 4 等分的扇面体造型"。

在上述类型学考察的基础上，该文作者进一步指出，"考虑到下层建筑层位的佛殿基址是克拉斯基诺寺庙综合体最早的遗迹，则可以认为，类型 2、类型 4、类型 5 以及类型 8 的 2 种变体属于早期瓦当类型。此类标本既出土于早期遗迹，也见于晚期遗迹。亭子（Павильон，本书笔者按，后改称钟鼓楼基址）与上层建筑层位佛殿基址的始建年代，多半有所不同。在亭子基址，出土了类型 1、类型 3、类型 5、类型 6 以及类型 8 瓦当标本。在上层建筑层位佛殿基址，仅出土了类型 1 一种瓦当标本。在第 V 发掘区出土了类型 4、类型 5、类型 6 瓦当标本，不过，其出土位置属于亭子与佛殿基址各自范围的过渡地带。上述标本，一方面可能是上层建筑层位佛寺遗物，另一方面也可能属于下层建筑平面佛寺遗物，但多半不属于前者。如此，我们初步将类型 2、类型 4 瓦当归入早期类型，把类型 5、类型 8 瓦当视为过渡期瓦当类型，我们不能明确后者是否与类型 2、类型 4 瓦当同期抑或略晚。难以判断的是，它们是始建期使用的瓦当类型，还是修缮时按照旧瓦当规格制作的新纹样瓦当。无论如何，上述类型瓦当在城址中应用的时间较长。类型 1、类型 3 以及类型 6 瓦当，显然，属于晚期类型。其中，类型 1 大概是最晚的类型。至于类型 7，很难界定其年代，因为只是在第 X 发掘区出土了 1 件标本。该发掘区还出土有类型 2、类型 4 瓦当，初步推测类型 1 为早期类型瓦当"。

（二）本书的类型学考察

基于《克拉斯基诺古城遗址瓦当的纹饰》一文公布的基础性数据，同时，结合新近出版的克拉斯基诺城址年度考古报告以及研究性著述中公布的瓦当信息，在最大限度地掌握学术资源的情况下，本书对克拉斯基诺城址寺庙综合体瓦作建筑所遗留的瓦当开展了构图理念、纹样形制视角下的类型学考察。基于此，区分出 6 种形制的瓦当类型。其中，将 3 种类型进一步细分为 7 种亚型。

Ⅰ 型，五瓣"倒心形"花瓣、萼形间饰纹瓦当。

"裂瓣纹"构图、单一主题纹饰。根据"倒心形"花瓣形制的细部差异，可以进一步区分出 3 种亚型。

Ⅰa 型，非标准"倒心形"花瓣，其纹样仅有花肉、没有凸棱纹外轮廓线。当心纹饰由里及外为乳突→凸棱纹同心圆（图二八：1）。

需要说明的是，此型瓦当不见于《克拉斯基诺古城遗址瓦当的纹饰》一文。

Ⅰb 型，标准"倒心形"花瓣。当心纹饰由里及外为乳突→凸棱纹同心圆（图二八：2）。

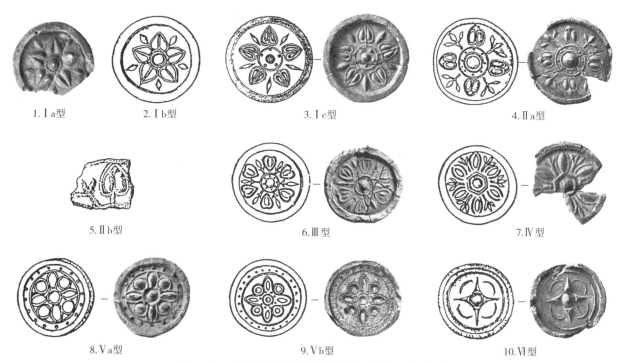

1. Ⅰa型　　2. Ⅰb型　　3. Ⅰc型　　4. Ⅱa型

5. Ⅱb型　　6. Ⅲ型　　7. Ⅳ型

8. Ⅴa型　　9. Ⅴb型　　10. Ⅵ型

图二八　克拉斯基诺城址寺庙综合体瓦当类型

该型与俄罗斯学者划分的"类型3"相同。

Ⅰc型，装饰有叶茎的标准"倒心形"花瓣。当心纹饰由里及外为乳突→5颗连珠纹→凸棱纹同心圆（图二八：3）。

该型与俄罗斯学者划分的"类型1"相同。

Ⅱ型，"'倒心形'花瓣+花草纹"复合主题纹饰瓦当。

"四分法"构图、复合主题纹饰。相间分布的四瓣"倒心形"花瓣、四枝三叶形花草纹构成复合主题纹饰，根据"倒心形"花瓣细部形制差异，可以进一步区分出2种亚型。

Ⅱa型，非标准"倒心形"花瓣，"倒心形"凸棱纹轮廓线内部，饰以"带有纵茎的三角形凸起纹+两瓣花肉"。当心纹饰由里及外为乳突→凸棱纹同心圆→8颗连珠纹→凸棱纹同心圆（图二八：4）。

该型与俄罗斯学者划分的"类型2"相同。

Ⅱb型，其与Ⅱa型的形制差异在于，"倒心形"花瓣带有叶茎（图二八：5）。

该型同于俄罗斯学者划分的"类型2变体"。

Ⅲ型，"'心形'花瓣+花草纹"复合主题纹饰瓦当。

"裂瓣纹"构图、复合主题纹饰。相间分布的六瓣"心形"花瓣、六枝三叶形花草纹构成复合主题纹饰，"心形"花瓣凸棱纹轮廓线内部填充两瓣花肉，花肉之间没有界格线；三叶形花草纹与Ⅱ型瓦当的花草纹形制相近。当心纹饰由里及外为乳突→8颗连珠纹→凸棱纹同心圆（图二八：6）。

该型与俄罗斯学者划分的"类型5"相同。

Ⅳ型，"萼形花瓣+花草纹"复合主题纹饰瓦当。

"裂瓣纹"构图、复合主题纹饰。相间分布的六瓣萼形纹、六枝三叶形花草纹构成复合主题纹饰，萼形纹的左右两侧均环绕有弧线纹；三叶形花草纹与Ⅱ型、Ⅲ型瓦当的花草纹形制相近。当心纹饰由里及外为乳突→六边形凸棱线纹（图二八：7）。

该型与俄罗斯学者划分的"类型4"相同。

Ⅴ型，"双重+'四分法'"构图、"连珠纹+'椭圆形纹+圆形纹'"复合主题纹饰瓦当。

双重主题纹饰，外圈施环形分布的连珠纹；内圈施"四分法"构图的复合主题纹饰。根据内外圈主题纹饰形制的细部差异，可以进一步区分出2种亚型。

Ⅴa型，外圈主题纹饰为16颗环形分布的连珠纹。相间分布的4颗椭圆形凸起纹、4颗圆珠形凸起纹构成内圈主题纹饰，其单体椭圆形、圆珠形凸起纹均环绕有凸棱线纹。当心纹饰由里及外为乳突→六边形凸棱线纹（图二八：8）。

该型与俄罗斯学者划分的"类型6"相同。

Ⅴb型，外圈主题纹饰为24颗环形分布的连珠纹。内圈主题纹饰为"四分法"构图、复合主题纹饰。相间分布的4颗椭圆形凸起纹、4颗圆珠形凸起纹构成复合主题纹饰，4颗椭圆形凸起纹与当心纹饰被封闭在"十"字形凸棱纹轮廓线之内，单体圆珠形凸起纹均环绕有凸棱线纹。当心纹饰由里及外为乳突→凸棱纹同心圆→8颗连珠纹（图二八：9）。

该型与俄罗斯学者划分的"类型7"相同。

Ⅵ型，"三角形凸起纹+弧线纹"复合主题纹饰瓦当。

"四分法"构图、复合主题纹饰。相间分布的4个三角形凸起纹、4条弧线纹构成复合主体纹饰，三角形凸起纹呈凹底造型；弧线纹呈内旋弧线造型。当面外缘环绕凸棱纹同心圆。当心纹饰由里及外为乳突→凸棱纹同心圆（图二八：10）。

该型与俄罗斯学者划分的"类型8"相同。需要说明的是，基于当心纹样形制的细部差异，俄罗斯学者将此型瓦当区分出两种变体。笔者认为，其细部形制差异系同型不同范所致，没有必要细分出亚型。

四、克拉斯基诺城址寺庙综合体出土瓦当的年代学考察

通过梳理现已出版、发表的考古报告以及研究性著述，在克拉斯基诺寺庙综合体发掘区、城域发掘区，分别获取了其各自所出土的瓦当标本的层位关系信息。

（一）寺庙综合体发掘区

在清理早期寺院的佛殿基址遗迹时，出土了层位关系最早的Ⅱa型、Ⅲ型、Ⅳ型、Ⅵ型瓦当[①]。

---

① ［俄］E.B. 阿斯塔申科娃、B.И. 博尔金著，王德厚译：《克拉斯基诺古城遗址瓦当的纹饰》，《北方文物》2006年第4期（原文见《俄罗斯与亚洲太平洋地区》2004年第1期）。

在水井井壁砌体与坑体之间的填充物中，出土了层位关系最早的Ⅱb型瓦当①。

在清理晚期寺院的钟鼓楼基址遗迹时，出土了层位关系最早的Ⅰb型、Ⅰc型、Ⅴa型瓦当②。

在清理晚期寺院的瓦构小室遗迹时，出土了层位关系最早的Ⅰa型瓦当③。

在清理晚期寺院的佛殿基址遗迹时，仅出土了Ⅰc型瓦当④。

（二）城域发掘区

在属于村落址时期的第Ⅴ建筑层位中，出土了层位关系最早的Ⅱa型瓦当⑤。

在城垣墙体所在的第Ⅳ建筑层位中，出土了层位关系最早的Ⅲ型、Ⅳ型、Ⅴa型、Ⅴb型瓦当⑥。

在城垣建置确立后形成的第Ⅲ建筑层位中，出土了层位关系最早的Ⅰa型、Ⅰc型瓦当⑦。

在最晚的第Ⅱ、Ⅰ建筑层位中，发现了不同数量的上述各型瓦当标本。

综合上述信息，以瓦作建筑的始建年代、修缮时间为学术切入点，可以将克拉斯基诺城址寺庙综合体发掘区清理揭露的遗迹分为两期三段。早期，村落时期营建的旷野类型的佛寺瓦作建筑（俄罗斯学者界定的早期佛寺遗存）；晚期，盐州建置确立以后营建的城域类型的佛寺瓦作建筑（俄罗斯学者界定的晚期佛寺遗存）。其中，属于城域类型的晚期佛寺瓦作建筑可以进一步细分出早、晚两段。晚期早段，初建期的城域佛寺瓦作建筑；晚期晚段，修缮后的城域佛寺瓦作建筑。基于此，得以考察处于不同时间节点的瓦作建筑所使用的瓦当类型（图二九）。其一，村落时期旷野类型佛寺使用的Ⅱa型、Ⅱb型、Ⅲ型、Ⅳ型、Ⅵ型瓦当。此期瓦当，虽然并存"四分法""裂瓣纹"等2种理念的构图模式，但其纹样均选择了复合主题纹饰类型。其二，营建城域类型佛寺瓦作建筑时所使用的瓦当类型。此期瓦当存在诸多不确定因素，除了继续沿用2种不同构图理念的复合主题纹饰瓦当外，还开始应用双重构图的Ⅴa型、Ⅴb型瓦当，以及"裂瓣纹"构图、单一主题纹饰的

① ［俄］Е.И.格尔曼等著、宋玉彬译：《克拉斯基诺城址井址发掘》，《历史与考古信息·东北亚》2004年第1期。

② ［俄］Е.В.阿斯塔申科娃、В.И.博尔金著，王德厚译：《克拉斯基诺古城遗址瓦当的纹饰》，《北方文物》2006年第4期（原文见《俄罗斯与亚洲太平洋地区》2004年第1期）。

③ ［俄］В.И.博尔金等著、王德厚译：《克拉斯基诺古城址内罕见的发现物——瓦筑墙壁的小房》，《东北亚考古资料译文集》（7），北方文物杂志社，2007年（原文见 Болдин В.И. и др Уникальная находка на Краскинско м городищ //Россия и АТР-Владивосток，2005：3）。

④ ［俄］Е.В.阿斯塔申科娃、В.И.博尔金著，王德厚译：《克拉斯基诺古城遗址瓦当的纹饰》，《北方文物》2006年第4期（原文见《俄罗斯与亚洲太平洋地区》2004年第1期）。

⑤ ［韩·俄］Фонд иучения Северо－Восточной Азии и др，Отчёт об Археологических Исследований на Краскинском Городище Приморского края России в 2018г，Сеул，2019.

⑥ ［韩］김은국·정석배：《크라스키노 발해성－발굴 40년의 성과》，동북아역사재단，2021.

⑦ ［韩］김은국·정석배：《크라스키노 발해성－발굴 40년의 성과》，동북아역사재단，2021.

图二九 克拉斯基诺城址寺庙综合体瓦当分期图

Ⅰa型瓦当。其三，城域类型寺院佛殿出土的Ⅰc型瓦当。即，标准"倒心形"花瓣瓦当。此型瓦当也在同期附属设施的瓦作建筑中得到应用，它们应该是修缮时得以使用的新型瓦当。因此，诚如俄罗斯学者所言："在渤海国存国的最后阶段，其中心地区与外围地区的联系是紧密的，最流行的纹饰（本书中的'倒心形'花瓣）已经传播到国家的边境地区。"[1]

在发掘过程中，考古工作者曾经对不同建筑层位出土的遗物标本进行了[14]C测年。俄文、韩文双语出版的2007、2008、2009、2010、2015年度克拉斯基诺城址考古报告刊发的测年数据，为本书分期的年代学考察提供了学术支撑。大体上，第Ⅵ建筑层位测年数据的年代跨度为250～550年，第Ⅴ建筑层位测年数据的年代跨度为700～715年，第Ⅳ～Ⅲ建筑层位测年数据的年代跨度为715～780年，第Ⅱ建筑层位测年数据的年代跨度为780～880年，第Ⅰ建筑层位测年数据的年代跨度为880年至渤海灭亡[2]。据此，得以初步推断，处于部落时期的克拉斯基诺居民已经接受佛教信仰，盐州城建置的确立时间或为渤海第三代王大钦茂执政时期。

五、小结

基于考古发现得以界定克拉斯基诺城址寺庙综合体的两个特点，一是根据层位关系辨

① ［俄］E.B.阿斯塔申科娃、B.И.博尔金著，王德厚译：《克拉斯基诺古城遗址瓦当的纹饰》，《北方文物》2006年第4期（原文见《俄罗斯与亚洲太平洋地区》2004年第1期）。
② ［韩］김은국・정석배：《크라스키노 발해성 – 발굴 40 년의 성과》，동북아역사재단，2021.

识出分属旷野类型、城域类型的早晚两期佛寺遗存，二是通过遗迹组合明确了早晚两期佛教寺院的建置特点。上述认知不仅有助于廓清佛教东渐楚卡诺夫卡河流域的初始时间，而且为探索渤海瓦当的发展脉络补充了重要线索。尤为重要的是，以瓦当为学术切入点，可以宏观把握佛教文化与世俗文化在瓦作建筑装饰风格方面的交互影响，进而客观解读渤海文明的社会发展进程。据此，结合本节学术命题，围绕瓦当形制、瓦作建筑、渤海文化等具体问题，形成了以下学术思考。

首先，关于克拉斯基诺城址寺庙综合体瓦当形制的学术解读。

在构图理念方面，其所出土的瓦当经历了由"四分法""裂瓣纹"并存到"裂瓣纹"一枝独秀的演变轨迹，其间，曾一度流行过双重构图理念。在主题纹饰类型方面，其所出土的瓦当经历了由复合主题纹饰向单一主题纹饰发展的历时性变化。值得注意的是，"裂瓣纹"构图、复合主题纹饰瓦当是见证上述变化的过渡期瓦当类型。在主题纹饰纹样方面，其所出土的瓦当经历了由个性化纹样向渤海文化标识性的"倒心形"花瓣转变的发展态势（表五）。基于层位关系而确立的上述认知，可以作为开展渤海瓦当类型学、年代学考察的重要学术支撑。

其次，关于克拉斯基诺城址寺庙综合体建置格局的学术思考。

无论是早期的旷野类型佛寺，还是晚期的城域类型佛寺，两者均营建有独立的、封闭的佛寺院落。这一建置特点，提醒学术界在开展田野考察时，注意寻找、辨识渤海寺庙址的院落迹象。此外，建置中是否存在附属设施，为渤海时期佛寺断代提供了全新的辨识标准。

最后，基于克拉斯基诺城址寺庙综合体装饰风格而形成的有关渤海文化的学术思考。

基于佛寺瓦作建筑两期三段的时间节点属性，得以考察影响佛寺装饰风格的主客观因素。村落时期营建的瓦作建筑，僧侣自身的审美情趣成为制约瓦当构图理念、主题纹饰的决定性因素。随着盐州行政建置的确立，"宪象中国制度"的时代风潮已经影响到了渤海政权辖域的边远地区。具体而言，东亚地区流行的时尚性的"裂瓣纹"构图、单一主题纹饰的瓦当类型，在新营建的城域类型佛寺瓦作建筑中得到具体体现。其后，在对城域类型佛寺瓦作建筑进行修缮时，开始使用"裂瓣纹"构图、单一主题纹饰的"倒心形"花瓣瓦当替换旧式瓦当。不难看出，随着中央集权统治的进一步强化，体现渤海文化自身风格

表五　　　　　　　　克拉斯基诺城址寺庙综合体瓦当的构图方式与主题纹饰

遗存＼纹饰		构图方式			主题纹饰类型		主题纹饰纹样		
		四分法	多重构图	裂瓣纹	复合主题	单一主题	"倒心形"*	花草纹	几何纹
旷野佛寺		√		√	√		B（复）	√	√
城域佛寺	早段	√	√	√	√	√	A/B	√	
	晚段			√		√	A		
合计		2/2	1/2	2/2	2/2	2/2	2/2	2/2	1/2

注：＊此列标注的 A、B、（复）代表以下含义：A，标准"倒心形"花瓣；B，非标准"倒心形"花瓣；（复）、（A）、（B）花瓣作为复合主题纹饰而应用。

的瓦当纹饰，在渤海境内的瓦作建筑中得到了普及化推广应用。

上述梳理促使我们在宏观的学术视野下认知渤海文明与佛教文化的交融、互动。肇始于民间传播方式的佛教东渐，引发了就近、就地烧制瓦作产品的全新生业模式，赋予了早期佛寺瓦当个性化的纹样构思。随着渤海国行政建制的确立、完善与强化，时尚性的世俗文化因素逐渐引领了佛寺瓦作建筑装饰风格的审美取向，并使之成为见证渤海文明发展历程的重要物化表象。

第四节　图们江流域渤海瓦当类型学考察

图们江发源于长白山东南部，其流经区域主要分布在中国和朝鲜境内，下游入海口区域则为朝鲜与俄罗斯的界河。其干流全长 525 千米，最终注入日本海。

渤海政权存国期间，图们江流域是其核心发展区域。考古发现表明，该流域是渤海时期瓦作建筑遗存地点分布最为密集、瓦当纹饰形制最为丰富的地区。依据现有资料，渤海瓦当遗存地点主要发现于图们江左岸的中国境内。为了客观阐释图们江流域渤海时期瓦作建筑的发展历程，本节依托图们江流域的水系特点，按照海兰江流域、布尔哈通河流域、嘎呀河流域、珲春河流域、图们江干流等五个自然地域，分别介绍渤海瓦作建筑遗存出土瓦当的具体发现。

一、海兰江流域渤海瓦当类型学考察

海兰江流经吉林省延边朝鲜族自治州境内，经嘎呀河注入图们江。海兰江全长 145 千米，流经和龙市、龙井市、延吉市等 3 个行政区，在延吉市境内与布尔哈通河并流。目前，在海兰江流经的和龙市境内，计有 10 处遗存地点曾出土过渤海时期的瓦当标本，其中，包括 1 座城址、2 处墓葬、7 处旷野类型遗址。

（一）西古城城址

西古城城址地处海兰江中游地区头道平原的西北部，行政区划隶属于吉林省和龙市西城镇城南村，城址西南距和龙市 23 千米。

1. 田野发掘工作

西古城城址先后经历了两个时段的考古发掘，但间隔时间长逾半个世纪之久。第一个阶段，20 世纪 30~40 年代，日本鸟山喜一、斋藤优等人曾对该城址进行了数次发掘。此期工作，除 1937 年度发掘资料予以公布外①，其他年度的田野考察均没有发表考古报告。

---

① ［日］鸟山喜一、藤田亮策：《間島省古蹟調查報告》，"滿洲國"古蹟古物調查报告第三编，民生部，1941 年。

并且，此期出土的遗物，或流失国外，或去向不明，成为学术研究难以廓清的历史悬案。第二个阶段，2000~2002、2004~2005、2007、2009 年，吉林省文物考古研究所对该城址进行了发掘、清理，出版了考古报告，发表了清理简报①。

2.《西古城——2000~2005 年度渤海国中京显德府故址田野考古报告》开展的瓦当类型学考察

基于 2000~2002、2004~2005 年度发掘出土的瓦当标本，《西古城》区分出 14 种形制的瓦当类型。并且，所有瓦当均呈现"裂瓣纹"构图理念、单一主题纹饰的形制特点。

A 型，尊形间饰六瓣莲纹瓦当。

依据当心纹饰的细部差异，进一步区分出 4 种亚型。

Aa 型，标本 2001HXNT8③：21，标准"倒心形"花瓣。当心纹饰由里及外为乳突→凸棱纹同心圆→6 颗连珠纹（图三〇：1）。

Ab 型，标本 2002HXNⅡT7②：2，标准"倒心形"花瓣。当心纹饰为 6 颗连珠纹环绕大乳突纹（图三〇：2）。

Ac 型，标本 2001HXNT12③：18，标准"倒心形"花瓣。当心纹饰由里及外为小乳突纹→6 颗连珠纹（图三〇：3）。

Ad 型，标本 2002HXNⅡT10②：9，标准"倒心形"花瓣。当心纹饰由里及外为乳突→6 颗连珠纹→凸棱纹同心圆（图三〇：4）。

B 型，"十"字形间饰六瓣莲纹瓦当。

根据主题纹饰、当心纹饰的细部差异，进一步区分出 2 种亚型。

Ba 型，标本 2001HXNT12③：17，非标准"倒心形"花瓣，其凸棱纹轮廓线内部填充 3 瓣花肉，没有界格线。当心纹饰由里及外为乳突→凸棱纹同心圆（图三〇：5）。

Bb 型，标本 2001HXNT16③：32，标准"倒心形"花瓣。当心纹饰为凸棱纹同心圆环绕乳突（图三〇：6）。

C 型，弯月形间饰六瓣莲纹瓦当。

标本 2002HXNⅡT8②：1，非标准"倒心形"花瓣，其纹样形制同于 Ba 型瓦当。当心纹饰由里及外为乳突→凸棱纹同心圆→6 颗连珠纹（图三〇：7）。

D 型，八朵单体连枝莲纹瓦当。

根据当心纹饰的细部差异，进一步区分出 3 种亚型。

Da 型，标本 2002HXNⅡT17②：13，当心纹饰由里及外为带有放射线的乳突→8 颗等距连珠纹→凸棱纹同心圆（图三〇：8）。

Db 型，标本 2001HXNT16③：5，当心纹饰由里及外为带有直线的乳突→8 颗等距连

① 吉林省文物考古研究所等：《西古城——2000~2005 年度渤海国中京显德府故址田野考古报告》，文物出版社，2007 年。下文简称《西古城》。吉林省文物考古研究所等：《吉林和龙西古城城址 2007~2009 年发掘简报》，《文物》2016 年第 12 期。

珠纹→凸棱纹同心圆（图三〇：9）。

Dc 型，标本 2001HXNT21③：34，当心纹饰由里及外为乳突→凸棱纹同心圆→8 颗连珠纹→凸棱纹同心圆（图三〇：10）。

E 型，八瓣连体莲纹瓦当。

依据主题纹饰、当心纹饰的细部差异，进一步区分出 2 种亚型。

Ea 型，标本 2001HXNT12③：15，主题纹饰，在心形凸棱纹轮廓线内部饰以同形复瓣花肉，花瓣之间饰以萼形间饰纹。当心纹饰由里及外为乳突→凸棱纹同心圆→连珠纹→凸棱纹同心圆（图三〇：11）。

Eb 型，标本 2005HXNT18③：26，主题纹饰没有装饰凸棱纹外轮廓线，花瓣外饰以弧线、折角线形花萼。当心纹饰由里及外为乳突→两周凸棱纹同心圆→16 颗连珠纹→凸棱纹同心圆（图三〇：12）。

F 型，六枝单体花草纹瓦当。

依据纹饰的细部差异，进一步区分出 2 种亚型。

Fa 型，标本 2001HXNT12③：3，侧视花草纹主题纹饰呈“花蕾+六叶”造型，上部为三瓣花蕾，下接六片花叶。当心纹饰由里及外为乳突→凸棱纹同心圆→8 颗连珠纹→凸棱纹同心圆（图三〇：13）。

Fb 型，标本 2001HXNT12③：13，主题纹饰同 Fa 型，其间饰有 1 朵“倒心形”凸棱纹花蕾纹（图三〇：14）。

3. 2007～2009 年度的考古新发现

在西古城院落式瓦作建筑区①，营建有一条自西向东引流废水的排水系统。该系统以四号建筑址为起点②，经由一号建筑址西侧廊庑，一、二号建筑址之间廊道，一号建筑址东侧廊庑，最后，通过贯穿院落东墙的排水涵洞将废水引至院外。值得注意的是，以一、二号建筑址之间廊道为界，其西部流水槽底层铺垫的是大小均匀的河卵石，其东部流水槽底层则是利用废弃的砖瓦碎块铺垫而成。2002 年，在清理一号建筑址东侧廊庑以东区域的流水槽时，在碎瓦垫层中出土有《西古城》考古报告区分的 A 型、C 型、D 型瓦当碎块。2009 年，为配合大遗址保护工程的具体实施，在清理一号建筑址东侧廊庑西侧的排水沟沟体时，出土了《西古城》考古报告区分的 Aa 型（图三〇：17）、Bb 型（图三〇：18）、D 型（图三〇：19）瓦当碎块。其中，包括 1 件釉陶质的 A 型纹饰形制的瓦当碎块（图三〇：16）。除此之外，还出土了 1 件西古城城址以往未曾发现的新型瓦当残块③，该瓦当

---

① 在以往研究中，学术界普遍认为，西古城拥有内、外城格局的双重城建置。新的认知是，所谓的内城城垣属于院落围墙。笔者遵从新说，不再使用内城概念，相关阐释详见下文。

② 在《西古城》报告及其相关著述中，多将西古城清理揭露的 5 座台基式建筑基址称为一至五号宫殿址。在没有界定西古城城址性质之前，为了避免误导，本书改称其为一至五号建筑址，不另注。

③ 吉林省文物考古研究所等：《吉林和龙西古城城址 2007～2009 年发掘简报》，《文物》2016 年第 12 期。

1.Aa型（Ⅰa型）　　2.Ab型（Ⅰb型）　　3.Ac型（Ⅰc型）　　4.Ad型（Ⅰd型）

5.Ba型（Ⅱa型）　　6.Bb型（Ⅱb型）　　7.C型（Ⅲ型）　　8.Da型（Ⅳa型）

9.Db型（Ⅳb型）　　10.Dc型（Ⅳc型）　　11.Ea型（Ⅴa型）　　12.Eb型（Ⅴb型）

13.Fa型（Ⅵa型）　　14.Fb型（Ⅵb型）　　15.G型（Ⅶ型）　　16.A型（Ⅰ型）

17.Aa型（Ⅰa型）　　18.Bb型（Ⅱb型）　　19.D型（Ⅳ型）

图三〇　西古城城址出土瓦当

标本也是"裂瓣纹"构图、单一主题纹饰的瓦当类型。依据《西古城》的瓦当类型划分，将该型瓦当视为新出现的 G 型瓦当。

G 型，六枝侧视五叶花草纹瓦当。

标本 09HXNPD：1，"裂瓣纹"构图、单一主题纹饰。侧视"花蕾+二叶"花草纹造型的主题纹饰，上部为花蕾，下接两片花叶。当心纹饰由里及外为乳突→凸棱纹同心圆→12 颗连珠纹（图三〇：15）。

需要指出的是，G 型瓦当并非首次发现于图们江流域出土瓦当的遗存地点之中，另见于吉林省和龙市龙头山墓地龙海墓区 M13~14 的墓上建筑[①]、和龙市河南屯墓葬[②]及珲春市八连城城址[③]。

4. 本书开展的西古城城址瓦当类型学考察

基于现有的考古发现，西古城出土的瓦当均为"裂瓣纹"构图、单一主题纹饰瓦当类型。根据瓦当纹饰的细部形制特点，可以将其分为 15 种类型（7 种类型、13 种亚型）的瓦当标本。同时，需要说明的是，新的类型学考察对部分瓦当的纹饰命名进行了一些调整。

Ⅰ型，六瓣"倒心形"花瓣、萼形间饰纹瓦当。

根据当心纹饰的细部差异，可以进一步区分出 4 种亚型。

Ⅰa 型，同于《西古城》Aa 型（图三〇：1）。

Ⅰb 型，同于《西古城》Ab 型（图三〇：2）。

Ⅰc 型，同于《西古城》Ac 型（图三〇：3）。

Ⅰd 型，同于《西古城》Ad 型（图三〇：4）。

Ⅱ型，六瓣"倒心形"花瓣、"十"字形间饰纹瓦当。

根据主题纹饰、当心纹饰的细部差异，可以进一步区分出 2 种亚型。

Ⅱa 型，非标准"倒心形"花瓣，同于《西古城》Ba 型（图三〇：5）。

Ⅱb 型，同于《西古城》Bb 型（图三〇：6）。

Ⅲ型，六瓣"倒心形"花瓣、弯月形间饰纹瓦当。

非标准"倒心形"花瓣，同于《西古城》C 型（图三〇：7）。

Ⅳ型，八朵侧视莲纹瓦当。

根据当心纹饰的细部差异，可以进一步区分出 3 种亚型。

Ⅳa 型，同于《西古城》Da 型（图三〇：8）。

Ⅳb 型，同于《西古城》Db 型（图三〇：9）。

Ⅳc 型，同于《西古城》Dc 型（图三〇：10）。

Ⅴ型，八瓣"复瓣"莲纹瓦当。

根据纹饰特征的细部差异，可以进一步区分出 2 种亚型。

Ⅴa 型，同于《西古城》Ea 型（图三〇：11）。

Ⅴb 型，同于《西古城》Eb 型（图三〇：12）。

Ⅵ型，六枝侧视"花蕾+六叶"花草纹瓦当。

根据纹饰特征的细部差异，可以进一步区分出 2 种亚型。

Ⅵa 型，同于《西古城》Fa 型（图三〇：13）。

---

① 吉林省文物考古研究所等：《吉林和龙市龙海渤海王室墓葬发掘简报》，《考古》2009 年第 6 期。

② 现藏吉林省博物院，藏品号：2209。

③ 吉林省文物考古研究所等：《八连城——2004~2009 年度渤海国东京故址田野考古报告》，文物出版社，2014 年。

Ⅵb 型，同于《西古城》Fb 型（图三○：14）。

Ⅶ型，六枝侧视"花蕾+二叶"花草纹瓦当。

该型是《西古城》出版后新发现的瓦当标本（图三○：15）。

综上，需要加以说明的是，西古城城址存在两种纹样的"倒心形"花瓣：一是标准"倒心形"花瓣，应用于Ⅰ型、Ⅱb 型瓦当；二是非标准"倒心形"花瓣，应用于Ⅱa 型、Ⅲ型瓦当。同时，值得注意的是，院落瓦作建筑区排水设施沟底垫层中出土的瓦当残块，作为废弃瓦砾而被二次利用，表明其为年代相对较早的瓦当类型（图三○：16～19）。此外，基于考古发现，西古城出土瓦当的各个遗存地点均出土有文字瓦标本①。种种迹象表明，该城址的瓦作建筑是使用专业制瓦作坊烧制的瓦作构件营建而成。

（二）河南屯墓葬（"河南屯古城"）

"河南屯古城"位于海兰江南岸，与西古城城址南北相望，两者相距 4.5 千米②。1944 年，通过《渤海中京考》一文，日本学者鸟山喜一以"八家子土城"之名将其 20 世纪 20 年代调查该遗存地点的学术认知介绍给了学术界。鸟山喜一在其著述中称，其调查之时尚依稀可见得以局部保存的城垣墙体遗迹。并且，城内存在包括础石在内的土质台基遗迹③。20 世纪 40 年代，斋藤优④、李文信⑤等人先后调查了该城址，其相关著述丰富了该城址的学术信息。1971 年，当地农民平整土地时，在上述土质台基之上发现了同封异穴墓葬⑥。1984 年，基于第二次全国文物普查成果而编写的《和龙县文物志》，使用"河南屯古城"⑦"河南屯墓葬"⑧ 2 个词条著录了同一处遗存地点的学术信息。2009 年，基于龙头山墓地的考古发现，学术界开始倾向性认为，河南屯古城只是一座渤海时期的高等级墓葬⑨。2014 年，吉林省文物考古研究所对该城址进行了复查，对斋藤优标注的"古城"西垣墙体基址进行了解剖式清理⑩。由于未发现任何人工迹象，从而否定了"河南屯古城"作为

① 吉林省文物考古研究所等：《西古城——2000～2005 年度渤海国中京显德府故址田野考古报告》，文物出版社，2007 年；吉林省文物考古研究所等：《吉林和龙西古城城址 2007～2009 年发掘简报》，《文物》2016 年第 12 期。
② 《吉林省文物志》编委会：《和龙县文物志》（内部资料），1984 年。
③ ［日］鸟山喜一著、张生镇译：《渤海中京考》，《历史与考古信息·东北亚》2004 年第 1 期（原文见《考古学杂志》第 34 卷第 1 号，日本考古学会，1944 年）。
④ ［日］斋藤优：《半拉城と他の史蹟》，半拉城址刊行會，1978 年。
⑤ 李文信：《1943 年和龙县西古城子调查日记》，《李文信考古文集》（增订本），辽宁人民出版社，2009 年。
⑥ 郭文魁：《和龙渤海古墓出土的几件金饰》，《文物》1973 年第 8 期。
⑦ 《吉林省文物志》编委会：《和龙县文物志》（内部资料），1984 年。
⑧ 《吉林省文物志》编委会：《和龙县文物志》（内部资料），1984 年。
⑨ 吉林省文物考古研究所等：《吉林和龙市龙海渤海王室墓葬发掘简报》，《考古》2009 年第 6 期。
⑩ ［日］斋藤优：《半拉城と他の史蹟》，半拉城址刊行會，1978 年。

城址的立论基础①。基于此，本书将出土有瓦当标本的该遗存地点更名为河南屯墓葬。

根据形制特点，河南屯墓葬区分出4种类型的瓦当标本。

Ⅰ型，六枝侧视六叶花草纹瓦当②。

"裂瓣纹"构图、单一主题纹饰。侧视六叶花草纹主题纹饰呈"花蕾+六叶"造型，上部三瓣花蕾，下接六片花叶。当心纹饰由里及外为乳突→凸棱纹同心圆→连珠纹→凸棱纹同心圆（图三一：1）。

该型瓦当同于西古城Ⅵa型。

Ⅱ型，六枝侧视二叶花草纹瓦当③。

"裂瓣纹"构图、单一主题纹饰。侧视二叶花草纹主题纹饰呈"花蕾+二叶"造型，上部三瓣花蕾，下接两片花叶。当心纹饰由里及外为乳突→凸棱纹同心圆→12颗连珠纹（图三一：2）。

该型瓦当同于西古城Ⅶ型。

Ⅲ型，八朵侧视莲纹瓦当。

"裂瓣纹"构图、单一主题纹饰。当心纹饰由里及外为乳突→凸棱纹同心圆→8颗连珠纹→凸棱纹同心圆（图三一：3）。

该型瓦当同于西古城Ⅳc型。

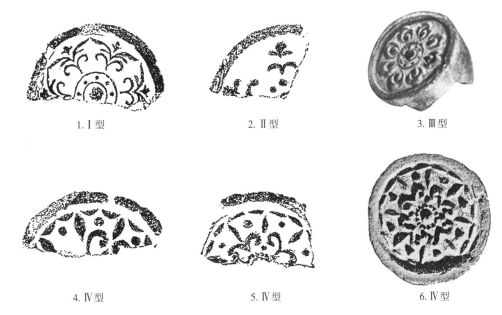

1. Ⅰ型　　　　2. Ⅱ型　　　　3. Ⅲ型

4. Ⅳ型　　　　5. Ⅳ型　　　　6. Ⅳ型

图三一　河南屯墓葬出土瓦当

---

① 吉林大学边疆考古研究中心等：《吉林和龙"河南屯古城"复查简报》，《文物》2017年第12期。
② 现藏吉林省博物院，藏品号：2209。
③ 现藏吉林省博物院，藏品号：2205。

Ⅳ型，"三重+'四分法'"构图、"萼形纹+'萼形纹+圆珠纹'+花草纹"复合主题纹饰瓦当。

三重主题纹饰，外圈主题纹饰为环形排列的萼形纹；中圈主题纹饰为"四分法"构图的"8颗萼形纹+8颗圆珠纹"复合主题纹饰；内圈主题纹饰为"四分法"构图、单一主题纹饰的四枝花草纹。当心纹饰由里及外为乳突→连珠纹。（图三一：4~6）。

需要说明的是，据《和龙县文物志》记载，河南屯墓葬出土有文字瓦标本①。

（三）河南屯寺庙址

2014年，吉林省文物考古研究所等单位复查"河南屯古城"时，在斋藤优标注的"古城"东垣东侧约300米处，发现了一处佛寺遗址②。

基于类型学考察，该寺庙址区分出7种类型的瓦当标本。

Ⅰ型（原报告A型），"三重+'四分法'"构图、"萼形纹+'萼形纹+圆珠纹'+花草纹"复合主题纹饰瓦当。

标本14HBHS：15、标本14HBHS：16，三重主题纹饰，外圈主题纹饰为环形排列的萼形纹；中圈主题纹饰为"四分法"构图的"8颗萼形纹+8颗圆珠纹"复合主题纹饰；内圈主题纹饰为"四分法"构图、单一主题纹饰的四枝花草纹。当心纹饰由里及外为乳突→连珠纹（图三二：1、2）。

Ⅱ型（原报告B型），"三重+'四分法'"构图、"弯月纹+'萼形纹+圆珠纹'+花草纹"复合主题纹饰瓦当③。

标本14HBHS：18，三重主题纹饰，外圈主题纹饰为环形排列的弯月纹；中圈主题纹饰为"四分法"构图的"8颗萼形纹+8颗圆珠纹"复合主题纹饰；内圈主题纹饰为"四分法"构图、单一主题纹饰的四枝花草纹。当心纹饰由里及外为乳突→12颗连珠纹（图三二：3）。

Ⅲ型（原报告C型），"双重+'四分法'"构图、"连珠纹+花草纹"复合主题纹饰瓦当。

标本14HBHS：20，双重主题纹饰，外圈主题纹饰为环形分布的连珠纹；内圈主题纹饰为"四分法"构图、单一主题纹饰的四枝花草纹。当心纹饰由里及外为乳突→8颗连珠纹→凸棱纹同心圆（图三二：4）。

Ⅳ型（原报告D型），六枝侧视四叶花草纹瓦当。

标本14HBHS：23，"裂瓣纹"构图、单一主题纹饰。侧视"花蕾+四叶"花草纹造型的主题纹饰，上层为圆珠形花蕾，下层为4片凸棱纹形花叶。当心纹饰由里及外为乳突→

①　《吉林省文物志》编委会：《和龙县文物志》（内部资料），1984年。
②　吉林大学边疆考古研究中心等：《吉林和龙"河南屯古城"复查简报》，《文物》2017年第12期。
③　原报告所称粗体花草纹，意指其纹样线条粗于Ⅰ型瓦当的同类纹饰。

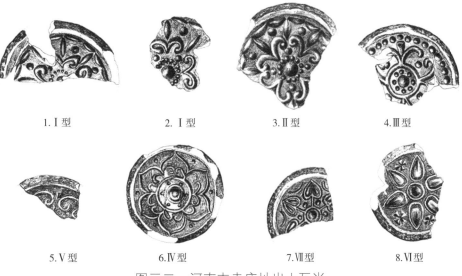

1. Ⅰ型　　2. Ⅰ型　　3. Ⅱ型　　4. Ⅲ型

5. Ⅴ型　　6. Ⅳ型　　7. Ⅶ型　　8. Ⅵ型

图三二　河南屯寺庙址出土瓦当

凸棱纹同心圆→6 颗连珠纹→凸棱纹同心圆（图三二：6）。

Ⅴ型（原报告 E 型），云纹花瓣、倒三角形间饰纹瓦当。

标本 14HBHS：24，因破损严重，构图理念不详（图三二：5）。

Ⅵ型（原报告 F 型），六瓣萼形花瓣、"十"字形间饰纹瓦当。

标本 14HBHS：25，"裂瓣纹"构图、单一主题纹饰。当心纹饰由里及外为乳突→凸棱纹同心圆（图三二：8）。

Ⅶ型（原报告 G 型），六瓣"倒心形"花瓣、弯月形间饰纹瓦当。

标本 14HBHS：26，"裂瓣纹"构图、单一主题纹饰。"倒心形"花瓣带有叶茎。当心纹饰由里及外为乳突→凸棱纹同心圆→连珠纹（图三二：7）。

（四）长仁建筑址

长仁建筑址位于海兰江支流长仁河流域，行政区划隶属于吉林省和龙市龙门乡长仁村。在遗物的主要散布区域内，尚可辨识出长方形轮廓的土垣遗迹。土垣东西长约 41、南北宽约 35 米[①]。

根据形制特点，该遗址区分出 4 种类型的瓦当标本。

Ⅰ型，六枝侧视六叶花草纹瓦当。

"裂瓣纹"构图、单一主题纹饰。侧视六叶花草纹主题纹饰呈"花蕾+六叶"造型，上部三瓣花蕾，下接六片花叶。当心纹饰由里及外为乳突→连珠纹→凸棱纹同心圆（图三三：1）。

该型瓦当同于西古城Ⅵ型。

Ⅱ型，萼形花瓣瓦当。

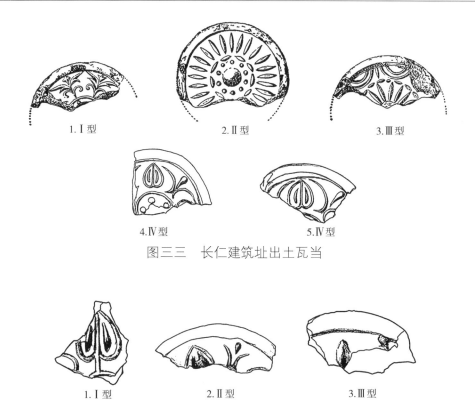

1. Ⅰ型　　　　2. Ⅱ型　　　　3. Ⅲ型

4. Ⅳ型　　　　5. Ⅳ型

图三三　长仁建筑址出土瓦当

1. Ⅰ型　　　　2. Ⅱ型　　　　3. Ⅲ型

图三四　东南沟寺庙址出土瓦当

"裂瓣纹"构图、单一主题纹饰。萼形纹呈放射线状构图。当心纹饰由里及外为乳突→10颗连珠纹→10瓣萼形纹（图三三：2）。

Ⅲ型，"双重+'裂瓣纹'"构图、"'弧线纹+萼形纹'+萼形纹"复合主题纹饰瓦当。

双重主题纹饰：外圈主题纹饰为环形分布的双重外旋弧线+萼形纹；内圈主题纹饰为"裂瓣纹"构图，萼形花瓣呈放射线状造型。内外圈纹饰之间饰以环形排列的萼形纹界格。当心纹饰疑似为单纯乳突（图三三：3）。

Ⅳ型，"'倒心形'花瓣+忍冬纹"复合主题纹饰瓦当。

"四分法"构图、复合主题纹饰。相间分布的四瓣"倒心形"花瓣、四枝忍冬纹构成复合主题纹饰，标准"倒心形"花瓣。当心纹饰由里及外为乳突→连珠纹→凸棱纹同心圆（图三三：4、5）。

（五）东南沟寺庙址

东南沟寺庙址位于吉林省和龙市八家子镇河南村东南沟沟口半山腰处，其北约1.5千米处为"河南屯墓葬"①。2011年，通过地表调查，采集到渤海、金代两个时期的建筑遗

_____

① 《吉林省文物志》编委会：《和龙县文物志》（内部资料），1984年。

物，表明该寺庙址为渤海时期始建、金代沿用①。

根据形制特点，该遗址区分出 3 种类型的渤海时期瓦当标本。

Ⅰ型，"倒心形"花瓣瓦当。

"裂瓣纹"构图、单一主题纹饰。带有叶茎的标准"倒心形"花瓣。当心纹饰，残（图三四：1）。

Ⅱ型，"'倒心形'花瓣+忍冬纹"复合主题纹饰瓦当。

"四分法"构图、复合主题纹饰。相间分布的四瓣"倒心形"花瓣、四枝忍冬纹构成复合主题纹饰。当心纹饰，残（图三四：2）。

Ⅲ型，萼形花瓣瓦当。

破损严重，纹饰构图不明（图三四：3）。

需要说明的是，据《和龙县文物志》"东南沟寺庙址"词条，该寺庙址出土有模印"赤"字的文字瓦标本②。

（六）龙头山墓地龙海墓区 M13～14

龙头山墓地位于海兰江支流福洞河西岸，行政区划隶属于吉林省和龙市龙水乡龙海村。墓地西南距和龙市约 25 千米，西北距西古城城址直线距离约 6.3 千米。该墓地由北向南依次分布有龙湖、龙海、石国三个墓区，因龙海墓区埋葬有渤海第三代王大钦茂的四女贞孝公主而被学术界称为渤海王室、贵族墓地③。龙海墓区存在 8 个海拔高度不等的台地，其中，Ⅷ号台地的地势最低，因地表散布大量的瓦作构件类遗物，该台地曾以"龙海寺庙址"之名著录于《和龙县文物志》④。2005 年，经考古清理确认，Ⅷ号台地埋葬有一座台基式同封异穴合葬墓，墓上存在柱廊结构的瓦作建筑⑤。

根据形制特征，该合葬墓区分出 9 种形制（8 种类型、2 种亚型）的瓦当标本⑥。

Ⅰ型，六瓣"倒心形"花瓣、萼形间饰纹瓦当。

"裂瓣纹"构图、单一主题纹饰。标准"倒心形"花瓣。当心纹饰由里及外为乳突→凸棱纹同心圆→6 颗连珠纹（图三五：1）。

Ⅱ型，六瓣"倒心形"花瓣、弯月形间饰纹瓦当。

"裂瓣纹"构图、单一主题纹饰。带有叶茎的标准"倒心形"花瓣。当心纹饰由里及

① 吉林省文物考古研究所：《2011 年吉林省境内渤海国寺庙址调查报告》，《边疆考古研究》第 14 辑，科学出版社，2013 年。

② 《吉林省文物志》编委会：《和龙县文物志》（内部资料），1984 年。

③ 吉林省文物考古研究所等：《吉林和龙市龙海渤海王室墓葬发掘简报》，《考古》2009 年第 6 期。

④ 《吉林省文物志》编委会：《和龙县文物志》（内部资料），1984 年。

⑤ 吉林省文物考古研究所等：《吉林和龙市龙海渤海王室墓葬发掘简报》，《考古》2009 年第 6 期。

⑥ 据龙头山发掘项目领队李强研究员提供的发掘资料，谨此致谢。

外为乳突→凸棱纹同心圆→6 颗连珠纹（图三五：2）。

此型瓦当同于高产寺庙址 I 型。

III型，六枝侧视二叶花草纹瓦当。

"裂瓣纹"构图、单一主题纹饰。侧视二叶花草纹主题纹饰呈"花蕾+二叶"造型，上部三瓣花蕾，下接两片花叶。当心纹饰由里及外为乳突→凸棱纹同心圆→12 颗连珠纹（图三五：3）。

该型瓦当同于西古城城址 VII 型。

IV型，六枝侧视四叶花草纹瓦当。

"裂瓣纹"构图、单一主题纹饰。侧视"花蕾+四叶"花草纹造型的主题纹饰，上部为圆珠形花蕾，下接四片凸棱纹花叶。当心纹饰由里及外为乳突→凸棱纹同心圆→6 颗连珠纹→凸棱纹同心圆（图三五：4）。

该型瓦当同于河南屯寺庙址 IV 型。

V型，八朵侧视莲纹瓦当。

"裂瓣纹"构图、单一主题纹饰。依据当心纹饰的细部差异，分为 2 种亚型。

Va型，当心纹饰由里及外为乳突→凸棱纹同心圆→8 颗连珠纹→凸棱纹同心圆（图三五：5）。

Vb型，当心纹饰由里及外为乳突→8 颗连珠纹→凸棱纹同心圆。

该型瓦当同于西古城城址 IV 型。

VI型，八瓣萼形花瓣瓦当。

"裂瓣纹"构图、单一主题纹饰。萼形纹带有叶茎。当心纹饰由里及外为乳突→凸棱纹同心圆（图三五：6）。

VII型，"'倒心形'花瓣+忍冬纹"复合主题纹饰瓦当。

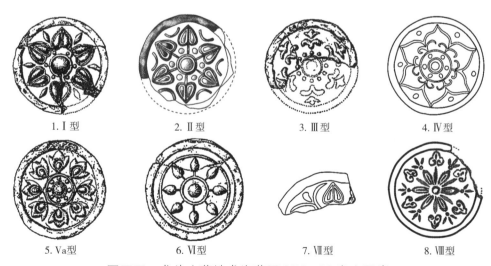

1. I 型　　　　2. II 型　　　　3. III 型　　　　4. IV 型

5. Va 型　　　　6. VI 型　　　　7. VII 型　　　　8. VIII 型

图三五　龙头山墓地龙海墓区 M13~14 出土瓦当

"四分法"构图、复合主题纹饰。相间分布的四瓣"倒心形"花瓣、四枝忍冬纹构成复合主题纹饰，标准"倒心形"花瓣。当心纹饰，残（图三五：7）。

Ⅷ型，"双重+'裂瓣纹'"构图、多种花草纹复合主题纹饰瓦当。

双重主题纹饰，内外圈主题纹饰均呈"裂瓣纹"构图。外圈纹饰为相间分布的

1. Ⅰ型　　　　　　　　　2. Ⅱ型

图三六　高产寺庙址出土瓦当

六瓣花瓣、六枝花草纹构成的复合主题纹饰；内圈纹饰为"裂瓣纹"构图，相间分布的六瓣萼形花瓣、六瓣环绕外轮廓线的萼形花瓣构成的复合主题纹饰。当心纹饰呈单纯乳突造型（图三五：8）。

需要说明的是，据发掘资料，龙头山墓地龙海墓区 M13~14 出土有文字瓦标本[1]。

（七）高产寺庙址

高产寺庙址地处单独注入图们江的柳洞河流域，行政区划隶属于吉林省和龙市德化乡高产村，寺庙址东北距和龙市约 20 千米[2]。为了便于叙述，本书将单独位于图们江支流柳洞河流域的高产寺庙址并入海兰江流域出土渤海瓦当的遗存地点中加以介绍。1979~1980年，考古工作者对该寺庙址进行了考古清理[3]。经发掘确认，该寺庙营建有一座八角形的瓦作建筑。

根据形制特点，该遗址区分出 2 种类型的瓦当标本。

Ⅰ型，六瓣"倒心形"花瓣、弯月形间饰纹瓦当。

"裂瓣纹"构图、单一主题纹饰。带有叶茎的标准"倒心形"花瓣。当心纹饰由里及外为乳突→凸棱纹同心圆→6 颗连珠纹（图三六：1）。

Ⅱ型，六瓣"倒心形"花瓣、无间饰纹瓦当。

"裂瓣纹"构图、单一主题纹饰。带有叶茎的标准"倒心形"花瓣。该型瓦当与Ⅰ型的形制差异在于，没有施间饰纹（图三六：2）。

需要说明的是，据《高产渤海寺庙址出土文物》，该寺庙址出土有模印"文""隆"字的文字瓦标本[4]。

---

① 资料现藏吉林省文物考古研究所。

② 《吉林省文物志》编委会：《和龙县文物志》（内部资料），1984 年。

③ 何明：《吉林和龙高产渤海寺庙址》，《北方文物》1985 年第 4 期；何明：《高产渤海寺庙址出土文物》，《东北师大学报》（哲学社会科学版）1983 年第 4 期。

④ 何明：《高产渤海寺庙址出土文物》，《东北师大学报》（哲学社会科学版）1983 年第 4 期。

（八）惠章建筑址、军民桥寺庙址、仲坪寺庙址

据《和龙县文物志》记载，在海兰江流经的和龙市（县）区域内，惠章建筑址①、军民桥寺庙址也曾采集到渤海时期的瓦当残片。其中，军民桥寺庙址出土有"述""本""川"字的文字瓦标本②。遗憾的是，不但文物已经流失，而且未留存图像学信息。此外，另据《龙井县文物志》记载，在海兰江流经的龙井市仲坪寺庙址，曾采集到渤海时期的瓦当残片、石质佛像。佛像现收藏于延边朝鲜族自治州博物馆，瓦当标本已经流失③。

（九）小结

通过梳理可资查询的瓦当清绘图、照片信息，海兰江流域计有1座城址、2处墓葬、4处旷野遗址（3处寺庙址、1处建筑址）等7处遗存地点出土了渤海时期的瓦当标本。其中，西古城城址、河南屯墓葬、龙头山墓地龙海墓区M13~14、高产寺庙址进行过考古发掘或考古清理。因此，上述遗存地点的瓦当信息、考古发现是开展渤海瓦当研究的重要学术资料。为此，围绕该流域瓦当形制、瓦作建筑、渤海文化等具体问题，形成了以下学术思考。

首先，关于海兰江流域渤海时期瓦当形制的学术解读。

在构图理念方面，多重构图、"四分法""裂瓣纹"等3种构图理念均在该流域出土的瓦当标本中得以体现。值得注意的是，西古城城址、高产寺庙址出土瓦当均为单纯遵循"裂瓣纹"构图理念的瓦当类型。在主题纹饰类型方面，单一主题纹饰瓦当类型所占的比例份额明显多于复合主题纹饰瓦当类型。其中，西古城城址、高产寺庙址出土的瓦当均为单一主题纹饰瓦当类型，龙头山墓地龙海墓区M13~14则出土了"裂瓣纹"构图、复合主题纹饰的瓦当标本。显然，两者之间的形制差异具有不同的时间节点属性。在主题纹饰纹样方面，该流域遗存地点出土瓦当的共性化因素有二：一是"倒心形"花瓣瓦当见于绝大多数的遗存地点，二是6处遗存地点出土了"图们江流域地域性纹饰"瓦当类型标本④。值得注意的是，"倒心形"花瓣是西古城城址占据绝对优势地位的主题纹饰纹样，高产寺庙址则仅出土"倒心形"花瓣1种主题纹饰纹样的瓦当，不见"图们江流域地域性纹饰"瓦当类型，但其Ⅰ型瓦当同于龙头山墓地龙海墓区M13~14出土的Ⅱ型瓦当。龙头山墓地龙海墓区M13~14出土的Ⅳ型瓦当同于河南屯寺庙址的Ⅳ型瓦当（表六）。至于上述因素内在关联性的学术解读，详见下文。需要指出的是，西古城出土的兼具"四分法""裂瓣

---

① 《吉林省文物志》编委会：《和龙县文物志》（内部资料），1984年。

② 《吉林省文物志》编委会：《和龙县文物志》（内部资料），1984年。

③ 《吉林省文物志》编委会：《龙井县文物志》（内部资料），1984年。

④ 宋玉彬：《试论渤海瓦当的"图们江流域地域性纹饰"类型》，《新果集（二）——庆祝林沄先生八十华诞论文集》，科学出版社，2018年。

表六								海兰江流域渤海瓦当的构图方式与主题纹饰

纹饰 遗存		构图方式			主题纹饰类型		主题纹饰纹样		图们江流域 地域性类型
		四分法	多重构图	裂瓣纹	复合主题	单一主题	"倒心形"*	花草纹	
城址	西古城			V		V	A/B	V	V
墓葬	河南屯	V	V	V	V	V		V	V
	龙海墓区	V	V	V	V	V	A/A（复）	V	V
旷野遗址	河南屯 寺庙址	V	V	V	V	V	A	V	V
	高产 寺庙址			V		V	A		
	东南沟 寺庙址	V		V			A（复）	V	V
	长仁 建筑址	V	V	V	V	V	A（复）	V	V
合计		5/7	4/7	7/7	4/7	6/7	6/7	6/7	6/7

注：＊此列标注的 A、B、（复）代表以下含义：A，标准"倒心形"花瓣；B，非标准"倒心形"花瓣；（复），（A）、（B）花瓣作为复合主题纹饰而应用。

纹"构图理念的八瓣"复瓣"莲纹瓦当，其主题纹饰应该接受了中原地区"复瓣"莲纹的影响。

其次，关于海兰江流域渤海时期瓦作建筑的学术思考。

根据考古发现，该流域确认了行政建置、墓上设施、佛教寺院等 3 种使用檐头筒瓦营建的性质各异、功能有别的瓦作建筑。遗存地点的统计数据显示，同前文章节介绍的考古发现一样，寺庙址也是海兰江流域数量最多的瓦作建筑遗存种类。显然，瓦作建筑是渤海时期佛寺建置的共性特点、普遍现象。值得注意的是，高产寺庙址、东南沟寺庙址出土有文字瓦标本。新近的研究成果显示，使用文字瓦营建的瓦构佛教寺院，其社会地位高于没有使用文字瓦的普通寺院①。与之相关，作为高等级墓葬，河南屯墓葬、龙头山墓地龙海墓区 M13~14 的墓上瓦作建筑均为使用文字瓦营建而成。因此，它们可以作为上述认知的重要学术支撑。

最后，海兰江流域瓦当视角下渤海文化的学术思考。

众所周知，界定遗存的时间节点属性是开展学术解读的前提条件。具体到渤海瓦当研究，虽然瓦当是瓦作建筑遗存地点信息最丰富的遗物之一，但其年代学考察始终是制约学术进步的症结所在。基于海兰江流域不断更新的考古发现与学术研究，学术界获取了开展瓦当年代学考察的重要实证线索。一是西古城城址排水设施垫层中出土的作为废弃物而被二次利用的瓦当残块，二是"图们江流域地域性纹饰"瓦当类型在不同遗存地点中的具体发现。依托前者，不仅可以梳理西古城城址出土瓦当的年代学序列，而且得以进一步审视

---

① 宋玉彬：《文字瓦视角下的渤海佛教遗存研究》，《学习与探索》2019 年第 7 期。

该城址在渤海文明发展进程中的角色与功能定位；借助后者，则可以通过解析同一种形制瓦当类型在不同地点、不同性质瓦作建筑上具体应用的原因，进一步揭示世俗文化与佛教文化在现实生活中的交融互动。

二、布尔哈通河流域渤海瓦当类型学考察

布尔哈通河自西向东流经吉林省延边朝鲜族自治州的安图县、龙井市、延吉市、图们市，全长 242 千米。布尔哈通河在图们市境内与嘎呀河汇合，向东注入图们江。目前，在布尔哈通河流域的 10 处遗存地点（3 座城址、7 处遗址）中，发现了渤海时期的瓦当标本。

（一）河龙城址

河龙城址地处布尔哈通河与海兰江汇流处的河岸平地之上，行政区划隶属于吉林省延吉市长白乡河龙村。在《延吉市文物志》"河龙城址"词条中，著录了 1 件该城址出土的瓦当标本[①]。

"'倒心形'花瓣+忍冬纹"复合主题纹饰瓦当。

"四分法"构图、复合主题纹饰。相间分布的四瓣"倒心形"花瓣、四枝忍冬纹构成复合主题纹饰，标准"倒心形"花瓣。当心纹饰由里及外为乳突→4 颗连珠纹→凸棱纹同心圆（图三七）。

（二）北大城址

北大城址地处布尔哈通河支流烟集河东岸的河谷平地之上，行政区划隶属于吉林省延吉市兴安乡北大村。在《延吉市文物志》"北大城址"词条中，著录了该城址出土的 2 件不同形制的瓦当标本[②]。

Ⅰ型，六瓣"倒心形"花瓣、"十"字形间饰纹瓦当。

"裂瓣纹"构图、单一主题纹饰。标准"倒心形"花瓣。当心纹饰由里及外为乳突→凸棱纹同心圆→6 颗连珠纹（图三八：1）。

Ⅱ型，"'倒心形'花瓣+忍冬纹"复合主题纹饰瓦当。

"四分法"构图、复合主题纹饰。相间分布的四瓣"倒心形"花瓣、四枝忍冬纹构成复合主题纹饰。非标准"倒心形"花瓣，其凸棱纹轮廓线内部填充 3 瓣花肉，没有界格线。当心纹饰由里及外为乳突→连珠纹→凸棱纹同心圆（图三八：2）。

---

① 《吉林省文物志》编委会：《延吉市文物志》（内部资料），1986 年。
② 《吉林省文物志》编委会：《延吉市文物志》（内部资料），1986 年。

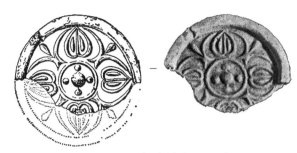

图三七 河龙城址出土瓦当

（三）太阳城址

太阳城址俗称"太阳古城"，地处布尔哈通河西岸，行政区划隶属于吉林省龙井市老头沟镇太阳村①。延边朝鲜族自治州博物馆收藏有该城址出土的瓦当标本，根据其形制特点，可以区分出 2 种类型。

Ⅰ型，六瓣"倒心形"花瓣、"十"字形间饰纹瓦当。

"裂瓣纹"构图、单一主题纹饰。非标准"倒心形"花瓣，其凸棱纹轮廓线内部填充 3 瓣花肉，没有界格线。当心纹饰由里及外为乳突→凸棱纹同心圆（图三九：1）。

Ⅱ型，"'倒心形'花瓣+枝条纹"复合主题纹饰瓦当。

"四分法"构图、复合主题纹饰。相间分布的四瓣"倒心形"花瓣、四枝枝条纹构成复合主题纹饰，具有"倒心形"外形轮廓的主题纹饰花瓣，其凸棱纹轮廓线呈凹底造型，内部未饰花肉。当心区域，残（图三九：2）。

　1.Ⅰ型　　　　　　　　2.Ⅱ型

图三八 北大城址出土瓦当

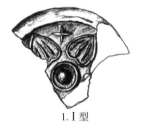

　1.Ⅰ型　　　　　　　2.Ⅱ型

图三九 太阳城址出土瓦当

（四）台岩建筑址

台岩建筑址地处布尔哈通河支流烟集河流域，行政区划隶属于吉林省延吉市烟集乡台岩村。在《延吉市文物志》"台岩遗址"词条中，著录了该遗址出土的 3 种不同形制的瓦当标本②。

Ⅰ型，八朵侧视莲纹瓦当。

"裂瓣纹"构图、单一主题纹饰。当心纹饰由里及外为乳突→凸棱纹同心圆→连珠纹→凸棱纹同心圆（图四○：1）。

该型瓦当同于西古城城址Ⅳ型。

Ⅱ型，"'倒心形'花瓣+枝条纹"复合主题纹饰瓦当。

① 《吉林省文物志》编委会：《龙井县文物志》（内部资料），1984 年。
② 《吉林省文物志》编委会：《延吉市文物志》（内部资料），1986 年。

"四分法"构图、复合主题纹饰。相间分布的四瓣"倒心形"花瓣、四枝枝条纹构成复合主题纹饰。非标准"倒心形"花瓣，其凸棱纹轮廓线内部填充2瓣花肉，没有界格线。当心纹饰由里及外为乳突→连珠纹→凸棱纹同心圆（图四○：2）。

Ⅲ型，"倒心形"花瓣、"×"形间饰纹瓦当。

"裂瓣纹"构图、单一主题纹饰。当面仅间饰纹完整，主题纹饰、当心纹饰均残损严重（图四○：3）。

另据《延吉市文物志》"台岩古城"词条记载，在台岩遗址北侧分布着台岩古城，其附近曾经出土有莲瓣纹瓦当等渤海时期的瓦作建筑构件类遗物标本[1]。

1. Ⅰ型　　　2. Ⅱ型　　　3. Ⅲ型

图四○　台岩建筑址出土瓦当

（五）龙河南山建筑址

龙河南山建筑址地处布尔哈通河南岸，行政区划隶属于吉林省延吉市长白乡龙河村。在《延吉市文物志》"龙河南山遗址"词条中，著录了该遗址出土的3种形制各异的瓦当标本[2]。

Ⅰ型，八朵侧视莲纹瓦当。

"裂瓣纹"构图、单一主题纹饰。当心纹饰由里及外为乳突→凸棱纹同心圆→8颗连珠纹→凸棱纹同心圆（图四一：1）。

该型瓦当同于西古城城址Ⅳ型。

Ⅱ型，"心形"花瓣、萼形间饰纹瓦当。

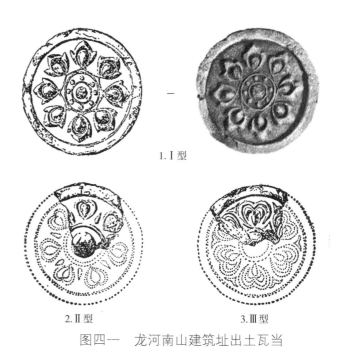

1. Ⅰ型

2. Ⅱ型　　　3. Ⅲ型

图四一　龙河南山建筑址出土瓦当

---

① 《吉林省文物志》编委会：《延吉市文物志》（内部资料），1986年。

② 《吉林省文物志》编委会：《延吉市文物志》（内部资料），1986年。

"裂瓣纹"构图、单一主题纹饰。"心形"造型的主题纹饰，其凸棱纹轮廓线内部饰以单瓣花肉。当心纹饰由里及外为乳突→凸棱纹同心圆→水滴纹（图四一：2）。

Ⅲ型，"心形"花瓣、三角形间饰纹瓦当。

"裂瓣纹"构图、单一主题纹饰。"心形"造型的主题纹饰，其凸棱纹轮廓线内部饰以3瓣花肉。当心纹饰由里及外为乳突→凸棱纹同心圆（图四一：3）。

（六）帽儿山山顶建筑址

帽儿山山顶建筑址位于吉林省延吉市与龙井市交界处的帽儿山顶部，南部平岗下是海兰江冲积平原，北部为布尔哈通河冲积形成的延吉河谷平地，其行政区划隶属于延吉市长白乡明新村①。在《延吉市文物志》"帽儿山山顶遗址"词条中，著录了该遗址出土的1件瓦当标本。

"'倒心形'花瓣+三叶花草纹"复合主题纹饰瓦当。

"四分法"构图、复合主题纹饰。相间分布的四瓣"倒心形"花瓣、四枝三叶花草纹构成复合主题纹饰，标准"倒心形"花瓣。当心纹饰由里及外为乳突→连珠纹（图四二）。

图四二　帽儿山山顶建筑址出土瓦当

（七）南溪四队建筑址

南溪四队建筑址地处布尔哈通河支流烟集河流域，行政区划隶属于吉林省延吉市烟集乡南溪村四队。在《延吉市文物志》"南溪四队遗址"词条中，著录了该遗址出土的2件纹饰相同的瓦当标本②。

"倒心形"花瓣、T形花草纹间饰纹瓦当。

"裂瓣纹"构图、单一主题纹饰。非标准"倒心形"花瓣，其凸棱纹轮廓线内部填充3瓣花肉，没有界格线。间饰纹由3瓣萼形纹构成T形纹。当心纹饰，残（图四三）。

（八）锦城一队建筑址

锦城一队建筑址地处烟集河支流锦城河流域，行政区划隶属于吉林省延吉市烟集乡锦城村。在《延吉市文物志》"锦城一队遗址"词条中，著录了该遗址出土的1件瓦当标本③。

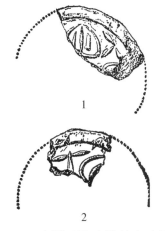

图四三　南溪四队建筑址出土瓦当

---

① 《吉林省文物志》编委会：《延吉市文物志》（内部资料），1986年。
② 《吉林省文物志》编委会：《延吉市文物志》（内部资料），1986年。
③ 《吉林省文物志》编委会：《延吉市文物志》（内部资料），1986年。

图四四 锦城一队建筑址
出土瓦当

"'倒心形'花瓣+忍冬纹"复合主题纹饰瓦当。

"四分法"构图、复合主题纹饰。当面残损严重，推测其为相间分布的四瓣"倒心形"花瓣、四枝忍冬纹构成的复合主题纹饰，未见当心纹饰（图四四）。

（九）岛兴建筑址

岛兴建筑址位于吉林省安图县福兴乡岛兴村，地处北山向阳坡地之上。在《安图县文物志》"岛兴遗址"词条中，著录了3种形制各异的瓦当标本。其中，兽面纹瓦当为金代遗物，另外2种花草纹瓦当为渤海时期遗物[1]。据此推断，该遗址的瓦作建筑可能始建于渤海时期，金代沿用。2011年，考古工作者进行考古调查时，在该遗址采集到一种新型渤海时期瓦当标本[2]。

根据形制特点，区分出3种类型的渤海时期瓦当标本。

Ⅰ型，六枝侧视花草纹瓦当。

"裂瓣纹"构图、单一主题纹饰。侧视花草纹主题纹饰，其枝头以3片花叶表现花蕊，其6片花叶造型的叶茎与当心凸棱纹同心圆相接。当心纹饰由里及外为乳突→凸棱纹同心圆→6颗连珠纹（图四五：1）。

Ⅱ型，"'倒心形'花瓣+忍冬纹"复合主题纹饰瓦当。

"四分法"构图、复合主题纹饰。相间分布的四瓣"倒心形"花瓣、四枝忍冬纹构成复合主题纹饰，标准"倒心形"花瓣。当心纹饰由里及外为残存连珠纹→凸棱纹同心圆（图四五：2~4）。

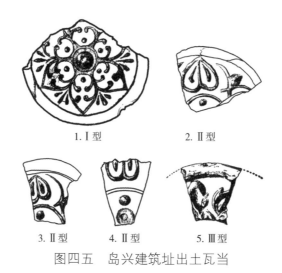

1. Ⅰ型   2. Ⅱ型

3. Ⅱ型   4. Ⅱ型   5. Ⅲ型

图四五 岛兴建筑址出土瓦当

---

① 《吉林省文物志》编委会：《安图县文物志》（内部资料），1985年。

② 吉林省文物考古研究所：《2011年吉林省境内渤海国寺庙址调查报告》，《边疆考古研究》第14辑，科学出版社，2013年。

Ⅲ型，八朵侧视莲纹瓦当。

"裂瓣纹"构图、单一主题纹饰。当心区域，残（图四五：5）。

该型瓦当同于西古城城址 D 型。

图四六 东沟建筑址出土瓦当

（一〇）东沟建筑址

东沟建筑址地处布尔哈通河支流朝阳河的西岸台地之上，行政区划隶属于吉林省龙井市三道乡东沟村。在《龙井县文物志》"东沟建筑址"词条中，著录了该建筑址出土的 1 件瓦当标本①。

"'倒心形'花瓣+T 形纹"复合主题纹饰瓦当。

"四分法"构图、复合主题纹饰。相间分布的四瓣"倒心形"花瓣、四个 T 形纹构成的复合主题纹饰，具有"倒心形"外形轮廓的主题纹饰花瓣，其凸棱纹轮廓线内部装饰单瓣花肉。当心纹饰，残存凸棱纹同心圆（图四六）。

（一一）小结

在布尔哈通河流域，计有 10 处遗存地点（3 座城址、7 处旷野建筑址）出土了渤海时期的瓦当标本。该流域出土渤海瓦当的遗存地点，其数量与海兰江流域相同。不过，由于各个地点的瓦当标本均源于地表调查，其信息含量略显单薄。同时，依据现有资料尚不足以明晰旷野类型建筑址的性质。通过梳理考古资料，围绕该流域瓦当形制、瓦作建筑、渤海文化等具体问题，形成了以下学术思考。

首先，关于布尔哈通河流域渤海时期瓦当形制的学术解读。

在构图理念方面，遵循"四分法""裂瓣纹"构图理念的瓦当类型在该流域瓦作建筑中得到具体应用，未见双重构图理念瓦当类型。值得注意的是，3 座城址均出土了遵循"四分法"构图理念的瓦当类型。据此线索，可以开展宏观视野下城址始建年代问题的学术考察。在主题纹饰类型方面，多数遗存地点释放出始建时间偏早的年代学信息。即，复合主题纹饰瓦当类型明显多于单一主题纹饰瓦当类型。在主题纹饰纹样方面，"'倒心形'花瓣+忍冬纹"是该流域最流行的复合主题纹饰。与之相关，北大城址出土瓦当呈现出"倒心形"花瓣由复合主题纹饰向单一主题纹饰转化的演变态势。此外，台岩建筑址、龙河南山建筑址均仅出土了属于"图们江流域地域性纹饰"瓦当类型的八朵侧视莲纹瓦当，未见"倒心形"花瓣主题纹饰瓦当。大体上，上述类型学考察结果，可以作为解读该流域渤海瓦当年代学序列的重要线索（表七）。

其次，关于布尔哈通河流域渤海时期瓦作建筑的学术思考。

---

① 《吉林省文物志》编委会：《龙井县文物志》（内部资料），1984 年。

表七　　　　　　　　　　布尔哈通河流域渤海瓦当的构图方式与主题纹饰

遗存 纹饰		构图方式		主题纹饰类型		主题纹饰纹样		图们江流域地域性类型
		四分法	裂瓣纹	复合主题	单一主题	"倒心形"	花草纹	
城址	河龙城址	√		√		A（复）	√	√
	北大城址	√	√	√	√	A/B（复）	√	√
	太阳城址	√	√	√	√	C	√	
旷野建筑址	台岩	√	√	√		B	√	√
	龙河南山		√		√		√	√
	帽儿山	√		√		A（复）	√	
	南溪四队		√		√	B	√	
	锦城一队	√		√		？	√	√
	东沟	√		√		C（复）	√	
	岛兴	√	√		√	A（复）	√	√
合计		8/10	6/10	8/10	6/10	8+？/10	10/10	6/10

注：＊此列标注的 A、B、C、（复）代表以下含义：A，标准"倒心形"花瓣；B，非标准"倒心形"花瓣；C，具有"倒心形"外形轮廓花瓣；（复），（A）、（B）、（C）花瓣作为复合主题纹饰而应用。

基于考古发现，该流域行政建置、旷野瓦作建筑所使用的檐头筒瓦（瓦当），其共性化特征明显多于个性化差异。种种迹象表明，瓦当间的个性化差异，多半具有历时性时间节点属性。根据现有考古发现推测，缺少"倒心形"花瓣主题纹饰瓦当的龙河南山建筑址、东沟建筑址，其瓦作建筑的始建年代可能早于该流域其他遗存地点的瓦作建筑。

最后，瓦当视角下渤海文化的学术思考。

基于布尔哈通河流域瓦作建筑的考古发现，不仅可以洞察不同文化因素的交融互动，而且得以梳理渤海文明的发展脉络。其一，"'倒心形'花瓣+忍冬纹"复合主题纹饰瓦当是渤海文化接受高句丽文化因素影响的重要表象。并且，这种影响既见于旷野瓦作建筑，也体现在行政建置瓦作建筑。其二，该流域出土"裂瓣纹"构图、"倒心形"花瓣瓦当的遗存地点，由于未见文字瓦类遗物标本，表明其瓦作建筑多半属于鼎盛期渤海文明的靓丽风景线。

三、嘎呀河流域渤海瓦当类型学考察

嘎呀河自北向南流经吉林省延边朝鲜族自治州的汪清县、图们市，全长 108.7 千米。在图们市境内，嘎呀河与布尔哈通河汇合后并入图们江。

目前，在嘎呀河流域的汪清县境内，计有 14 处遗存地点（4 座城址、10 处旷野遗址）出土了渤海时期瓦当标本①。其中，经发掘确认，红云建筑址属于旷野类型的佛寺遗址。

---

① 本书所使用的瓦当标本，除引自《汪清县文物志》外，还使用了汪清县文物管理所藏品及 2011 年度吉林省文物考古研究所调查资料。

（一）鸡冠城址

鸡冠城址俗称"鸡冠古城"，地处嘎呀河支流鸡冠河流域，行政区划隶属于吉林省汪清县鸡冠乡。在《汪清县文物志》"鸡冠古城"词条中，著录了该城址出土的 2 种形制有别的瓦当标本①。

1. Ⅰ 型

Ⅰ型，"'倒心形'花瓣＋枝条纹"复合主题纹饰瓦当。

"四分法"构图、复合主题纹饰。相间分布的四瓣"倒心形"花瓣、四枝枝条纹构成的复合主题纹饰，具有"倒心形"外形轮廓的主题纹饰花瓣，其凸棱纹轮廓线内部饰以单瓣花肉；枝条纹呈"弧线纹＋丫形纹"造型。当心纹饰由里及外为乳突→凸棱纹同心圆（图四七：1、2）。

2. Ⅰ 型

Ⅱ型，"云纹＋直线纹"主题纹饰＋界格线瓦当。

"四分法"构图、单一主题纹饰。主题纹饰呈"云纹＋直线纹"造型，其间饰以界格线。当心纹饰，残缺（图四七：3）。

3. Ⅱ 型

图四七　鸡冠城址出土瓦当

（二）高城城址

高城城址俗称"高城古城"，地处嘎呀河支流小白草沟河流域，行政区划隶属于吉林省汪清县百草沟镇高城村。在《汪清县文物志》"高城古城"词条中，著录了 1 件该城址出土的瓦当标本②。

图四八　高城城址出土瓦当

六瓣"倒心形"花瓣、"十"字形间饰纹瓦当。

"裂瓣纹"构图、单一主题纹饰。标准"倒心形"花瓣。当心纹饰由里及外为乳突→凸棱纹同心圆→连珠纹（图四八）。

此件标本与西古城城址Ⅱ型形制相近。

（三）河北城址

河北城址俗称"河北古城"，地处嘎呀河支流汪清河右岸，其西南距汪清镇 1.5 千米，行政区划隶属于吉林省汪清县汪清镇。在《汪清县文物志》"河北古城"词条中，著录了该城址出土的 2 种形制有别的瓦当标本③。

---

① 《吉林省文物志》编委会：《汪清县文物志》（内部资料），1984 年。
② 《吉林省文物志》编委会：《汪清县文物志》（内部资料），1984 年。
③ 《吉林省文物志》编委会：《汪清县文物志》（内部资料），1984 年。

Ⅰ型，六瓣"倒心形"花瓣、"十"字形间饰纹瓦当。

"裂瓣纹"构图、单一主题纹饰。标准"倒心形"花瓣。当心纹饰由里及外为乳突→凸棱纹同心圆→连珠纹（图四九∶1）。

Ⅱ型，四瓣花草形花瓣、花叶形间饰纹瓦当。

"四分法"构图、单一主题纹饰。花草形主题纹饰呈弧线倒 V 造型，其内部饰以同样造型的小花草纹。主题纹饰之间饰以花叶形间饰纹。当心纹饰由里及外为乳突→带有放射线的凸棱纹同心圆（图四九∶2~4）。

（四）龙泉坪城址

龙泉坪城址俗称"龙泉坪古城"，地处嘎呀河支流新兴河流域，行政区划隶属于吉林省汪清县新兴乡龙泉村。在《汪清县文物志》"龙泉坪古城"词条中，著录有该城址出土的瓦当标本[1]。此外，汪清县文物管理所收藏有该城址出土的瓦当标本。

根据形制特点，该城址出土了 4 种类型的瓦当标本。

Ⅰ型，六瓣"倒心形"花瓣、"十"字形间饰纹瓦当[2]。

"裂瓣纹"构图、单一主题纹饰。标准"倒心形"花瓣。当心施乳突纹（图五〇∶1）。

Ⅱ型，"'倒心形'花瓣+萼形纹"复合主题纹饰瓦当[3]。

"裂瓣纹"构图、复合主题纹饰。相间分布的六瓣"倒心形"花瓣、六瓣萼形花瓣构成的复合主题纹饰。非标准"倒心形"花瓣，其实体花瓣没有凸棱纹外轮廓线，萼形花瓣主题纹饰，其规格明显大于作为间饰纹的萼形纹。当心纹饰由里及外为乳突→6 颗连珠纹（图五〇∶2）。

Ⅲ型，"'倒心形'花瓣+枝条纹"复合主题纹饰瓦当[4]。

"四分法"构图、复合主题纹饰。相间分布的四瓣"倒心形"花瓣、四枝枝条纹构成

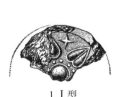

1.Ⅰ型　　　　2.Ⅱ型　　　　3.Ⅱ型　　　　4.Ⅱ型

图四九　河北城址出土瓦当

① 《吉林省文物志》编委会：《汪清县文物志》（内部资料），1984 年。
② 《吉林省文物志》编委会：《汪清县文物志》（内部资料），1984 年。
③ 现藏汪清县文物管理所。
④ 现藏汪清县文物管理所。

1. Ⅰ型　　　　2. Ⅱ型　　　　3. Ⅲ型　　　　4. Ⅲ型　　　　5. Ⅳ型

图五〇　龙泉坪城址出土瓦当

的复合主题纹饰，标准"倒心形"花瓣。当心纹饰由里及外为乳突→连珠纹→凸棱纹同心圆（图五〇：3、4）。

Ⅳ型，八颗圆珠纹、无间饰纹瓦当①。

"裂瓣纹"构图、单一主题纹饰。圆珠纹主题纹饰，环有凸棱纹外轮廓线。当心纹饰由里及外为乳突→凸棱纹同心圆→6颗连珠纹→凸棱纹同心圆（图五〇：5）。

（五）红云寺庙址

红云寺庙址地处老爷岭与哈尔巴岭交界地带的嘎呀河谷地，行政区划隶属于吉林省汪清县春阳镇红云村②。1991年，吉林省文物考古研究所对该寺庙址进行了考古清理③。

根据形制特点，该寺庙址区分出4种类型的瓦当标本。

Ⅰ型，六瓣"倒心形"花瓣、萼形间饰纹瓦当。

标本F1：4，"裂瓣纹"构图、单一主题纹饰。标准"倒心形"花瓣。当心纹饰由里及外为乳突→凸棱纹同心圆（图五一：1）。

Ⅱ型，"'倒心形'花瓣+萼形纹"复合主题纹饰瓦当。

标本F1：3，"裂瓣纹"构图、复合主题纹饰。相间分布的六瓣"倒心形"花瓣、六瓣萼形花瓣构成的复合主题纹饰。非标准"倒心形"花瓣，其实体花瓣没有凸棱纹外轮廓线，萼形花瓣主题纹饰，其规格明显大于作为间饰纹的萼形纹。当心纹饰由里及外为乳突→凸棱纹同心圆（图五一：3）。采集品（图五一：2）。

Ⅲ型，六瓣"倒心形"花瓣、"十"字形间饰纹瓦当。

"裂瓣纹"构图、单一主题纹饰。标准"倒心形"花瓣。当心纹饰由里及外为乳突→凸棱纹同心圆。3件标本分别为标本F1：15（图五一：4），标本F1：9（图五一：6），采集品（图五一：5）。

Ⅳ型，四瓣"倒心形"花瓣、"十"字形间饰纹瓦当。

标本F1：1，"四分法"构图、单一主题纹饰。非标准"倒心形"花瓣，其凸棱纹轮

---

① 《吉林省文物志》编委会：《汪清县文物志》（内部资料），1984年。

② 《吉林省文物志》编委会：《汪清县文物志》（内部资料），1984年。

③ 吉林省文物考古研究所：《吉林汪清县红云渤海建筑遗址的发掘》，《考古》1999年第6期。

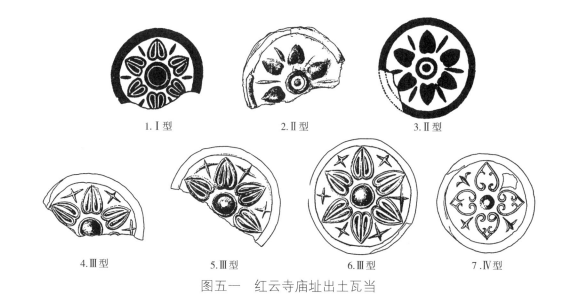

1. Ⅰ型　　　　2. Ⅱ型　　　　3. Ⅱ型

4. Ⅲ型　　　5. Ⅲ型　　　6. Ⅲ型　　　7. Ⅳ型

图五一　红云寺庙址出土瓦当

廓线呈花草纹造型。当心纹饰为单纯的乳突造型（图五一：7）。

（六）影壁建筑址

影壁建筑址地处嘎呀河支流鸡冠河流域，行政区划隶属于吉林省汪清县鸡冠乡影壁村。在《汪清县文物志》"影壁建筑址"词条中，著录有该遗址出土的瓦当标本①。根据性质特征，可以将瓦当区分出3种类型。

Ⅰ型，"心形"花瓣瓦当。

双重主题纹饰。内外圈主题纹饰均为环形分布的实体"心形"花瓣，由于标本破损严重，未能明晰主题纹饰瓣数。内圈主题纹饰为双瓣花肉"心形"花瓣，花肉未饰凸棱纹外轮廓线。当心纹饰，残（图五二：1~4）。

Ⅱ型，"倒心形"花瓣、"三角纹+心形纹+三角纹"间饰纹瓦当。

单一主题纹饰。非标准"倒心形"花瓣主题纹饰呈实体花瓣造型，未饰凸棱纹外轮廓线。间饰纹中的"心形"花瓣也为实体造型。当心纹饰由里及外为乳突→凸棱纹同心圆（图五二：5、6）。

Ⅲ型，"简约'倒心形'花瓣+花草纹"复合主题纹饰瓦当。

"四分法"构图、复合主题纹饰。相间分布的四瓣简约"倒心形"花瓣、四枝花草纹构成复合主题纹饰。简约"倒心形"花瓣，其凸棱纹轮廓线内饰三瓣花肉。花草纹呈四叶造型。当心纹饰由里及外为乳突→4颗连珠纹→凸棱纹同心圆（图五二：7、8）。

（七）中大川建筑址

中大川建筑址地处嘎呀河支流春阳河流域，行政区划隶属于吉林省汪清县春阳镇中大

<hr>

① 《吉林省文物志》编委会：《汪清县文物志》（内部资料），1984年。

川村。在《汪清县文物志》"中大川遗址"词条中，著录了该遗址出土的瓦当标本[①]。2011 年通过调查，采集到了新的瓦当标本[②]。根据形制特征，可以将该遗址瓦当区分出 2 种类型。

Ⅰ型，六瓣"倒心形"花瓣、"十"字形间饰纹瓦当。

"裂瓣纹"构图、单一主题纹饰。标准"倒心形"花瓣。当心纹饰由里及外为乳突→凸棱纹同心圆（图五三：1~4）。

Ⅱ型，"'倒心形'花瓣+忍冬纹"复合主题纹饰瓦当。

"四分法"构图、复合主题纹饰。相间分布的四瓣"倒心形"花瓣、四枝忍冬纹构成复合主题纹饰。标准"倒心形"花瓣。当心纹饰，残（图五三：5）。

（八）幸福建筑址

幸福建筑址地处嘎呀河支流牛圈河、春阳河汇流处的台地之上，行政区划隶属于汪清

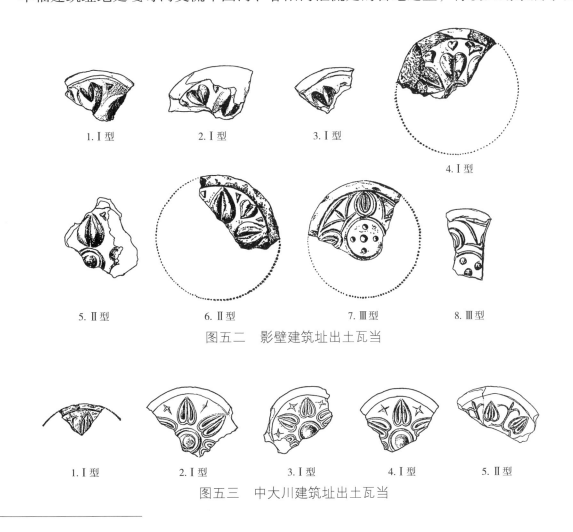

1.Ⅰ型　　2.Ⅰ型　　3.Ⅰ型　　4.Ⅰ型

5.Ⅱ型　　6.Ⅱ型　　7.Ⅲ型　　8.Ⅲ型

图五二　影壁建筑址出土瓦当

1.Ⅰ型　　2.Ⅰ型　　3.Ⅰ型　　4.Ⅰ型　　5.Ⅱ型

图五三　中大川建筑址出土瓦当

① 《吉林省文物志》编委会：《汪清县文物志》（内部资料），1984 年。

② 吉林省文物考古研究所：《2011 年吉林省境内渤海国寺庙址调查报告》，《边疆考古研究》第 14 辑，科学出版社，2013 年。

图五四　幸福建筑址出土瓦当

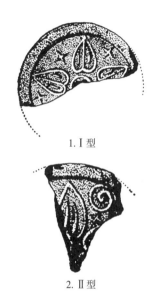

1. Ⅰ型

2. Ⅱ型

图五五　转角楼建筑址出土瓦当

县春阳镇幸福村，在《汪清县文物志》"幸福遗址"词条中，著录了 1 件该遗址出土的瓦当标本①。

六瓣"倒心形"花瓣、"十"字形间饰纹瓦当。

"裂瓣纹"构图、单一主题纹饰。标准"倒心形"花瓣。当心纹饰由里及外为乳突→凸棱纹同心圆（图五四）。

据《汪清县文物志》记载，通过地表调查，该遗址曾采集到绿釉筒瓦②。

（九）转角楼建筑址

转角楼建筑址地处嘎呀河西岸，行政区划隶属于吉林省汪清县东新乡转角楼村。在《汪清县文物志》"转角楼建筑址"词条中，著录了该城址出土的 2 种形制有别的瓦当标本③。

Ⅰ型，六瓣"倒心形"花瓣、"十"字形间饰纹瓦当。

"裂瓣纹"构图、单一主题纹饰。标准"倒心形"花瓣。当心纹饰由里及外为乳突→凸棱纹同心圆（图五五：1）。

Ⅱ型，"倒心形"花瓣、云纹间饰纹瓦当。

"裂瓣纹"构图、单一主题纹饰。当面破损严重，主题纹饰、间饰纹、当心纹饰均不辨完整纹样（图五五：2）。

（一〇）天桥岭建筑址

天桥岭建筑址地处嘎呀河右岸台地之上，行政区划隶属于吉林省汪清县天桥岭镇。在《汪清县文物志》"天桥岭建筑址"词条中，著录了该城址出土的 3 种形制有别的瓦当标本④。

Ⅰ型，八瓣"倒心形"花瓣、"十"字形间饰纹瓦当。

兼具"四分法""裂瓣纹"构图特点、单一主题纹饰。标准"倒心形"花瓣。当心纹饰由里及外为乳突→凸棱纹同心圆（图五六：1、2）。

Ⅱ型，六瓣"倒心形"花瓣、萼形间饰纹瓦当。

---

① 《吉林省文物志》编委会：《汪清县文物志》（内部资料），1984 年。
② 《吉林省文物志》编委会：《汪清县文物志》（内部资料），1984 年。
③ 《吉林省文物志》编委会：《汪清县文物志》（内部资料），1984 年。
④ 《吉林省文物志》编委会：《汪清县文物志》（内部资料），1984 年。

1. Ⅰ型　　　　　2. Ⅰ型　　　　　3. Ⅱ型　　　　　4. Ⅲ型

图五六　天桥岭建筑址出土瓦当

"裂瓣纹"构图、单一主题纹饰。标准"倒心形"花瓣。当心纹饰由里及外为乳突→连珠纹→凸棱纹同心圆（图五六：3）。

Ⅲ型，"'倒心形'花瓣+枝条纹"复合主题纹饰瓦当。

"四分法"构图、复合主题纹饰。相间分布的四瓣"倒心形"花瓣、四枝枝条纹构成复合主题纹饰，非标准"倒心形"花瓣，其凸棱纹轮廓线内部饰以单瓣花肉，枝条纹呈"弧线纹+'丫'形纹"造型。当心纹饰，残存凸棱纹同心圆（图五六：4）。

该型瓦当同于鸡冠城址Ⅰ型。

（一）骆驼山建筑址

骆驼山建筑址地处嘎呀河支流春阳河右岸，行政区划隶属于吉林省汪清县春阳镇骆驼山屯。《汪清县文物志》"骆驼山建筑址"词条中，著录了该遗址出土的瓦当标本①。

根据瓦当形制特点，可以将其区分出 3 种类型。

Ⅰ型，八瓣"倒心形"花瓣、"十"字形间饰纹瓦当②。

兼具"四分法""裂瓣纹"构图特点、单一主题纹饰。标准"倒心形"花瓣。当心纹饰由里及外为乳突→凸棱纹同心圆（图五七：1、2）。

Ⅱ型，"'倒心形'花瓣+枝条纹"复合主题纹饰瓦当③。

"四分法"构图、复合主题纹饰。相间分布的四瓣"倒心形"花瓣、四枝枝条纹构成的复合主题纹饰，非标准"倒心形"花瓣，其凸棱纹轮廓线内部饰以单瓣花肉，枝条纹呈"丫"字造型。当心纹饰，残（图五七：3、4）。

该型瓦当与鸡冠城址Ⅰ型瓦当、天桥岭建筑址Ⅲ型瓦当形制相近。

Ⅲ型，"倒心形"花瓣、植物形（符号纹）间饰纹瓦当④。

"裂瓣纹"构图、单一主题纹饰。标准"倒心形"花瓣。当心纹饰由里及外为乳突→凸棱纹同心圆→连珠纹→凸棱纹同心圆（图五七：5~7）。

---

① 《吉林省文物志》编委会：《汪清县文物志》（内部资料），1984 年。
② 《吉林省文物志》编委会：《汪清县文物志》（内部资料），1984 年。
③ 《吉林省文物志》编委会：《汪清县文物志》（内部资料），1984 年。
④ 吉林省文物考古研究所：《2011 年吉林省境内渤海国寺庙址调查报告》，《边疆考古研究》第 14 辑，科学出版社，2013 年。

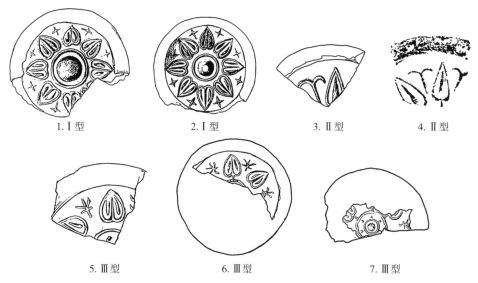

1. I 型　　2. I 型　　3. II 型　　4. II 型

5. III 型　　6. III 型　　7. III 型

图五七　骆驼山建筑址出土瓦当

（一二）新田建筑址

新田建筑址地处嘎呀河西岸山脚下的小平台之上，行政区划隶属于吉林省汪清县白草沟镇新田村。在《汪清县文物志》"新田建筑址"词条中，著录了 1 件该遗址出土的瓦当标本①。

"六叶花草纹+三叶花草纹"复合主题纹饰瓦当。

"四分法"构图、复合主题纹饰。相间分布的四枝六叶花草纹、四枝三叶花草纹构成复合主题纹饰，花草纹均为侧视造型，六叶花草纹枝头饰萼形花蕾，三叶花草纹施三片花叶。当心纹饰由里及外为乳突→凸棱纹同心圆（图五八）。

图五八　新田建筑址出土瓦当

（一三）安田建筑址

图五九　安田建筑址出土瓦当

安田建筑址地处嘎呀河西岸，行政区划隶属于吉林省汪清县白草沟镇安田村②。汪清县文物管理所收藏有该遗址出土的 1 件瓦当标本。

六瓣"倒心形"花瓣、T 形间饰纹瓦当。

"裂瓣纹"构图、单一主题纹饰。非标准"倒心形"花瓣，其凸棱纹轮廓线内部填充3 瓣花肉，没有界格线。当心纹饰由里及外为乳突→凸棱纹同心圆（图五九）。

---

① 《吉林省文物志》编委会：《汪清县文物志》（内部资料），1984 年。
② 依据汪清县文物管理所藏品资料。

（一四）太安建筑址

太安建筑址地处嘎呀河支流鸡冠河流域，行政区划隶属于吉林省汪清县鸡冠乡，其北约 3.5 千米处为鸡冠城址。2011 年进行考古调查时，考古工作者在此处采集到若干形制相同的瓦当标本①。

"萼形花瓣+花草纹"复合主题纹饰瓦当。

"四分法"构图、复合主题纹饰。相间分布的四瓣萼形花瓣、四片花草纹构成复合主题纹饰，萼形花瓣环绕有括号形凸棱纹，花草纹呈四片花叶造型。当心纹饰由里及外为乳突→凸棱纹同心圆（图六〇）。

需要说明的是，该形制瓦当也可以称为"四瓣花草纹花瓣、V 字形间饰纹瓦当"。即，主题纹饰呈双重括号纹环绕的萼形花瓣造型。

图六〇 太安建筑址出土瓦当

（一五）小结

在图们江支流中，嘎呀河流域是出土渤海瓦当的遗存地点分布最为密集的区域。目前，计有 14 处遗存地点出土了渤海瓦当标本，其中包括 4 座城址、10 处旷野遗址（1 处寺庙址、9 处建筑址）。究其原因，或许与该流域所处的地理位置有关。考古发现显示，嘎呀河是中京显德府、东京龙原府通往上京龙泉府的必经之路。基于此，笔者围绕该流域瓦当形制、瓦作建筑、渤海文化等具体问题，形成了以下学术思考。

首先，关于嘎呀河流域渤海时期瓦当形制的学术解读。

在构图理念方面，虽然一些遗存地点仅出土有一种构图理念（或"四分法"或"裂瓣纹"）瓦当类型，但有 50% 的遗存地点（2 处城址、5 处寺庙址）并存"四分法""裂瓣纹"两种构图理念的瓦当类型。作为个案，影壁建筑址出土了多重构图理念的瓦当类型。在主题纹饰类型方面，单一主题纹饰瓦当类型多于复合主题纹饰瓦当类型。种种迹象表明，红云寺庙址出土的"裂瓣纹"构图、复合主题纹饰的瓦当标本，可以视为由"四分法"构图向"裂瓣纹"构图过渡期的瓦当类型。在主题纹饰纹样方面，该流域出土的

---

① 吉林省文物考古研究所：《2011 年吉林省境内渤海国寺庙址调查报告》，《边疆考古研究》第 14 辑，科学出版社，2013 年。

瓦当标本特点有二。其一，"倒心形"花瓣、"十"字形间饰纹是多数遗存地点出土的单一主题纹饰瓦当的纹样形制特点；其二，虽然该流域未见"图们江流域地域性纹饰"瓦当类型，但有3处遗存地点出土了同型复合主题纹饰纹样的瓦当标本（鸡冠城址Ⅰ型、天桥岭建筑址Ⅲ型、骆驼山建筑址Ⅱ型），可以称其为"嘎呀河流域地域性纹饰"瓦当类型（表八）。其中，作为复合主题纹饰瓦当类型，"嘎呀河流域地域性纹饰"瓦当是否出自同一制瓦作坊？学术界应给予必要的学术关注。

其次，关于嘎呀河流域渤海时期瓦作建筑的学术思考。

以宏观的学术视野审视该流域瓦当类型学考察结果，其瓦作建筑存在两极化的时间节点属性。一是出土"四分法"构图、单一主题纹饰瓦当的河北城址、太安建筑址，其瓦作

表八　　　　　　　　　　　　　　嘎呀河流域渤海瓦当的构图方式与主题纹饰

纹饰\遗存		构图方式			主题纹饰类型		主题纹饰纹样			嘎呀河流域地域性类型
		四分法	裂瓣纹	多重构图	单一主题	复合主题	"倒心形"*	花草纹	几何纹	
城址	鸡冠	√			√	√	C（复）	√	√	√
	河北	√	√		√		A	√		
	龙泉坪	√	√		√	√	A/A（复）	√	√	
	高城		√		√		A			
旷野遗址	红云寺庙址	√	√		√	√	A/C	√		
	骆驼山建筑址	√	√		√	√	A/C（复）	√		√
	中大川建筑址	√	√		√	√	A/A（复）	√		
	幸福建筑址		√		√		A			
	转角楼建筑址		√		√		A			
	天桥岭建筑址	√	√		√	√	A/C（复）	√		√
	新田建筑址	√				√		√		
	太安建筑址	√				√		√		
	影壁建筑址	√	√	√	√		C	√		
	安田建筑址		√		√		B			
合计		10/14	11/14	1/14	12/14	9/14	12/14	10/14	2/14	3/14

注：*此列标注的A、B、C、（复）代表以下含义：A，标准"倒心形"花瓣；B，非标准"倒心形"花瓣；C，具有"倒心形"外形轮廓花瓣；（复），（A）花瓣、（B）、（C）花瓣作为复合主题纹饰而应用。

建筑的年代上限可以早到渤海政权初期；二是出土"裂瓣纹"构图、标准"倒心形"花瓣瓦当的遗存地点，其年代下限可持续到渤海国晚期。

最后，瓦作建筑视角下渤海文化的学术思考。

考古发现显示，"天宝末，钦茂徙上京"之前，嘎呀河流域已经出现使用檐头筒瓦营建的瓦作建筑。然而，基于大钦茂迁都，牡丹江中游地区才出现最早的瓦作建筑。因此，唐天宝以前，图们江流域的佛教僧侣并没有沿着嘎呀河继续北上传播佛教。渤海国定都上京以后，作为中京、东京通往上京的交通线，嘎呀河流域出现了诸多使用"倒心形"花瓣瓦当营建的瓦作建筑。上述认知引发的学术思考是，嘎呀河应该是渤海上京对内、对外联系的重要通道。

四、珲春河流域渤海瓦当类型学考察

作为图们江下游地区最大的支流，珲春河发源于吉林省汪清县，但其全长 200 千米的水域主要流经吉林省珲春市境内。目前，该流域出土渤海瓦当的 12 处遗存地点（3 座城址、9 处建筑址）均发现于珲春市境内。

（一）八连城城址

1. 以往工作经历

八连城又称"半拉城"，地处珲春河与图们江冲积平原的西北部，行政区划隶属于吉林省珲春市国营良种农场，城址东距珲春市约 6 千米。同西古城一样，八连城也曾先后经历过两次处于不同历史背景下的田野考古工作，第一个阶段是 20 世纪 30~40 年代日本学者开展的田野考察，《间岛省古迹调查报告》①《半拉城》②《中国都城·渤海研究》③ 记述了此期考古的主要发现；第二阶段是 2004~2009 年吉林省文物考古研究所等单位持续开展的考古发掘与清理工作，基于此期发现，2014 年出版了信息丰富、数据翔实的考古报告——《八连城—2004~2009 年度渤海国东京故址田野考古报告》④。目前，学术界倾向性认为，八连城城址是渤海国东京龙原府治所故址。

在《半拉城》一书中，斋藤优认为，其所看到的城郭应该只是建置格局的内城部分，该城址存在更大规模的外城⑤。为此，斋藤优绘制了一张包括"外城"在内的城址示意图。基于此。他将"外城"区域发现的 3 座寺庙址分别命名为八连城的第一、第二、第三

① ［日］鸟山喜一、藤田亮策：《間島省古蹟調査報告》，"滿洲國"古蹟古物調查报告第三编，民生部，1941 年。

② ［日］斋藤優：《半拉城と他の史蹟》，半拉城史刊行會，1978 年。

③ ［日］驹井和愛：《中國都城·渤海研究》，雄山阁，1977 年。

④ 吉林省文物考古研究所等：《八连城——2004~2009 年度渤海国东京故址田野考古报告》，文物出版社，2014 年。下文简称《八连城》。

⑤ ［日］斋藤優：《半拉城と他の史蹟》，半拉城史刊行會，1978 年。

寺庙址。需要指出的是，虽然斋藤优的上述推测始终没有得到任何考古学实证线索的印证，甚至很快便受到了驹井和爱的质疑①，然而，在以往所开展的渤海瓦当研究中，研究者常常将《半拉城》刊载的位于"外城"区域的寺庙址出土的瓦当视为八连城遗物而加以利用。鉴于此，在无法判明城址、寺庙址相互关系的情况下，应将它们视为彼此独立的遗存地点，进而对其出土的瓦当分别开展学术研究。

2. 《八连城——2004~2009 年度渤海国东京故址田野考古报告》开展的八连城瓦当类型学考察

基于 2004~2009 年发掘资料，《八连城》区分出 17 种形制（5 种类型、16 种亚型）的瓦当标本②。

A 型，六瓣莲花纹瓦当。

根据当心纹饰形制的不同，进一步区分出 5 种亚型。

Aa 型，标本 04HBⅠT0410②：19，当心纹饰由里及外为圆形乳突→6 颗连珠纹（图六一：1）。

Ab 型，标本 04HBⅠT0504③：216，当心纹饰由里及外为小乳突→6 颗连珠纹（图六一：3）。

Ac 型，标本 05HBⅠT0202③：56，当心纹饰由里及外为大乳突→6 颗连珠纹（图六一：2）。

Ad 型，标本 05HBⅣT0204③：1，当心纹饰由里及外为乳突→凸棱纹同心圆→6 颗连珠纹（图六一：4）。

Ae 型，标本 04HBⅠT0403③：69，当心纹饰由里及外为乳突→8 颗连珠纹→凸棱纹同心圆（图六一：5）。

B 型，八瓣莲花纹瓦当。

根据主题纹饰、当心纹饰的细部差异，进一步区分出 5 种亚型。

Ba 型，标本 04HBⅠT0606③：25，主题纹饰为八组双瓣莲纹，每组莲瓣之上有圆弧形装饰，两组莲瓣之间有三角形装饰。当心纹饰由里及外为乳突→两周凸棱纹同心圆→12 颗连珠纹→凸棱纹同心圆（图六一：7）。

Bb 型，标本 06HBⅠT1007③：62，主题纹饰同于 Ba 型。当心纹饰由里及外为乳突→两周凸棱纹同心圆→14 颗连珠纹→凸棱纹同心圆（图六一：8）。

Bc 型，标本 06HBⅠT1007③：63，主题纹饰同于 Ba 型。当心纹饰由里及外为乳突→两周凸棱纹同心圆→16 颗连珠纹→凸棱纹同心圆（图六一：9）。

Bd 型，标本 05HBⅠT0403③：14，主题纹饰为莲瓣外侧未施装饰纹。当心纹饰由里

---

① ［日］驹井和爱：《中国都城·渤海研究》，雄山阁，1977 年。

② 吉林省文物考古研究所等：《八连城——2004~2009 年度渤海国东京故址田野考古报告》，文物出版社，2014 年。

及外为乳突→凸棱纹同心圆→16 颗连珠纹→凸棱纹同心圆（图六一：10）。该型瓦当出土于西廊庑东侧。

Be 型，标本 06HBⅠT0107②：28，主题纹饰为两组莲瓣间饰三瓣花形纹饰。当心纹饰同于 Bc 型（图六一：6）。

C 型，八瓣侧视莲花纹瓦当。

根据当心纹饰的细部差异，进一步区分出 3 种亚型。

Ca 型，标本 06HBⅠT0108②：8，当心纹饰由里及外为乳突→凸棱纹同心圆→8 颗连珠纹→凸棱纹同心圆（图六一：11）。

Cb 型，标本 06HBⅠT0106③：1，当心纹饰由里及外为乳突→凸棱纹同心圆→8 颗连珠纹→凸棱纹同心圆，连珠纹与乳突之间以直线相连（图六一：12）。

Cc 型，标本 06HBⅠT0108②：40，当心纹饰由里及外为乳突→凸棱纹同心圆→8 颗连珠纹→凸棱纹同心圆（图六一：13）。该型瓦当出土于西廊庑西北角和第二殿址西朵殿南侧。

D 型，花草纹瓦当。

根据纹饰的细部差异，进一步区分出 3 种亚型。

Da 型，标本 06HBⅠT0806③：41，当心纹饰由里及外为乳突→凸棱纹同心圆→8 颗连珠纹→凸棱纹同心圆（图六一：14）。

Db 型，标本 06HBⅣT0108③：13，主题纹饰为花草纹，纹饰之间存在"倒心形"轮廓凸棱线纹间饰。当心纹饰同于 Da 型（图六一：15）。

Dc 型，标本 05HBⅡT0601③：35，主题纹饰为六株等距分布的侧视花草纹，纹饰风格简化。当心纹饰由里及外为乳突→凸棱纹同心圆→12 颗连珠纹（图六一：16）。

E 型，乳丁纹瓦当。

标本 06HBⅠT0108②：85，主题纹饰呈两周乳丁纹环绕造型，内周饰以 6 个乳丁纹，每两个乳丁之间饰放射状条形纹饰，外周饰以 12 个乳丁纹，其间也夹杂放射状条形纹饰。主题纹饰外缘环绕外旋弧线纹。当心纹饰仅为单纯的乳突造型。（图六一：17）。

综上，通过开展对比研究，《八连城》指出，八连城出土的 A 型、Bc 型、Be 型、C 型、Da 型和 Db 型瓦当见于和龙西古城遗址，Aa 型、Ad 型瓦当见于宁安上京城遗址，Ca 型瓦当见于延吉龙河南山遗址、台岩遗址，Da 型瓦当见于和龙河南屯墓葬、长仁遗址；Dc 型瓦当见于和龙龙头山墓地龙海墓区 M13~14[1]。此外，《八连城》汇总的各型（亚型）瓦当标本的统计数据显示，八连城出土瓦当中，Aa 型瓦当占大宗，Ad 型、C 型、Da 型次之，其他类型瓦当标本的个体数量相对较少[2]。

---

[1] 吉林省文物考古研究所等：《八连城——2004~2009 年度渤海国东京故址田野考古报告》，文物出版社，2014 年。

[2] 吉林省文物考古研究所等：《八连城——2004~2009 年度渤海国东京故址田野考古报告》，文物出版社，2014 年。

3. 本书开展的八连城瓦当类型学考察

根据形制特点，八连城的 Aa 型、Ac 型瓦当可以归为一型，即将 Ac 型并入 Aa 型。此外，该城址的 Dc 型瓦当的主题纹饰与其他 D 型瓦当存在明显的区别，需要从 D 型瓦当中分离出来，重新命名为新型瓦当。基于此，通过开展类型学考察，可以将八连城城址出土瓦当区分出 6 种类型的 16 种形制。

Ⅰ型（原《八连城》A 型），六瓣"倒心形"花瓣、萼形间饰纹瓦当。

"裂瓣纹"构图、单一主题纹饰。标准"倒心形"花瓣，根据当心纹饰的细部差异，进一步区分出 4 种亚型。

Ⅰa 型，当心纹饰由里及外为乳突→6 颗连珠纹。

此型包括《八连城》Aa 型、Ac 型，同于西古城城址Ⅰb 型（图六一：1、2）。

Ⅰb 型，当心纹饰由里及外为小乳突→6 颗连珠纹。

此型为《八连城》Ab 型，同于西古城城址Ⅰc 型（图六一：3）。

Ⅰc 型，当心纹饰由里及外为乳突→凸棱纹同心圆→6 颗连珠纹。

此型为《八连城》Ad 型，同于西古城城址Ⅰa 型（图六一：4）。

Ⅰd 型，当心纹饰由里及外为乳突→8 颗连珠纹→凸棱纹同心圆。

此型为《八连城》Ae 型，同于西古城城址Ⅰd 型（图六一：5）。

Ⅱ型（原《八连城》B 型），八瓣"复瓣"莲纹瓦当。

兼具"四分法""裂瓣纹"两种构图理念、单一主题纹饰。根据主题纹饰、当心纹饰的细部差异，进一步区分出 5 种亚型。

Ⅱa 型，原《八连城》Be 型，同于西古城城址 Va 型，心形轮廓复瓣主题纹饰（图六一：6）。

Ⅱb 型，原《八连城》Ba 型，"心形+弧形凸起纹"轮廓复瓣主题纹饰。当心纹饰由里及外为乳突→两周凸棱纹同心圆→12 颗连珠纹→凸棱纹同心圆（图六一：7）。

Ⅱc 型，原《八连城》Bb 型，"心形+弧形凸起纹"轮廓复瓣主题纹饰。当心纹饰由里及外为乳突→两周凸棱纹同心圆→14 颗连珠纹→凸棱纹同心圆（图六一：8）。

Ⅱd 型，原《八连城》Bc 型，同于西古城城址 Vb 型，"心形+弧形凸起纹"轮廓复瓣主题纹饰。当心纹饰由里及外为乳突→两周凸棱纹同心圆→16 颗连珠纹→凸棱纹同心圆（图六一：9）。

Ⅱe 型，原《八连城》Bd 型，"'倒心形'轮廓线+心形+弧形凸起纹"复瓣主题纹饰。当心纹饰由里及外为乳突→凸棱纹同心圆→16 颗连珠纹→凸棱纹同心圆（图六一：10）。

Ⅲ型（原《八连城》C 型），八朵侧视莲花纹瓦当。

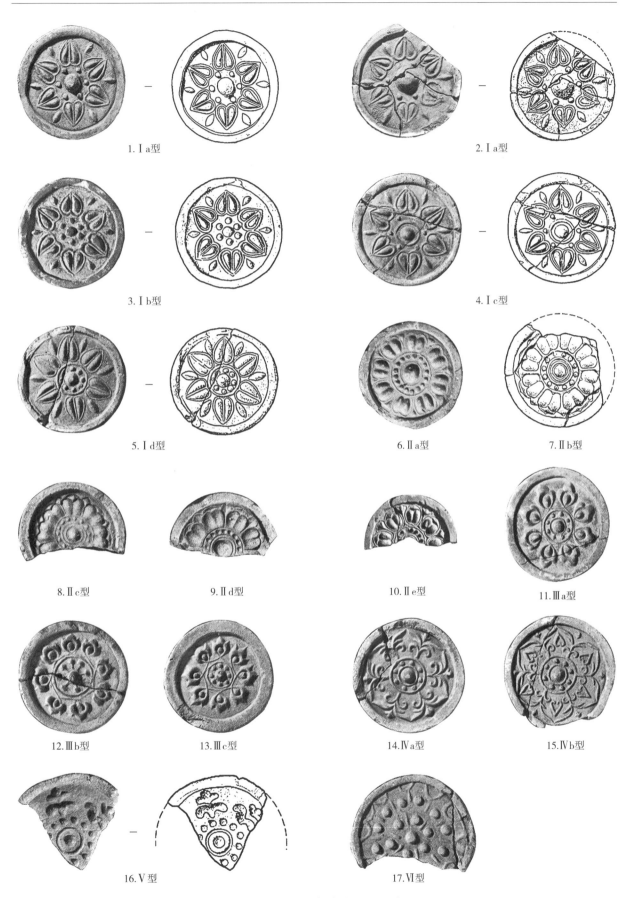

1. Ⅰa型

2. Ⅰa型

3. Ⅰb型

4. Ⅰc型

5. Ⅰd型

6. Ⅱa型

7. Ⅱb型

8. Ⅱc型

9. Ⅱd型

10. Ⅱe型

11. Ⅲa型

12. Ⅲb型

13. Ⅲc型

14. Ⅳa型

15. Ⅳb型

16. Ⅴ型

17. Ⅵ型

图六一 八连城城址出土瓦当

"裂瓣纹"构图、单一主题纹饰。根据纹饰的细部特征，进一步区分出 3 种亚型。

Ⅲa 型，原《八连城》Ca 型，同于西古城城址Ⅳb 型（图六一：11）。

Ⅲb 型，原《八连城》Cb 型，同于西古城城址Ⅳa 型（图六一：12）。

Ⅲc 型，原《八连城》Cc 型，同于西古城城址Ⅳc 型（图六一：13）。

Ⅳ型，原《八连城》D 型，六枝侧视"花蕾+六叶"花草纹瓦当。

"裂瓣纹"构图、单一主题纹饰。侧视花草纹主题纹饰呈"花蕾+六叶"造型，上部三瓣花蕾，下接六片花叶。根据纹饰的细部特征，进一步区分出 2 种亚型。此型瓦当同于西古城城址Ⅵ型，并且，其 2 种亚型均见于西古城城址。

Ⅳa 型，原《八连城》Da 型，同于西古城城址Ⅵa 型（图六一：14）。

Ⅳb 型，原《八连城》Db 型，同于西古城城址Ⅵb 型（图六一：15）。

Ⅴ型，原《八连城》Dc 型，六枝侧视"花蕾+二叶"花草纹瓦当。

"裂瓣纹"构图、单一主题纹饰。侧视花草纹主题纹饰呈"花蕾+二叶"造型，上部为花蕾，下接二片花叶。此型瓦当同于西古城城址Ⅶ型（图六一：16）。

Ⅵ型（原《八连城》E 型），三重构图、"弧线纹+圆点纹"复合主题纹饰瓦当。

外圈主题纹饰，由环形分布的弧线纹构成的纹饰带。中圈、内圈主题纹饰，均为"裂瓣纹"构图的"萼形纹+圆点纹"。当心纹饰为单纯乳突造型（图六一：17）。

通过开展类型学考察，一个值得注意的现象是，八连城出土的六瓣"倒心形"花瓣瓦当，均施"萼形纹"间饰。并且，萼形纹间饰也是珲春河流域出土的"倒心形"花瓣瓦当的共性化特征。此外，同样值得关注的是，八连城城址出土了一件残存"维次甘露元" 5 个刻划文字的板瓦残片标本。据此，发掘者认为，渤海亡国后，东丹国曾对八连城宫殿建筑进行过修葺①。

（二）立新寺庙址

立新寺庙址又称四方坨子寺庙址，位于八连城城址西南约 2.5 千米处，其东约 500 米处为良种场北寺庙址②。20 世纪 40 年代，日本人斋藤优曾对该寺庙址进行过考古清理。在《半拉城》一书中，斋藤优将该寺庙址命名为"半拉城第二寺庙址"③。

通过开展类型学考察，该寺庙址区分出 6 种类型 7 种形制的瓦当标本（Ⅱ型存在 2 种亚型）。

Ⅰ型，"'倒心形'花瓣+萼形纹"复合主题纹饰瓦当。

"四分法"构图、复合主题纹饰。相间分布的四瓣带有叶茎的"倒心形"花瓣、四枝

---

①　吉林省文物考古研究所等：《八连城——2004～2009 年度渤海国东京故址田野考古报告》，文物出版社，2014 年。

②　《吉林省文物志》编委会：《珲春县文物志》（内部资料），1984 年。

③　［日］斋藤優：《半拉城と他の史蹟》，半拉城史刊行會，1978 年。

带有叶茎的蕚形花纹构成复合主题纹饰，非标准"倒心形"花瓣，在双重"倒心形"凸棱纹轮廓线内部饰以单瓣蕚形花肉。当心纹饰由里及外为乳突→凸棱纹同心圆（图六二：1、2）。

该型瓦当同于温特赫部城址Ⅲ型。

Ⅱ型，"'倒心形'花瓣+忍冬纹"复合主题纹饰瓦当。

"四分法"构图、复合主题纹饰。相间分布的四瓣"倒心形"花瓣、四枝忍冬纹构成的复合主题纹饰，标准"倒心形"花瓣。根据当心纹饰的差异，可以进一步区分出2种亚型。

Ⅱa型，当心纹饰由里及外为乳突→4颗连珠纹→凸棱纹同心圆（图六二：3）。

Ⅱb型，当心纹饰由里及外为乳突→8颗连珠纹→凸棱纹同心圆（图六二：4、5）。

Ⅲ型，"蕚形纹+枝条纹"复合主题纹饰瓦当。

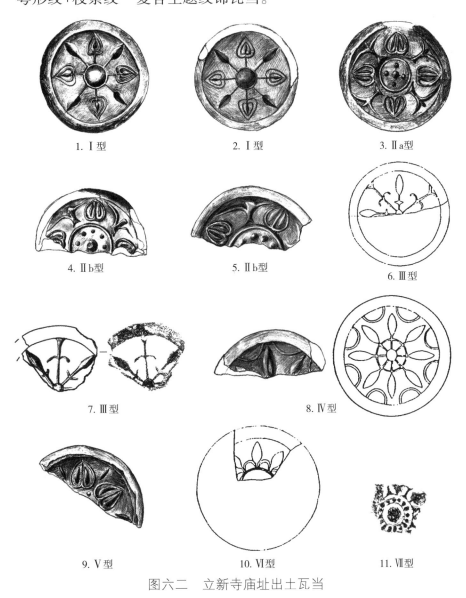

1. Ⅰ型　　　　2. Ⅰ型　　　　3. Ⅱa型

4. Ⅱb型　　　　5. Ⅱb型　　　　6. Ⅲ型

7. Ⅲ型　　　　8. Ⅳ型

9. Ⅴ型　　　　10. Ⅵ型　　　　11. Ⅶ型

图六二　立新寺庙址出土瓦当

四分法构图、复合主题纹饰。相间分布的四瓣萼形纹、四枝枝条纹构成复合主题纹饰，萼形纹、枝条纹的叶茎之上均饰以花叶。当心纹饰为单纯乳突造型（图六二：6、7）。

Ⅳ型，"弧线纹+萼形纹"复合主题纹饰瓦当。

双重主题纹饰。外圈主题纹饰由环形分布的 8 条外旋弧线纹构成纹饰带，内圈主题纹饰为兼具"四分法""裂瓣纹"构图特点的八瓣萼形花瓣。当心纹饰由里及外为乳突→8 条放射线→凸棱纹同心圆。在凸棱纹同心圆内，放射线与凸棱纹同心圆外侧的萼形纹位置相对（图六二：8）。

Ⅴ型，六瓣"倒心形"花瓣、萼形间饰纹瓦当。

"裂瓣纹"构图、单一主题纹饰。标准"倒心形"花瓣。当心纹饰由里及外为乳突→凸棱纹同心圆（图六二：9）。

Ⅵ型，萼形纹瓦当。

"裂瓣纹"构图、单一主题纹饰。主题纹饰呈"萼形花蕾纹+二叶"造型。当心纹饰，残存凸棱纹同心圆（图六二：10）。

Ⅶ型，主题纹饰不明。

瓦当破损严重，仅残存局部当心区域残块，当心纹饰由里及外为乳突→凸棱纹同心圆→16 颗连珠纹→凸棱纹同心圆（图六二：11）。

据《珲春县文物志》，该寺庙址出土有模印"珎（珍）""仁""男""羌"字的文字瓦标本[①]。

（三）良种场北寺庙址

良种场北寺庙址位于八连城城址东南约 2.5 千米处，其西约 500 米处为立新寺庙址[②]。20 世纪 40 年代，日本人斋藤优曾对该寺庙址进行过考古清理，在《半拉城》一书中，斋藤优将该寺庙址命名为"半拉城第三寺庙址"[③]。

根据形制特点，该寺庙址区分出 2 种类型的瓦当标本。

Ⅰ型，六瓣"倒心形"花瓣、萼形间饰纹瓦当。

"裂瓣纹"构图、单一主题纹饰。标准"倒心形"花瓣。当心纹饰由里及外为乳突→6 颗连珠纹（图六三：1、2）。

Ⅱ型，"'倒心形'花瓣+忍冬纹"复合主题纹饰瓦当。

"四分法"构图、复合主题纹饰。相间分布的四瓣"倒心形"花瓣、四枝忍冬纹构成的复合主题纹饰，标准"倒心形"花瓣。当心纹饰，残（图六三：3）。

---

① 《吉林省文物志》编委会：《珲春县文物志》（内部资料），1984 年。
② 国家文物局：《中国文物地图集·吉林分册》，中国地图出版社，1993 年。
③ ［日］斋藤優：《半拉城と他の史蹟》，半拉城史刊行會，1978 年。

1. Ⅰ型　　　　　　　2. Ⅰ型　　　　　　　3. Ⅱ型

图六三　良种场北寺庙址出土瓦当

（四）八连城东南寺庙址

据《半拉城》，在八连城东南侧约 600 米处分布着"半拉城第一寺庙址"，地表散布有瓦片①。1937 年，日本学者鸟山喜一曾对该寺庙址进行过发掘，公布了 1 件瓦当标本②。1995 年，珲春市文物管理所工作人员曾在该寺庙址采集到渤海时期的檐头板瓦标本，并将其命名为"八连城东南寺庙址"③。

图六四　八连城东南
寺庙址出土瓦当

六瓣"倒心形"花瓣、萼形间饰纹瓦当。

"裂瓣纹构图"、单一主题纹饰。标准"倒心形"花瓣。当心纹饰残存 1 颗连珠纹（图六四）。

（五）温特赫部城址

温特赫部城址位于珲春河冲积平原的末端，行政区划隶属于吉林省珲春市三家子乡古城村，城址西北距八连城约 3 千米。需要说明的是，温特赫部城址与辽金时期的裴优城共用一墙，其北城垣即裴优城南城墙，两城有"姊妹城之称"④。20 世纪 40 年代，通过地表调查，日本学者斋藤优在温特赫部城址采集到渤海时期的瓦当标本⑤。

综合现有资料⑥，根据形制特点，该城址区分出 3 种类型的瓦当标本。

① ［日］斋藤優：《半拉城と他の史蹟》，半拉城史刊行會，1978 年。
② ［日］鸟山喜一、藤田亮策：《間島省古蹟調查報告》，"滿洲國"古蹟古物调查报告第三编，民生部，1941 年。
③ 珲春市文物管理所：《珲春考古拾零》（内部资料），1995 年。
④ 《吉林省文物志》编委会：《珲春县文物志》（内部资料），1984 年。
⑤ ［日］小岛芳孝著、吴丽丹译：《图们江流域的渤海都城和瓦当——根据斋藤优先生的调查资料》，《东北亚考古资料译文集》（7），北方文物杂志社，2007 年（原文见《东亚的都城与渤海》，2005 年）。
⑥ ［日］小岛芳孝著、吴丽丹译：《图们江流域的渤海都城和瓦当——根据斋藤优先生的调查资料》，《东北亚考古资料译文集》（7），北方文物杂志社，2007 年（原文见《东亚的都城与渤海》，2005 年）；延边博物馆《延边文物简编》编写组：《延边文物简编》，延边人民出版社，1988 年。

Ⅰ型，双重构图、"连珠纹+不规则形纹"复合主题纹饰瓦当。

双重主题纹饰，外圈主题纹饰，由环形分布的 20 颗连珠纹构成的纹饰带；内圈主题纹饰，环形分布的九颗不规则形纹。当心纹饰由里及外为乳突→凸棱纹同心圆（图六五：1）。

Ⅱ型，"底线纹+'裂瓣纹'"构图、"'弧线、斜线纹'+'倒心形'花瓣"复合主题纹饰瓦当。

底线纹由弧线纹、斜线纹构成；"裂瓣纹"构图，其主题纹饰为带有叶茎的标准"倒心形"花瓣。当心纹饰，残（图六五：2）。

Ⅲ型，"'倒心形'花瓣+萼形花瓣"复合主题纹饰瓦当。

"四分法"构图、复合主题纹饰。相间分布的四瓣带有叶茎的"倒心形"花瓣、四枝带有叶茎的萼形花纹构成的复合主题纹饰。非标准"倒心形"花瓣，在双重"倒心形"凸棱纹轮廓线内部饰以单瓣萼形花肉。当心纹饰由里及外为乳突→凸棱纹同心圆（图六五：3）。

该型瓦当同于立新寺庙址Ⅰ型瓦当。

（六）古城村 1 号寺庙址

古城村 1 号寺庙址又称温特赫部东寺庙址，地处珲春河左岸，位于温特赫部城东南约 200 米的农田之中，行政区划隶属于吉林省珲春市三家子乡古城村。1995 年 6 月，古城村村民刘培寿在平整其所承包的水田地中的"高台"时，清理出石块、瓦片及佛像残块等遗物。刘培寿将石块、瓦片堆移至田边池埂处，大块佛像残块则被其带回家中。珲春市文物管理所闻讯后，立即派人赴现场进行了实地调查。由于时值插秧季节（稻田已经注水），调查人员只是在稻池田埂、田边空地处采集到一些瓦片、陶片、佛像残块类遗物，并从刘培寿家中征集了部分佛像残块。1995 年 11 月，在珲春市文物管理所编撰的内部资料《珲春考古拾零》中，时任珲春市文物管理所所长李正风记述了该事件①。

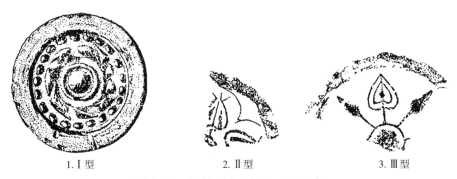

1.Ⅰ型　　　　2.Ⅱ型　　　　3.Ⅲ型

图六五　温特赫部城址出土瓦当

---

① 珲春市文物管理所：《珲春考古拾零》（内部资料），1995 年。

2011 年 4 月，吉林省文物考古研究所开展"图们江流域渤海寺庙址研究"专项调查时，在珲春市文物管理所文物库房中见到了上述遗物。2015 年，吉林大学边疆考古研究中心等单位以《吉林珲春古城村 1 号寺庙址遗物整理简报》为题公布了此批资料，并将遗物出土地命名为古城村 1 号寺庙址①。

自 2016 年伊始，吉林省文物考古研究所对该寺庙址进行了考古发掘，获取了新的考古发现②。

基于现已发表的资料，根据形制特点，古城村 1 号寺庙址出土了 3 种形制的瓦当标本。

Ⅰ型，多重构图、"几何线底纹+单瓣莲纹+纪年铭文"复合主题纹饰瓦当。

三重构图，底层由直线、斜线构成几何线形底纹；上层由单瓣莲纹、纪年铭文构成双重主题纹饰，外圈是"裂瓣纹"构图的六瓣单瓣莲纹主题纹饰，内圈是"壬子年六月作"纪年铭文主题纹饰。当心纹饰由里及外为表面施放射线的乳突→凸棱纹同心圆（图六六：1、4）③。

Ⅱ型，"双重+'裂瓣纹'"构图、"逗号纹+葶形花瓣"复合主题纹饰瓦当。

双重构图，外圈是由环形分布的逗号纹构成的纹饰带，内圈是兼具"四分法""裂瓣纹"构图特点的八瓣葶形凸棱纹轮廓线造型的花瓣纹。葶形花瓣饰有葶形间饰纹。当心纹饰为单纯乳突纹（图六六：3）④。

Ⅲ型，六瓣"倒心形"花瓣、葶形间饰纹瓦当。

"裂瓣纹"构图、单一主题纹饰。标准"倒心形"花瓣。当心纹饰由里及外为乳突→连珠纹→凸棱纹同心圆（图六六：2）⑤

通过开展瓦当类型学考察，《试论佛教传入图们江流域的初始时间》一文认为，古城村 1 号寺庙址出土的Ⅰ型瓦当融合了三燕瓦当莲纹花瓣、高句丽瓦当干支纪年铭文的双重文化因素⑥。据此推测，高句丽政权以国内城为都之时，亡国后的前燕制瓦工匠随僧侣进入图们江流域，他们所营建的古城村 1 号佛寺是图们江流域最早的佛教寺院。

（七）古城村 2 号寺庙址（温特赫部南西寺庙址）

古城村 2 号寺庙址又称温特赫部南西寺庙址，位于温特赫部城址东侧 60 米处，发现

---

① 吉林大学边疆考古研究中心等：《吉林珲春古城村 1 号寺庙址遗物整理简报》，《文物》2015 年第 11 期。
② 解峰等：《吉林考古专题（三）寻觅古寺清幽——吉林珲春古城村 1 号、2 号寺庙址考古发掘收获》，《中国文物报》2021 年 9 月 24 日。
③ 解峰等：《吉林考古专题（三）寻觅古寺清幽——吉林珲春古城村 1 号、2 号寺庙址考古发掘收获》，《中国文物报》2021 年 9 月 24 日。图六六：4 现藏珲春市文物管理所。
④ 现藏珲春市文物管理所。
⑤ 解峰等：《吉林考古专题（三）寻觅古寺清幽——吉林珲春古城村 1 号、2 号寺庙址考古发掘收获》，《中国文物报》2021 年 9 月 24 日。
⑥ 宋玉彬：《试论佛教传入图们江流域的初始时间》，《文物》2015 年第 11 期。

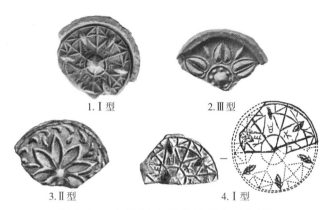

1. Ⅰ型　　　　　2. Ⅲ型

3. Ⅱ型　　　　　4. Ⅰ型

图六六　古城村 1 号寺庙址出土瓦当

于 1995 年①。2017 年伊始，吉林省文物考古研究所对其进行了考古发掘②。

基于现有资料，根据形制特点，该寺庙址出土了 3 种形制的瓦当标本。

Ⅰ型，"双重+'裂瓣纹'"构图、"不规则形纹+单瓣莲纹"复合主题纹饰瓦当③。

双重构图。外圈纹饰，由两圈环形分布的不规则纹饰构成的纹饰带；内圈为"裂瓣纹"构图的单瓣莲纹主题纹饰。当心纹饰由里及外为乳突→凸棱纹同心圆（图六七：1）

Ⅱ型，六瓣"倒心形"花瓣、萼形间饰纹瓦当。

"裂瓣纹"构图、单一主题纹饰。标准"倒心形"花瓣。当心纹饰由里及外为乳突→6 颗连珠纹→凸棱纹同心圆（图六七：2、3）④。

Ⅲ型，五瓣"倒心形"花瓣、萼形间饰纹瓦当⑤。

"裂瓣纹"构图、单一主题纹饰。带有叶茎的标准"倒心形"花瓣。当心纹饰由里及外为乳突→5 颗连珠纹→凸棱纹同心圆（图六七：4）

需要说明的是，据《珲春考古拾零》，古城村 2 号寺庙址出土有模印"音"的板瓦残片标本⑥。

（八）马滴达寺庙址

马滴达寺庙址地处珲春河北岸马滴达山脚之下，行政区划隶属于吉林省珲春市马滴达

① 珲春市文物管理所：《珲春考古拾零》（内部资料），1995 年。

② 解峰等：《吉林考古专题（三）寻觅古寺清幽——吉林珲春古城村 1 号、2 号寺庙址考古发掘收获》，《中国文物报》2021 年 9 月 24 日。

③ 珲春市文物管理所：《珲春考古拾零》（内部资料），1995 年。

④ 珲春市文物管理所：《珲春考古拾零》（内部资料），1995 年；解峰等：《吉林考古专题（三）寻觅古寺清幽——吉林珲春古城村 1 号、2 号寺庙址考古发掘收获》，《中国文物报》2021 年 9 月 24 日。

⑤ 解峰等：《吉林考古专题（三）寻觅古寺清幽——吉林珲春古城村 1 号、2 号寺庙址考古发掘收获》，《中国文物报》2021 年 9 月 24 日。

⑥ 珲春市文物管理所：《珲春考古拾零》（内部资料），1995 年。

1. Ⅰ型　　　　2. Ⅱ型　　　　3. Ⅱ型　　　　4. Ⅲ型

图六七　古城村 2 号寺庙址出土瓦当

乡。其东北距马滴达"塔墓"约 1 千米①。吉林省博物院、延边朝鲜族自治州博物馆收藏有该寺庙址出土的瓦当标本。

根据形制特点，该寺庙址区分出 4 种类型的瓦当标本。

Ⅰ型，"'倒心形'花瓣+萼形纹"复合主题纹饰瓦当②。

"四分法"构图、复合主题纹饰。相间分布的四瓣"倒心形"花瓣、四枝带有叶茎的萼形花瓣构成复合主题纹饰，非标准"倒心形"花瓣，在双重"倒心形"凸棱纹轮廓线内部饰以单瓣萼形花肉。当心纹饰由里及外为乳突→凸棱纹同心圆（图六八：1、2）。

该型瓦当同于温特赫部城址Ⅲ型瓦当。

Ⅱ型，"双叶花蕾纹+四叶花草纹"复合主题纹饰瓦当③。

"二分法"构图、复合主题纹饰。两枝双叶花蕾纹复合六枝四叶花草纹。两枝对称分布的花蕾纹，其枝头呈萼形花蕾造型，其左右各排列三枝四叶花草纹。当心纹饰为单纯的乳突造型（图六八：3）。

Ⅲ型，"萼形纹+双叶花蕾纹"复合主题纹饰瓦当④。

"四分法"构图、复合主题纹饰。相间分布的四瓣萼形花瓣、四枝双叶花蕾纹构成复合主题纹饰，萼形纹环以凸棱纹外轮廓线；花蕾纹的叶片呈向下弯曲状造型，其枝头饰以菱形花蕾。当心纹饰由里及外为"十"字纹→凸棱纹同心圆，"十"字纹的端点与花蕾纹的叶茎相连（图六八：4）。

Ⅳ型，"无叶萼形纹+双叶萼形纹"复合主题纹饰瓦当⑤。

"四分法"构图、复合主题纹饰。相间分布的四枝带有叶茎的萼形纹、四枝无叶茎的萼形纹构成复合主题纹饰，2 种萼形纹，有叶茎的无花叶，有花叶的无叶茎。当心纹饰由里及外为乳突→凸棱纹同心圆（图六八：5）。

基于类比，马滴达寺庙址Ⅰ型瓦当同于立新寺庙址Ⅰ型瓦当、温特赫部城址Ⅲ型瓦当。

① 《吉林省文物志》编委会：《珲春县文物志》（内部资料），1984 年。
② 现藏延边朝鲜族自治州博物馆。
③ 现藏吉林省博物院。
④ 现藏吉林省博物院。
⑤ 现藏延边朝鲜族自治州博物馆。

1.Ⅰ型　　　　2.Ⅰ型　　　　3.Ⅱ型　　　　4.Ⅲ型　　　　5.Ⅳ型

图六八　马滴达寺庙址出土瓦当

（九）杨木林子寺庙址

杨木林子寺庙址地处珲春河右岸，行政区划隶属于吉林省珲春市杨泡乡杨木林子村，寺庙址南约 1.5 千米处为萨其城城址①。珲春市文物管理所、吉林省博物院收藏有该寺庙址出土的瓦当标本。

根据形制特点，该寺庙址区分出 3 种类型的瓦当标本。

Ⅰ型，双重构图、"连珠纹+忍冬纹"复合主题纹饰瓦当。

双重主题纹饰。外圈主题纹饰为由环形分布的连珠纹构成的纹饰带，内圈主题纹饰疑似"四分法"构图的顺时针旋转忍冬纹。2 件残片。

标本一，主题纹饰，残存 2 枝顺时针旋转忍冬纹，当心纹饰不详（图六九：1）②。

标本二，主题纹饰，残存 3 枝顺时针旋转忍冬纹，外缘环绕连珠纹，残存 8 颗连珠纹（图六九：2）③。

Ⅱ型，"底线纹+'裂瓣纹'"构图、"'弧线、斜线纹'+'倒心形'花瓣"复合主题纹饰瓦当④。

底线纹由弧线纹、斜线纹构成；"裂瓣纹"构图，其主题纹饰为带有叶茎的标准"倒心形"花瓣。当心纹饰由里及外为 3 条交叉凸棱纹→凸棱纹同心圆，每条凸棱纹的端点与主题纹饰花瓣相对（图六九：3）。

该型瓦当同于温特赫部城址Ⅱ型。

Ⅲ型，六瓣"倒心形"花瓣、"十"字形间饰纹瓦当⑤。

"裂瓣纹"构图、单一主题纹饰。标准"倒心形"花瓣。当心纹饰，残缺（图六九：4）。

① 《吉林省文物志》编委会：《珲春县文物志》（内部资料），1984 年。
② 现藏珲春市文物管理所，编号：83HYY：5。
③ 现藏吉林省博物院，藏品号：1629。
④ 现藏吉林省博物院，藏品号：1630。
⑤ 珲春市文物管理所：《珲春考古拾零》（内部资料），1995 年。

（一〇）营城子城址

营城子城址旧称"英城子古城"，地处珲春河上游河谷盆地的南端，行政区划隶属于吉林省珲春市春化镇①。20 世纪 40 年代，日本学者斋藤优调查过该城址，并在城址的东南部发掘了一处建筑址，曾采集到渤海时期的瓦当②。

根据形制特点，该城址区分出Ⅰ、Ⅱ等 2 种类型的瓦当标本。

Ⅰ型，六瓣"倒心形"花瓣、无间饰纹瓦当。

"裂瓣纹"构图、单一主题纹饰。非标准"倒心形"花瓣，其两瓣实体花肉，没有装饰凸棱纹轮廓线。当心纹饰由里及外为带有放射线纹饰的乳突→连珠纹（图七〇：1、2）。

Ⅱ型，六瓣"倒心形"花瓣、三叶形间饰纹瓦当。

"裂瓣纹"构图、单一主题纹饰。非标准"倒心形"花瓣，其凸棱纹轮廓线内部填充 2 瓣花肉，没有界格线。当心纹饰，残（图七〇：3）。

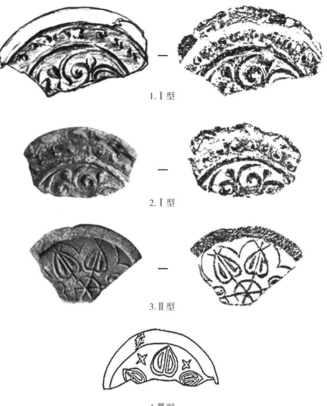

1. Ⅰ型

2. Ⅰ型

3. Ⅱ型

4. Ⅲ型

图六九　杨木林子寺庙址出土瓦当

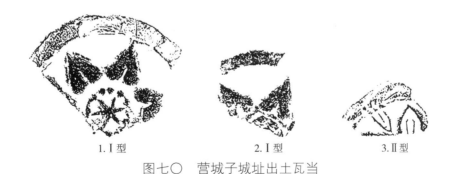

1. Ⅰ型　　　　2. Ⅰ型　　　　3. Ⅱ型

图七〇　营城子城址出土瓦当

① 《吉林省文物志》编委会：《珲春县文物志》（内部资料），1984 年。

② ［日］小岛芳孝著、吴丽丹译：《图们江流域的渤海都城和瓦当——根据斋藤优先生的调查资料》，《东北亚考古资料译文集》（7），北方文物杂志社，2007 年（原文见《东亚的都城与渤海》，2005 年）。

（一一）大荒沟寺庙址

大荒沟寺庙址地处图们江支流密江河上游的河谷平地之上，行政区划隶属于吉林省珲春市大荒沟林场。为了便于叙述，将单独位于密江河流域的大荒沟寺庙址并入珲春河流域出土渤海瓦当的遗存地点中加以介绍。在《珲春县文物志》"大荒沟寺庙址"词条，著录了 1 件该寺庙址出土的瓦当标本①。

图七一　大荒沟寺庙址
出土瓦当

凸棱纹菊花纹瓦当。

"裂瓣纹"构图、单一主题纹饰。当心纹饰由里及外为乳突→凸棱纹同心圆（图七一）。

需要说明的是，该寺庙址出土有佛像残块②。

（一二）五一寺庙址

据《珲春县文物志》记载，位于珲春河下游马川子乡的五一寺庙址曾采集到渤海时期的檐头板瓦、佛像残块，但具体情况现已无法辨明③。

（一三）小结

通过梳理可资查询的瓦当清绘图、照片信息，在珲春河流域，计有 11 处遗存地点（3 座城址、8 处旷野类型寺庙址）出土了渤海时期的瓦当标本。其中，八连城城址、古城村 1 号寺庙址的考古发现不仅是具体认知珲春河流域渤海时期瓦作建筑的重要学术资源，也是宏观解读东北亚地区瓦作建筑产生途径、发展脉络的重要学术支撑。基于此，围绕该流域（包括大荒沟寺庙址）瓦当形制、瓦作建筑、渤海文化等具体问题，笔者形成了以下学术思考。

首先，关于珲春河流域渤海时期瓦当形制的学术解读。

在构图理念方面，与图们江流域其他支流略显不同的是，多重构图是珲春河流域占比较高的瓦当类型，不仅近半数遗存地点（5 处）出土有此类瓦当标本，而且辨识出 1 种珲春河流域特有的施底纹的瓦当类型。在主题纹饰类型方面，在"图们江流域地域性"纹饰类型的基础上，进一步细分出"珲春河流域地域性"纹饰类型。据此，促使笔者思考的是，如何解读上述地域性瓦作产品的生产方式？其个性化差异是缘于同一作坊的不同产品还是属于不同作坊提供的不同产品？饶有意思的是，温特赫部城址出土有"珲春河流域地

---

① 《吉林省文物志》编委会：《珲春县文物志》（内部资料），1984 年。
② 《吉林省文物志》编委会：《珲春县文物志》（内部资料），1984 年。
③ 《吉林省文物志》编委会：《珲春县文物志》（内部资料），1984 年。

域性"纹饰瓦当类型，不见"图们江流域地域性"纹饰瓦当类型；八连城城址则恰恰相反，出土了后者，而未见前者。在主题纹饰纹样方面，珲春河流域各个遗存地点出土的"裂瓣纹"构图、"倒心形"花瓣瓦当标本，流行萼形间饰纹，仅有 1 处遗存地点出土了嘎呀河流域流行的施"十"字形间饰纹的"倒心形"花瓣瓦当（表九）。此外，值得注意的是，八连城辨识出的 6 型瓦当中，除了Ⅵ型，其他类型的瓦当标本均见于西古城城址。基于此，综合文字瓦类型学考察成果，初步确认，西古城城址、八连城城址瓦作建筑所使用的多数瓦作建筑构件属于同一制瓦作坊烧制的同型瓦作产品①。

其次，关于珲春河流域渤海时期瓦作建筑的学术思考。

基于古城村 1 号寺庙址的考古发现，学术界曾经指出，佛教东渐图们江流域的年代上限，可以追溯至三燕时期。与之相关，佛寺瓦作建筑结束了该流域房屋建筑的"茅茨土阶"时代②。大祚荣建国后，其政权初始阶段瓦作建筑的装饰风格，接受了高句丽"栅城"统治时期营建的佛寺瓦作建筑文化因素的影响。具体而言，利用高句丽晚期流行的"四分法"构图理念，渤海人构思了具有个性化纹样特点的檐头筒瓦。基于此，追求个性化的纹样构思，不仅确立了渤海瓦作建筑的装饰风格，而且逐渐发展成为渤海文化的标识性特征。

最后，瓦作建筑视角下渤海文化的学术思考。

表九　　　　　　　　　　　珲春河流域渤海瓦当的构图方式与主题纹饰

纹饰\遗存		构图方式			主题纹饰类型		主题纹饰纹样			珲春河流域地域性类型	图们江流域地域性类型
		四分法	多重构图	裂瓣纹	单一主题	复合主题	"倒心形"*	花草纹	几何纹		
城址	八连城		√	√	√	√	A	√	√		√
	温特赫部	√	√	√		√	A（复）/C（复）	√	√	√	
	营城子			√	√		B				
旷野寺庙址	立新	√		√		√	A/A（复）/C（复）	√	√	√	
	良种场	√		√		√	A/A（复）	√			√
	八连城东南寺			√	√		A				
	马滴达	√				√	C（复）	√	√	√	
	杨木林子		√	√	√		A	√			
	古城村 1 号		√	√	√	√	A	√	√		
	古城村 2 号		√	√	√		A				
	大荒沟		√	√				√	√		
合计		4/11	5/11	10/11	9/11	6/11	10/11	8/11	6/11	3/11	3/11

注：*此列标注的 A、B、C、（复）代表以下含义：A，标准"倒心形"花瓣；B，非标准"倒心形"花瓣；C，具有"倒心形"外形轮廓花瓣；（复）、（A）、（B）、(C) 花瓣作为复合主题纹饰而应用。

① 本书划分的西古城城址Ⅱ、Ⅲ型瓦当以及八连城城址Ⅵ型瓦当不在上述推测之列。
② 宋玉彬：《试论佛教传入图们江流域的初始时间》，《文物》2015 年第 11 期。

　　基于珲春河流域瓦当标本的考古发现，瓦作建筑成为见证渤海文明发展历程的重要物化表象。诚如本书前言所言，瓦作建筑属于渤海文明的舶来品，其各个时期营建的瓦作建筑所使用的瓦作产品，无论是制作工艺还是形制特征抑或装饰风格，均不同程度地留存下外来文化因素影响的醒目印记。具体到瓦当的装饰风格，渤海文明不同发展阶段所使用的瓦当，均呈现出内外文化因素兼容并蓄的形制特点：外来文化因素主要体现在对构图理念的移植借用，自身文化因素则主要表现为主题纹饰的自主构思。渤海政权初创期瓦作建筑所使用的瓦当，受图们江流域佛寺建筑的影响，具有"高句丽构图理念+个性化纹样"的形制特点；大钦茂执政以后，基于"宪象中国制度"，中原地区肇始于南北朝时期的"裂瓣纹"构图理念成为渤海瓦当新的时尚性审美追求。虽然佛教寺院瓦当依然流行个性化的主题纹饰，但"倒心形"花瓣已然成为行政建置尤其是都城瓦作建筑占据优势地位的瓦当纹样。因此，至迟"天宝中"显州为都以后①，渤海瓦当呈现出由"'裂瓣纹'构图+个性化纹样"向"'裂瓣纹'构图+'倒心形'纹样"发展演变的态势。依此线索，不仅得以更新渤海瓦当类型学、年代学考察的研究理念、技术路径，而且促使学术界思考行政建置、集权统治对渤海文明发展进程所产生的积极影响。

五、图们江干流流域渤海瓦当类型学考察

　　目前，在图们江干流北岸，确认了6处出土渤海时期瓦当标本的旷野类型遗址。

（一）滩前建筑址

　　滩前建筑址地处图们江干流北岸，行政区划隶属于吉林省龙井市光开乡滩前村。在《龙井县文物志》"滩前遗址"词条中，著录了1件瓦当标本②。

　　"萼形纹+双叶植物纹"复合主题纹饰瓦当。

　　"四分法"构图、复合主题纹饰。相间分布的四瓣萼形纹、四枝双叶花草纹构成复合主题纹饰。当心纹饰由里及外为乳突→花结纹（图七二）。

图七二　滩前建筑址出土瓦当　　　　　图七三　龙渊建筑址出土瓦当

---

①《新唐书》卷四三《地理志七》："显州，天宝中王所都。"第1147页，中华书局，1975年。

②《吉林省文物志》编委会：《龙井县文物志》（内部资料），1984年。

（二）龙渊建筑址

龙渊建筑址地处图们江干流北岸，行政区划隶属于吉林省和龙市德化乡龙渊村。在《和龙县文物志》"龙渊遗址"词条中，著录了1件瓦当标本①。

四瓣萼形花瓣、无间饰纹瓦当。

"四分法"构图、单一主题纹饰。当心纹饰由里及外为乳突→凸棱纹同心圆（图七三）。

（三）岐新六队建筑址

岐新六队建筑址地处图们江干流北岸，行政区划隶属于吉林省图们市月晴乡岐新六队。在《图们市文物志》"岐新六队遗址（二）"词条中，著录了该遗址出土的3种形制各异的瓦当标本②。

Ⅰ型，"'倒心形'花瓣+忍冬纹"复合主题纹饰瓦当。

"四分法"构图、复合主题纹饰。相间分布的四瓣"倒心形"花瓣、四枝忍冬纹构成复合主题纹饰。标准"倒心形"花瓣。当心纹饰，残（图七四：1~3）。

Ⅱ型，"椭圆形凸起纹+圆珠形凸起纹"复合主题纹饰瓦当。

"四分法"构图、复合主题纹饰。相间分布的4颗椭圆形凸起纹、4颗圆珠形凸起纹构成复合主题纹饰，单颗椭圆形凸起纹、圆珠形凸起纹均环绕有凸棱线纹外轮廓线。当心纹饰，残（图七四：4）。

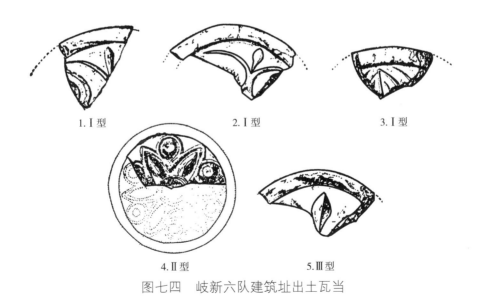

1.Ⅰ型　　　　　　2.Ⅰ型　　　　　　3.Ⅰ型

4.Ⅱ型　　　　　5.Ⅲ型

图七四　岐新六队建筑址出土瓦当

---

① 《吉林省文物志》编委会：《和龙县文物志》（内部资料），1984年。
② 《吉林省文物志》编委会：《图们市文物志》（内部资料），1986年。

该型瓦当的复合主题纹饰同于克拉斯基诺城址寺庙综合体Ⅴa型瓦当的内圈主题纹饰。

Ⅲ型，破损严重，不辨主题纹饰。

当面仅残存1瓣萼形花瓣（图七四：5）。

（四）东云洞建筑址

东云洞建筑址①地处图们江干流北岸密江盆地东部山坡之上，其南1.5千米处为密江与图们江汇合处，行政区划隶属于吉林省图们市密江乡②。1988年，吉林省文物考古研究所对该遗址进行了抢救性考古发掘③。

根据形制特点，该遗址区分出3种类型的瓦当标本。

Ⅰ型，六瓣"倒心形"花瓣、"十"形间饰纹瓦当。

"裂瓣纹"构图、单一主题纹饰。标准"倒心形"花瓣。当心纹饰由里及外为乳突→凸棱纹同心圆（图七五：1）。

Ⅱ型，六瓣"倒心形"花瓣、T形间饰纹瓦当。

"裂瓣纹"构图、单一主题纹饰。非标准"倒心形"花瓣，其凸棱纹轮廓线内部饰以两瓣直线形花肉，没有界隔线。当心纹饰由里及外为乳突→凸棱纹同心圆（图七五：2~4）。

需要说明的是，此型瓦当T形间饰纹所占的空间比例较大。

Ⅲ型，八瓣菊花纹瓦当。

"裂瓣纹"构图、单一主题纹饰。菊花纹呈椭圆形凸棱纹轮廓线造型。当心纹饰由里及外为乳突→凸棱纹同心圆（图七五：5）。

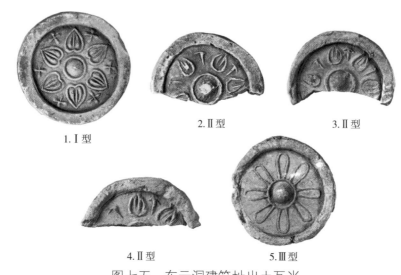

1.Ⅰ型　　　2.Ⅱ型　　　3.Ⅱ型

4.Ⅱ型　　　5.Ⅲ型

图七五　东云洞建筑址出土瓦当

① 关于该遗址的名称，《珲春县文物志》称之为"东云洞遗址"，吉林省文物考古研究所发表的考古简报称之为"东六洞二号遗址"。其中，后者应该属于排版疏漏所致。

② 《吉林省文物志》编委会：《珲春县文物志》（内部资料），1984年。

③ 吉林省图珲铁路考古发掘队：《珲春市东六洞二号遗址发掘简报》，《北方文物》1990年1期。

（五）盘岭沟口建筑址

盘岭沟口建筑址地处图们江左岸东西向台地之上，行政区划隶属于吉林省珲春市英安镇甩湾子村，遗址东距珲春市约 15 千米。通过地表调查，在该遗址采集到瓦当、花纹砖、文字瓦等遗物标本。其中，2 件瓦当标本具有相同的形制特征①。

六瓣"倒心形"花瓣、萼形间饰纹瓦当。

"裂瓣纹"构图、单一主题纹饰。标准"倒心形"花瓣。当心纹饰由里及外为乳突→凸棱纹同心圆→6 颗连珠纹（图七六）。

值得注意的是，通过地表调查，该遗址中曾采集到一些文字瓦残片②。

1　　　　　　　　　　　　2

图七六　盘岭沟口建筑址出土瓦当

（六）草坪建筑址

草坪建筑址地处图们江干流北岸，其西南 2 千米处为营城子城址，行政区划隶属于吉林省珲春市春华乡草坪村。

据《珲春县文物志》"草坪遗址"词条著录的文字信息，遗址地表散布大量瓦片、陶片等遗物。"建筑构件中有瓦当、板瓦、筒瓦以及长方形陶饰件……瓦皆为灰色布纹瓦。瓦当，均为莲花纹，可分两种。一种是花瓣由三、四条凸线组成，花瓣肥大；另一种是花瓣较瘦，底部分成两股，花瓣与花瓣之间有'十'字形纹"③。

遗憾的是，《珲春县文物志》没有著录该遗址出土瓦当的图例信息。

（七）小结

通过梳理可资查询的瓦当清绘图、照片信息，在图们江干流流经的左岸区域，计有 5 处旷野类型建筑址出土了渤海时期的瓦当标本。其中，除东云洞（东六洞二号）建筑址进行过考古清理外，其他遗存地点的瓦当标本均源自于地表调查。结合 5 处遗存地点的考古

① 李正凤：《珲春县英安镇盘岭沟口渤海遗址》，《博物馆研究》1989 年第 3 期。
② 李正凤：《珲春县英安镇盘岭沟口渤海遗址》，《博物馆研究》1989 年第 3 期。
③ 《吉林省文物志》编委会：《珲春县文物志》（内部资料），1984 年。

发现，围绕瓦当形制、瓦作建筑、渤海文化等具体问题，笔者形成了以下学术思考。

首先，关于图们江干流渤海时期瓦当形制的学术解读。

在构图理念方面，3处遗存地点出土了"四分法"构图理念的瓦当标本，2处遗存地点出土了"裂瓣纹"构图理念的瓦当标本。值得注意的是，5处遗存地点均仅见有一种构图理念的瓦当标本，未发现两种构图理念瓦当标本共出线索。在主题纹饰类型方面，龙渊建筑址出土的"四分法"构图、单一主题纹饰瓦当、东云洞建筑址Ⅱ型瓦当需要给予关注，其形制特点表现出一定的特殊时期瓦当类型的时间节点属性。在主题纹饰纹样方面，"倒心形"花瓣分别作为单一主题纹饰、复合主题纹饰得到具体应用。以宏观视野审视其不同的应用方式，两者应该具有不同的时间节点属性（表一〇）。

其次，关于图们江干流渤海时期瓦作建筑的学术思考。

基于上文梳理，虽然5处遗存地点的考古发现略显薄弱，但其瓦当类型的单一性，显然，有助于在宏观视野下、客观把握渤海时期瓦作建筑学术命题的解读思路。

最后，瓦作建筑视角下渤海文化的学术思考。

通过开展类型学考察，岐新六队建筑址Ⅰ型瓦当具有高句丽文化因素（忍冬纹）、渤海文化因素（"倒心形"花瓣）的双重印记；基于该遗址Ⅱ型瓦当与克拉斯基诺城址寺庙综合体Ⅴa型瓦当形制特征的相似性，可以探索东京龙原府辖区内部的文化互动。此外，作为为数不多的出土文字瓦标本的旷野类型遗址，盘岭沟口建筑址的性质问题同样值得关注。

表一〇   图们江干流渤海瓦当的构图方式与主题纹饰

纹饰 遗存		构图方式		主题纹饰类型		主题纹饰纹样		
		四分法	裂瓣纹	单一主题	复合主题	"倒心形"*	花草纹	几何纹
旷野建筑址	岐新六队	∨			∨	A（复）	∨	∨
	滩前	∨		∨	∨		∨	
	龙渊	∨		∨			∨	
	盘岭沟口		∨	∨		A		
	东云洞		∨	∨		A	∨	∨
合计		3/5	2/5	4/5	2/5	3/5	4/5	2/5

注：*此列标注的A、（复）代表以下含义：A，标准"倒心形"花瓣；（复），（A）花瓣作为复合主题纹饰而应用。

六、图们江流域渤海瓦当的构图理念、主题纹饰与学术思考

以史料信息作为主要学术支撑的历史地理学研究成果显示，图们江流域是探索渤海文明发生、发展轨迹的核心区域，确立五京制度以后，"海东盛国"时期的图们江流域成为中京显德府、东京龙原府的行政区划。

进入21世纪以来，不断拓展的考古发现、日益深化的学术研究，充实、完善了图们江流域渤海文化的学术认知。图们江流域不仅是渤海文化遗存地点分布最为密集的区域，其不同地点揭露的遗迹、出土的遗物已然成为阐释渤海国社会发展进程不可或缺、不可替

代的主要学术支撑。通过梳理海兰江、布尔哈通河、嘎呀河、珲春河、图们江干流等 5 个区域性地理单元渤海时期瓦作建筑遗存的考古发现，获取了整体把握、客观认知图们江流域渤海瓦当形制特点的基础性数据。据此，依托以点连线、以线带面的技术路径，基于透物见人的学术追求，形成了瓦当视角下图们江流域渤海文化的学术思考。

首先，关于图们江流域渤海时期瓦当形制的学术解读。在构图理念方面，按照"四分法""裂瓣纹"、多重构图等三种纹饰图案划分的渤海瓦当类型，在图们江流域三种不同性质的瓦作建筑遗存地点（城址、墓葬、佛寺）中均不同程度地得到具体应用。尤为重要的是，在梳理遗物标本时，发现三种构图理念初始应用的时间节点存在差异。目前，虽然缺少层位关系线索，但以宏观的历史背景审视图们江流域渤海瓦当形制特征的历时性演变态势，不难发现，"裂瓣纹"构图理念在渤海瓦当中的具体应用，其年代上限晚于"四分法"、多重构图理念。大钦茂执政以降，通过"遣使求写《唐礼》及《三国志》《晋书》三十六国春秋"等"宪象中国制度"政策引领下①，"裂瓣纹"成为全新的时尚性的瓦当构图理念。并且，由于发展势头强劲，其很快便成为一枝独秀的构图理念。在主题纹饰类型方面，对于图们江流域的渤海瓦当而言，复合主题纹饰、单一主题纹饰的具体应用方式，同样蕴含着不同文化因素印记、不同时间节点属性方面的信息。其中，服务于"四分法"、多重构图理念的复合主题纹饰，主要源自于高句丽文化因素的影响；服务于"四分法""裂瓣纹"构图理念的单一主题纹饰，则分别留存下高句丽、唐等两种不同文化因素影响的表象。大体上，"四分法"构图、单一主题纹饰瓦当类型的年代上限可以追溯至渤海政权初创期，"裂瓣纹"构图、单一主题纹饰瓦当类型的年代上限则只能溯源至大钦茂执政时期。具体而言，西古城出土的各型瓦当，其形制特征可以作为诠释后者时间节点属性的实证线索。在主题纹饰纹样方面，依托舶来的构图理念，3 种不同风格的瓦当类型均构思了个性化十足的主题纹样。以多重构图类型瓦当为例，只有河南屯寺庙址出土的此类瓦当（其Ⅲ型瓦当）遵循了"外圈连珠纹+内圈个性化主题纹饰"的标准范式，其他遗存地点出土的瓦当标本，其内外圈主题纹饰均赋予了个性化的纹样构思（表一一）。鉴于此，在解析渤海瓦当的纹饰构思时，需要明晰的是：根植于外来文化因素影响的构图理念，是开展瓦当年代学考察的重要线索；源自于创作者自身审美取向的主题纹饰，则是阐释遗存文化性质的重要支撑。由此而更新的学术认知是，不同构图理念、不同主题纹饰类型、不同主题纹饰纹样均蕴含着不同的时间节点信息。依此思路，同一遗存地点瓦当纹饰的类型学划分，如果体现了上述不同的辨识标准，那么，在很大程度上，意味着其瓦作建筑曾经进行过修缮处理。

其次，关于图们江流域渤海时期瓦作产品生产方式的学术思考。该流域出土的渤海瓦

---

① 《册府元龟》卷九九九《外臣部·请求》："（开元二十六年）渤海遣使求写《唐礼》及《三国志》《晋书》三十六国春秋，许之。"第 11559 页，凤凰出版社，2006 年。

		城址 11	旷野遗址 34 （12 寺庙址+22 建筑址）	墓葬 2
构图理念	四分法	7/11	21/34	2/2
	裂瓣纹	9/11	25/34	2/2
	多重构图	2/11	6/34	2/2
纹饰类型	单一主题纹饰	8/11	25/34	2/2
	复合主题纹饰	7/11	20/34	2/2
主题纹饰纹样	倒心形 标准花瓣	7/11	26/34	1/2
	倒心形 非标准花瓣	7/11	16/34	0/2
	花草纹	9/11	27/34	2/2
	几何纹	4/11	10/34	0/2
地域纹饰	图们江类型	4/11	11/34	2/2
	珲春河类型	1/3	2/9	0/0
	嘎呀河类型	1/4	2/10	0/0

表——　　　　　　　　　　　图们江流域渤海瓦当的构图方式与主题纹饰

当，虽然区分出"珲春河流域地域性纹饰""图们江流域地域性纹饰"类型（相关信息，详见下文），但其所占的比例份额不大，多数遗存地点出土的遗物标本仍突显出个性化纹样的形制特点。关于地域性纹饰，促使笔者思考的是，如何解读其在不同遗存地点中得以应用的原因。即，其为同一制瓦作坊生产的同型产品还是不同制瓦作坊按照同一母题纹饰烧制而成？牡丹江流域杏山窑址①、楚卡诺夫卡河流域克拉斯基诺窑址②的考古发现表明，渤海时期存在专业作坊、一次性窑厂等两种制瓦方式。其中，"文字瓦"是专业作坊烧制的瓦作产品的重要标识③。限于资料，目前尚无法廓清图们江流域渤海时期瓦作产品的生产方式，尤其是缺少文字瓦线索的"珲春河流域地域性纹饰"瓦当类型的烧制模式。与之相关，虽然西古城、八连城出土的绝大多数瓦当、文字瓦、釉陶瓦件标本均可以按照同一标准区分类型，甚至推测其为同一制瓦作坊烧制的瓦作产品，但问题是，如何解读它们各自所出土的异型标本。例如，不见于八连城的西古城Ⅱa型、Ⅱb型、Ⅲ型瓦当，它们是生产上述同型瓦件的作坊烧制的不同批次的产品还是出自独立的制瓦作坊（营建或修缮八连城瓦作建筑时，该窑厂均未提供瓦作产品）？廓清上述问题，不仅可以洞察渤海时期瓦作产品的烧制方式，而且有助于拓展认知渤海国不同发展阶段生业模式的学术视野，借此推动渤海文明研究的学术进步。

最后，关于瓦当视角下图们江流域渤海文化的学术思考。统计数据显示，图们江流域

---

① 黑龙江省文物考古研究所：《渤海砖瓦窑址发掘报告》，《北方文物》1986 年第 2 期。

② ［俄］В. И. 博尔金等著、宋玉彬译：《克拉斯诺城址四年"一体化"考察》，《历史与考古信息·东北亚》2004 年第 1 期（原文见《俄罗斯科学院远东分院院刊》2001 年 3 期）。

③ 宋玉彬：《文字瓦视角下的渤海佛教遗存研究》，《学习与探索》2019 年第 7 期。

计有 11 座城址、38 处佛寺（旷野遗址）、2 处墓葬等 51 处遗存地点出土了渤海瓦当标本。通过开展瓦当类型学考察，同时，结合瓦当纹饰的文化因素分析，以及时代背景的史料文献梳理，不仅可以将大钦茂以显州为都之时作为界定渤海瓦当形制变化的重要时间节点，而且得以洞察渤海文明发展进程的阶段性特点。大钦茂执政以后，在"宪象中国制度"社会风潮引领下，渤海瓦当逐渐摒弃了"四分法"构图、复合主题纹饰等高句丽文化因素的影响，开始按照中原地区缘起于佛教东渐、肇始于南北朝的"裂瓣纹"构图、单一主题纹饰的标准范式构思全新的瓦当纹饰图案。据此，如果将"珲春河流域地域性纹饰"瓦当类型视为接受高句丽文化因素影响的产物，则不难发现，"图们江流域地域性纹饰"瓦当类型突显的是唐文化因素影响的时尚性信息。为此，可以将图们江流域 12 处遗存地点（2座城址、9 处佛寺、1 座墓葬）出土的"四分法"构图、"'倒心形'花瓣+忍冬纹"复合主题纹饰形制瓦当，称为新旧文化因素更替期的瓦当类型。经此变化，彰显渤海文化自身审美情怀的"倒心形"花瓣瓦当在行政建置瓦作建筑中确立了优势地位，并逐渐发展成为渤海瓦当普遍采用的主题纹样。与之相关，在图们江支流中，嘎呀河流域不仅是渤海时期瓦作建筑遗存地点分布最为密集的区域，而且绝大多数遗存地点均出土有"裂瓣纹"构图、单一主题纹饰的"倒心形"花瓣瓦当标本。基于此，可以将渤海亡国作为上述嘎呀河流域瓦作建筑的年代下限。初步推测，渤海政权定都上京城以后，嘎呀河流域是渤海国对内、对外最重要的交通线路。显然，这是历史地理学研究手段无法洞察的学术认知。

第五节　西流松花江流域渤海瓦当类型学考察

西流松花江流域计有 6 处地点发现了渤海瓦当标本，分别为抚松县新安建筑址、桦甸市苏密城城址、桦甸市北土城城址、安图县东清建筑址、安图县新兴建筑址、蛟河市七道河墓葬。需要指出的是，根据彼此间的相对位置，上述遗存地点中，安图县的东清建筑址、新兴建筑址与图们江支流海兰江流域的瓦作建筑遗存地点更适宜称为近邻关系。同时，参照学术界前沿性观点，本书将以往著述中的"新安城址""七道河建筑址"更名为新安建筑址、七道河墓葬。

一、新安建筑址（新安城址）

新安建筑址地处西流松花江支流头道松花江的北岸山坳中，行政区划隶属于吉林省抚松县松郊乡新安村，遗址东距县城约 6 千米[①]。该遗址发现于 1983 年，根据出土的瓦当标

[①] 《吉林省文物志》编委会：《抚松县文物志》（内部资料），1988 年。

本将其推断为渤海时期遗存地点①。1986 年开展第二次全国文物普查时，基于发现的"城墙"迹象，该遗址被作为城址推断为渤海国西京鸭渌府丰州治所故址②。1986、1994 年，吉林省文物考古研究所曾先后两次对该遗址进行过考古试掘③。2009 年，吉林省文物考古研究所对其进行了大规模的抢救性考古发掘④。通过发掘确认其第二期遗存为渤海时期文化堆积，但未能发现足以将其界定为"城址"的考古学线索。基于此，本书将新安城址更名为新安建筑址。

通过开展类型学考察，遗址中出土的渤海时期的瓦当标本，区分出 4 种类型的瓦当类型。

Ⅰ型（原报告 A 型），七瓣不同纹样"倒心形"花瓣构成的复合主题纹饰瓦当。

"裂瓣纹"构图、复合主题纹饰。七瓣主题纹饰均呈"倒心形"凸棱纹轮廓线造型，但其包括 3 种形制有别的具体纹样。其中，五瓣具有相同的云窝纹轮廓；另外两瓣花瓣，一瓣在其凸棱纹轮廓线内部施一瓣萼形花瓣，另一瓣则是在其凸棱纹轮廓线内部施两瓣萼形花瓣。当心纹饰由里及外为乳突→7 颗连珠纹→凸棱纹同心圆（图七七：1）。

Ⅱ型（原报告 B 型），四瓣"倒心形"花瓣、"十"字形间饰纹瓦当。

"四分法"构图、单一主题纹饰。非标准"倒心形"花瓣造型的主题纹饰，其凸棱纹

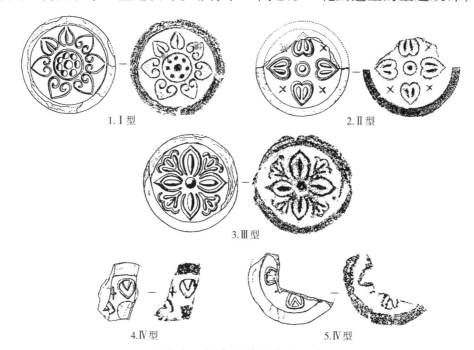

1. Ⅰ 型　　　　　　　　　　　　2. Ⅱ 型

3. Ⅲ 型

4. Ⅳ 型　　　　　　　5. Ⅳ 型

图七七　新安建筑址出土瓦当

①　王志敏：《吉林抚松新安渤海遗址》，《博物馆研究》1985 年第 2 期。

②　《吉林省文物志》编委会：《抚松县文物志》（内部资料），1988 年。

③　张殿甲：《浑江地区渤海遗迹与遗物》，《博物馆研究》1988 年第 1 期；吉林省文物考古研究所：《抚松新安渤海古城的调查和发掘》，《博物馆研究》2000 年第 1 期。

④　吉林省文物考古研究所：《吉林抚松新安遗址发掘报告》，《考古学报》2013 年第 3 期。

轮廓线内部饰以两瓣花肉，没有界格线。当心纹饰由里及外为乳突→凸棱纹同心圆（图七七：2）。

Ⅲ型（原报告 C 型），"萼形花瓣+三叶花草纹"复合主题纹饰瓦当。

"四分法"构图、复合主题纹饰。相间分布的四瓣萼形花瓣、四枝三叶花草纹构成主题纹饰，其萼形花瓣环以下部不闭合的凸棱纹外轮廓线，三叶花草纹的枝头饰以弧线纹。当心纹饰为单纯的乳突造型（图七七：3）。

Ⅳ型（原报告 D 型），四瓣椭圆形花瓣、"×"形间饰纹瓦当。

"四分法"构图、单一主题纹饰。主题纹饰呈椭圆形凸棱纹轮廓线造型，其内部饰以V形凸棱纹。当心纹饰为单纯的乳突造型（图七七：4、5）。

二、苏密城城址

苏密城俗称大城子，地处西流松花江支流辉发河南岸，行政区划隶属于吉林省桦甸市桦甸镇，遗址西距桦甸镇约 4 千米①。1936 年，日本人曾对苏密城进行过发掘②。1981 年，通过地表调查，考古工作者在城内采集到 1 件完整瓦当标本③。2004、2013～2016 年，吉林省文物考古研究所对该城址进行了主动性发掘④。

通过开展类型学考察，苏密城区分出 6 种类型的瓦当标本⑤。

Ⅰ型，四颗圆点纹主题纹饰、逗号形间饰纹瓦当。

"四分法"构图、单一主题纹饰。每颗圆点纹均环有凸棱纹弧线。当心纹饰由里及外为乳突→双重凸棱纹同心圆（图七八：1）。

Ⅱ型，四瓣"倒心形"纹样花瓣、圆点形间饰纹瓦当。

"四分法"构图、单一主题纹饰。"倒心形"凸棱纹轮廓线内部饰以圆点纹。当心纹饰由里及外为乳突→凸棱纹同心圆（图七八：2）。

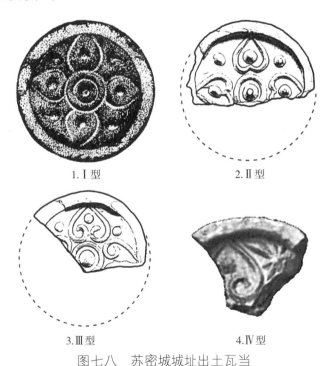

1. Ⅰ型　　　　2. Ⅱ型

3. Ⅲ型　　　　4. Ⅳ型

图七八　苏密城城址出土瓦当

① 《吉林省文物志》编委会：《桦甸县文物志》（内部资料），1987 年。

② ［日］岩间茂次郎著、李其泰译：《桦甸县苏密城调查状况报告书》，内部资料。

③ 《吉林省文物志》编委会：《桦甸县文物志》（内部资料），1987 年。

④ 资料现藏吉林省文物考古研究所。

⑤ 据苏密城城址发掘项目领队王志刚先生提供资料，谨此致谢。

Ⅲ型，四瓣"倒心形"轮廓云纹、圆点形间饰纹瓦当。

"四分法"构图、单一主题纹饰。"倒心形"云纹凸棱纹轮廓线内部饰以圆点纹。当心纹饰由里及外为乳突→凸棱纹同心圆（图七八：3）。

Ⅳ型，四瓣"倒心形"轮廓云纹、星状间饰纹瓦当。

该型瓦当与Ⅲ型瓦当拥有相同的主题纹饰，两者的形制差异在于，各自装饰了不同的间饰纹（图七八：4）。

Ⅴ型，"萼形花瓣+三叶花草纹"复合主题纹饰瓦当。

"四分法"构图、复合主题纹饰。相间分布的八瓣萼形花瓣、八枝三叶花草纹构成复合主题纹饰。当心纹饰由里及外为乳突→凸棱纹同心圆。

Ⅵ型，六瓣"倒心形"花瓣、T形间饰纹瓦当。

"裂瓣纹"构图、单一主题纹饰。标准"倒心形"花瓣。当心纹饰由里及外为乳突→凸棱纹同心圆。

三、北土城子城址

北土城子城址俗称"北土城子古城""小城子北土城"，位于苏密城东南3千米处，西距苏密河900米，西北距辉发河新河1000米①。需要指出的是，通过地表调查，考古工作者在城址范围内曾采集到1件完整的瓦当标本，但未能确认城垣迹象。

四瓣"倒心形"轮廓云纹、星状间饰纹瓦当。

"四分法"构图、单一主题纹饰。"倒心形"云纹凸棱纹轮廓线内部饰以圆点纹。当心纹饰由里及外为乳突→凸棱纹同心圆（图七九）。

该瓦当同于苏密城城址Ⅳ型瓦当。

四、东清建筑址

东清建筑址地处西流松花江支流古洞河右岸台地之上，行政区划隶属于吉林省安图县永庆乡东清村②。

根据形制特点，该遗址区分出2种类型的瓦当标本。

Ⅰ型，"萼形花瓣+双叶植物纹"复合主题纹饰瓦当。

"裂瓣纹"构图、复合主题纹饰。相间分布的六瓣萼形花瓣、六枝双叶植物纹构成复合主题纹饰，其萼形花瓣纹环以凸棱纹外轮廓线；植物纹，在Ｖ形叶茎中间饰以圆珠纹。当心纹饰由里及外为乳突→凸棱纹同心圆（图八〇：1）。

图七九　北土城子城址
出土瓦当

---

① 《吉林省文物志》编委会：《桦甸县文物志》（内部资料），1987年。

② 《吉林省文物志》编委会：《安图县文物志》（内部资料），1985年。

Ⅱ型，"萼形花瓣+花草纹"复合主题纹饰瓦当。

"裂瓣纹"构图、复合主题纹饰。相间分布的六瓣萼形花瓣、六枝花草纹构成复合主题纹饰，其萼形花瓣未饰凸棱纹外轮廓线；六枝花草纹则造型各异。当心纹饰由里及外为乳突→凸棱纹同心圆（图八〇：2）。

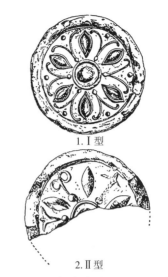

1. Ⅰ型

2. Ⅱ型

图八〇　东清建筑址出土瓦当

五、新兴建筑址

新兴建筑址地处西流松花江支流古洞河左岸台地之上，其西北约 300 米处为万宝古城，行政区划隶属于吉林省安图县万宝乡新兴村①。

通过地表调查，该城址出土了 1 件瓦当标本。

六瓣"倒心形"花瓣、弯月形间饰纹瓦当。

"裂瓣纹"构图、单一主题纹饰。非标准"倒心形"花瓣，凸棱纹外轮廓线内部填充两瓣花肉，没有界格线。当心纹饰由里及外为乳突→凸棱纹同心圆（图八一）。

六、七道河墓葬（七道河建筑址）

七道河墓葬地处西流松花江支流七道河与冰葫芦沟河汇合处的北岸山坡之上，行政区划隶属于吉林省蛟河市天

图八一　新兴建筑址出土瓦当

岗镇七道河村②。遗址发现于 1985 年，1990 年吉林市博物馆对其进行了抢救性考古发掘③，认定其为一处渤海时期的大型建筑址。近年来，学术界多认为其为一处渤海时期的高等级墓葬④。

通过开展类型学考察，该遗存区分出 6 种类型的瓦当标本。

Ⅰ型，"'倒心形'花瓣+飞鸟纹"复合主题纹饰瓦当。

"裂瓣纹"构图、复合主题纹饰。相间分布的六瓣"倒心形"花瓣、六只飞鸟纹构成复合主题纹饰。带有叶茎的非标准"倒心形"花瓣，其凸棱纹外轮廓线内部饰以两瓣花肉，没有界格线；6 只飞鸟纹中，3 只鸟喙朝前，3 只鸟作回首状，两者交替排列。当心纹饰由里及外为乳突→6 颗连珠纹→凸棱纹同心圆（图八二：1）。

Ⅱ型，"倒心形"花瓣、弧线间饰纹瓦当。

根据残片判断，主题纹饰呈非标准"倒心形"造型，其凸棱纹轮廓线内部饰两瓣花

①　《吉林省文物志》编委会：《安图县文物志》（内部资料），1985 年。
②　《吉林省文物志》编委会：《蛟河县文物志》（内部资料），1987 年。
③　吉林市博物馆：《吉林省蛟河市七道河村渤海建筑遗址清理简报》，《考古》1993 年第 2 期。
④　彭善国：《蛟河七道河村渤海遗址属性辨析》，《东北史地》2010 年第 3 期。

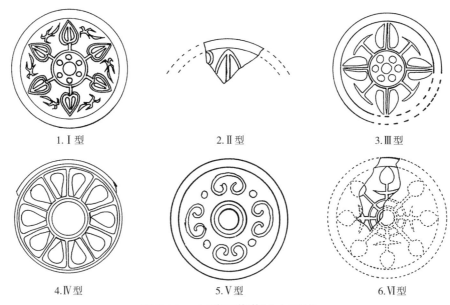

1. Ⅰ型　　　　2. Ⅱ型　　　　3. Ⅲ型

4. Ⅳ型　　　　5. Ⅴ型　　　　6. Ⅵ型

图八二　七道河墓葬出土瓦当

肉，未施界格线。残存疑似弧线形间饰纹（图八二：2）。

Ⅲ型，"'倒心形'花瓣+T形纹"复合主题纹饰瓦当。

"四分法"构图、复合主题纹饰。相间分布的四瓣"倒心形"花瓣、四个T形纹构成复合主题纹饰。非标准"倒心形"花瓣，没有装饰凸棱纹外轮廓线，两瓣花肉之间存在界格线。当心纹饰由里及外为乳突→6颗连珠纹→凸棱纹同心圆（图八二：3）。

Ⅳ型，10瓣萼形花瓣、无间饰纹瓦当。

"裂瓣纹"构图、单一主题纹饰。每瓣萼形花瓣环以梯形轮廓线。当心纹饰由里及外为乳突→凸棱纹同心圆（图八二：4）。

Ⅴ型，四朵云纹、圆珠间饰纹瓦当。

"四分法"构图、单一主题纹饰。当心纹饰由里及外为乳突→凸棱纹同心圆（图八二：5）。

Ⅵ型，"双叶花蕾纹+无叶花蕾纹"复合主题纹饰瓦当。

"四分法"构图、复合主题纹饰。相间分布的四枝双叶花蕾纹、四枝有茎无叶花蕾纹构成复合主题纹饰。当心区域，残存双重凸棱纹同心圆，两者之间存在8条放射纹界格线，每条界格线与主题纹饰的叶茎相接（图八二：6）。

七、小结

在西流松花江流域，计有6处遗存地点（2座城址、1座墓葬、3处旷野类型建筑址）出土了渤海时期的瓦当标本。虽然数量少，但其涵盖了城址、旷野遗址、墓葬等3种不同性质的瓦作建筑。更为重要的是，苏密城城址、七道河墓葬、新安建筑址均进行过正式考古清理。基于此，西流松花江流域出土的瓦当标本成为宏观把握渤海时期瓦作建筑、微观开展地域性渤海文化研究的重要基础性数据。鉴于此，围绕瓦当形制、瓦作建筑、渤海文化等具体问题，笔者形成了以下学术思考。

首先，关于西流松花江流域渤海时期瓦当形制的学术解读。

在构图理念方面，该流域出土瓦当的特点有二。一是城址、墓葬、旷野建筑址等三种不同性质的瓦作建筑遗存地点中，均未发现应用多重构图理念的瓦当类型；二是两座城址（包括性质不明的北土城）中，均见有体现"四分法"构图理念的瓦当类型。不难看出，上述特点蕴含着一定的文化因素、时间节点信息。在主题纹饰类型方面，上述三种不同性质的遗存地点中均出土了复合主题纹饰的瓦当标本。同时，值得注意的是，"四分法"构图+单一主题纹饰瓦当、"裂瓣纹"构图+复合主题纹饰瓦当的具体应用，均是开展遗存年代学考察的重要线索。在主题纹饰纹样方面，"倒心形"花瓣、萼形花瓣、云纹花瓣体现了不同文化因素影响的印记（表一二）。其中，萼形花瓣主题纹饰（新安建筑址Ⅲ型以及东清建筑址Ⅰ、Ⅱ型）具有高句丽瓦当莲花纹花瓣的形制特点，云纹主题纹饰则突显出中原汉文化的古老遗风。至于飞鸟纹的学术解读，显然，需要进一步拓展我们的学术视野。

其次，关于西流松花江流域渤海时期瓦作建筑的学术思考。

基于上文梳理，该流域三种不同性质瓦作建筑的年代上限均可追溯至渤海政权的初创期。至于6处遗存地点的年代下限，限于资料，除苏密城城址的废弃时间可以根据其所出土的"倒心形"花瓣瓦当标本而界定为渤海亡国，目前尚难以推断其他5处遗存地点瓦作建筑的年代下限。

最后，瓦作建筑视角下渤海文化的学术思考。

西流松花江流域仅确认了6处出土渤海瓦当标本的遗存地点，表明该流域不是引领渤海文化发展方向的核心区域。同时，基于云纹主题纹饰而引发的学术联想是，西流松花江流域的早期瓦作建筑，可能并不是发端于佛教东渐而营建的佛寺，而是接受高句丽乃至中原地区汉文化行政建置影响的瓦作建筑。

表一二　　　　　　　西流松花江流域渤海瓦当的构图方式与主题纹饰

遗存 纹饰		构图方式		主题纹饰类型		主题纹饰纹样			
		四分法	裂瓣纹	单一主题	复合主题	"倒心形"*	花草纹	几何纹	动物纹
城址	苏密城	√	√	√	√	A/C	√		
	北土城	√		√		C	√		
墓葬	七道河	√	√	√	√	B（复）	√	√	√
旷野建筑址	新安	√	√	√	√	B/C	√		
	东清		√		√		√		
	新兴		√	√		B			
合计		4/6	5/6	5/6	4/6	5/6	5/6	1/6	1/6

注：*此列标注的 A、B、C、（复）代表以下含义：A，标准"倒心形"花瓣；B，非标准"倒心形"花瓣；C，具有"倒心形"外形轮廓花瓣；（复），（A）、（B）、（C）花瓣作为复合主题纹饰而应用。

第六节　鸭绿江流域渤海瓦当类型学考察

在鸭绿江流域，计有集安市国内城城址、长白朝鲜族自治县长白城址、临江市河南屯遗址等 3 处遗存地点发现了渤海时期的瓦当标本。

一、国内城城址

国内城城址地处鸭绿江右岸，作为高句丽政权的都城而营建。根据其所出土的渤海瓦当标本推测①，渤海时期曾沿用该城。按照现今行政区划，国内城坐落于吉林省集安市市区之内。

通过开展类型学考察，国内城区分出 3 种类型的瓦当标本。

Ⅰ 型，六瓣"倒心形"花瓣、"十"字形间饰纹瓦当。

"裂瓣纹"构图、单一主题纹饰。非标准"倒心形"花瓣，其凸棱纹轮廓线内填充两瓣花肉，未施界格线。当心区域，残（图八三：1）②。

Ⅱ 型，"'倒心形'花瓣＋'十'字纹"复合主题纹饰瓦当③。

"四分法"构图，相间分布的四瓣"倒心形"、4 颗"十"字纹构成的复合主题纹饰。标准"倒心形"花瓣。根据当心纹饰的细部差异，可以进一步将其区分出 2 种亚型。

Ⅱa 型，当心纹饰由里及外为乳突→凸棱纹同心圆（图八三：2）。

Ⅱb 型，当心纹饰由里及外为乳突→凸棱纹同心圆→4 颗连珠纹（图八三：3）。

Ⅲ 型，四瓣"倒心形"花瓣、无间饰纹瓦当④。

"四分法"构图、单一主题纹饰。该型瓦当与 Ⅱ 型瓦当的形制差别在于，其主题纹饰之间未施间饰纹。当心纹饰由里及外为乳突→凸棱纹同心圆（图八三：4~6）。

二、河南屯建筑址

河南屯建筑址地处鸭绿江与五道沟河交汇处，行政区划隶属于吉林省临江市四道沟镇

① ［日］三上次男：《渤海の瓦》，《座右寶》第 10、11、12 号，座右寶刊行會，1947 年；［日］三上次男：《高句麗と渤海》，吉川弘文館，1990 年；吉林省文物考古研究所等：《国内城——2000~2003 年集安国内城与民主遗址试掘报告》，文物出版社，2004 年。

② ［日］三上次男：《渤海の瓦》，《座右寶》第 10、11、12 号，座右寶刊行會，1947 年；［日］三上次男：《高句麗と渤海》，吉川弘文館，1990 年。

③ ［日］三上次男：《渤海の瓦》，《座右寶》第 10、11、12 号，座右寶刊行會，1947 年；［日］三上次男：《高句麗と渤海》，吉川弘文館，1990 年。

④ 吉林省文物考古研究所等：《国内城——2000~2003 年集安国内城与民主遗址试掘报告》，文物出版社，2004 年；朝鮮總督府：《朝鮮古蹟圖譜》，1915 年。

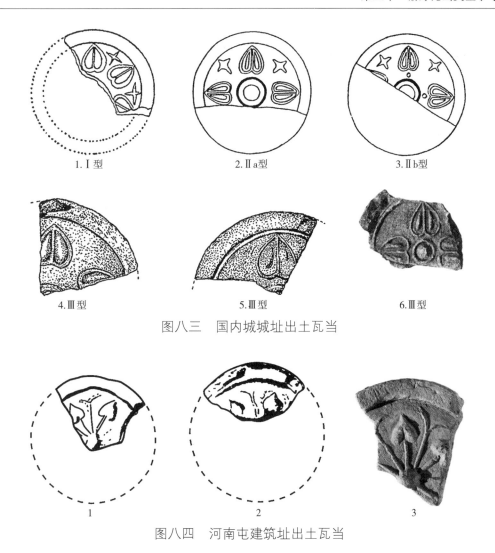

1. Ⅰ型　　　　　2. Ⅱa型　　　　　3. Ⅱb型

4. Ⅲ型　　　　　5. Ⅲ型　　　　　6. Ⅲ型

图八三　国内城城址出土瓦当

1　　　　　　　2　　　　　　　3

图八四　河南屯建筑址出土瓦当

河南屯村①。

通过地表调查及考古试掘，该遗址出土了多件同一种形制的渤海时期的瓦当标本②。

"'倒心形'花瓣+枝条纹"复合主题纹饰瓦当。

"裂瓣纹"构图、复合主题纹饰。相间分布的六瓣"倒心形"花瓣、六枝枝条纹构成复合主题纹饰，其"倒心形"花瓣呈带有叶茎的实体花瓣造型，枝条纹呈 Y 形造型。当心纹饰为单纯乳突造型（图八四）。

三、长白城址

长白城址俗称"长白古城"，地处鸭绿江右岸二级台地之上，行政区划隶属于吉林省

---

① 《吉林省文物志》编委会：《浑江市文物志》，1987 年。

② 张殿甲：《鸭绿江中上游高句丽、渤海遗址调查综述》，《北方文物》2000 年第 2 期；吉林省文物考古研究所：《吉林省临江市河南屯遗址调查和试掘简报》，《北方文物》2016 年第 1 期。

图八五　长白城址出土瓦当

长白朝鲜族自治县长白镇①。1986 年，在城址中采集到 1 块瓦当残块②。根据出土的体现渤海时期形制特点的檐头板瓦标本推测，该瓦当为渤海时期遗物。

八瓣花草纹瓦当。

"四分法"构图、单一主题纹饰。花草纹呈"反向云纹＋圆点纹"纹样造型。当心纹饰为花结纹造型（图八五）。

四、小结

鸭绿江流域计有 3 处遗存地点（2 座城址、1 处旷野类型建筑址）出土了渤海时期的瓦当标本，虽然遗存数量相对较少，但国内城城址、河南屯建筑址通过考古清理而获得的数据，有助于客观认知该流域渤海时期瓦作建筑的基础性信息。值得注意的是，在本章按照流域所划分的 7 个地理单元中，鸭绿江流域属于唯一的城址类遗存地点多于旷野类型遗存地点的区域。基于此，围绕瓦当形制、瓦作建筑、渤海文化等具体问题，笔者形成了以下学术思考。

首先，关于鸭绿江流域渤海时期瓦当形制的学术解读。

在构图理念方面，2 处遗存地点（均为城址）出土了"四分法"构图的瓦当类型，2 处遗存地点（1 座城址、1 处旷野建筑址）出土了"裂瓣纹"构图的瓦当类型。其中，国内城共出了两种不同构图理念的瓦当类型。在主题纹饰类型方面，2 处遗存地点（均为城址）出土了单一主题纹饰瓦当类型，1 处旷野类型建筑址出土了复合主题纹饰瓦当类型。在主题纹饰纹样方面，3 处遗存地点均以花草纹为主，其中，国内城出土瓦当不仅均饰"倒心形"花瓣主题纹饰，也是迄今鸭绿江流域唯一出土标准"倒心形"花瓣瓦当的遗存地点（表一三）。

其次，关于鸭绿江流域渤海时期瓦作建筑的学术思考。

表一三　　　　　　　　　　鸭绿江流域渤海瓦当的构图方式与主题纹饰

遗存	纹饰	构图方式		主题纹饰类型		主题纹饰纹样	
		四分法	裂瓣纹	单一主题	复合主题	"倒心形"*	花草纹
城址	国内城	∨	∨	∨		A/A（复）	∨
	长白	∨			∨		∨
旷野建筑址	河南屯		∨	∨		C（复）	∨
合计		2/3	2/3	2/3	1/3	1+1/3	3/3

注：* 此列标注的 A、C、（复）代表以下含义：A，标准"倒心形"花瓣；C，具有"倒心形"外形轮廓花瓣；（复），（A）、（C）花瓣作为复合主题纹饰而应用。

---

① 《吉林省文物志》编委会：《长白朝鲜族自治县文物志》（内部资料），1988 年。
② 《吉林省文物志》编委会：《长白朝鲜族自治县文物志》（内部资料），1988 年。

基于前文有关瓦当形制的类型学考察，初步推测，该流域 3 处遗存地点渤海时期瓦作建筑的始建年代均可以追溯至大钦茂"宪象中国制度"之际。

最后，瓦作建筑视角下渤海文化的学术思考。

国内城城址渤海瓦当的考古发现表明，高句丽亡国后，渤海政权沿用了这座 427 年之前曾经为都的高句丽之城。该城址出土的"四分法""裂瓣纹"两种构图理念的"倒心形"花瓣主题纹饰瓦当，为学术界认知渤海政权在高句丽故地确立行政建制、营建行政设施补充了考古学实证线索。此外，促使笔者思考的是，渤海存国期间，佛教对其边远地区的影响明显弱于核心地区。

第七节　朝鲜咸镜南道北青川流域渤海瓦当类型学考察

目前，在朝鲜境内，仅在咸镜南道的北青川流域，确认了 5 处出土渤海时期瓦当标本的遗存地点。其中，包括 1 座城址、4 处寺庙址。

一、青海城址

青海城址位于咸镜南道北青郡琴湖地区境内，地处北青川左岸。1991 年，在朝鲜出版的《朝鲜遗迹遗物图鉴（8）》一书中，发表了该城址出土的 2 件瓦当标本图片①。2002 年，在韩国出版的《朝鲜东海岸一带渤海遗迹研究》一书中，著录了该城址最为丰富的学术信息②。目前，学术界倾向认为，青海城址是渤海国南京南海府治所故址。

据《朝鲜东海岸一带渤海遗迹研究》，"青海土城出土了纹饰各异的多种瓦当……第一种形态是，瓦当的当心有直径 3.8 厘米的半球形花蕊，其周围浮雕以 6 个花瓣。花瓣之间饰以 6 个四角星……第二种形态是，瓦当的当心有直径 3.8 厘米的半球形花蕊，周围浮雕以 6 个花瓣。花瓣与花瓣之间带有蒂。花瓣之间无其他装饰……第三种形态是，花瓣为 8 瓣……瓦当的当心，在直径 2.8 厘米的圆内浮雕以 5 个珠纹的半球形花蒂，并在花蕊的周围浮雕 8 个花骨朵纹，花骨朵纹上带有蒂，蒂间浮雕以珠纹，花骨朵间浮雕以图案化的花瓣纹。瓦当的直径为 12.6 厘米，厚 1.6 厘米。边轮的宽度为 1.4 厘米"③。

《朝鲜东海岸一带渤海遗迹研究》一书，公布了上述引文中第一、二种瓦当的清绘线图。经核实图文信息得以确认，《朝鲜遗迹遗物图鉴（8）》一书发表的 2 件瓦当标本图片，其形制特征与清绘线图瓦当相同。

①　조선유적유물도감편찬위원회 :《조선유적유물도감 8(발해)》,1991.

②　김종혁 :《동해안 일대의 발해 유적에 대한 연구》,도서출판중심 ,2002.

③　［朝］金宗赫著、李云铎译:《朝鲜东海岸一带渤海建筑址》,《历史与考古信息·东北亚》2003 年第 1 期（节译自《朝鲜东海岸一带渤海遗迹研究》,韩国图书出版中心，2002 年）。

1. Ⅰ型　　　　　　　　　　　　　　　2. Ⅱ型

图八六　青海城址出土瓦当

综合《朝鲜东海岸一带渤海遗迹研究》《朝鲜遗迹遗物图鉴（8）》著录的文字、图片信息，青海城址可区分出 3 种类型的瓦当。

Ⅰ型（《朝鲜东海岸一带渤海遗迹研究》的第一种瓦当），六瓣"倒心形"花瓣、"十"字形间饰纹瓦当。

"裂瓣纹"构图、单一主题纹饰。标准"倒心形"花瓣。当心纹饰由里及外为乳突→凸棱纹同心圆（图八六：1）。

Ⅱ型（《朝鲜东海岸一带渤海遗迹研究》的第二种瓦当），六瓣"倒心形"花瓣、无间饰纹瓦当。

"裂瓣纹"构图、单一主题纹饰。带有叶茎的标准"倒心形"花瓣，主题纹饰之间没有施间饰纹。当心纹饰由里及外为乳突→凸棱纹同心圆（图八六：2）。

Ⅲ型（《朝鲜东海岸一带渤海遗迹研究》的第三种瓦当）。

该型瓦当没有图例可循，依据文字描述的形制特征推测，此型瓦当与下文介绍的金山1号寺庙址出土的Ⅸ型瓦当属于同型瓦当。

需要指出的是，在比对瓦当标本的清绘线图、图片时发现，朝鲜学者清绘的瓦当线图，其形制特征与图片信息的差异较大。

二、梧梅里寺庙址

据《朝鲜东海岸一带渤海遗迹研究》，在咸镜南道琴湖地区梧梅里南北长约 100、东西宽 50~60 米的山谷（俗称寺沟或庙沟）中，分布有高句丽、渤海时期的建筑址。经发掘，在一座四角形塔址周围，清理揭露了 4 处渤海时期建筑址。塔址南侧 140 米处为金山1号建筑址，塔址东南侧 150 米处为金山2号建筑址，塔址北侧为庙谷1号（塔北1号）、庙谷2号（塔北2号）建筑址[①]。

在《朝鲜遗迹遗物图鉴（8）》中，上述建筑址被统称为梧梅里寺庙址[②]。需要指出

---

① 김종혁：《동해안 일대의 발해 유적에 대한 연구》, 도서출판중심, 2002.

② 조선유적유물도감편찬위원회：《조선유적유물도감 8(발해)》,1991.

的是，庙谷 1 号、2 号建筑址是《朝鲜东海岸一带渤海遗迹研究》中文译本中使用的地名概念①，该书原文为塔北 1 号、2 号建筑址。

图八七　庙谷 1 号
寺庙址出土瓦当

（一）庙谷 1 号（塔北 1 号）寺庙址

关于庙谷 1 号寺庙址出土的瓦当标本，《朝鲜东海岸一带渤海遗迹研究》著录了以下信息。

"瓦当中，有放射线纹瓦当、莲花纹瓦当，莲花纹上有配合忍冬纹的，也有配合蕨纹的。放射线纹瓦当，在当心有隆起呈直径 1.5 厘米左右的半球形部分。以它为中心，围绕直径 5~6 厘米的线，装饰着放射线纹。放射线，依据瓦当的大小，有达 50 条的，甚至更多的也有……莲花纹瓦当，有许多种。在圆的瓦当当心，有半球形花蕊、4 个莲花纹及其间饰浮雕以忍冬纹。鬼面，出土于建筑址西侧。大小为长 24.5 厘米、宽 14 厘米、厚 8 厘米。"②

对应上述文字信息，《朝鲜东海岸一带渤海遗迹研究》仅公布了 1 件瓦当标本的清绘线图。根据清绘图，其形制特点可以概述为：

"'倒心形'花瓣+枝条纹"复合主题纹饰瓦当。

"四分法"构图、复合主题纹饰。相间分布的四瓣"倒心形"花瓣、四枝枝条纹构成复合主题纹饰。根据线图，无法辨识"倒心形"花瓣的细部形制特征。当心纹饰由里及外为乳突→凸棱纹同心圆（图八七）。

（二）庙谷 2 号（塔北 2 号）寺庙址

关于庙谷 2 号寺庙址出土的瓦当标本，《朝鲜东海岸一带渤海遗迹研究》著录了以下信息。

该寺庙址"瓦当种类，多种多样。列举几种有代表性的，则如下述。其一，当心有半球形的花蕊，周围环绕两个同心圆。其外圈饰以 8 个花瓣，其间在饰以'T'装饰，之后向其外凸起珠纹……其二，当心有半球形的花蕊，其周围饰以 5 个重叠的花瓣……其三，围以两个同心圆后，从中心起刻以放射状的线纹……其四，刻以四瓣的花瓣，其间刻以树叶状纹饰。有这种纹饰的瓦当，在金山 2 号寺庙址也出土过。"③

① ［朝］金宗赫著、李云铎译：《朝鲜东海岸一带渤海建筑址》，《历史与考古信息·东北亚》2003 年第 1 期（节译自《朝鲜东海岸一带渤海遗迹研究》，韩国图书出版中心，2002 年）。

② ［朝］金宗赫著、李云铎译：《朝鲜东海岸一带渤海建筑址》，《历史与考古信息·东北亚》2003 年第 1 期（节译自《朝鲜东海岸一带渤海遗迹研究》，韩国图书出版中心，2002 年）。

③ ［朝］金宗赫著、李云铎译：《朝鲜东海岸一带渤海建筑址》，《历史与考古信息·东北亚》2003 年第 1 期（节译自《朝鲜东海岸一带渤海遗迹研究》，韩国图书出版中心，2002 年）。

由于《朝鲜东海岸一带渤海遗迹研究》没有公布上述瓦当的图例信息，本书无法开展进一步的类型学区分。

（三）金山 1 号寺庙址

在《朝鲜东海岸一带渤海遗迹研究》一书中，著录了该寺庙址出土的 15 种瓦当类型的文字信息①。其中，12 种形制配发了瓦当标本的清绘线图。不过，由于该书没有图文对照地介绍各型瓦当标本，致使本书在辨识 12 种瓦当图例与文字表述的对应关系时，遇到了诸多难以解决的疑点问题。

在《朝鲜遗迹遗物图鉴（8）》一书中②，发表了金山 1 号寺庙址出土的 9 种形制的瓦当图片。在比对《朝鲜东海岸一带渤海遗迹研究》《朝鲜遗迹遗物图鉴（8）》著录的金山 1 号寺庙址瓦当图片、清绘线图时发现，《朝鲜东海岸一带渤海遗迹研究》发表的瓦当线图，在细部形制特征方面存在诸多错误或疏漏。此外，在《渤海遗址中出土瓦当的纹饰考察》一文中，朝鲜学者柳炳兴发表了 1 件该寺庙址出土的八瓣萼形花瓣瓦当标本的清绘图，其纹样有别于上述两书公布的瓦当标本的形制特征③。

综合上述图文信息，通过开展类型学考察，在金山 1 号寺庙址区出土的瓦当标本中，本书区分出 12 种瓦当类型。其中，Ⅴ型包括 2 种亚型。

Ⅰ型，"'倒心形'花瓣+枝条纹"复合主题纹饰瓦当。

"四分法"构图、复合主题纹饰。相间分布的四瓣"倒心形"花瓣、四枝枝条纹构成复合主题纹饰，其标准"倒心形"花瓣带有叶茎。当心纹饰由里及外为乳突→凸棱纹同心圆（图八八：1）。

Ⅱ型，"'倒心形'花瓣+'十'字纹"复合主题纹饰瓦当。

"四分法"构图、复合主题纹饰。相间分布的四瓣"倒心形"花瓣、4 个"十"字形凸棱纹构成复合主题纹饰，由于缺少图片信息，无法进一步表述纹样的细部形制特征。当心纹饰由里及外为乳突→凸棱纹同心圆（图八八：2）。

Ⅲ型，"萼形花瓣+四叶花草纹"复合主题纹饰瓦当。

"四分法"构图、复合主题纹饰。相间分布的四瓣萼形花瓣、四枝花草纹构成复合主题纹饰，其萼形花瓣环以凸棱纹轮廓线，花草纹呈"四片花叶+圆点形花蕾"造型。当心纹饰由里及外为乳突→凸棱纹同心圆。其中，乳突表面饰以 4 颗圆点纹（图八八：3）。

Ⅳ型，"萼形花瓣+六叶花草纹"复合主题纹饰瓦当。

---

① ［朝］金宗赫著、李云铎译：《朝鲜东海岸一带渤海建筑址》，《历史与考古信息·东北亚》2003 年第 1 期（节译自《朝鲜东海岸一带渤海遗迹研究》，韩国图书出版中心，2002 年）。

② ［朝］조선유적유물도감편찬위원회：《조선유적유물도감 8(발해)》,1991.

③ ［朝］柳炳兴著、包艳玲译：《渤海遗址中出土瓦当的纹饰考察》，《历史与考古信息·东北亚》2015 年第 1 期（原文见《朝鲜考古研究》1992 年第 4 期）。

"四分法"构图、复合主题纹饰。相间分布的四瓣萼形花瓣、四枝花草纹构成复合主题纹饰，其萼形花瓣没有装饰外部凸棱纹轮廓线，花草纹呈六片花叶造型。当心纹饰为单纯乳突造型（图八八：4）。

Ⅴ型，四瓣花草纹花瓣、花草形间饰纹瓦当。

"四分法"构图、单一主题纹饰。依据细部特征，可以进一步区分出2种亚型。

Ⅴa型，四瓣三角形花瓣、两叶花草形间饰纹瓦当。

三角形花瓣主题纹饰环以半封闭弧线凸棱纹，间饰纹呈"两片花叶+倒三角花蕾"造型。当心纹饰由里及外为乳突→凸棱纹同心圆。根据图片信息，其乳突之上似乎饰有"十"字形凸棱纹（图八八：5）。

Ⅴb型，四瓣萼形花瓣、两叶花草形间饰纹瓦当。

萼形花瓣主题纹饰环以半封闭弧线凸棱纹，间饰纹呈"两片花叶+倒三角花蕾"造型①。当心纹饰由里及外为乳突→凸棱纹同心圆（图八八：6）。

Ⅵ型，"双重+'四分法'"构图、"界隔线X纹+倒V形纹+枝条纹"复合主题纹饰瓦当。

外圈主题纹饰，环形分布的32个模印X形纹，其彼此之间存在纵向凸棱纹界隔线。内圈主题纹饰，"四分法"构图、复合主题纹饰。相间分布的四个倒V纹、四枝枝条纹构成复合主题纹饰。当心纹饰由里及外为乳突→凸棱纹同心圆（图八八：7）。

Ⅶ型，"云纹+萼形纹"复合主题纹饰瓦当。

"四分法"构图、复合主题纹饰。相间分布的四瓣"倒心形"云纹、四瓣萼形纹构成复合主题纹饰，其云纹呈"倒心形"凸棱纹造型，萼形纹呈"弧线纹+萼形纹"造型。当心纹饰由里及外为5颗呈"十"字形排列的连珠纹→凸棱纹同心圆（图八八：8）。

Ⅷ型，六瓣萼形花瓣、V形间饰纹瓦当。

"裂瓣纹"构图、单一主题纹饰。萼形花瓣环以凸棱纹轮廓线。当心纹饰为单纯乳突造型（图八八：9）。

Ⅸ型，八瓣椭圆形花瓣、V形间饰纹瓦当。

"四分法"构图、单一主题纹饰。带有叶茎的椭圆形花瓣主题纹饰，其内部饰以萼形纹。当心纹饰由里及外为附以5颗连珠纹的乳突→凸棱纹同心圆→8颗连珠纹（图八八：10）。

在《朝鲜东海岸一带渤海遗迹研究》一书中。对该型瓦当的文字描述是："瓦当的中心，在直径2.8厘米的圆圈内，有突起5个珠纹的半球形花蕊，花蕊外面，隔一定间距，饰以8个花骨朵纹。花骨朵纹下有蒂，蒂与蒂间浮雕以小珠纹，花瓣之间又浮雕以图案化的花瓣纹。"② 基于对比，该引文描述的瓦当形制特征与青海城址Ⅲ型瓦当形制特征的文字表述相一致。

---

① 《朝鲜东海岸一带渤海遗迹研究》发表的此型瓦当标本的清绘图没有绘制"倒三角形花蕾"。

② ［朝］金宗赫著、李云铎译：《朝鲜东海岸一带渤海建筑址》，《历史与考古信息·东北亚》2003年第1期（节译自《朝鲜东海岸一带渤海遗迹研究》，韩国图书出版中心，2002年）。

图八八　金山1号寺庙址出土瓦当

据此推测，此型瓦当与青海城址Ⅲ型瓦当属于同型。

Ⅹ型，八瓣萼形花瓣、无间饰纹瓦当。

"四分法"构图、单一主题纹饰。萼形花瓣主题纹饰环以凸棱纹轮廓线。当心纹饰由里及外为乳突→凸棱纹同心圆。其中，乳突上附以2颗圆点纹（图八八：11）。

Ⅺ型，"双重＋'四分法'"构图、"连珠纹＋萼形纹＋枝条纹"复合主题纹饰瓦当。

外圈主题纹饰为环形分布的 32 颗连珠纹纹饰带。内圈主题纹饰为"四分法"构图、复合主题纹饰。相间分布的八瓣萼形花瓣、八枝枝条纹构成复合主题纹饰，其萼形纹主题纹饰环以凸棱纹轮廓线，枝条纹呈 Y 形。当心纹饰由里及外为乳突→2 周凸棱纹同心圆（图八八：12）。

图八九　金山 2 号寺庙址
出土瓦当

Ⅻ型，放射线纹瓦当。

"裂瓣纹"构图、单一主题纹饰。60 条放射线纹构成主题纹饰。当心纹饰由里及外为乳突→凸棱纹同心圆→32 条放射线→凸棱纹同心圆（图八八：13）。

（四）金山 2 号寺庙址

在《朝鲜东海岸一带渤海遗迹研究》一书中，仅公布了该寺庙址出土的 1 种形制的瓦当标本①。

"椭圆形叶脉纹+花草纹"复合主题纹饰瓦当。

"四分法"构图、复合主题纹饰。相间分布的四瓣萼形花瓣、四枝花草纹构成主题纹饰，其萼形花瓣表面饰以叶脉纹，花草纹饰以数量不等的叶片。当心纹饰为单纯乳突造型（图八九）。

三、小结

迄今，在已经发表的考古资料中，北青川流域是朝鲜境内唯一出土有渤海瓦当的区域，该流域计有 5 处遗存地点（1 座城址、4 处寺庙址）出土了渤海时期的瓦当标本。在梳理考古资料时，笔者注意到，该流域不仅遗存地点数量少，而且每一处遗存地点均未完整地公布其所出土的瓦当标本的基础性数据。即，均有一些瓦当标本只是进行了形制特征的文字描述，没有刊发必要的图像学资料。此外，即使是发表了清绘图的瓦当标本，由于绘制者未能准确地标识纹饰的细部特征，致使笔者的类型学考察存在诸多不确定性因素。通过全面掌握资料，围绕瓦当形制、瓦作建筑、渤海文化等具体问题，笔者形成了以下学术思考。

首先，关于北青川流域渤海时期瓦当形制的学术解读。

在构图理念方面，虽然"四分法""裂瓣纹"、多重构图等 3 种纹饰图案的瓦当类型均在该流域佛寺瓦作建筑中得以应用，但"四分法"构图理念瓦当类型占据绝对优势地位；至于青海城址，则仅见有"裂瓣纹"构图的瓦当类型。在主题纹饰类型方面，虽然单一主题纹饰、复合主题纹饰两种瓦当类型均见于该流域的佛寺瓦作建筑遗存地点，但复合

---

① ［朝］金宗赫著、李云铎译：《朝鲜东海岸一带渤海建筑址》，《历史与考古信息·东北亚》2003 年第 1 期（节译自《朝鲜东海岸一带渤海遗迹研究》，韩国图书出版中心，2002 年）。

主题纹饰瓦当类型占据优势地位；在青海城址中，则仅出土了单一主题纹饰瓦当类型。在主题纹饰纹样方面，"倒心形"花瓣是青海城址出土瓦当的首选主题纹饰，在4处寺庙址中，则均以花草纹作为主题纹饰纹样，只有1处遗存地点（金山1号寺庙址）出土了作为复合主题纹饰的"倒心形"花瓣。总之，虽然北青川流域确认的出土渤海时期瓦当标本的遗存地点的数量不多，但无论是城址还是寺庙址的瓦作建筑，其所使用的檐头筒瓦均释放出鲜明的个性化特征信息（表一四）。

其次，关于北青川流域渤海时期瓦作建筑的学术思考。

基于类型学考察，青海城址、梧梅里寺庙址出土的瓦当标本均不同程度地留存有高句丽文化因素影响的印记，甚至不排除佛寺瓦作建筑为高句丽僧侣始建、渤海时期沿用的可能性。由于寺庙址遗存地点出土的瓦当标本鲜见"倒心形"花瓣主题纹饰，促使笔者思考的是，如何界定其废弃的时间？如何解读其废弃的原因？与之形成鲜明对照的是，青海城址出土的Ⅲ型瓦当显示，该城址瓦作建筑的始建年代可以追溯至渤海政权的初创期；根据其所出土的"裂瓣纹"构图、"倒心形"花瓣单一主题纹饰的Ⅰ、Ⅱ型瓦当，则可以将该城址的年代下限界定为渤海国灭亡。

最后，瓦作建筑视角下渤海文化的学术思考。

以河流水系为区域地理单元，笔者对渤海国境内出土的渤海瓦当标本进行了类型学考察。初步推测，鸭绿江流域、北青川流域不仅遗存地点数量少，而且出土的瓦当标本均具有明显的地域性特点。以国内城城址、青海城址为例，前者为渤海时期得以沿用的高句丽都城故址，后者由南海府发展成为五京之一的南京南海府治所①。两座城址出土的瓦当标本均以"倒心形"花瓣主题纹饰为主，显然，作为行政建制中心，两者均与渤海政权核心区域行政建置瓦作建筑的装饰风格具有明显的趋同性。与之不同，鸭绿江流域、北青川流域确认的旷野类型瓦作建筑遗存地点出土的瓦当标本，则均以个性化主题纹饰为主，鲜见

表一四　　　　　　　　　　　北青川流域渤海瓦当的构图方式与主题纹饰

纹饰　　遗存		构图方式			主题纹饰类型		主题纹饰纹样		
		四分法	裂瓣纹	多重构图	单一主题	复合主题	"倒心形"*	花草纹	几何纹
城址	青海城址	√	√		√		A	√	
旷野寺庙址	金山一号	√	√	√	√	√	A（复）	√	√
	金山二号	√		√		√		√	
	庙谷一号	√							
合计		4/4	2/4	2/4	2/4	2/4	2/4	3/4	1/4

注：*此列标注的A、（复）代表以下含义：A，标准"倒心形"花瓣；（复），（A）花瓣作为复合主题纹饰而应用。

---

① 据日本史料，777年，渤海使史都蒙自南海府吐号浦出使日本。参见《续日本纪》卷三四"光仁天皇宝龟八年正月癸酉"条："都蒙等发自弊邑南海府吐号浦，西指对马岛竹室之津。"关于渤海国五京制度的初置时间，学术界尚无定论。初步推测，渤海政权先设南海府、后立五京。

"倒心形"花瓣构图元素。以宏观的学术视野审视渤海时期的瓦作建筑，随着集权统治的不断完善与强化，见证渤海文明发展高度、引领渤海社会发展方向的时尚性文化元素，在其境内各级行政建制中心得到了推广与应用。同时，考古发现显示，佛教在渤海国边远地区所形成的社会影响远远落后于核心区域。并且，佛教的传播方式、佛教寺院的营建多半缘于僧侣的个人行为。总之，瓦作建筑可以作为解读渤海社会地域性发展差异的重要实证线索。

第八节　渤海瓦当类型学考察的数据统计信息

基于现有资料，在渤海国曾经控制的区域内，获取了 77 处遗存地点出土的渤海时期瓦当标本的图文信息。其中，包括 19 座城址①、50 处旷野遗址（21 处寺庙址、29 处建筑址）②、3 处城域类型寺庙址③、4 处墓地（3 座独立墓葬、1 处墓地）以及 1 处窑址④（表一五）。

表一五　　　　　　　　　　　　　　渤海瓦当遗存地点统计表

	城址	旷野遗址 （寺庙址+建筑址）	城域 佛寺	墓葬	窑址	总计	占比	
牡丹江流域	2	4（1+3）	2	1	1	10	13%	
绥芬河流域	1	4（4+0）				5	6.5%	
楚卡诺夫卡河流域		1（1+0）	1			2 *	2.6%	
图们江流域　海兰江流域	1	4（3+1）**		2		7/47	9%	61%
图们江流域　布尔哈通河流域	3	7（0+7）				10/47	13%	
图们江流域　嘎呀河流域	4	10（1+9）				14/47	18.2%	
图们江流域　珲春河流域	3	8（8+0）***				11/47	14.3%	
图们江流域　图们江干流流域		5（0+5）				5/47	6.5%	
西流松花江流域	2	3（0+3）		1		6	7.8%	
鸭绿江流域	2	1（0+1）				3	3.9%	
北青川流域	1	3（3+0）				4	5.2%	
总计	19	50（21+29）	3	4	1	77	100%	
占比	24.7%	64.9%（27.3%+ 37.6%）	3.9%	5.2%	1.3%			

注：* 结合考古发现，克拉斯基诺城址寺庙综合体出土瓦当的瓦作建筑遗存地点没有作为城址类遗存加以统计，而是将其归类为旷野类型寺庙址、城域类型寺庙址等 2 处遗存地点。** 4 处遗存地点中，包括单独注入图们江的柳洞河流域的高产寺庙址。*** 8 处遗存地点中，包括单独注入图们江的密江流域的大荒沟寺庙址。

---

① 19 处城址数据中，未包括克拉斯基诺城址寺庙综合体。

② 21 处旷野类型寺庙址中，包括克拉斯基诺城址寺庙综合体早期旷野类型寺庙址。

③ 3 处城域类型寺庙址：渤海上京城 1 号寺庙址、渤海上京城 6 号寺庙址、克拉斯基诺城址寺庙综合体晚期寺庙址。

④ 本书仅将位于牡丹江流域的杏山砖瓦窑址作为独立的制瓦作坊遗存地点加以统计，未考虑克拉斯基诺城址寺庙综合体区域内清理揭露的一次性窑址。

此外，需要加以说明的是，另有 15 处遗存地点（9 处旷野遗址：庙屯寺庙址、白花建筑址、惠章建筑址、军民桥寺庙址、仲坪寺庙址、五一寺庙址、草坪建筑址、庙谷 2 号寺庙址、渤海上京城 8 号寺庙址；5 处城域类型寺庙址：渤海上京城 2 号、3 号、4 号、5号、7 号寺庙址；1 处墓地：三灵坟）出土了瓦当标本，但由于图文信息不全，本书未能开展类型学考察。

在本章第一至七节中，以河流水系为地理单元，对各个流域具体遗存地点出土的渤海瓦当开展了类型学考察。在统计基础性信息数据时发现，本书所开展的研究，存在两个有待于进一步完善的薄弱环节：一是各个区域田野考察的工作力度不够均衡，二是具体遗存地点的信息含量多寡不一。

关于遗存地点的区域性统计数据。7 个水系流域总计确认了 77 处出土渤海时期瓦当标本的遗存地点，47 处分布在图们江流域，其所占的比例高达 61%。该流域不仅是瓦作建筑遗存地点分布最为密集的区域，而且区分出城址、旷野遗址（寺庙址、建筑址）、墓葬等不同性质的瓦作建筑遗存，可资利用的信息资源较为丰富。至于其他 6 个水系流域的考古发现，除了牡丹江流域 10 处地点的比例达到了遗存总量的 13% 外，其他流域遗存地点的占比均在 10% 以下，可资利用的信息资源相对单薄。笔者认为，7 个水系流域遗存地点间的数据差异，虽然与其所处的渤海文化核心区域、边远区域的地理位置有关，但也不排除田野考察重视程度不同方面的因素。

关于具体遗存地点的信息含量问题，一些进行过考古发掘的遗存地点，瓦当标本的统计数据过十、过百，甚至更多，学术认知的探索空间相对开阔。田野工作仅仅局限于地表调查的遗存地点，其所出土的瓦当标本则数量有限，一些地点甚至仅仅采集到 1 件瓦当的个体残块，学术认知的探索空间相对狭窄。

综上，遗存分布的区域性差异，加之多数遗存地点的学术认知仅仅停留在地表调查层面，意味着现有统计数据存在诸多不确定因素，预示着渤海瓦当研究将是一个漫长、需要不断充实完善的系统工程。不过，"考古学的进步有时需要积累，有时需要整合，资料的整合是积累到一定阶段的必然要求，也是学术即将更上一层楼的前提"①。本书所开展的渤海瓦当研究具有资料整合期的阶段性特点。鉴于此，本书将采取以点连线、以线带面的方式，通过归纳、总结不同区域和不同遗存地点出土瓦当的趋同性特征、个性化特点，尝试分析瓦作构件（瓦当）在渤海建筑中具体应用的总体态势，以期为今后的相关研究整合资源、夯实基础，进而为认知渤海文化、解析渤海文明拓宽视野、更新理念、明晰思路、丰富路径。

一、不同构图理念在渤海瓦当中的具体应用

根据图案纹瓦当的形制特点，以多重构图、"四分法"构图、"裂瓣纹"构图作为类

---

① 齐东方：《洛阳考古集成·隋唐五代宋卷·序》，《洛阳考古集成》，北京图书馆出版社，2005 年。

型学考察的辨识标准，笔者对渤海瓦当进行了全新模式的表述与界定（表一六）。

统计数据表明，在渤海时期城址、墓葬、旷野遗址（寺庙址、建筑址）的瓦作建筑遗存地点中，上述三种构图理念的瓦当类型均不同程度地得以体现。在梳理基础性信息时，通过追溯三种构图理念缘起的文化基因、历史背景，笔者意识到，按照构图理念区分的瓦当类型，其在渤海瓦作建筑中初始应用的时间节点有所不同。基于此，为寻求学术突破，虽然仍以瓦当的形制特点、类型划分作为切入点，但学术认知已经不再拘泥于具体纹样个性化差异的解读，而是通过开展文化因素分析，透过图案纹瓦当的物化表象，确立了考古学、历史学有机融合的阐释原则。

渤海瓦当的统计数据显示，"四分法""裂瓣纹"构图理念的应用率大体相当，多重

表一六　　　　　　　　　　　　　渤海瓦当构图理念数据信息统计表

流域	多重构图瓦当类型			"四分法"构图瓦当类型				"裂瓣纹"构图瓦当类型			
	城址	旷野遗址（寺庙址、建筑址）	墓葬	城址	旷野遗址（寺庙址、建筑址）	城域寺庙址	墓葬	城址	旷野遗址（寺庙址、建筑址）	城域寺庙址	墓葬
牡丹江		1		1	1*		1	2	6**	2	
绥芬河		2			3			1	2		
楚卡诺夫卡河		1			2	1			2	1	
图们江	2	4	2	7	21		2	8	21		2
西流松花江				2	1		1		3		1
鸭绿江				1				2	1		
北青川		1			3			1	1		
分类统计数据***	2/19	8/50	3/4	11/19	31/50	1/3	4/4	14/19	36/50	3/3	3/4
分类数据百分比****	10.5%	16%	75%	57.9%	62%	33.3%	100%	73.7%	72%	100%	75%
类型数量/遗存总量*****	13/76			47/76				56/76			
构图类型百分比******	17.1%			61.8%				73.7%			

注：* 代表渤海上京城 9 号寺庙址。** 6 处遗存地点中，包括渤海上京城 9 号寺庙址。*** 此行中的数字含义，分子代表具体遗存地点，分母代表遗存地点总量。例如：2/19，2 表示 2 处城址出土了瓦当标本，19 则代表城址类遗存总量。**** 此行百分比的含义，具体遗存地点在遗存地点总量中的占比份额。例如：10.5%表示 2 处地点在 19 处地点中的占比。***** 此行中的数字含义，分子代表具体遗存地点，分母代表遗存地点总量。不过，76 处地点中，不包括杏山砖瓦窑址。****** 此行中百分比的含义，出土各种构图理念瓦当类型的遗存地点，在遗存地点总量中所占的比例份额。

构图理念的应用率最低。约有61.8%的遗存地点出土了体现"四分法"构图理念的瓦当类型，其标本以复合主题纹饰瓦当为主（图九〇）。约有73.7%的遗存地点出土了体现"裂瓣纹"构图理念的瓦当类型①，其标本以单一主题纹饰为主。仅有约17.1%的遗存地点出土了体现多重构图理念的瓦当类型，其标本以双重主题纹饰为主（图九一）。

依据现有学术资源，目前还无法明确界定上述三种构图理念瓦当类型在渤海瓦作建筑中具体应用的初始时间。通过拓展视野、调整思路，在东亚地区瓦作建筑装饰风格历时性变化的宏观历史背景下，审视了渤海时期不同构图理念瓦当类型的缘起问题，认知有三。其一，"四分法"构图理念瓦当类型，折射出高句丽晚期流行的复合主题纹饰瓦当类型文化因素影响的印记。其二，多重构图理念瓦当类型，虽然可以分别溯源至唐、高句丽的瓦作建筑，不过，基于其内圈主题纹饰多具有"四分法"构图、复合主题纹饰的形制特点，推断其也是接受高句丽文化因素影响的产物。其三，"裂瓣纹"构图理念瓦当类型，其形制特点充分体现了肇始于南北朝时期、经由唐文化引领、东亚地区图案纹瓦当普遍采用的构图模式的影响力。基于上述思考，得以勾勒出渤海时期不同构图理念瓦当类型历时性变化的总体态势。遵循多重构图、"四分法"构图的瓦当类型，其主要应用于渤海政权"宪象中国制度"以前，是对当地原有的檐头筒瓦装饰风格的模仿与借鉴。大钦茂执政以后，通过"求写唐礼"等改革举措②，渤海政权的行政建制得以完善，其文化面貌焕然一新。东亚地区流行的时尚性的"裂瓣纹"构图理念不仅为渤海瓦当所接受，而且随着三省六部等集权统治机制的实行，逐渐发展成为渤海瓦当普遍遵循的构图理念。不过，渤海上京城出土的体现"四分法"构图理念的瓦当类型表明，天宝末年渤海上京城初次为都之时，"四分法"构图理念瓦当类型尚没有完全被"裂瓣纹"构图理念瓦当类型所取代。同时，值得注意的是，在借用外来构图理念构思图案纹瓦当纹饰时，渤海人按照自身的审美情怀创作了个性化的主题纹饰纹样。其中，包括双重构图理念瓦当类型对连珠纹的弃用。鉴于此，一个有待于进一步细化的学术命题是，在图案纹瓦当中，如何洞察渤海自身文化标识的形成与发展、如何解读"倒心形"花瓣主题纹饰得以一统天下的主客观因素。

二、渤海瓦当的地域性类型与个别同型瓦当共出现象

通过开展类型学考察，辨识出一些相同形制的瓦当标本在不同遗存地点的共出现象。为此，根据此类遗存地点的分布特点，本书提出"图们江流域地域性纹饰"③"嘎呀河流域地域性纹饰""珲春河流域地域性纹饰"等瓦当类型的学术命名。下面，基于考古发现，

---

① 17.1%、61.8%、73.7%均以76处遗存地点作为总量而得出的比例份额，其中未包括杏山砖瓦窑址。

② 《唐会要》卷三六《蕃夷请经史》："（开元）二十六年六月二十七日，渤海遣使求写《唐礼》及《三国志》《晋书》《三十六国春秋》，许之。"第667页，中华书局，1955年。

③ 宋玉彬：《试论渤海瓦当的"图们江流域地域性纹饰"类型》，《新果集（二）——庆祝林沄先生八十华诞论文集》，科学出版社，2018年。

1　　　　　　　2　　　　　　　3　　　　　　　4

5.立新寺庙址　　6.鸡冠城址　　7.克拉斯基诺　　8.帽儿山

9.渤海上京城　　10.立新寺庙址　　11.金山1号寺庙址

12.金山1号寺庙址　　13.金山1号寺庙址　　14.渤海上京城　　15.七道河

16.东沟建筑址　　17.金山1号寺庙址　　18.太阳城址　　19.科尔萨科沃

20.七道河墓葬　　21.龙泉坪城址　　22.红云寺庙址　　23.渤海上京城

图九〇　复合主题纹饰瓦当

1~4. 高句丽瓦当　5~23. 渤海瓦当

1.唐代瓦当　　　　2.高句丽瓦当　　　　3.六顶山墓地　　　　4.六顶山墓地

5.克拉斯基诺　　　　6.克拉斯基诺　　　　7.马蹄山寺庙址　　　　8.马蹄山寺庙址

9.杏山寺庙址　　　10.金山1号寺庙址　　　11.杨木林子　　　12.温特赫部城址

13.立新寺庙址　　　14.长仁建筑址　　　15.八连城城址　　　16.金山1号寺庙址

17.龙头山墓地　　　18.河南屯寺庙址

图九一　渤海时期双重主题纹饰瓦当
1. 唐代瓦当　2. 高句丽瓦当　3~18. 渤海瓦当

分别对其加以介绍与梳理。

（一）"图们江流域地域性纹饰"瓦当类型

此类瓦当见于城址、旷野遗址（寺庙址、建筑址）、墓葬等三类遗存地点，其中，包括西古城城址的Ⅳ型、Ⅵ型、Ⅶ型瓦当，八连城城址的Ⅲ型、Ⅳ型、Ⅴ型瓦当，北大城址的Ⅱ型瓦当，龙泉坪城址的Ⅲ型瓦当，河南屯寺庙址的Ⅳ型瓦当，立新寺庙址Ⅱ型瓦当，长仁建筑址的Ⅰ型、Ⅳ型瓦当，龙河南山建筑址的Ⅰ型瓦当，台岩建筑址的Ⅰ型、Ⅱ型瓦当，中大川建筑址的Ⅱ型瓦当，岐新六队建筑址Ⅰ型瓦当，岛兴建筑址的Ⅱ型瓦当，河南屯墓葬的Ⅰ型、Ⅱ型、Ⅲ型瓦当，龙头山墓地龙海墓区 M13～14 的Ⅲ型、Ⅳ型、Ⅴ型、Ⅶ型瓦当，东南沟寺庙址Ⅱ型，以及河龙城址、锦城一队建筑址出土的瓦当标本。

通过开展类比研究，上述具体遗存地点各自所区分的各型瓦当标本，可以整合为"'倒心形'花瓣+忍冬纹"复合主题纹饰瓦当（图九二：1）、六枝侧视六叶花草纹瓦当（图九二：2）、六枝侧视五叶花草纹瓦当（图九二：3）、八朵侧视莲纹瓦当（图九二：4）等 4 种瓦当类型。同时，由于上述地点均分布在图们江流域，故提出"图们江流域地域性纹饰"瓦当类型的学术命名。

根据本章第四节开展的类型学考察，属于"图们江流域地域性纹饰"瓦当类型的 4 种瓦当，其图案纹饰分别运用了"四分法""裂瓣纹"等两种构图理念。其中，"'倒心形'花瓣+忍冬纹"复合主题纹饰瓦当属于前者，六枝侧视六叶花草纹瓦当、六枝侧视五叶花草纹瓦当属于后者，八朵侧视莲纹瓦当则兼具"四分法""裂瓣纹"两种构图理念的形制特点。由于两种构图理念具有不同的时间节点属性，推测四种瓦当类型可能存在历时性的年代关系。

1. "'倒心形'花瓣+忍冬纹"复合主题纹饰瓦当

此型瓦当见于城址、旷野遗址（寺庙址、建筑址）、墓葬等三类遗存地点，其中，包括立新寺庙址（图九三：1、2）、河龙城址（图九三：3）、中大川建筑址（图九三：4）、北大城址（图九三：5）、台岩建筑址（图九三：6）、龙泉坪城址（图九三：7）、长仁建筑址（图九三：8）、岛兴建筑址（图九三：9）、东南沟寺庙址（图九三：10）、良种场北寺庙址（图九三：11）、岐新六队建筑址（图九三：12）、龙头山墓地龙海墓区 M13～14（图九三：13）。

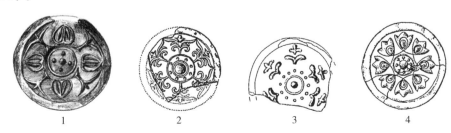

图九二　图们江流域地域性纹饰瓦当类型

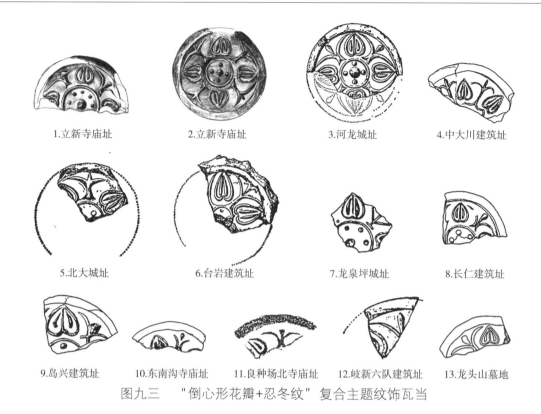

1.立新寺庙址　　　2.立新寺庙址　　　3.河龙城址　　　4.中大川建筑址

5.北大城址　　　6.台岩建筑址　　　7.龙泉坪城址　　　8.长仁建筑址

9.岛兴建筑址　　10.东南沟寺庙址　　11.良种场北寺庙址　　12.岐新六队建筑址　　13.龙头山墓地

图九三　　"倒心形花瓣+忍冬纹"复合主题纹饰瓦当

1.高句丽瓦当　　　2.渤海瓦当

图九四　　"倒心形花瓣+忍冬纹"复合主题纹饰原型瓦当

　　统计数据显示，在"图们江流域地域性纹饰"瓦当类型中，"'倒心形'花瓣+忍冬纹"复合主题纹饰瓦当是出土地点数量最多的瓦当类型。值得注意的是，此型瓦当不见于西古城城址、八连城城址，渤海上京城也只是出土了形制相近的"'倒心形'花瓣+枝条纹"复合主题纹饰瓦当。

　　按照主题纹饰纹样，"'倒心形'花瓣+忍冬纹"复合主题纹饰瓦当集高句丽忍冬纹瓦当（图九四：1）、渤海"倒心形"花瓣瓦当（图九四：2）的主题纹饰于一身。饶有意思的是，在高句丽瓦当中，目前尚未发现使用忍冬纹作为复合主题纹饰的瓦当标本。忍冬纹花瓣、"倒心形"花瓣共同构成的复合主题纹饰，成为诠释高句丽文化因素与渤海文化因素相互碰撞的实证线索。同时，结合"倒心形"花瓣在瓦当中的具体应用情况，可以将"'倒心形'花瓣+忍冬纹"复合主题纹饰瓦当作为解读渤海瓦作建筑装饰风格发生变化的学术支撑。此后，"四分法"构图、复合主题纹饰瓦当类型逐渐过渡为"裂瓣纹"构图、单一主题纹饰瓦当类型。因此，上述梳理为开展相关遗存的年代学考察提供了新的探索

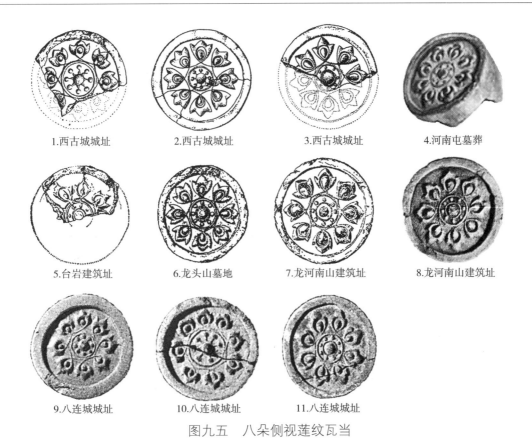

1.西古城城址 　　2.西古城城址 　　3.西古城城址 　　4.河南屯墓葬

5.台岩建筑址 　　6.龙头山墓地 　　7.龙河南山建筑址 　　8.龙河南山建筑址

9.八连城城址 　　10.八连城城址 　　11.八连城城址

图九五　八朵侧视莲纹瓦当

路径。

2. 八朵侧视莲纹瓦当

此型瓦当见于城址、旷野类型建筑址、墓葬等三类遗存地点，其中，包括西古城城址（图九五：1~3）、河南屯墓葬（图九五：4）、台岩建筑址（图九五：5）、龙头山墓地龙海墓区 M13 ~ 14（图九五：6）、龙河南山建筑址（图九五：7、8）、八连城城址（图九五：9~11）。值得注意的是，在渤海时期瓦作建筑遗存地点分布最为密集的图们江支流嘎呀河流域，尚未发现此型瓦当标本。

按照构图理念，既可以将此类瓦当视为"四分法"构图瓦当类型，也可以称之为"裂瓣纹"构图瓦当类型。至于其主题纹饰，则属于渤海时期图们江流域富于个性化的花瓣纹样。

3. 六枝侧视六叶花草纹瓦当

此型瓦当见于城址、旷野类型建筑址、墓葬等三类遗存地点，其中，包括西古城城址（图九六：1、2）、河南屯墓葬（图九六：3）、长仁建筑址（图九六：4）、八连城城址（图九六：5、6）。同八朵侧视莲纹瓦当一样，在图们江流域渤海时期瓦作建筑遗存地点分布最为密集的嘎呀河流域，目前也未发现此型瓦当标本。

此型瓦当所呈现的"裂瓣纹"构图、单一主题纹饰的形制特点，明显区别于"四分法"构图、复合主题纹饰的"'倒心形'花瓣+忍冬纹"瓦当类型。初步推测，两者初始

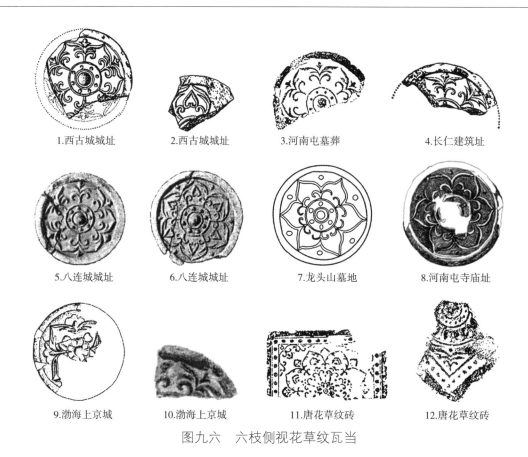

1.西古城城址　　2.西古城城址　　3.河南屯墓葬　　4.长仁建筑址

5.八连城城址　　6.八连城城址　　7.龙头山墓地　　8.河南屯寺庙址

9.渤海上京城　　10.渤海上京城　　11.唐花草纹砖　　12.唐花草纹砖

图九六　六枝侧视花草纹瓦当

应用的时间节点存在差异。

龙头山墓地龙海墓区 M13~14（图九六：7）、河南屯寺庙址（图九六：8）出土的六枝侧视四叶花草纹瓦当，其形制与此型瓦当具有相似性。显然，这是一个值得进一步论证的学术问题。

渤海上京城出土的四枝侧视花草纹瓦当（图九六：9），其"六叶花草纹+弧线纹"花瓣，具有由六叶花草纹演变成宝相花的形制特点。同时，笔者注意到，在唐代洛阳城出土的花纹砖中，见有类似的六叶花草纹纹样（图九六：11、12）①。因此，此型瓦当与六枝侧视六叶花草纹瓦当的关系、其主题纹饰与唐花纹砖的关系，同样是值得进一步探索的学术问题。

在《上京龙泉府出土莲花纹瓦当的研究》一文的图版中，田村晃一公布了 1 件六枝侧视六叶花草纹瓦当残片（图九六：10）。遗憾的是，这件藏品号为 BT5：61 的瓦当标本，没有标识其具体的出土位置，出土地点存疑②。

① 中国社会科学院考古研究所洛阳唐城队等：《定鼎门遗址发掘报告》，《考古学报》2004 年第 1 期；洛阳市文物工作队：《隋唐东都洛阳城外郭城砖瓦窑址 1992 年清理简报》，《考古》1999 年第 3 期。

② ［日］田村晃一著、唐淼译：《上京龙泉府出土莲花纹瓦当的研究》，《东北亚考古资料译文集》（7），北方文物杂志社，2007 年（节译自《东亚的都城与渤海》，财团法人东洋文库，2005 年）。

4. 六枝侧视五叶花草纹瓦当

此类瓦当见于城址、墓葬等两类遗存地点，其中，包括西古城城址（图九七：1）、河南屯墓葬（图九七：2）、龙头山墓地龙海墓区 M13～14（图九七：3）、八连城城址（图九七：4）。值得注意的是，此类瓦当也不见于图们江支流嘎呀河流域。基于此，"图们江流域地域性纹饰"瓦当类型所包括的 4 种瓦当中，3 种未见于嘎呀河流域。

此型瓦当所呈现的"裂瓣纹"构图、单一主题纹饰的形制特点，显示出其与"'倒心形'花瓣+忍冬纹"复合主题纹饰瓦当具有不同的时间节点属性。

综上，在汉唐时期瓦作建筑沿革的历史背景下，以构图理念为学术切入点，笔者开展了"图们江流域地域性纹饰"瓦当类型的年代学考察。初步推测，4 种瓦当类型的具体应用时序是："'倒心形'花瓣+忍冬纹"复合主题纹饰瓦当→八朵侧视莲纹瓦当→六枝侧视六叶花草纹瓦当、六枝侧视五叶花草纹瓦当。

（二）"嘎呀河流域地域性纹饰"瓦当类型

在图们江支流嘎呀河流域渤海时期瓦作建筑遗存地点中，鸡冠城址（图九八：1、3）、骆驼山建筑址（图九八：4、5）、天桥岭建筑址（图九八：2）等 3 处遗存分别出土了相同形制的"'倒心形'花瓣+枝条纹"复合主题纹饰瓦当，笔者将其称为"嘎呀河流域地域性纹饰"瓦当类型。

基于此型瓦当所呈现的"四分法"构图、复合主题纹饰的形制特点，同时，结合其"倒心形"轮廓主题纹饰推测，它们应该是大钦茂"宪象中国制度"之前，即渤海政权初创期瓦作建筑具体应用的檐头筒瓦遗物标本。基于此，其"倒心形"轮廓的主题纹饰花瓣，是追溯标准"倒心形"花瓣母题纹饰的重要线索。

（三）"珲春河流域地域性纹饰"瓦当类型

在图们江支流珲春河流域渤海时期瓦作建筑遗存地点中，温特赫部城址（图九九：1）、立新寺庙址（图九九：2、3）、马滴达寺庙址（图九九：4、5）等 3 处遗存分别出土了相同形制的"'倒心形'花瓣+花蕾纹"复合主题纹饰瓦当，笔者将其称为"珲春河流域地域性纹饰"瓦当类型。

| 1.西古城城址 | 3.河南屯墓葬 | 3.龙头山墓地 | 4.八连城城址 |

图九七　六枝侧视五叶花草纹瓦当

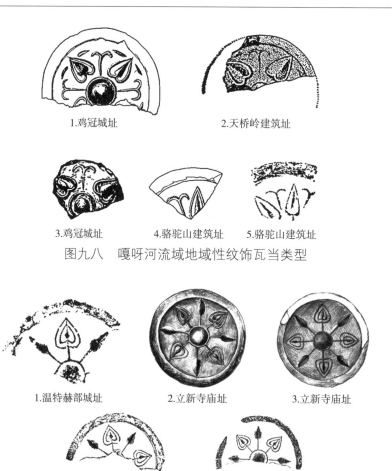

1.鸡冠城址　　　　　　　　　　2.天桥岭建筑址

3.鸡冠城址　　　4.骆驼山建筑址　　　5.骆驼山建筑址

图九八　嘎呀河流域地域性纹饰瓦当类型

1.温特赫部城址　　　　2.立新寺庙址　　　　3.立新寺庙址

4.马滴达寺庙址　　　　5.马滴达寺庙址

图九九　珲春河流域地域性纹饰瓦当类型

　　根据此型瓦当所呈现的"四分法"构图、复合主题纹饰的形制特点推测，其与嘎呀河流域的"'倒心形'花瓣+枝条纹"复合主题纹饰瓦当一样，应该是渤海政权初创期瓦作建筑具体应用的檐头筒瓦遗物标本，并且，其也是追溯标准"倒心形"花瓣母题纹饰的重要线索。

（四）个别瓦当类型的共出现象

　　除了上述地域性瓦当类型，在一些流域确认了以下5种同型瓦当标本的共出现象。其中，图们江流域3例、图们江流域+楚卡诺夫卡河流域1例、绥芬河流域1例、西流松花江流域1例。

　　在图们江流域，高产寺庙址（图一〇〇：1）、河南屯寺庙址（图一〇〇：3）、龙头山墓地龙海墓区M13~14（图一〇〇：4）等3处遗存地点分别出土了遵循"裂瓣纹"构图、以六瓣带有叶茎的标准"倒心形"花瓣作为主题纹饰、施弯月形间饰纹的瓦当标本。根据形制特点推测，它们可能出自相同的制瓦作坊。同时，需要指出的是，本书所区分的高产寺庙址Ⅰ型、Ⅱ型等两型瓦当标本，其形制特点均为"裂瓣纹"构图，均以六瓣带有叶茎的标准"倒心形"花瓣作为主题纹饰，两者的差异在于，其中一型瓦当（Ⅱ型）未

1.高产寺庙址　　　　2.高产寺庙址　　　　3.河南屯寺庙址　　　　4.龙头山墓地

图一〇〇　高产寺庙址、河南屯寺庙址、龙头山墓地共出瓦当

1.红云寺庙址　　　　2.龙泉坪城址　　　　3.红云寺庙址　　　　4.龙泉坪城址

图一〇一　红云寺庙址、龙泉坪城址共出瓦当

施间饰纹（图一〇〇：2）。此外，值得注意的是，高产寺庙址、龙头山墓地龙海墓区 M13～14 出土有文字瓦标本。作为为数不多的出土文字瓦的佛寺遗存，高产寺庙址应该拥有很高的社会地位，其瓦作建筑也应该是使用专业制瓦作坊烧制的瓦作产品营建而成。

在图们江支流嘎呀河流域，红云寺庙址、龙泉坪城址等 2 处遗存地点分别出土了形制相近的两型瓦当。一是"裂瓣纹"构图、"实体'倒心形'花瓣+萼形花瓣"复合主题纹饰瓦当（图一〇一：1、2），二是"裂瓣纹"构图、六瓣标准"倒心形"花瓣主题纹饰、"十"字形间饰纹瓦当（图一〇一：3、4）。其中，前者作为渤海时期为数不多的"裂瓣纹"构图的复合主题纹饰瓦当类型，表明其多半是"四分法"构图理念向"裂瓣纹"构图理念过渡期的产物，推测其年代上限早于后者。同时，其实体"倒心形"花瓣为标准"倒心形"花瓣溯源提供了重要线索。

在图们江支流珲春河流域，温特赫部城址（图一〇二：1）、杨木林子寺庙址（图一〇二：2）等 2 处遗存地点分别出土有相同形制的"裂瓣纹"构图、"'弧线、斜线纹'+'倒心形'花瓣"复合主题纹饰的瓦当标本。值得注意的是，此型瓦当所遵循的"底纹+'裂瓣纹'"构图理念，可以追溯至古城村 1 号寺庙址出土的瓦当标本（图一〇二：3）。显然。依此线索可以追溯珲春河流域佛教传播的历史脉络。

在图们江流域、楚卡诺夫卡河流域，西古城城址（图一〇三：1、2）、八连城城址（图一〇三：4～8）、克拉斯基诺城址寺庙综合体早期旷野类型寺庙址（图一〇三：3）等 3 处遗存地点分别出土了以"复瓣"莲纹作为单一主题纹饰、复合主题纹饰的瓦当标本。其中，西古城、八连城出土的作为单一主题纹饰的"复瓣"莲纹，其母题纹饰可以追溯至唐文化瓦当的"复瓣"莲纹花瓣；克拉斯基诺早期旷野类型寺庙址出土的作为复合主题纹饰的"复瓣"莲纹，则与标准"倒心形"花瓣存在形制方面的关联性。

1. 温特赫部城址　　　　　　2. 杨木林子寺庙址　　　　　　3. 古城村1号寺庙址

图一○二　珲春河流域出土的带有底纹的瓦当

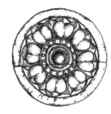

1. 西古城城址　　　　2. 西古城城址　　　　3. 克拉斯基诺城址　　　　4. 八连城城址

5. 八连城城址　　　　6. 八连城城址　　　　7. 八连城城址　　　　8. 八连城城址

图一○三　西古城、八连城、克拉斯基诺共出"复瓣"莲纹瓦当

在绥芬河流域，马蹄山寺庙址（图一○四：1）、杏山寺庙址（图一○四：2）等2处遗存地点分别出土了相同形制的"双重+'四分法'"构图、"连珠纹+'萼形花瓣+弧线萼形花瓣'"复合主题纹饰的瓦当标本。1968年，Э. В. 沙弗库诺夫曾经指出，杏山寺庙址出土的上述瓦当标本，属于废弃后的马蹄山佛寺瓦作构件的二次利用①。不过，1993年马蹄山寺庙址新出土的Ⅲ型瓦当（五瓣"倒心形"花瓣、萼形间饰纹瓦当）的年代下限明显偏晚。因此，需要重新检验Э. В. 沙弗库诺夫上述观点的合理性。

在西流松花江流域，苏密城城址（图一○五：1）、北土城城址（图一○五：2）分别出土有四瓣"倒心形"云纹主题纹饰、星状间饰纹的瓦当标本，根据其所遵循的"四分法"构图理念推测，此类瓦当的年代上限可以追溯至渤海政权初期。基于此，除了需要重新审视"北土城城址"的性质问题，尚需辨识两处遗存的年代上限及其彼此间的关系。

───────────

① ［俄］Э. В. 沙弗库诺夫著、林树山译：《苏联滨海边区的渤海文化遗存》，《东北考古与历史》第1辑，文物出版社，1982年（节译自 ГОСУДОРСТВО БОХАЙ И ПАМЯТНИКИ ЕГО КУЛЬТУРЫ В ПРИМОРЬЕ，издательство наука ленинградское отделение Ленинград，1968）；［俄］Э. В. 沙弗库诺夫著、林树山译：《渤海国及其在滨海地区的文化遗存》，《民族史译文集》第13期，中国社会科学院民族研究所历史研究室资料组，1985年（节译自 ГОСУДОРСТВО БОХАЙ И ПАМЯТНИКИ ЕГО КУЛЬТУРЫ В ПРИМОРЬЕ，издательство наука ленинг радское отделение Ленинград，1968）。

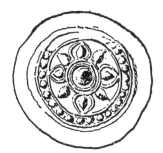

1.马蹄山寺庙址　　　　　　　　　2.杏山寺庙址

图一〇四　绥芬河流域共出瓦当

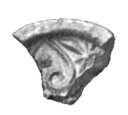

1.苏密城城址　　　　　　　　　　2.北土城城址

图一〇五　西流松花江流域共出瓦当

三、"倒心形"花瓣是渤海瓦当使用率最高的主题纹饰

通过开展类型学考察，在77处渤海时期瓦作建筑遗存地点中，计有63处遗存地点出土了不同数量的"倒心形"花瓣主题纹饰瓦当，占比高达81.8%。根据纹样的细部形制差异，可以区分出三类花瓣：A类，标准"倒心形"花瓣；B类，非标准"倒心形"花瓣；C类，"倒心形"外形轮廓花瓣。以下，对城址、城域类型寺庙址、旷野类型遗址、墓葬等不同性质瓦作建筑遗存地点中出土的"倒心形"花瓣瓦当加以介绍。

（一）城址类遗存地点（19座）

在出土渤海瓦当的20座城址中，只有鸭绿江流域的长白城址没有出土"倒心形"花瓣主题纹饰的瓦当类型。显然，这是开展渤海城址研究不容忽视的重要线索。具体的考古发现如下。

牡丹江流域（2座）：渤海上京城（A、A复①、B）、南城子城址（A）。

绥芬河流域（1座）：大城子城址（A）。

楚卡诺夫卡河流域（1座）：克拉斯基诺城址（A、B）②。

---

① A复，意指标准"倒心形"花瓣作为复合主题纹饰加以应用。B复、C复的语义同此，后不另注。

② 目前，克拉斯基诺遗存地点出土的瓦当标本均属于佛寺瓦作建筑遗存的遗物标本。此处作为城址类遗存地点加以介绍，旨在为开展克拉斯基诺城址年代学考察寻找线索。

图们江流域（11 座）：西古城（A、B）、河龙城址（A 复）、北大城址（A、B 复）、太阳城址（C）、鸡冠城址（C 复）、高城城址（A）、河北城址（A）、龙泉坪城址（A、A 复）、八连城城址（A）、温特赫部城址（A 复、C 复）、营城子城址（B）。

西流松花江流域（2 座）：苏密城城址（A、C）①、北土城城址（C）。

鸭绿江流域（1 座）：国内城（A、A 复）。

北青川流域（1 座）：青海城址（A）。

数据信息显示，出土"倒心形"花瓣主题纹饰瓦当类型的 19 座城址中，14 座城址出土了标准"倒心形"花瓣主题纹饰瓦当类型。值得注意的是，在河龙城址中，标准"倒心形"花瓣只是作为复合主题纹饰而得以应用。基于上述数据，不仅得以洞察"倒心形"花瓣主题纹饰瓦当类型在城址类遗存地点中的具体应用情况，而且获取了开展渤海城址年代学考察的实证线索。不过，需要直面的具体问题是，如何解析各种瓦当类型（其中包括不同形制"倒心形"花瓣主题纹饰瓦当类型）在同一座城址类遗存地点中共出的原因。

（二）城域类型寺庙址遗存地点（3 处）

目前，在瓦当标本图文信息数据齐全的 3 座城域类型寺庙址中，均出土了"倒心形"花瓣瓦当。3 处遗存地点包括：

牡丹江流域（2 处）：上京城 1 号寺庙址（A）、上京城 6 号寺庙址（A）。

楚卡诺夫卡河流域（1 处）：克拉斯基诺城域类型寺庙址（A、B）。

渤海上京城、克拉斯基诺城址内佛寺的考古发现表明，渤海时期佛教寺院存在由旷野类型向城域类型发展的演变态势。目前这种演变仅见于渤海上京城、克拉斯基诺城址。上述 3 处城域类型寺庙址均出土有标准"倒心形"花瓣主题纹饰瓦当类型，意味着此类瓦当的年代下限可以持续到渤海国晚期甚至亡国之际。

（三）旷野遗址遗存地点（38 处）

在出土渤海瓦当的 50 处旷野遗址中，38 处遗存地点出土了"倒心形"花瓣主题纹饰瓦当类型，其占比高达 76%。具体的考古发现如下。

牡丹江流域（4 处）：上京城 9 号寺庙址（A）、哈达渡口建筑址（A）、牤牛河子建筑址（A）、烟筒砬子建筑址（C）。

绥芬河流域（3 处）：马蹄山寺庙址（B）、杏山寺庙址（B）、科尔萨科沃寺庙址（A 复）。

楚卡诺夫卡河流域（1 处）：克拉斯基诺旷野类型寺庙址（B 复）。

图们江流域（27 处）：河南屯寺庙址（A）、长仁建筑址（A 复）、高产寺庙址（A）、东南沟寺庙址（A 复）、台岩建筑址（B）、帽儿山建筑址（A 复）、南溪四队建筑址

①　根据王志刚先生提供的吉林省文物考古研究所 2013 年度苏密城城址发掘资料，谨此致谢。

（B）、东沟建筑址（C复）、岛兴建筑址（A复）、红云寺庙址（A、C）、骆驼山建筑址（A、C复）、中大川建筑址（A、A复）、幸福建筑址（A）、转角楼建筑址（A）、天桥岭建筑址（A、C复）、影壁建筑址（C）、安田建筑址（B）、立新寺庙址（A、A复、C复）、良种场北寺庙址（A、A复）、八连城东南寺（A）、马滴达寺庙址（C复）、杨木林子寺庙址（A）、古城村1号寺庙址（A）、古城村2号寺庙址（A）、岐新六队建筑址（A复）、盘岭沟口建筑址（A）、东云洞建筑址（A）。

西流松花江流域（2处）：新安建筑址（B、C）、新兴建筑址（B）。

鸭绿江流域（1处）：河南屯建筑址（C复）。

北青川流域（1处）：金山1号寺庙址（A复）。

数据信息显示，38处出土"倒心形"花瓣主题纹饰瓦当类型的旷野遗址中，26处地点出土了标准"倒心形"花瓣主题纹饰瓦当类型。其中，在7处遗存地点中，标准"倒心形"花瓣只是作为复合主题纹饰而得以应用。同城址类遗存地点的考古发现一样，需要思考的是，如何解读不同"倒心形"花瓣瓦当类型在同一处遗存地点中的共出问题。显然，这是一个涉及"倒心形"花瓣母题纹饰缘起的重要问题。

（四）墓葬类遗存地点（2处）

在拥有瓦当图文信息的4处墓葬类遗存地点中，2处地点出土了"倒心形"花瓣瓦当类型。具体的考古发现如下。

图们江流域（1处）：龙头山龙海墓区M13～14（A、A复）。

西流松花江流域（1处）：七道河墓葬（B复）。

数据信息显示，只有1处地点出土了标准"倒心形"花瓣瓦当类型。因此，值得关注的是，缺少"倒心形"花瓣瓦当类型的墓葬类遗存地点，是否与其瓦作建筑缺少后续修缮有关？

（五）窑址（1处）

牡丹江流域（1处）：杏山砖瓦窑址（A）。

发掘者认为，杏山砖瓦窑址是为渤海上京城提供瓦作产品的专业制瓦作坊。

综上，通过整理渤海遗存考古资料，笔者注意到，瓦当是城址、寺庙址发掘中出土数量较多的遗物种类之一[①]。统计数据表明，"倒心形"花瓣是渤海瓦当使用率最高的主题纹饰。相关研究成果显示，"倒心形"花瓣瓦当已成为界定渤海遗存、解读渤海文化的重要实证依据。基于此，廓清"倒心形"花瓣主题纹饰瓦当类型的历时性演变轨迹，对于渤海瓦当乃至渤海文化研究而言，均具有不可或缺、不可替代的学术意义。

---

① 例如，渤海上京城、西古城、八连城、青海等城址，以及马蹄山、杏山、梧梅里、红云等寺庙址，均因开展考古发掘而出土了数量丰富的瓦当类遗物标本，它们成为开展渤海瓦当研究的主要学术支撑。

四、"倒心形"花瓣母题纹饰溯源

自 2010 年伊始，通过《渤海瓦当纹饰的文化因素分析》①《渤海瓦当研究》②《渤海瓦当的纹饰构图探源及文字瓦的使用》③《渤海瓦当"倒心形"花瓣母题纹饰探源》④ 等 4 篇论文，以及 2018 年结项的国家社科基金一般项目课题成果《渤海瓦当研究》，笔者探讨了渤海瓦当"倒心形"花瓣母题纹饰的起源问题。

在"倒心形"花瓣一词出现之前，学术界曾将其称为"心形"⑤、"桃形"⑥ 花瓣。2004 年，日本学者田村晃一率先提出以"倒心形"花瓣的纹样命名⑦。遗憾的是，在其随后开展的渤海瓦当系列研究中，田村晃一未能持续使用这一称谓。2007 年，在吉林省文物考古研究所编著的《西古城——2000～2005 年度渤海国中京显德府故址田野考古报告》中，正式确立了"倒心形"花瓣的学术命名，并将"倒心形"花瓣瓦当视为辨识渤海遗存、解读渤海文化的重要学术支撑⑧。2010 年，韩国学者金希燦对"倒心形"花瓣的纹样命名给予了认同："由于花瓣心尖朝外，心窝朝内，因此将其称为'倒心形'更为合适。"⑨ 2013 年，田村晃一在其最新学术著述中，重拾"倒心形"花瓣表述方式⑩。上述例证表明，"倒心形"花瓣的学术命名已经得到国际学术界的普遍认同。十余年来，由于兴趣使然，笔者始终关注渤海瓦当的考古新发现及其学术新观点。并且，随着信息资源的不断丰富、认知空间的逐步拓展以及学术交流的相互碰撞，通过更新理念、调整视角，笔者适时修正、完善了"倒心形"花瓣母题纹饰起源问题的学术解读。

（一）"倒心形"花瓣纹样形态的类型学考察

标准"倒心形"花瓣的纹样造型，包括以下三项基本构成要素：第一，由浅浮雕

① 宋玉彬：《渤海瓦当纹饰的文化因素分析》，《中国考古学会第十二次年会论文集》（2009），文物出版社，2010 年。

② 宋玉彬：《渤海瓦当研究》，吉林大学博士学位论文，2011 年。

③ 宋玉彬：《渤海瓦当的纹饰构图探源及文字瓦的使用》，《城郭与瓦——2013 年国际学术会议文集》，韩国瓦砖学会·韩国城郭学会，2013 年。

④ 宋玉彬：《渤海瓦当"倒心形"花瓣母题纹饰探源》，《庆祝张忠培先生八十岁论文集》，科学出版社，2014 年。

⑤ ［日］田村晃一著、李云铎译：《关于渤海瓦当花纹的若干考察》，《历史与考古信息·东北亚》2003 年第 1 期（原文见《青山史学》第 19 号，青山学院大学史学研究室，2001 年）。

⑥ 尹国有、耿铁华：《高句丽瓦当研究》，吉林人民出版社，2001 年。

⑦ ［日］田村晃一著、郝海波译：《关于渤海上京龙泉府址——东京城出土的瓦当》，《历史与考古信息·东北亚》2007 年第 1 期（原文见《渤海都城的考古学研究》平成 14、15 年度科学研究经费补助金项目）。

⑧ 吉林省文物考古研究所等：《西古城——2000～2005 年度渤海国中京显德府故址田野考古报告》，文物出版社，2007 年。

⑨ ［韩］金希燦著、包艳玲译：《关于渤海莲花纹瓦当对高句丽继承性的探讨》，《历史与考古信息·东北亚》2010 年第 2 期（原文见《高句丽渤海研究》第 36 辑，高句丽渤海研究会，2010 年）。

⑩ ［日］田村晃一：《近时における渤海都城研究の动向と课题》，《青山考古》第 29 号，2013 年。

凸棱纹构成的"倒心形"的外形轮廓；第二，在"倒心形"轮廓线内部，利用心尖与心窝之间的凸棱纹界格线将花瓣分为左右两区；第三，两区内部各填充一瓣水滴形花肉。

在渤海瓦当的考古发现中，除了标准形制的"倒心形"花瓣主题纹饰，另见有一些造型相近的主题纹饰纹样类型。相较于标准"倒心形"花瓣，此类花瓣或缺少细部形制的构成要素，或仅具有"倒心形"花瓣的外形轮廓。在考察其彼此之间细部形制差异时，笔者注意到，此类花瓣为廓清标准"倒心形"花瓣的源起问题拓展了探索空间。因此，通过占有资料，不断更新有关"倒心形"花瓣缘起问题的学术认知。2010 年，根据收集整理的渤海瓦当图文信息，通过《渤海瓦当纹饰的文化因素分析》一文，笔者区分出 6 种具有"倒心形"轮廓造型的渤海瓦当主题纹饰[1]；2011 年，在撰写博士学位论文《渤海瓦当研究》时，笔者将符合"倒心形"轮廓造型的瓦当主题纹饰拓展到 13 种类型[2]；在 2013 年发表的《渤海瓦当"倒心形"花瓣母题纹饰探源》一文以及 2018 年结项的国家社科基金一般项目《渤海瓦当研究》中，笔者辨识出 16 种形制的"倒心形"花瓣[3]。在修订本书稿时，通过调整"倒心形"花瓣的考察原则、辨识标准，笔者区分出 23 种"倒心形"花瓣主题纹饰纹样。

需要指出的是，在笔者整理的渤海瓦当图文信息中，一些标本仅著录于未公开出版的内部资料，另有一些标本则是吉林省不同文博单位未予公布的藏品。基于此，长期以来，此类瓦当始终是学术界开展渤海瓦当研究的认知盲点。这种学术信息的不通畅性，影响了渤海瓦当学术阐释的视野广度与认知高度。为此，希望随着本书的出版，学术界不仅可以了解笔者的学术观点，而且能够借助诸多首次公布的渤海瓦当基础性数据，推动、深化渤海瓦当乃至渤海文化研究的学术进步。

本章第一节，在介绍渤海国境内不同流域具体遗存地点出土的瓦当标本时，已经根据主题纹饰形制特点，将"倒心形"花瓣分为三类：A 类，标准"倒心形"花瓣；B 类，非标准"倒心形"花瓣；C 类，具有"倒心形"轮廓的花瓣。基于细部形制差异，笔者将三类花瓣进一步区分出 23 种具体纹样类型。下面，按照 a~w 型的编号顺序，依次加以介绍。

第一类（A 类），标准"倒心形"花瓣，包括 a、b 等 2 型。

a 型，标准"倒心形"花瓣（图一〇六）。

b 型，带有叶茎的标准"倒心形"花瓣，即"倒心形"外轮廓线的心窝处连接有纵向

---

[1]　宋玉彬：《渤海瓦当纹饰的文化因素分析》，《中国考古学会第十二次年会论文集》（2009），文物出版社，2010 年。

[2]　宋玉彬：《渤海瓦当研究》，吉林大学博士学位论文，2011 年。

[3]　宋玉彬：《渤海瓦当"倒心形"花瓣母题纹饰探源》，《庆祝张忠培先生八十岁论文集》，科学出版社，2014 年。

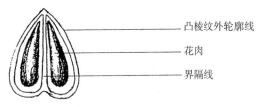

图一〇六　标准"倒心形"花瓣（a 型）

的叶茎（图一〇七：1）。

第二类（B 类），非标准"倒心形"花瓣，具备凸棱纹外形轮廓，但其内部纹样不符合三项要素标准，包括 c、d、e、f、g、h、i、j、k、l、m 等 11 型。

c 型，凸棱纹轮廓线内部仅饰以 2 瓣花肉，未施界格线（图一〇七：2）。

d 型，凸棱纹轮廓线的心窝处连接有纵向的叶茎，轮廓线内部仅饰以 2 瓣花肉，未施界格线（图一〇七：3）。

e 型，凸棱纹轮廓线内部饰以 3 瓣花肉，未施界格线（图一〇七：4）。

f 型，凸棱纹轮廓线内部只有界隔线，没有花肉（图一〇七：5）。

g 型，凸棱纹轮廓线内部仅饰以 1 瓣花肉，未施界格线。作为复合主题纹饰，此类花瓣仅见于图们江支流嘎呀河流域出土的瓦当标本（图一〇七：6）。

h 型，凸棱纹轮廓线的心窝处连接有纵向的叶茎，轮廓线内部空间饰以 1 瓣花肉，未施界格线。作为单一主题纹饰，此类花瓣见于北青川流域金山 1 号寺庙址瓦当标本（图一〇七：7）。作为复合主题纹饰，此类花瓣见于图们江支流嘎呀河流域骆驼山建筑址瓦当标本。

i 型，拥有双重"倒心形"凸棱纹轮廓线，其外重轮廓线的心窝处连接有纵向的叶茎，内重轮廓线的内部饰以 1 瓣萼形花肉，未施界格线。作为复合主题纹饰，此类花瓣仅见于图们江支流珲春河流域出土的瓦当标本（图一〇七：8）。

j 型，凸棱纹轮廓线内部仅饰以 1 颗圆珠纹，未施界格线。作为单一主题纹饰，此类花瓣仅见于西流松花江流域苏密城出土的瓦当标本（图一〇七：9）。

k 型，凸棱纹轮廓线内部饰以"三角形凸体纹+复瓣花肉"。作为单一主题纹饰，此类花瓣仅见于八连城出土的瓦当标本（图一〇七：10）。

l 型，凸棱纹轮廓线内部饰以"带有纵茎的三角形凸体纹+双瓣花肉"。作为复合主题纹饰，此类花瓣仅见于克拉斯基诺寺庙综合体早期旷野类型佛寺遗存出土的瓦当标本（图一〇七：11）。

m 型，凸棱纹轮廓线心窝处连接有纵向的叶茎。其内部空间饰以"带有纵茎的三角形凸体纹+双瓣花肉"。作为复合主题纹饰，此类花瓣仅见于克拉斯基诺寺庙综合体早期旷野类型佛寺遗存出土的瓦当标本（图一〇七：12）。

第三类（C 类），具有"倒心形"轮廓的花瓣，包括 n、o、p、q、r、s、t、u、v、w 等 10 型。

n 型，由 2 瓣花肉、凸棱纹界格线构成的花瓣，其外部没有施凸棱纹轮廓线。作为单一主题纹饰，见于渤海上京城出土的瓦当标本。作为复合主题纹饰，见于西流松花江流域

1.b型 克拉斯基诺晚期寺庙址

2.c型 新安建筑址

3.d型 七道河墓葬

4.e型 西古城城址

5.f型 渤海上京城

6.g型 鸡冠城址

7.h型 金山1号寺庙址

8.i型 立新寺庙址

9.j型 苏密城城址

10.k型 八连城城址

11.l型 克拉斯基诺早期寺庙址

12.m型 克拉斯基诺早期寺庙址

13.n型 渤海上京城

14.o型 马蹄山寺庙址

15.p型 红云寺庙址

16.q型 河南屯建筑址

17.r型 新安建筑址

18.s型 北土城城址

19.s型 苏密城城址

20.t型 杏山寺庙址

21.u型 渤海上京城

22.v型 红云寺庙址

23.w型 太阳城址

24.w型 金山1号寺庙址

图一〇七 "倒心形"花瓣主题纹饰

的七道河墓葬出土的瓦当标本（图一〇七：13）。

　　o 型，由 2 瓣花肉构成的花瓣，其外部没有施凸棱纹轮廓线（图一〇七：14）。

　　p 型，实体"倒心形"花瓣。作为单一主题纹饰，此类花瓣仅见于图们江支流嘎呀河流域红云寺庙址出土的瓦当标本（图一〇七：15）。

　　q 型，心窝处连接有纵向叶茎的实体"倒心形"花瓣。作为复合主题纹饰，此类花瓣仅见于鸭绿江流域河南屯建筑址出土的瓦当标本（图一〇七：16）。

　　r 型，"倒心形"轮廓造型的凸棱纹云纹。作为复合主题纹饰，此类花瓣仅见于西流松花江流域新安建筑址出土的瓦当标本（图一〇七：17）。

　　s 型，"倒心形"轮廓造型的凸棱纹云纹，其内部空间饰以 1 颗圆珠纹。作为单一主题纹饰，此类花瓣见于西流松花江流域北土城、苏密城城址出土的瓦当标本（图一〇七：18、19）。

　　t 型，"倒心形"轮廓造型的凸棱纹云纹，其心窝处向内部空间延伸出短茎，短茎上部饰有 2 瓣呈"八"字形的花肉。作为单一主题纹饰，此类花瓣仅见于绥芬河流域杏山寺庙址出土的瓦当标本（图一〇七：20）。

　　u 型，"倒心形"轮廓造型的凸棱纹卷草纹（莲蕾纹），其内部空间饰以 1 瓣萼形花肉。作为单一主题纹饰，此类花瓣仅见于渤海上京城出土的瓦当标本（图一〇七：21）。

　　v 型，"倒心形"轮廓造型的凸棱纹卷草纹（莲蕾纹）。作为单一主题纹饰，此类花瓣仅见于图们江支流嘎呀河流域红云寺庙址出土的瓦当标本（图一〇七：22）。

　　w 型，"倒心形"轮廓造型的凸棱线纹，其心窝处呈曲线内凹。作为复合主题纹饰，此类花瓣分别见于图们江支流布尔哈通河流域太阳城址、北青川流域金山 1 号寺庙址出土的瓦当标本（图一〇七：23、24）。

（二）不同"倒心形"花瓣瓦当类型的共出现象

　　根据上述考察，统计渤海时期瓦当标本的基础性信息数据时发现，在一些瓦作建筑遗存地点中，得以辨识出不同"倒心形"花瓣瓦当类型的共出现象。

　　在克拉斯基诺寺庙综合体区域，出土了以 a、b、l、m、o 等 5 型"倒心形"花瓣作为主题纹饰的瓦当标本。其中，a、b、o 等 3 型花瓣属于"裂瓣纹"构图瓦当类型的单一主题纹饰，l、m 等 2 型花瓣则是"四分法"构图瓦当类型的复合主题纹饰。此外，更为重要的发现是，根据揭露的遗迹现象，获取了考察上述花瓣主题纹饰瓦当类型相对早晚关系的层位关系线索。基于此，克拉斯基诺城址寺庙综合体区域确认的遗迹层位关系、明晰的瓦当共出现象，成为本书确立"倒心形"花瓣母题纹饰学术命题的前提条件。

　　2001 年，俄罗斯学者 В. И. 博尔金等人撰文指出，在克拉斯基诺早期旷野类型佛寺瓦作建筑的"平台衬墙区中，出土了该建筑层位的瓦当，其纹饰有别于上层建筑层位的瓦当"①。通过梳理该文配发的不同建筑层位出土的不同类型的瓦当标本得以确认，早期旷野类型佛寺出土了以l型花瓣作为复合主题纹饰的"四分法"构图瓦当标本，晚期城域类型佛寺出土了以b型花瓣作为单一主题纹饰的"裂瓣纹"构图瓦当标本。2004年，基于层位关系，E. B. 阿斯塔申科娃等人将克拉斯基诺城址寺庙综合体区域出土的瓦当分为三期②。其中，l型花瓣属于早期瓦当类型的主题纹饰，a、b等2型花瓣属于晚期瓦当类型的主题纹饰。虽然E. B. 阿斯塔申科娃的分期没有提及以m、o等2型花瓣作为主题纹饰的瓦当类型，但通过克拉斯基诺城址业已公布的其他考古信息可知，在旷野类型佛寺的院落西墙区域，出土了以o型花瓣作为单一主题纹饰的"裂瓣纹"构图瓦当标本③；在城域类型佛寺水井遗迹的井壁砌体及井底河卵石垫层中，出土了以m型花瓣作为复合主题纹饰的"四分法"构图瓦当标本。按照发掘者的学术阐释，以m型花瓣作为复合主题纹饰的"四分法"构图瓦当标本属于早期旷野类型佛寺瓦作建筑遗物④。

关于克拉斯基诺城址寺庙综合体区域出土的以a、b等2型花瓣作为单一主题纹饰的"裂瓣纹"构图瓦当标本，俄罗斯学者认为："在渤海国存国的最后阶段，其中心地区与外围地区联系紧密，最流行的纹饰已经传播到国家的边境地区。"⑤由于俄罗斯学者没有意识到可以将l、m、o等3种花瓣视为"倒心形"花瓣瓦当类型的主题纹饰，因此，他们的研究没有涉及"倒心形"花瓣的母题纹饰问题。

克拉斯基诺城址寺庙综合体区域清理揭露的层位关系显示，以B、C类"倒心形"花瓣作为主题纹饰的瓦当类型，其初始应用的年代上限，早于以A类标准"倒心形"花瓣作为主题纹饰的瓦当类型。因此，可以将"倒心形"花瓣母题纹饰溯源问题作为学术命题加以讨论。

下面，梳理一下其他流域具体遗存地点确认的不同"倒心形"花瓣瓦当类型的共出现象。

在牡丹江流域，渤海上京城城址共出有以a、c、e、f、n等5型"倒心形"花瓣作为主题纹饰的瓦当标本⑥。其中，c、e、f等3型花瓣均作为"裂瓣纹"构图瓦当类型的单

① ［俄］В. И. 博尔金等著、宋玉彬译：《克拉斯基诺城址四年"一体化"考察》，《历史与考古信息·东北亚》2004年第1期（原文见《俄罗斯科学院远东分院院刊》2001年第3期）。

② ［俄］E. B. 阿斯塔申科娃、В. И. 博尔金著，王德厚译：《克拉斯基诺古城遗址瓦当的纹饰》，《北方文物》2006年第4期（原文见《俄罗斯与亚洲太平洋地区》2004年第1期）。

③ ［韩］Фонд исследований Когурё и др, *Отчёт об Археологических Исследований на Бахайском Храмовом Комплексе в Краскинском Городище Приморья РФ*, Сеул, 2005.

④ ［俄］E. И. 格尔曼等著、宋玉彬译：《克拉斯基诺城址井址发掘》，《历史与考古信息·东北亚》2004年第1期。

⑤ ［俄］E. B. 阿斯塔申科娃、В. И. 博尔金著，王德厚译：《克拉斯基诺古城遗址瓦当的纹饰》，《北方文物》2006年第4期（原文见《俄罗斯与亚洲太平洋地区》2004年第1期）。

⑥ 黑龙江省文物考古研究所：《渤海上京城——1998~2007年度考古发掘调查报告》，文物出版社，2009年。

一主题纹饰而应用；a、n 等 2 型花瓣除作为"裂瓣纹"构图瓦当类型的单一主题纹饰而应用外，另见有个别以其作为单一主题纹饰或复合主题纹饰的"四分法"构图瓦当类型标本（渤海上京城的四瓣 A 型、四瓣 B 型、四瓣 C 型瓦当）。

在图们江流域，6 处遗存地点存在共出现象。

1 处位于海兰江流域，西古城城址共出有以 a、e 等 2 型"倒心形"花瓣作为单一主题纹饰的"裂瓣纹"构图瓦当类型标本。

3 处位于嘎呀河流域。红云寺庙址共出有以 a、p、v 等 3 型"倒心形"花瓣作为主题纹饰的瓦当标本。值得注意的是，a 型花瓣作为"裂瓣纹"构图瓦当类型的单一主题纹饰而应用（该寺庙址的 I 型瓦当），p 型花瓣作为"裂瓣纹"构图瓦当类型的复合主题纹饰而应用（该寺庙址的 II 型瓦当），v 型花瓣作为"四分法"构图瓦当类型的单一主题纹饰而应用（该寺庙址的 IV 型瓦当）。龙泉坪城址共出有以 a、p 等 2 型"倒心形"花瓣作为主题纹饰的瓦当标本。基于红云寺庙址、龙泉坪城址的共出现象，初步推断，两处遗存地点具有一定的共时性因素。骆驼山建筑址共出有以 a、h 等 2 型"倒心形"花瓣作为主题纹饰的瓦当标本①。其中，a 型花瓣作为"裂瓣纹"构图瓦当类型的单一主题纹饰而应用，h 型花瓣则是"四分法"构图瓦当类型的复合主题纹饰（该建筑址的 II 型瓦当）。

2 处位于珲春河流域。八连城城址共出有以 a、k 等 2 型"倒心形"花瓣作为单一主题纹饰的"裂瓣纹"构图瓦当类型标本。需要说明的是，由 8 瓣 k 型花瓣构成的主题纹饰，也可以称之为"四分法"构图瓦当类型。立新寺庙址共出有以 a、i 等 2 型"倒心形"花瓣作为主题纹饰的瓦当标本②，其中，a 型花瓣属于"裂瓣纹"构图瓦当类型的单一主题纹饰，i 型花瓣则是"四分法"构图瓦当类型的复合主题纹饰（该城址的 I 型瓦当）。

在西流松花江流域，苏密城城址共出有以 a、j、s 等 3 型"倒心形"花瓣作为单一主题纹饰的瓦当标本③，不过，其所应用的瓦当类型的构图理念存在差异。a 型花瓣属于"裂瓣纹"构图瓦当类型的主题纹饰，j、s 等 2 型花瓣则属于"四分法"构图瓦当类型的主题纹饰。

统计数据显示，上述遗存地点中，虽然均不同程度地共出有 A、B、C 等 3 类"倒心形"花瓣瓦当类型，但均普遍缺少层位关系线索。仅仅凭借共出瓦当的细部形制差异，显然既无法界定其彼此间的相对早晚关系，也难以推断其彼此间是否存在演变关系。基于此，通过拓展视野、更新理念、调整思路，针对 A、B、C 类"倒心形"花瓣瓦当标本，笔者开展了辨识其构图理念、主题纹饰类别的学术考察。

---

① 吉林省文物考古研究所：《吉林汪清县红云渤海建筑遗址的发掘》，《考古》1999 年第 6 期。
② 现藏珲春市文物管理所。
③ 据王志刚先生提供的 2013 年度吉林省文物考古研究所苏密城城址发掘信息。

（三）标准"倒心形"花瓣溯源

基于考古发现，通过开展类型学考察，渤海瓦当曾经应用过花草纹、莲花纹、几何纹等三类纹样形态的主题纹饰，最终"倒心形"花瓣一统天下，成为渤海国境内瓦作建筑檐头筒瓦普遍采用的主题纹饰。客观而言，除了留存有唐文化因素影响印记的复瓣莲纹，包括标准"倒心形"花瓣在内的各种主题纹饰，其纹样造型均与莲花形态相去甚远。对此，俄罗斯学者 И.В. 科尔祖诺夫曾经撰文指出，"倒心形"花瓣的纹样形态取材于核桃①。综览本书所区分的 23 种"倒心形"花瓣，不难看出，多数花瓣无法与莲纹建立起纹样形态演变轨迹。相反，种种迹象表明，不同形态的"倒心形"花瓣取材于地域性生态环境下生长的植物与花卉的可能性更大。据此，本书将"倒心形"莲纹花瓣改称为"倒心形"花瓣，同时，不再以莲纹作为"倒心形"花瓣母题纹饰的溯源线索。

纵观东亚地区瓦作建筑构件檐头筒瓦纹样的历时性变化，秦汉以来，瓦当主要包括图案、图像、文字等 3 种纹饰类型。其中，"当心纹饰+主题纹饰"是图案纹瓦当所遵循的构图模式。考古发现表明，这一理念始终被渤海时期流行的图案纹瓦当所沿用。不过，由于高句丽瓦当文化因素的影响，肇始期的渤海瓦当，遵循"四分法"构图理念，并行单一主题纹饰、复合主题纹饰两种瓦当类型。渤海定都上京以后，"四分法"构图的单一主题纹饰、复合主题纹饰瓦当类型均逐渐被"裂瓣纹"构图、单一主题纹饰瓦当类型所全面替代②。据此，在缺少考古层位学实证线索的情况下，为了廓清标准"倒心形"花瓣的形成过程，依托宏观的历史背景，确立了以下三点解题思路。其一，辨识不同"倒心形"花瓣瓦当类型之构图理念、主题纹饰差异；其二，梳理不同"倒心形"花瓣瓦当类型之相对早晚关系线索；其三，辨识标准"倒心形"花瓣进化轨迹之具体路径。

首先，旷野类型瓦作建筑遗存地点出土瓦当可资利用的线索。

克拉斯基诺城址寺庙综合体区域出土的"倒心形"花瓣瓦当标本中，依据层位关系，以 l、m 等 2 型非标准"倒心形"花瓣作为复合主题纹饰的"四分法"构图瓦当类型，其初始应用时间早于以 a、b 等 2 型标准"倒心形"花瓣作为主题纹饰的"裂瓣纹"构图瓦当类型。因此，上述发现不仅印证了依托构图理念辨识瓦当相对早晚关系的合理性，而且得以推断，l、m、o 等 3 型非标准"倒心形"花瓣均具备成为标准"倒心形"花瓣母题纹饰的资质条件。由于 l、m 等 2 型花瓣与 o 型花瓣之间存在明显的形制差别，综合考察上文所区分的 23 型"倒心形"花瓣的纹样形态，逻辑上可以勾勒出两条"倒心形"花瓣的演变轨迹。一是由单瓣花瓣引发的演变轨迹，其中包括 o 型花瓣；二是由复瓣花瓣构成的

① Колзунов И. В., *О семантике растительного орнамента в оформлении черепиц средневековых государств когурё и бохай* //Декоративно—прикладное искусство Восточной азии символика и культурные традици—Владивосток，2009.

② 宋玉彬：《渤海瓦当研究》，吉林大学博士学位论文，2011 年。

演变轨迹，其中包括 l、m 等 2 型花瓣。

其次，城址类型瓦作建筑遗存地点出土瓦当可资利用的线索。

根据西古城城址、八连城城址的考古发现，可以勾勒出瓦当主题纹饰由复瓣莲纹转化为标准"倒心形"花瓣的演变轨迹。存在的问题是，需要借助克拉斯基诺早期旷野类型佛寺遗存所见 l、m 等 2 型花瓣才能形成完整的演变序列。

最后，墓葬类型瓦作建筑遗存地点出土瓦当可资利用的线索。

截止到 2012 年，在中国学术界构建的渤海瓦当编年序列中，牡丹江流域六顶山墓地出土的瓦当标本多被视为渤海时期最早的瓦当类型。不过，由于当时见诸报道的六顶山瓦当均缺少具体的出土单位信息，中国学术界提出的上述学术主张受到了田村晃一的质疑①。随着六顶山墓地全新考古发掘资料的公布②，国际学术界不仅得以发现六顶山墓地出土瓦当的工艺特征、纹饰图案具有明显的高句丽瓦当文化因素的印记，而且可以界定六顶山墓地营建有墓上瓦作建筑的墓葬，与贞惠公主墓具有不同的时间节点属性。780 年贞惠公主下葬之时，渤海国境内已经流行"裂瓣纹"构图、单一主题纹饰的瓦当类型，以标准"倒心形"花瓣作为主题纹饰的瓦当类型已经引领了渤海瓦当的发展方向。因此，结合六顶山墓地出土瓦当所呈现的高边轮的形制特点，能够推断，六顶山墓地营建有墓上瓦作建筑的墓葬，其始建年代早于贞惠公主墓。回归到本书命题，六顶山墓地营建有墓上瓦作建筑的墓葬，作为渤海政权初创期的高等级墓葬，其所出土的瓦当标本显示，其主题纹饰与"倒心形"花瓣之间不存在纹样演变关系。由此而引发的学术联想是，渤海政权初创期还没有形成"倒心形"花瓣。即，"倒心形"花瓣属于本土起源，是渤海人原发性构思的瓦当主题纹饰。

至于渤海时期其他营建有墓上瓦作建筑的高等级墓葬，其所出土的瓦当标本，为开展"倒心形"花瓣缘起问题研究，提供了以下信息与线索。位于图们江支流海兰江流域的龙头山墓地龙海墓区 M13~14，其所出土的瓦当标本中，既见有以标准"倒心形"花瓣作为单一主题纹饰的"裂瓣纹"构图瓦当类型，也见有以其作为复合主题纹饰的"四分法"构图瓦当类型。显然，新兴的"裂瓣纹"构图、单一主题纹饰瓦当类型与传统的"四分法"构图、复合主题纹饰瓦当类型并行期间，标准"倒心形"花瓣已经得以应用。位于西流松花江流域的七道河墓葬，出土了以 d、n 等 2 型非标准"倒心形"花瓣作为复合主题纹饰的瓦当标本。由于 d、n 等 2 型花瓣形制差异明显，意味着其与标准"倒心形"花瓣之间，逻辑上可以确立不同的演变关系。

上述梳理表明，仅仅依托同类性质的瓦作建筑遗存地点出土的瓦当标本，均不足以构建脉络清晰的"倒心形"花瓣的演变轨迹。因此，在充分占有学术资源的条件下，围绕标

---

① ［日］田村晃一著、李云铎译：《关于渤海瓦当花纹的若干考察》，《历史与考古信息·东北亚》2003 年第 1 期（原文见《青山史学》第 19 号，青山学院大学史学研究室，2001 年）。

② 吉林省文物考古研究所等：《六顶山渤海墓葬——2004~2009 年清理发掘报告》，文物出版社，2012 年。

准"倒心形"花瓣，归纳出五条逻辑上成立、形态上有序的变化路径。

一是由 k、l、m 等 3 型花瓣构成的演变轨迹（图一〇八：4、5）。需要说明的是，西古城城址 V 型、八连城城址 II 型瓦当的复瓣莲纹主题纹饰也是构建该演变轨迹的重要组成部分（图一〇八：2、3）。目前仅见于西古城、八连城城址的复瓣莲纹瓦当，其母题纹饰应该源自于唐文化的复瓣莲纹（图一〇八：1）。克拉斯基诺早期旷野类型佛寺所见 I 型花瓣，则可以称为复瓣莲纹的终结者（图一〇八：5）。种种迹象表明，复瓣莲纹应该是大钦茂执政时期"宪象中国制度"的产物。即，k、l、m 等 3 型花瓣不仅不是标准"倒心形"花瓣的母题纹饰，相反，其多半是被标准"倒心形"花瓣同化改造的再生纹样。值得注意的是，通过类型学考察，出自八连城城址的 k 型花瓣与出自克拉斯基诺城址的 l、m 等 2 型花瓣，可以称为同型花瓣的亚型。显然，这一发现不仅增加了"倒心形"花瓣演变轨迹的具体路径，而且为克拉斯基诺早期旷野类型寺庙址的年代学考察提供了线索。

二是由实体花瓣引发的演变轨迹。其序列中，包括 n、o、p、q 等 4 型具有"倒心形"轮廓的花瓣（图一〇八：6~9）。不过，以上述花瓣作为主题纹饰的瓦当类型，其遗存地点散布在不同流域，彼此间缺少内在关联性，目前只能依据 4 型花瓣的纹样形态构建逻辑上成立的演变序列。

三是由 g、h、i 等 3 型具有标准"倒心形"外轮廓线的花瓣构建的演变轨迹（图一〇八：10~12）。3 型花瓣均为"四分法"构图瓦当类型的主题纹饰，其中，g、i 等 2 型花瓣作为复合主题纹饰而加以应用。因此，此条演变轨迹的合理性在于，g、h、i 等 3 型花瓣的年代上限均早于作为"裂瓣纹"构图瓦当类型单一主题纹饰的标准"倒心形"花瓣。并且，以 g、i 等 2 型花瓣作为复合主题纹饰的瓦当类型，分别是"嘎呀河流域地域性纹饰""珲春河流域地域性纹饰"瓦当类型的组成部分，存在一定的共出现象。有待清理的认知障碍是，如何证明以 g、i 等 2 型花瓣作为复合主题纹饰的"四分法"构图瓦当类型，其初始应用时间早于以标准"倒心形"花瓣作为复合主题纹饰的"四分法"构图瓦当类型。

四是由云纹（r、s）、花草纹（t、u、v）、几何纹（w）等具有"倒心形"轮廓的花瓣构成的演变轨迹（图一〇八：13~20）。以上述花瓣作为主题纹饰的瓦当类型主要分布于西流松花江流域，并且，这些花瓣多为"四分法"构图瓦当类型的单一主题纹饰（s、t、u、v、w）。由于云纹曾作为汉魏瓦当的主题纹饰而应用，u 型花瓣则是始见于唐瓦当的主题纹饰，因此，作为外来文化因素，上述花瓣成为渤海时期瓦当主题纹饰以后，开始按照"倒心形"轮廓改造传统纹样。

五是标准"倒心形"花瓣的变异轨迹。其序列中，包括 c、d、e、f 等 4 型花瓣。由于 c、e、f 等 3 型花瓣均作为"裂瓣纹"构图瓦当类型的单一主题纹饰而见于渤海上京城，因此，作为大钦茂执政以后流行的成熟期的瓦当类型，其初始应用的年代上限，应该晚于以标准"倒心形"花瓣作为复合主题纹饰的"四分法"构图的瓦当类型。故而，推

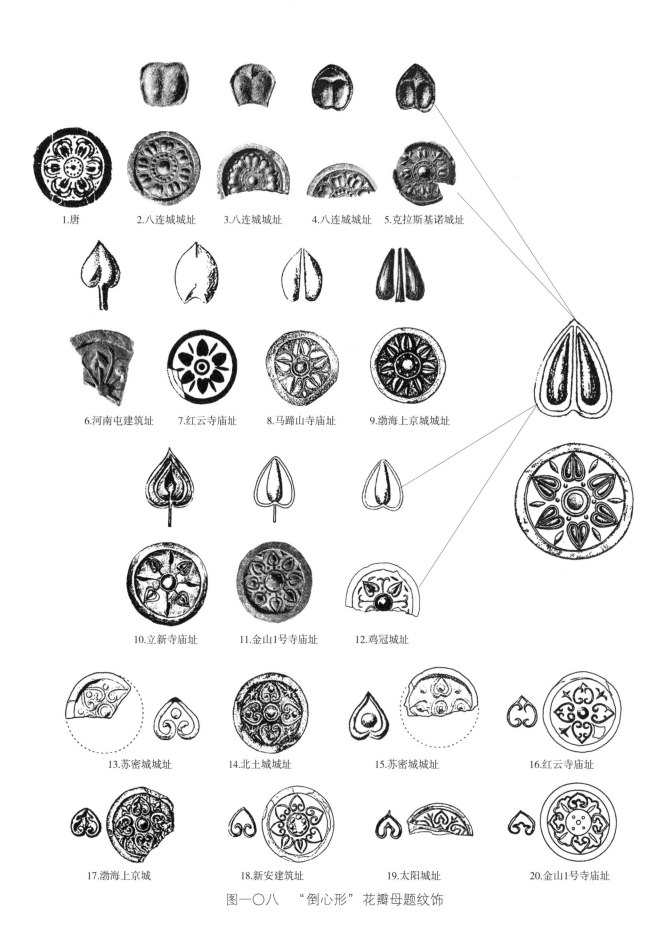

1.唐　　　　2.八连城城址　　3.八连城城址　　4.八连城城址　　5.克拉斯基诺城址

6.河南屯建筑址　　7.红云寺庙址　　8.马蹄山寺庙址　　9.渤海上京城城址

10.立新寺庙址　　11.金山1号寺庙址　　12.鸡冠城址

13.苏密城城址　　14.北土城城址　　15.苏密城城址　　16.红云寺庙址

17.渤海上京城　　18.新安建筑址　　19.太阳城址　　20.金山1号寺庙址

图一〇八　"倒心形"花瓣母题纹饰

测上述 4 型花瓣是标准"倒心形"花瓣的变异纹样。上述梳理，虽然主观推测大于客观分析，但不难看出，标准"倒心形"花瓣应该是渤海人自主构思的瓦当主题纹饰。并且，标准"倒心形"花瓣不仅拥有母题纹饰，而且可能存在多种源起途径。由花草纹花瓣向标准"倒心形"花瓣的形态转换，属于渤海人塑造自身文化特色的重要起点；由复瓣莲纹花瓣向标准"倒心形"花瓣的形态转换，则是渤海文化对外来文化的改造与融合，成为渤海文化走向成熟的重要标识。综合各种因素推测，原发于图们江流域的 g、h、i 等 3 型花瓣属于标准"倒心形"花瓣母题纹饰的可能性最大。

需要强调的是，在讨论标准、非标准"倒心形"花瓣之间是否存在形态演变关系时，有两种文化现象值得注意。一是诚如俄罗斯学者所言，在渤海存国的后期阶段，标准"倒心形"花瓣已然成为渤海国全境普及化应用的瓦当主题纹饰；二是渤海国灭亡后，在辽宁省辽阳市三道壕遗址[①]、内蒙古巴林左旗辽上京城址[②]等辽代遗存中，均发现了以标准"倒心形"花瓣作为主题纹饰的瓦当标本。上述情况表明，标准"倒心形"花瓣成为渤海瓦当主题纹饰以后，其纹样构成的三项基本要素始终没有发生变化。因此，在讨论"倒心形"花瓣母题纹饰起源问题时，逻辑上可以将 c、d、e、f、n 等 5 型花瓣称为标准"倒心形"花瓣的纹样变异，但不存在由 A 类标准"倒心形"花瓣向 B、C 类非标准"倒心形"花瓣演化的规律性发展态势。

五、"倒心形"花瓣瓦当类型的间饰纹

如果说，"裂瓣纹"构图、以标准"倒心形"花瓣作为单一主题纹饰的瓦当类型是渤海时期瓦作建筑乃至渤海文化的标志性特征之一，那么，"倒心形"花瓣之间装饰的间饰纹，则是此类瓦当标识性的形制特点。

基于考古发现，萼形纹、"十"字形纹、弯月形纹是"倒心形"花瓣瓦当最具代表性的间饰纹类型。作为特殊现象，需要指出的个案有二。其一，先后为都约 160 年的渤海上京城，在其出土的"倒心形"花瓣瓦当中，约有近 10 种纹样的间饰纹未见于其他遗存地点（图一〇九：1～10）。其中，本书所区分的该城址的六瓣 H 型"倒心形"花瓣瓦当，其弧线纹主题纹饰可能是复合主题纹饰向间饰纹转化的过渡类型（图一〇九：10）。其二，在少数遗存地点中，出土了未施间饰纹的"倒心形"花瓣单一主题纹饰瓦当标本。

施弯月形间饰纹的"倒心形"花瓣瓦当标本，其主题纹饰包括六瓣（图一一〇：1～6）、五瓣（图一一〇：7、8）等 2 种瓣数类型。其中，五瓣主题纹饰瓦当类型仅见于渤海上京城，六瓣主题纹饰瓦当类型则见于西古城城址（图一一〇：3）、渤海上京城（图一一〇：1、2）、河南屯寺庙址（图一一〇：4）、高产寺庙址（图一一〇：6）、龙头山墓

---

① 资料现藏辽宁省辽阳市博物馆。

② 据董新林先生提供的 2012 年度中国社会科学院考古研究所辽上京发掘资料，谨此致谢。

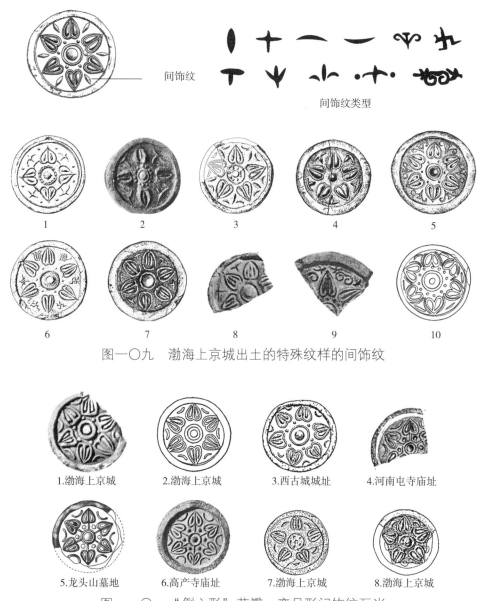

图一〇九　渤海上京城出土的特殊纹样的间饰纹

1.渤海上京城　　2.渤海上京城　　3.西古城城址　　4.河南屯寺庙址

5.龙头山墓地　　6.高产寺庙址　　7.渤海上京城　　8.渤海上京城

图一一〇　"倒心形"花瓣、弯月形间饰纹瓦当

地龙海墓区 M13～14（图一一〇：5）等 5 处遗存地点。上文曾经言及，河南屯寺庙址、高产寺庙址、龙头山墓地龙海墓区 M13～14 出土的相同形制的瓦当标本，即是此型瓦当。考古发现表明，3 处遗存地点的瓦作建筑曾经拥有共时性的时间节点属性。

　　施萼形间饰纹的"倒心形"花瓣瓦当标本，其主题纹饰包括七瓣（图一一一：1～3）、六瓣（图一一一：4～30）、五瓣（图一一一：31～36）等 3 种瓣数类型。其中，七瓣主题纹饰瓦当标本仅见于渤海上京城，六瓣主题纹饰瓦当类型见于牡丹江、图们江、绥芬河流域的 10 余处遗存地点，五瓣主题纹饰瓦当类型见于牡丹江、图们江、楚卡诺夫卡河流域的 4 处遗存地点。在图们江支流珲春河流域，包括八连城城址在内的绝大多数遗存地点，其所出土的"倒心形"花瓣瓦当主要施萼形间饰纹。

　　在"倒心形"花瓣瓦当中，施萼形间饰纹的瓦当类型，其当心纹饰的形制变化最为丰

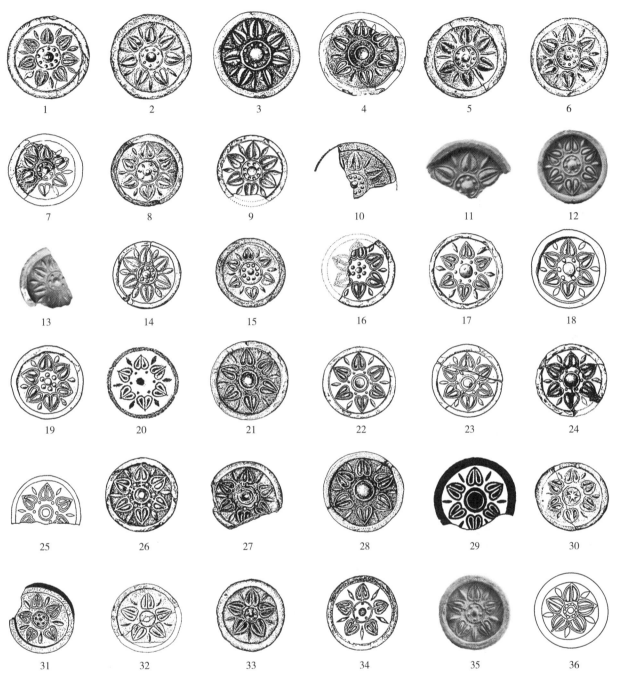

图一一一　"倒心形"花瓣主题纹饰、萼形间饰纹瓦当

1~8、15、21、26~28、30、32~33.渤海上京城　9、16~17.西古城城址　10.天桥岭建筑址　11.古城村1号寺庙址　12、35.古城村2号寺庙址　13.大城子城址　14、18~19、23.八连城城址　20.立新建筑址　24.龙头山墓地　25.盘岭沟口建筑址　29.红云寺庙址　31.南城子城址　34、36.克拉斯基诺城址

富多样。此外，西古城城址、渤海上京城出土有釉陶质施萼形间饰纹的"倒心形"花瓣瓦当标本（图一一一：30）。

施"十"字形间饰纹的"倒心形"花瓣瓦当标本，其主题纹饰包括八瓣（图一一二：1、2）、六瓣（图一一二：3~29）、五瓣（图一一二：30）、四瓣（图一一二：31~33）等4种瓣数类型。其中，八瓣主题纹饰瓦当标本见于图们江支流嘎呀河流域的骆驼山建筑址

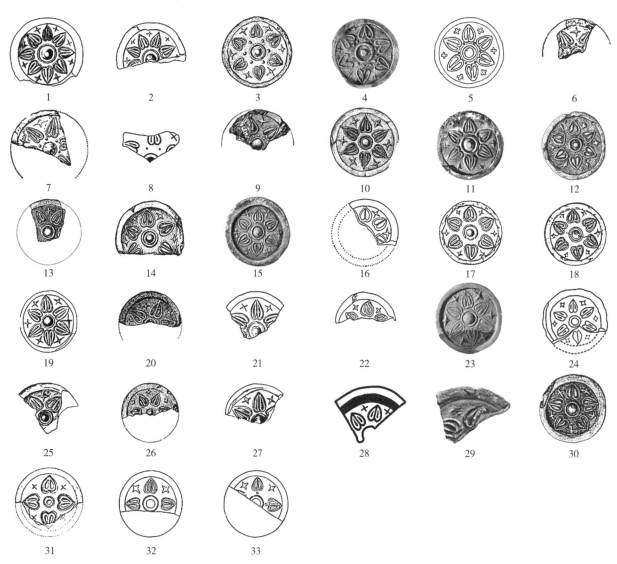

图一一二 "倒心形"花瓣主题纹饰、"十"字形间饰纹瓦当

1. 骆驼山建筑址 2. 天桥岭建筑址 3~5、10~14、30. 渤海上京城 6. 高城 7. 北大城址 8. 哈达渡口建筑址 9. 河北城址
15. 东云洞建筑址 16、32、33. 国内城城址 17、18. 西古城城址 19. 红云寺庙址 20. 转角楼建筑址 21. 中大川建筑址
22. 杨木林子寺庙址 23. 青海城址 24. 牤牛河子建筑址 25. 太阳城址 26. 幸福建筑址 27. 龙泉坪城址 28. 杏山窑址
29. 桓仁 31. 新安建筑址

（图一一二：1）、天桥岭建筑址（图一一二：2）等 2 处遗存地点；六瓣主题纹饰瓦当标本见于图们江、牡丹江、鸭绿江、北青川等流域的近 20 处遗存地点；五瓣主题纹饰瓦当标本仅见于渤海上京城；四瓣主题纹饰瓦当标本见于西流松花江流域的新安建筑址、鸭绿江流域的国内城城址。不难看出，施"十"字形间饰纹的"倒心形"花瓣瓦当类型的分布地域最为广泛。需要指出的是，图们江支流嘎呀河流域是"十"字形间饰纹瓦当分布最为密集的区域。同时，值得注意的是，在辽宁省桓仁境内，曾采集到施"十"字形间饰纹的"倒心形"花瓣瓦当标本（图一一二：29）。

在渤海上京城，出土有釉陶质施"十"字形间饰纹的"倒心形"花瓣瓦当标本（图一一二：14）。

　　此外，北青川流域的青海城址（图一一三：1）、图们江流域的高产寺庙址（图一一三：2）、鸭绿江流域的国内城城址（图一一三：3）等3处遗存地点，分别出土了未施间饰纹的六瓣、四瓣"倒心形"花瓣主题纹饰瓦当标本。缘何在相距甚远的三大流域域内出现上述现象？这显然是一个值得思考的学术问题。

　　在充分掌握学术资源的情况下，基于类型学考察与统计数据分析，形成了本节的几点学术认知。希望本书所开展的基础性研究能够帮助学术界拓展学术视野、能够促使学术界形成新的学术思考，以便于通过开展积极的学术互动，修正、充实、完善渤海瓦当乃至渤海文化研究的个性化见解与共性化主张。

1.青海城址　　　　　　2.高产寺庙址　　　　　　3.国内城城址

图一一三　未施间饰纹的"倒心形"花瓣瓦当

第四章　渤海瓦当年代学考察与文化因素分析

任何旨在界定遗存文化性质、解读遗存文化内涵的学术尝试，均需首先厘清遗存的时代属性或相对年代的时间节点问题，这是考古学研究领域中被广为遵循的常态化思维模式。开展考古遗存相对早晚关系或年代学考察，除需按照考古层位学、考古类型学研究方法获取实证线索，尚需最大限度地实现两种研究方法的合理衔接与有机融合。即便如此，也只能达成趋同性学术认识，无法奢求毫无歧义的共识性主张。至于建筑构件类遗物——瓦当的年代学考察，目前，学术界还没有形成普遍适用的方法论。作为檐头筒瓦端部构件，瓦当具体应用于瓦作建筑的屋檐部位。众所周知，各类瓦作建筑在其长期使用过程中，往往经历过增补、替换瓦作构件之修缮工程。并且，随着时间流逝，即便我们面对仍在使用的古代建筑，其各种修缮痕迹也多会由于年代久远而难以辨识。当瓦作建筑沦为倒塌废墟且成为考古发掘的客体对象时，在对其进行清理过程中，依据层位关系，包括瓦当在内的各种建筑构件往往作为倒塌堆积层遗物而被采集、著录。这种情况意味着，在同层倒塌堆积中无法辨识不同时期加以应用的檐头筒瓦（瓦当）的相对早晚关系。基于此，在开展瓦当研究时，研究者应该清楚地意识到，由于无法实现考古层位学与考古类型学的合理衔接与有机融合，仅仅根据纹样形制差别无法形成有关瓦当历时性特征的客观学术认识。

鉴于此，本章所开展的渤海瓦当年代学考察，旨在提出瓦当形制变化的历时性发展态势，不奢求得出年代跨度清晰的结论性认识。

第一节　渤海瓦当年代学考察

一、难以达成学术共识的研究现状

以往学术界所开展的渤海瓦当年代学考察，由于研究理念、研究方法的不同，各国学者得出了不同的学术结论。

　　基于特殊时代背景赋予的便利条件，日本学者三上次男率先开展了渤海瓦当专题研究①。受其影响，日本学术界的渤海瓦当研究主要围绕"倒心形"花瓣瓦当的形制变化、编年问题而展开。承袭三上次男的学术认知，依托"纯粹型式学方法"，以莲瓣"花肉"为视角，田村晃一勾勒了以"倒心形"花瓣作为单一主题纹饰的瓦当类型的纹样演变轨迹，建立了各型瓦当的相对早晚关系序列。根据"花肉"形态存在肥大、瘦弱之差异，结合渤海先民使用瘦弱形花肉"倒心形"花瓣瓦当这一具体线索，以田村晃一为代表的日本学者认为，渤海上京城城址出土的七瓣"倒心形"花瓣瓦当的年代最早②。关于"倒心形"花瓣瓦当的具体应用，田村晃一指出，"渤海特有的莲花纹瓦当，并不存在于迁都上京以前，而是 755 年迁都上京时，重新设计的具有独特图案的瓦当"。以此为据，田村晃一推断西古城、八连城的始建年代晚于渤海上京城，即西古城是渤海国确立五京制度后而设立的中京显德府治所故址，与"天宝中王所都"的显州无关③。需要指出的是，通过开展瓦当类型学考察，田村晃一构建了渤海京城的年代学序列。客观而言，无论其学术结论正确与否，作为一种全新的学术尝试，田村晃一的渤海瓦当研究理应得到渤海学术界的尊重与肯定。

　　《东京城》出版以后，渤海上京城出土遗物成为苏联学术界辨识其境内渤海遗存的断代标尺④。通过《渤海屋顶瓦的纹饰与分类》一文，Э. В. 沙弗库诺夫提出，马蹄山寺庙址出土有俄罗斯境内渤海时期年代最早的瓦当类型⑤。В. Е. 麦德维杰夫则在其著述中指出，鲍里索夫卡寺庙址是俄罗斯境内年代最早的渤海佛教遗存⑥。通过《滨海地区佛教遗存出土的渤海瓦的演进》一文，Е. И. 格尔曼建立了俄罗斯滨海边疆区境内渤海时期瓦作建筑遗存的编年序列：第一期，马蹄山寺庙址、克拉斯基诺城址寺庙综合体早期遗存；第二期，杏山寺庙址、克拉斯基诺城址寺庙综合体中期遗存；第三期，鲍里索夫卡寺庙址、

① ［日］三上次男：《渤海の瓦》，《座右寶》第 10、11、12 号，座右寶刊行會，1947 年；该文后收入《高句丽と渤海》，吉川弘文館，1990 年。

② ［日］田村晃一著、李云铎译：《关于渤海瓦当花纹的若干考察》，《历史与考古信息·东北亚》2003 年第 1 期（原文见《青山史学》第 19 号，青山学院大学史学研究室，2001 年）；［日］中村亞希子：《渤海上京龍泉府出土軒丸瓦の編年》，東京大學考古教研室研究紀要（20），2006 年。

③ ［日］田村晃一著、李云铎译：《关于渤海瓦当花纹的若干考察》，《历史与考古信息·东北亚》2003 年第 1 期（原文见《青山史学》第 19 号，青山学院大学史学研究室，2001 年）。

④ ［俄］А. Л. 伊夫里耶夫、Н. А. 克柳耶夫著、杨振福译：《回顾过去：考古学研究的总结与前瞻——1996～2006 年度俄罗斯科学院远东分院远东民族历史·考古·民族研究所的考古学研究》，《东北亚考古资料译文集》（8），哈尔滨地图出版社，2014 年（原文见《俄罗斯与亚洲太平洋地区》2006 年第 2 期）；［俄］Окладников А. П.，Остатки бохай скойстолицы у г. Дунцзинчэн на р. Уданьцзян //Сов. Археология，1957（3）.

⑤ ［俄］Шавкунов Э. В.，Декор бохайской кревельной черепицы и его классификация // Археология северной пасифики —Владивосток，1996.

⑥ ［俄］В. Е. 麦德维杰夫著、全仁学译：《俄罗斯滨海地区渤海寺庙址》，《历史与考古信息·东北亚》2007 年第 2 期（原文见韩国学研文化社，1999 年）。

科尔萨科沃寺庙址、克拉斯基诺城址寺庙综合体晚期遗存。其中，马蹄山寺庙址年代最早①。基于层位关系，通过《克拉斯基诺古城遗址瓦当的纹饰》一文，Е. В. 阿斯塔申科娃、В. И. 博尔金对克拉斯基诺城址寺庙综合体区域出土的瓦当开展了类型学研究②。该文认为，"倒心形"花瓣瓦当是克拉斯基诺城址寺庙综合体晚期寺庙建筑所采用的主要瓦当类型。需要指出的是，《克拉斯基诺古城遗址瓦当的纹饰》一文，是迄今唯一一篇基于层位关系而开展渤海瓦当研究的学术论文。

20世纪后半期，以六顶山墓地、西古城城址、八连城城址、渤海上京城城址出土瓦当为学术切入点，以文献记载的渤海都城迁徙时限作为渤海瓦当断代的时间节点，我国学术界宽泛指出，六顶山墓地出土了渤海早期瓦当，西古城、八连城城址出土了渤海中期瓦当，渤海上京城城址出土了渤海晚期瓦当③。

利用《西古城》《渤海上京城》公布的全新的瓦当资料，韩国学者金希燦开展了"倒心形"花瓣瓦当专题研究。根据莲瓣、当心纹饰、间饰的细部纹样差异，金希燦构建了全新视角的"倒心形"花瓣瓦当的形制演变序列。依其研究，施蕚形间饰纹、当心纹饰由外及里呈"连珠纹→凸棱纹同心圆→乳突"造型的"倒心形"花瓣莲花纹瓦当的年代最早。依此标准，本书划分的西古城Ⅰa型（《西古城》Aa型）、八连城Ⅰc型（《八连城》Ae型）、渤海上京城六瓣Ag型（《渤海上京城》Ag型）瓦当年代最早④。不难看出，按照不同的类型学辨识标准、基于不同的学术切入点，金希燦、田村晃一得出了截然相反的学术结论。

上述研究表明，各国学者构建的渤海瓦当年代学序列，可谓仁者见仁、智者见智。值得我国学术界思考的是，田村晃一在其研究中，对中国学者的研究方法提出了批评："所谓早、中、晚期的时间区分，也只是把都城的位置作为问题进行的区分，与瓦当花纹则无关系。"⑤ 对此，田村晃一认为，开展渤海瓦当研究，"必要的是，离开都城的位置问题，

① Гельман Е. И. , Эволюция бохайской черепицы из буддийских памятников Приморья //Проблемы археологии и полеоэкологии Северной, Восточной и Центральной Азии: материалы Междунар. конф. Из века в век, посвящ. 95 - летию со дня рожд акад А. П. Окладникова и 50 - летию Дальневост. археол эксп РАН, — Новосибирск: Изд-во Ин-та археологии и этнографии СО РАН, 2003, —С. 324—327. 需要指出的是，目前，俄罗斯境内确认的使用檐头筒瓦的渤海时期瓦作建筑址均为佛教寺庙遗存。

② ［俄］Е. В. 阿斯塔申科娃、В. И. 博尔金著，王德厚译：《克拉斯基诺古城遗址瓦当的纹饰》，《北方文物》2006年第4期（原文见《俄罗斯与亚洲太平洋地区》2004年第1期）。

③ 李殿福：《渤海的考古学》，《东北考古研究》（二），中州古籍出版社，1994年；李殿福：《高句丽、渤海的考古与历史》（日文版见西川宏译，日本学生社，1991年）；刘滨祥、郭仁：《渤海瓦当的分类与分期研究》，《北方文物》1995年第3期；严长录、朴龙渊：《论渤海的瓦和砖的特点及其渊源》，《渤海文化研究》，吉林人民出版社，2000年。

④ ［韩］金希燦著、包艳玲译：《渤海莲花纹瓦当的纹样变化与时代变迁》，《历史与考古信息·东北亚》2013年第2期（原文见《白山学报》第87号，白山学会，2010年）。

⑤ ［日］田村晃一著、李云铎译：《关于渤海瓦当花纹的若干考察》，《历史与考古信息·东北亚》2003年第1期（原文见《青山史学》第19号，青山学院大学史学研究室，2001年）。

依据纯粹型式学方法来进行瓦当花纹的编年"①。

应该承认，田村晃一对中国学者提出的批评，指出了我国学术界开展渤海瓦当研究（包括都城研究）存在的问题。即，我国学者提出的年代学主张，往往因缺少具体的论证过程而暴露出诸多先入为主的主观性臆测问题。因此，随着国际性学术交流的不断增多、专业化对话空间的不断拓展，我国的渤海研究需要在国际化学术视野下正视自身存在的问题。同时，客观而言，田村晃一、金希燦基于"纯粹型式学方法"得出的学术认识，同样存在诸多主观臆测方面的弊端与不足。受材料所限，田村晃一的学术视角过于单一；面对全新的学术资源，拓展了学术视野的金希燦，仍然没有摆脱"纯粹"类型学研究方法所导致的认知缺失。总之，国内外研究者业已建立起来的渤海瓦当编年序列，均因缺少考古层位学实证线索而无法达成趋同性学术共识。相对而言，俄罗斯学者 E. B. 阿斯塔申科娃、B. И. 博尔金基于层位关系而提出的学术观点，即："倒心形"花瓣瓦当在克拉斯基诺城址晚期佛教建筑中得到初始应用的学术见解，有助于学术界客观审视渤海瓦当纹样变化的总体发展态势。

二、图们江流域瓦作建筑的缘起及其对渤海瓦当的影响

图们江支流珲春河流域古城村 1 号寺庙址因扰动而出土的遗物资料发表以后②，基于征集的瓦作构件、佛造像标本，在该佛寺遗存的年代问题上，学术界形成了两种意见。一是根据瓦当的形制特点（本书所区分的古城村 1 号寺庙址 I 型瓦当），推测寺庙的始建年代为高句丽政权以集安地区为都的四、五世纪③；二是根据佛造像的形制特点，主张其制作年代、佛寺使用年代为六世纪末、七世纪初的可能性较大④。无论两种主张孰是孰非，得以明确的是，作为迄今发现的图们江流域年代最早的瓦作建筑，在渤海政权创立之前，古城村 1 号佛寺结束了该流域房屋建筑的"茅茨土阶"时代。

此外，珲春市文物管理所、吉林省博物院均收藏有珲春河流域杨木林子寺庙址出土的瓦当标本，根据其"顺时针旋转忍冬纹"瓦当的形制特点（本书所区分的杨木林子寺庙址 I 型瓦当）推测，该佛寺瓦作建筑始建于高句丽以平壤为都时⑤。

古城村 1 号寺庙址、杨木林子寺庙址的考古发现显示，大祚荣建立政权之前，由于佛教东渐，图们江流域居民已经掌握了瓦作产品烧制技术、瓦作建筑营建技术。因此，同日

---

① ［日］田村晃一著、李云铎译：《关于渤海瓦当花纹的若干考察》，《历史与考古信息·东北亚》2003 年第 1 期（原文见《青山史学》第 19 号，青山学院大学史学研究室，2001 年）。

② 吉林大学边疆考古研究中心等：《吉林珲春古城村 1 号寺庙址遗物整理简报》，《文物》2015 年第 11 期。

③ 宋玉彬：《试论佛教传入图们江流域的初始时间》，《文物》2015 年第 11 期。

④ 蒋璐等：《珲春古城村 1 号寺庙址始建年代及出土造像研究》，《文物》2022 年第 6 期。

⑤ 高句丽都于集安地区之时，其所出土的忍冬纹瓦当均施"逆时针旋转忍冬纹"。与之不同，高句丽都于平壤地区之时，其所出土的忍冬纹瓦当均施"顺时针旋转忍冬纹"。参见宋玉彬：《渤海瓦当研究》，吉林大学博士学位论文，2011 年。

本的飞鸟时代一样，率先应用于佛寺的瓦作建筑，对包括宫廷、衙署在内的世俗瓦作建筑的缘起与发展产生了积极影响。以往研究成果表明，与南北朝时期流行"裂瓣纹"构图、单一主题纹饰瓦当类型不同，高句丽迁都平壤以后，具体应用了富于自身文化特色的"四分法"构图、复合主题纹饰的瓦当类型。就时间节点而言，古城村1号寺庙址属于高句丽政权都于集安之时营建的瓦作建筑，其所出土的Ⅰ型瓦当兼具前燕、高句丽的形制特点；杨木林子寺庙址属于高句丽政权都于平壤地区之时营建的瓦作建筑，其所出土的瓦当已经不见前燕文化因素影响的印记。自此以后，高句丽文化因素对渤海政权初期的瓦当形制形成了影响①。需要指出的是，上述认知已得到克拉斯基诺城址寺庙综合体层位关系的印证。基于此，在缺少层位关系线索的情况下，构图理念、主题纹饰类型成为开展渤海瓦当年代学考察的重要学术支撑。

三、渤海城址出土瓦当年代学考察

基于渤海城址的考古发现，综合渤海瓦当研究成果，本节依次对渤海上京城城址、西古城城址、八连城城址以及其他16处渤海城址出土的瓦当标本开展了年代学考察。

（一）渤海上京城出土瓦当年代学考察

在本书第三章第一节牡丹江流域的"渤海上京城"中，笔者对渤海上京城出土的瓦当标本进行了三类纹样和44种型、亚型的形制区分。为了廓清各型瓦当间的相对早晚关系，在渤海瓦当的宏观学术视野下，形成了有别于《渤海上京城》学术认知的、全新的学术思考。

1. 对《渤海上京城》开展的瓦当年代学考察的检讨

《渤海上京城》全面公布了该城址1997~2008年度发掘出土的瓦当资料，不过，在讨论各型瓦当的相对早晚关系时，该报告的不同章节出现了两种不同的观点、主张②。

主张一，见于《渤海上京城》第五章"第50号宫殿址"一节。整理者指出："第50号宫殿基址出土的陶瓦瓦当在进行类型分析排序时发现，莲花纹在细部存在明显的变化，有着较清晰的演进轨迹。概括其由早到晚的演变规律是：瓦当外缘由深变浅；浅浮雕莲花由隆起变扁平；莲瓣由精美变呆板；莲肉由丰腴变清瘦。这种根据类型学分析而得出的结论只是确定瓦当在逻辑上的相对早晚关系，并不代表具体年代。"

阅读上述引文，可以看出，整理者有关渤海瓦当演变规律的学术认知，与日本学术界倡导的学术主张较为相近。不过，该引文的表述方式存在前后矛盾、逻辑关系混乱方面的问题。既然已经认定瓦当纹样存在"由早到晚的演变规律"，就不应该再将其视为逻辑关

---

① 宋玉彬：《构图理念视角下的高句丽和渤海瓦当研究》，《考古》2020年第9期。

② 黑龙江省文物考古研究所：《渤海上京城——1998~2007年度考古发掘调查报告》，文物出版社，2009年。

系层面上的学术推想。

同时，笔者注意到，针对第 50 号宫殿址发掘区清理揭露的遗迹，整理者公布了以下层位关系信息。"根据发掘得知，F4 部分被压在 F2 和 Q1 之下；Q1 叠压 D1 东北部的散水石；F2 的西端压在 2T 的散水石上；F5 东部叠压 1T 散水石；F1 部分叠压在 D1 西部、L1 北部的散水石上；1T、L1 环围 F3。由此可推知第 50 号宫殿的整体营建时序为 F4 最早；D1、L1、1T、L2、2T 次之；F1、F2、F3、F5、Q1 最晚。"①

利用本书所划分的瓦当类型，笔者对《渤海上京城》公布的第 50 号宫殿址发掘区出土的瓦当标本进行了系统梳理。统计数据显示，该区出土有七瓣 Aa 型、六瓣 Ac 型、六瓣 Ag 型、六瓣 Ah 型、六瓣 Ai 型、六瓣 Aj 型、六瓣 Ba 型、六瓣 Bb 型、六瓣 Fa 型、五瓣 Ab 型等 10 种"倒心形"花瓣主题纹饰类型的瓦当标本。上述瓦当与清理揭露的遗迹单位的对应关系是，六瓣 Ag 型、六瓣 Ah 型、六瓣 Ai 型、六瓣 Fa 型等 4 型瓦当均出自早期遗迹单位；六瓣 Aj 型、五瓣 Ab 型等 2 型瓦当则仅见于晚期遗迹单位；余下的七瓣 Aa 型、六瓣 Ac 型、六瓣 Ba 型、六瓣 Bb 型等 4 型瓦当，则在早、晚两期遗迹单位中均有所发现。在进行瓦当形制考察时，笔者注意到，依据层位关系，无法印证报告整理者主张的渤海瓦当"由早到晚的演变规律"。具体而言，第 50 号宫殿址发掘区清理揭露的相对年代最早的遗迹单位是 F4，遗憾的是，《渤海上京城》只是公布了该遗迹出土的釉陶瓦当信息②，没有说明其是否出土有陶瓦当标本。基于此，笔者对其他遗迹单位出土的瓦当标本进行了形制分析。结果表明，在年代最晚的 F1、F5 中，出土了"丰腴"花肉类型的七瓣 Aa 型、六瓣 Ac 型瓦当；在年代偏早的 D1 中，则出土了"清瘦"花肉类型的六瓣 Fa 型瓦当。

需要加以说明的是，在《渤海上京城》第十一章第五节"遗迹、遗物的分期"中，整理者公布了以下学术信息，"第 50 号宫殿基址出土三彩套兽数十个，均残破且集中埋藏在很小的范围内，应是大规模维修或重建所废弃"。由此引发的学术思考是，如果第 50 号宫殿址区域的瓦作建筑进行过"大规模"的修缮、改造工程，基于考古清理而出土的瓦当标本，多数应该属于修缮时的替换品，其烧制年代应该普遍偏晚。果真如此的话，则无法依托该区域出土瓦当标本讨论渤海上京城瓦当形制的演变序列。

主张二，见于《渤海上京城》第十一章"遗迹、遗物的分期"一节。整理者认为："上京城出土较多的是六瓣、七瓣莲花纹瓦当，相同类型的瓦当尤其是六瓣莲花纹瓦当在渤海西古城、八连城亦较常见，应该是城毁前大量使用的种类，七瓣莲花纹瓦当则不见于上述二城，故可以认为这两类瓦当属于最晚的形制。"

---

① 关于引文中的遗迹编号，据《渤海上京城》报告，D1 代表第 50 号宫殿址，L1 代表第 50 号宫殿址的西廊，L2 代表第 50 号宫殿址的东廊，1T 代表第 50 号宫殿址的西亭，2T 代表第 50 号宫殿址的西亭，F1~F5 代表第 50 号宫殿址区域的房址，Q1 代表第 50 号宫殿址区域的石墙。

② 据《渤海上京城》报告，F4 出土了 3 件釉陶质"倒心形"花瓣小型瓦当。其中，标本 04SYDF4：14，萼形间饰，瓦当直径 11 厘米；标本 04SYDF4：81，"十"字形间饰；3 件标本的花肉均很"清瘦"。

该引文与上文摘录的第一种学术认识一样，也存在语焉不详、逻辑关系错乱方面的问题。其一，就形制特点而言，七瓣莲花纹瓦当均属于花肉"丰腴"类型，整理者关于此类瓦当年代最晚的学术结论，与《渤海上京城》第五章"第 50 号宫殿址"阐述的学术主张互相矛盾。由此而导致的问题是，在同一部考古报告中，在出土遗物的相对早晚关系问题上，整理者的学术主张前后不一。其二，由于六瓣"倒心形"花瓣瓦当存在诸多细部形制差异，整理者没有表述清楚，究竟是渤海上京城、西古城、八连城 3 座城址出土的六瓣莲花纹瓦当均属年代最晚类型？还是渤海上京城出土的六瓣莲花纹瓦当的年代最晚？两者具有不同的时间节点属性，如果意指前者，则西古城、八连城出土的"倒心形"花瓣瓦当均属渤海瓦当的晚期类型，表明整理者认同田村晃一的主张。即，西古城、八连城瓦作建筑的始建年代晚于渤海上京城，西古城是渤海中京显德府治所故址，与"天宝中王所都"的显州都城无关[1]。如果意指后者，则渤海上京城址出土的四瓣、五瓣"倒心形"花瓣瓦当的年代最早。若如此，则该主张与"倒心形"花瓣瓦当的总体演变态势不符，克拉斯基诺城址寺庙综合体的考古发现表明，五瓣"倒心形"花瓣瓦当具体应用于其晚期佛寺瓦作建筑中。

综上，在解读渤海上京城出土瓦当标本的早晚关系及其演变规律时，《渤海上京城》的上述两种主张均缺少脉络清晰、数据翔实的论证过程。因此，该考古报告并行存在的两种意见不一的学术观点，均有待于充实、完善，甚至需要进行演变序列方面的修正。

2. 渤海上京城瓦当年代学考察的全新思考

（1）基于瓦作建筑营建时序的思考

根据史料信息，现存渤海上京城城址曾经先后两次作过渤海政权的王城（都城）。第一次是"天宝末"至"贞元时"[2]，初次为都时间约 30 年。其后，渤海国经历了"东南徙东京"的迁都变故。第二次是大华玙执政时将都城"复还上京"，此后直至渤海国灭亡，渤海政权始终以上京为都。两次为都引发的学术讨论是，三重城建置的渤海上京城落成于天宝末年还是竣工于"复还上京"之后？就本书研究而言，廓清渤海上京城三重城建置的营建时序，不仅有助于界定城内、城外具体瓦作建筑的始建年代，而且有利于构建渤海瓦当的编年序列。

在以往研究中，学术界倾向性认为，拥有宫城、皇城、郭城三重城建置的渤海上京城，其总体格局仿自隋唐长安城。依据文献中著录的"筑城以卫君，造郭以守民"的都城营建理念[3]，古代都城的营建时序多被解读为先筑城、后造郭。清代徐松曾经指出，隋唐

---

① ［日］田村晃一著、李云铎译：《关于渤海瓦当花纹的若干考察》，《历史与考古信息·东北亚》2003 年第 1 期（原文见《青山史学》第 19 号，青山学院大学史学研究室，2001 年）。

② 天宝，唐代纪年，742～756 年。贞元，唐代纪年，785～805 年。

③ （唐）徐坚：《初学记》卷二四引《吴越春秋》，中华书局，1962 年。

长安城"隋时规建，先筑宫城、次筑皇城、次筑外郭城"①。通过检索史料信息，刘晓东认为，长安城整体城市格局历时 70 余年方始竣工②。

关于三重城建置的渤海上京城的营建时序，中外学术界始终存在认知分歧。中国学术界的传统主张是，"天宝末"初次为都时的上京城，仅营建有现存三重城的宫城设施；"复还上京"后，在完善宫城建置的基础上，陆续营建了皇城、郭城设施。理由有二。其一，"天宝末"距离大祚荣自立"震国王"尚不足 60 年，并且，"天宝中"还曾一度以显州为都。因此，当时的渤海政权还不具备营建三重城建置都城的综合国力。其二，文献中留存的渤海"十有二世至彝震，僭号改元，拟建宫阙"③ 的记载被诠释为，大彝震继承王位之时，包括宫殿建筑在内的都城建置尚未全面落成。

有别于上述认知，日本、韩国学者多主张渤海上京城一次性建成。在梳理贞元年间渤海政权"东南徙东京"史料信息时，田村晃一曾发出这样的疑问："为什么要迁都东京呢？修建了那么一个巨大的上京，为什么还要搬走呢？"④。显然，在其主观意识中，"贞元时"，渤海上京城的三重城建置已经完工。郑焆培在与中国学者进行学术互动时指出，上京城初始为都时仅营建有宫城建置的主张，其论证过程、实证线索等方面均存在认知缺失⑤。

面对国外学者的质疑，促使笔者反思了导致认知分歧的主客观因素。在重新梳理史料信息与考古发现的基础上，通过《文字瓦视角下的渤海佛教遗存研究》《行政建制视角下的渤海上京城营建时序研究》二文，笔者提出了渤海上京城营建时序的全新主张："天宝末"初次为都时的渤海上京城，为满足三省六部建制的需要，营建了双重城建置的宫城、皇城设施⑥。同时，为满足不同阶层的礼佛需求，在都城北郊营建了旷野类型的 8 号、9 号佛教寺院⑦。

根据上述认知，以瓦作建筑的始建年代为学术切入点，针对不同遗存地点出土瓦当的相对早晚关系，形成了以下两点学术判断。

其一，作为初始为都之时营建的瓦作建筑，宫城、皇城设施及 9 号寺庙址共出有本书所区分的七瓣 Aa 型（图一一四：1）、六瓣 Ai 型（图一一四：2）、六瓣 Aj 型（图一一四：3）、五瓣 B 型（图一一四：4）、莲蕾纹 A 型（图一一四：5）等 5 型瓦当标本。

① （清）徐松撰，张穆校补、方严点校：《唐两京城坊考》，中华书局，1985 年。

② 刘晓东：《渤海文化研究——以考古发现为视角》，黑龙江人民出版社，2006 年。

③ 《辽史》卷三八《地理志》，第 456 页，中华书局，1974 年。

④ ［日］田村晃一著、唐森译：《上京龙泉府出土莲花纹瓦当的研究》，《东北亚考古资料译文集》（7），北方文物杂志社，2007 年（原文见《东亚的都城与渤海》，财团法人东洋文库，2005 年）。

⑤ 杨筱筠、牛昊林：《"高句丽·渤海的都市、文化及其世界"国际学术会议纪要》，《边疆考古研究》第 27 辑，科学出版社，2020 年。

⑥ 宋玉彬：《行政建制视角下的渤海上京城营建时序研究》，《中国边疆史地研究》2020 年第 3 期。

⑦ 宋玉彬：《文字瓦视角下的渤海佛教遗存研究》，《学习与探索》2017 年第 7 期。

由于上述瓦当未见于清理发掘的郭城瓦作建筑遗存地点，推测其中可能包含有"天宝末"初始应用的瓦当类型。

其二，宫城、皇城、9号寺庙址、郭城正北门址、1号寺庙址共出有本书所区分的六瓣 Ae 型（图一一五：1）、六瓣 Ag 型（图一一五：2）、六瓣 Ba 型（图一一五：3）、六瓣 Bb 型（图一一五：4）、六瓣 Bc 型（图一一五：5）、六瓣 D 型（图一一五：6）、六瓣 Fa 型（图一一五：7）、五瓣 Ab 型（图一一五：8）、莲蕾纹 B 型（图一一五：9、10）等 9 型瓦当标本。显然，它们应该具有"复还上京"以后得以应用的檐头筒瓦遗物的时间节点属性。

（2）基于构图理念的思考

为了廓清渤海上京城出土瓦当的相对早晚关系，以构图理念为切入点，笔者将 44 种瓦当类型分为两组加以讨论。第一组，"裂瓣纹"构图瓦当类型，"倒心形"花瓣主题纹饰；第二组，"四分法"构图瓦当类型，包括"倒心形"花瓣、莲蕾纹、花草纹主题纹饰。

在本书所区分的 44 种类型的瓦当标本中，四瓣单一主题纹饰或"四+四"复合主题纹饰的瓦当标本均具有"四分法"构图的形制特点。根据前文表二统计数据，属于"四分法"构图的四瓣"倒心形"花瓣 A 型、四瓣"倒心形"花瓣 B 型、四瓣"倒心形"花瓣 C 型、莲蕾纹 A 型、莲蕾纹 B 型、花草纹 A 型等 6 型瓦当标本，均见于宫城、皇城、9 号寺庙址等始建于"天宝末"的瓦作建筑遗存地点。其中，作为个例，只有 1 件莲蕾纹 B 型瓦当残块见于郭城正北门址发掘区（图一一五：10）。

1.（七）Aa型　　2.（六）Ai型　　3.（六）Aj型　　4.（五）B型　　5.莲蕾纹A型

图一一四　渤海上京城宫城、皇城、9号寺庙址共出瓦当类型

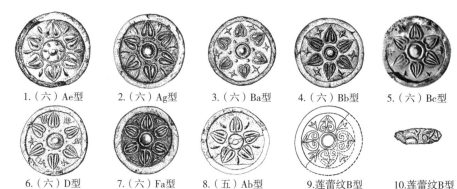

1.（六）Ae型　　2.（六）Ag型　　3.（六）Ba型　　4.（六）Bb型　　5.（六）Bc型

6.（六）D型　　7.（六）Fa型　　8.（五）Ab型　　9.莲蕾纹B型　　10.莲蕾纹B型

图一一五　渤海上京城宫城、皇城、9号寺庙址、郭城、1号寺庙址共出瓦当类型

表一七　　　　　　　　　　　　渤海上京城各遗迹单位共出瓦当对应表

类型	宫城宫殿址	皇城南门址	9号寺庙址	1号寺庙址	郭城北门址	郭城南门址	郭城东门	郭城北墙西门
七瓣 A 型	V	V	V					
六瓣 Ae 型	V				V			
六瓣 Ag 型	V	V		V	V			
六瓣 Ai 型	V		V					
六瓣 Aj 型	V		V					
六瓣 Ba 型	V	V	V	V	V		V	V
六瓣 Bb 型	V		V	V	V	V		
六瓣 Bc 型	V			V				
六瓣 D 型	V		V		V		V	V
六瓣 Ea 型	V			V				
六瓣 Eb 型				V				
六瓣 Fa 型	V			V				
五瓣 Ab 型	V				V	V（釉）		
五瓣 B 型	V		V					
莲蕾纹 A 型	V		V					
莲蕾纹 B 型	V				V			

表一七的统计数据显示，伴随大钦茂"宪象中国制度"而流行的"裂瓣纹"构图理念，曾经与传统的"四分法"构图理念并行一段时间。主要出自渤海上京城宫城、皇城、9 号寺庙址的"四分法"构图理念瓦当类型表明，"天宝末"渤海上京城初始为都之时营建的瓦作建筑，依然应用了"四分法"构图理念的瓦当类型。与之相关，作为旁证线索，隋唐洛阳城皇家园林上阳宫出土有"四分法"构图、单一主题纹饰的"复瓣"莲纹瓦当标本①，表明唐高宗上元年间（674～675 年）营建上阳宫之时，肇始于十六国、南北朝时期的"裂瓣纹"构图理念尚未全面替代"四分法"构图理念。由于无法界定见于郭城北门址的莲蕾纹 B 型瓦当标本是否属于原生倒塌堆积遗物，初步推测，"四分法"构图理念瓦当类型在渤海上京城具体应用的年代下限，可能持续至营建渤海上京城郭城瓦作建筑之时。

综上，不难看出，上述认知与思考并没有形成明确的结论，甚至存在诸多有待廓清的症结问题。作为学术构想而提出的上述主张，希望能够引发必要的学术讨论，以便于推动瓦当视角下的渤海城址研究。

---

① 中国社会科学院考古研究所：《隋唐洛阳城》，文物出版社，2014 年。

（二）西古城出土瓦当的年代学考察

综合本书第三章的学术认知，基于渤海瓦当的总体形制特点，可以将西古城城址出土的 7 型瓦当分为三组：第一组包括 Ⅰ 型、Ⅱ 型、Ⅲ 型等 3 型瓦当，均为"倒心形"花瓣单一主题纹饰瓦当类型；第二组包括Ⅳ型、Ⅵ型、Ⅶ型等 3 型瓦当，属于"图们江流域地域性纹饰"瓦当类型；第三组包括 Ⅴ 型瓦当，属于接受唐文化因素影响的"复瓣"莲纹主题纹饰瓦当类型。

根据三组瓦当类型各自的形制特点，形成以下学术推断。

其一，三组瓦当均具有"裂瓣纹"构图、单一主题纹饰的形制特点，可以将其年代上限界定在大钦茂执政时期。其中，第三组"复瓣"莲纹主题纹饰瓦当类型可以作为诠释大钦茂"宪象中国制度"的实证线索。

其二，第二组瓦当类型应该是接受图们江流域旷野类型佛寺瓦作建筑影响的结果。并且，根据西古城城址大型院落式建筑群中排水沟设施碎瓦垫层出土的 Ⅰ b 型、Ⅱ b 型、Ⅲ 型、Ⅳ 型、Ⅶ型等 5 型瓦当标本推测[1]，"图们江流域地域性纹饰"瓦当类型在西古城瓦作建筑中初始应用的时间不晚于单一主题纹饰的"倒心形"花瓣瓦当类型[2]。

其三，数量上占据优势地位的第一组瓦当类型，应该是渤海政权塑造自身文化特色的重要标志。值得注意的是，西古城城址出土的第一组瓦当中，Ⅰa 型瓦当（图一一六：1）同于渤海上京城六瓣 Ag 型瓦当（图一一六：2），Ⅱa 型瓦当（图一一六：3）同于渤海上京城六瓣 Bb 型瓦当（图一一六：4），Ⅱb 型瓦当（图一一六：5）同于渤海上京城六瓣 Bc 型瓦当（图一一六：6）。根据上文开展的渤海上京城出土瓦当年代学考察可知，西古城 Ⅰa 型、Ⅱa 型、Ⅱb 型等 3 型瓦当具体应用于大华玙"复还上京"以后。

（三）八连城出土瓦当的年代学考察

根据《间岛省古迹调查报告》[3]《半拉城》[4] 公布的资料，学术界倾向性认为，八连城、西古城瓦作建筑所使用的瓦作产品具有明显的同一性[5]。《西古城》[6]《八连城》[7] 出

---

① 吉林省文物考古研究所等：《西古城——2000～2005 年度渤海国中京显德府故址田野考古报告》，文物出版社，2007 年；吉林省文物考古研究所等：《吉林和龙西古城城址 2007～2009 年发掘简报》，《文物》2016 年第 12 期。

② 宋玉彬：《试论渤海瓦当的"图们江流域地域性纹饰"类型》，《新果集（二）——庆祝林沄先生八十华诞论文集》，科学出版社，2018 年。

③ ［日］鸟山喜一、藤田亮策：《間岛省古蹟調査報告》，"滿洲國"古蹟古物调查报告第三编，民生部，1941 年。

④ ［日］斋藤优：《半拉城と他の史蹟》，半拉城址刊行會，1978 年。

⑤ 宋玉彬、王志刚：《考古学视角下的西古城城址》，《新果集——庆祝林沄先生七十华诞论文集》，科学出版社，2009 年；宋玉彬：《渤海都城故址研究》，《考古》2009 年第 6 期。

⑥ 吉林省文物考古研究所等：《西古城——2000～2005 年度渤海国中京显德府故址田野考古报告》，文物出版社，2007 年。

⑦ 吉林省文物考古研究所等：《八连城——2004～2009 年度渤海国东京故址田野考古报告》，文物出版社，2014 年。

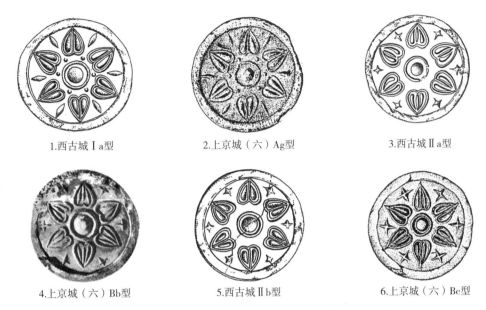

1.西古城Ⅰa型　　2.上京城（六）Ag型　　3.西古城Ⅱa型

4.上京城（六）Bb型　　5.西古城Ⅱb型　　6.上京城（六）Bc型

图一一六　渤海上京城、西古城城址同型瓦当

版以后，全新的考古发现极大地拓展了西古城、八连城瓦作构件研究的学术视野与探索空间。

总体而言，八连城城址出土的瓦当可以分为四组。第一组包括Ⅰ型瓦当，属于"倒心形"花瓣瓦当类型；第二组包括Ⅲ型、Ⅳ型、Ⅴ型等3型瓦当，属于"图们江流域地域性纹饰"瓦当类型；第三组为Ⅱ型瓦当，属于接受唐文化因素影响的"复瓣"莲纹主题纹饰瓦当类型；第四组为Ⅵ型瓦当，此型瓦当未见于其他渤海时期瓦作建筑遗存地点，作为孤例，暂时不予讨论。根据一至三组瓦当的形制特点，形成以下认知。

其一，八连城的第一、二、三组瓦当类型均见于西古城城址。其第一组4型瓦当，Ⅰa型同于（图一一七：1）西古城Ⅰb型（图一一七：2），Ⅰb型（图一一七：3）同于西古城Ⅰc型（图一一七：4），八连城Ⅰc型（图一一七：5）同于西古城Ⅰa型（图一一六：1），八连城Ⅰd型（图一一七：6）同于西古城Ⅰd型（图一一七：7）、渤海上京城六瓣Ac型（图一一七：8）。

其二，八连城、西古城出土瓦当存在两点形制差异。一是八连城出土的"倒心形"花瓣瓦当类型均施萼形间饰纹，未见西古城出土的施"十"字形、弯月形间饰纹的"倒心形"花瓣瓦当类型。二是相较于西古城出土的"复瓣"莲纹瓦当，八连城同型瓦当主题纹饰的纹样形态更为丰富，经由其Ⅱe型瓦当主题纹饰的链接，可以完成由复瓣莲纹向"倒心形"花瓣转化的演变轨迹。

其三，种种迹象表明，西古城出土的部分瓦作构件遗物标本、八连城出土的全部瓦作构件遗物标本可能为同一制瓦作坊烧制的瓦作产品。至于八连城不见施"十"字形、弯月形间饰纹的"倒心形"花瓣瓦当的原因，不排除它们是其他制瓦作坊产品的可能性。

其四，与渤海上京城六瓣Ag型瓦当、西古城Ⅰa型瓦当同型的Ⅰc型瓦当，应该是大

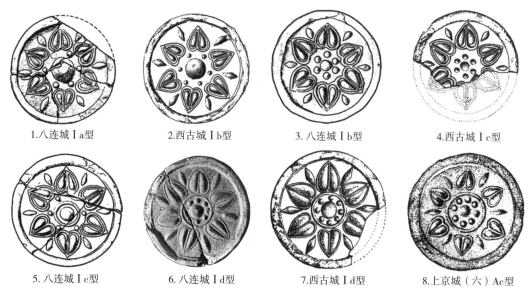

1.八连城Ⅰa型　　　2.西古城Ⅰb型　　　3.八连城Ⅰb型　　　4.西古城Ⅰc型

5.八连城Ⅰc型　　　6.八连城Ⅰd型　　　7.西古城Ⅰd型　　　8.上京城（六）Ac型

图——七　西古城、八连城、渤海上京城城址同型瓦当

华玛"复还上京"以后得以应用的瓦当类型。

此外，据《八连城》，该城址一号建筑址发掘出土的 1 件压当条上，残存有"维次甘露元"刻划文字，发掘者认为，东丹国曾经对八连城瓦作建筑进行过修缮①。遗憾的是，目前尚不能依托这一线索辨识同期使用的檐头筒瓦遗物。

（四）其他渤海城址出土瓦当年代学考察

除了渤海上京城、西古城、八连城等 3 座城址，另有 17 座城址出土有渤海时期的瓦当标本。其中，图们江流域 9 座、西流松花江流域 2 座、鸭绿江流域 2 座、牡丹江流域 1 座、绥芬河流域 1 座、北青川流域 1 座、楚卡诺夫卡河流域 1 座。由于克拉斯基诺城址出土的瓦当标本均为佛寺瓦构建筑留存的遗物，因此，本节只梳理另外 16 座城址出土的瓦当标本，克拉斯基诺城址的考古发现，将在开展寺庙址瓦当年代学考察时予以讨论。

根据现有资料，结合瓦当形制特点，可以将 16 座城址分为四组（表一八）。

第一组，出土"四分法"构图理念瓦当标本的城址，包括河北城址、鸡冠城址、河龙城址、北土城城址、长白城址等 5 座城址。

第二组，共出"四分法""裂瓣纹"等 2 种构图理念瓦当标本的城址，包括北大城址、太阳城址、龙泉坪城址、苏密城城址、国内城城址等 5 座城址。

第三组，出土"裂瓣纹"构图理念瓦当标本的城址，包括南城子城址、高城城址、营城子城址、大城子城址、青海城址等 5 座城址。

第四组，共出多重、"四分法""裂瓣纹"等 3 种构图理念瓦当标本的城址，包括温

---

① 吉林省文物考古研究所等：《八连城——2004～2009 年度渤海国东京故址田野考古报告》，文物出版社，2014 年。

表一八　　　　　　　　　　　　　　　　　渤海城址出土瓦当分组表

	第一组	第二组	第三组	第四组
构图理念	四分法	四分法 裂瓣纹	裂瓣纹	多重构图 四分法 裂瓣纹
城址	**图们江流域：** 河北城址、鸡冠城址、河龙城址 **西流松花江流域：** 北土城城址 **鸭绿江流域：** 长白城址	**图们江流域：** 北大城址、太阳城址、龙泉坪城址 **西流松花江流域：** 苏密城城址 **鸭绿江流域：** 国内城城址	**牡丹江流域：** 南城子城址 **图们江流域：** 高城城址、营城子城址 **绥芬河流域：** 大城子城址 **北青川流域：** 青海城址	**图们江流域：** 温特赫部城址
合计（16）	5	5	5	1

特赫部城址。

基于构图理念、主题纹饰考察，形成以下两点认知。

其一，河北城址、鸡冠城址、河龙城址、北大城址、太阳城址、龙泉坪城址、温特赫部城址、苏密城城址、北土城城址、国内城城址、长白城址等11座城址出土有"四分法"构图理念的瓦当标本，推测此类瓦当初始应用的年代上限可以早到大钦茂"宪象中国制度"之前。

其二，大城子城址、南城子城址、北大城址、太阳城址、龙泉坪城址、高城城址、营城子城址、温特赫部城址、苏密城城址、国内城城址、青海城址等11座城址出土有大钦茂"宪象中国制度"之后得以流行的瓦当类型。其中，北大城址、太阳城址、高城城址、龙泉坪城址、国内城城址、青海城址等6座城址出土有"裂瓣纹"构图、"倒心形"花瓣单一主题纹饰、"十"字形间饰纹瓦当标本；国内城城址、青海城址等2座城址出土有"裂瓣纹"构图、"倒心形"花瓣单一主题纹饰、蕚形间饰纹瓦当标本；苏密城城址出土有"裂瓣纹"构图、"倒心形"花瓣单一主题纹饰、T形间饰纹瓦当标本。初步推测，上述瓦当类型具体应用的年代下限可以晚至大华玙"复还上京"以后。

四、渤海旷野遗址出土瓦当年代学考察

迄今为止，计有50处旷野遗址（21处寺庙址、29处建筑址）出土了渤海时期的瓦当标本。根据瓦当形制特点，可以将50处旷野遗址分为五组（表一九）。

第一组，12处仅见有"四分法"构图理念瓦当标本的遗址。

第二组，1处共出多重、"四分法"等2种构图理念瓦当标本的遗址。

第三组，18处仅见有"裂瓣纹"构图理念瓦当标本的遗址。

第四组，12处共出"四分法""裂瓣纹"等2种构图理念瓦当标本的遗址。

表一九 渤海旷野遗址出土瓦当分组表

	第一组	第二组	第三组	第四组	第五组
构图理念	四分法	四分法 多重构图	裂瓣纹	四分法 裂瓣纹	多重构图 四分法 裂瓣纹
遗址	绥芬河流域： 科尔萨科沃寺庙址 图们江流域： 帽儿山建筑址、锦城一队建筑址、东沟建筑址、新田建筑址、太安建筑址、马滴达寺庙址、滩前建筑址、岐新六队建筑址、龙渊建筑址 北青川流域： 庙谷1号寺庙址、金山2号寺庙址	绥芬河流域： 杏山寺庙址	牡丹江流域： 哈达渡口建筑址、牤牛河子建筑址、烟筒砬子建筑址 绥芬河流域： 鲍里索夫卡寺庙址 图们江流域： 高产寺庙址、龙河南山建筑址、南溪四队建筑址、幸福建筑址、转角楼建筑址、安田建筑址、八连城东南寺、古城村2号寺庙址、大荒沟寺庙址、东云洞建筑址、盘岭沟口建筑址 西流松花江流域： 东清建筑址、新兴建筑址 鸭绿江流域： 河南屯建筑址	牡丹江流域： 上京城9号寺庙址 楚卡诺夫卡河流域： 克拉斯基诺早期寺庙址 图们江流域： 东南沟寺庙址、台岩建筑址、岛兴建筑址、红云寺庙址、影壁建筑址、中大川建筑址、天桥岭建筑址、骆驼山建筑址、良种场寺庙址 西流松花江流域： 新安建筑址	绥芬河流域： 马蹄山寺庙址 图们江流域： 河南屯寺庙址、长仁建筑址、立新寺庙址、杨木林子寺庙址、古城村1号寺庙址 北青川流域： 金山1号寺庙址
合计（50）	12	1	18	12	7

第五组，7处共出多重、"四分法""裂瓣纹"等3种构图理念瓦当标本的遗址。

上述信息显示，8处遗址出土了多重构图理念瓦当标本、32处遗址出土了"四分法"构图理念瓦当标本，37处遗址出土了"裂瓣纹"构图理念瓦当标本。经过信息整合，形成以下两点认知。

其一，32处遗址出土了"四分法"构图理念瓦当标本，推测此类瓦当初始应用的年代上限不晚于大钦茂"宪象中国制度"之时。

其二，37处遗址出土了"裂瓣纹"构图理念瓦当标本，其中，标准"倒心形"花瓣主题纹饰瓦当的年代下限可以晚至大华玙"复还上京"以后。

五、渤海墓上瓦构建筑出土瓦当年代学考察

基于考古发现，六顶山墓地、河南屯墓葬、龙头山墓地龙海墓区 M13～14、七道河墓葬等 4 处遗存地点出土了渤海时期的瓦当标本。通过开展类型学考察，形成以下四点认知。

其一，4 处地点均出土了具有多重构图或"四分法"构图形制特点的瓦当标本，推测此类瓦当初始应用的年代上限可以早到大钦茂"宪象中国制度"之前。

其二，基于河南屯墓葬、龙头山墓地龙海墓区 M13～14 出土的"图们江流域地域性纹饰"瓦当类型推测，2 处墓葬墓上瓦作建筑的始建年代不晚于大钦茂执政时期，或至迟此期曾经进行过修缮处理。

其三，龙头山墓地龙海墓区 M13～14 的 I 型瓦当，与渤海上京城六瓣 Ag 型瓦当、西古城 I a 型瓦当、八连城 I c 型瓦当为同型瓦当，推测其为大华玙"复还上京"以后得以应用的瓦当类型。

其四，相较于龙头山墓地龙海墓区 M13～14、七道河墓葬，六顶山墓地、河南屯墓葬等 2 处地点未见"倒心形"花瓣瓦当类型，表明"倒心形"花瓣瓦当流行以后，两者存在未进行过修缮的可能性，促使笔者思考的是，作为渤海时期的高等级墓葬，出现上述现象的原因是什么？

第二节　渤海瓦当文化因素分析

瓦当集实用性、装饰性于一身的特点，在其作为实用性建筑构件加以应用之时，便已成为收藏者眼中的艺术品、研究者眼中的信息源。作为艺术品，收藏者追求的是心灵的愉悦；作为信息源，研究者渴求的是开启一扇了解古代社会的认知窗口。具体到渤海时期瓦当，通过前文的阐述可知，在渤海遗存中，瓦当是出土数量较为丰富的遗物种类。由于瓦当的纹样图案蕴含着诸多渤海人的主观意识，开展瓦当研究成为了解渤海人精神世界、进而探索渤海文化特点的重要途径。众所周知，由于瓦作工艺不是渤海的原创性技术，瓦作产品在渤海房屋建筑中的初始应用，应该是渤海人对一种全新技术领域的涉足与尝试。客观而言，任何试图接纳新鲜事物的行为举措，照搬与模仿是所有尝试者别无选择、必须履行的必要适应过程，这一过程同样适用于瓦作建筑在渤海的推广使用。自然而言，渤海人对瓦当纹样图案的取舍，应该存在一个模仿与创新的发展过程。因此，辨识各种瓦当纹样的缘起，有助于明晰渤海瓦当纹饰图案的演变轨迹、发展历程。

依据现有学术资源，开展渤海瓦当文化因素分析，学术切入点有二：一是瓦当的构图理念，二是瓦当的主题纹饰。

一、以往研究中有关渤海瓦当文化因素的学术认知

廓清渤海瓦当构图理念、纹饰类型的文化渊源，是开展瓦当研究不可或缺的重要组成部分，因此，在梳理涉及渤海瓦当研究的著述时均可以不同程度地捕捉到一些具体信息。不过，由于主观取向不同，不同研究者的学术阐释往往仁者见仁、智者见智。归纳起来，中、日、俄、朝、韩学术界各自进行了不同的学术阐释。

（一）日本学术界的话语主张

利用主导肇始期渤海考古的便利条件，日本学术界率先开展了渤海瓦当纹饰的文化因素分析。鸟山喜一认为，渤海瓦当的莲纹（"倒心形"）花瓣起源于高句丽[1]。藤田亮策指出，渤海瓦当的"复瓣"莲纹花瓣接受了新罗瓦当的影响[2]。与之不同，三上次男认为，"复瓣"莲纹具有高句丽瓦当的形制特点[3]。基于考古新发现，学术视野得以拓展的当代日本学者，逐渐摒弃了论证不够充分的上述主张。田村晃一倡导的新的学术主张是，渤海瓦当中，只有"忍冬纹"花瓣具有高句丽文化因素影响的印记[4]。

（二）朝鲜半岛学术界的话语主张

综观 20 世纪朝鲜半岛学术界开展的渤海瓦当研究，其学术解读主要围绕渤海文化对高句丽文化的继承性而展开，命题式研究导致其学术主张因缺少实证线索而流于形式[5]。关于此，诚如田村晃一所言，朝鲜学者的主张"未必是在具体充分探讨高句丽和渤海瓦当花纹上的发言"[6]。2010 年，通过《关于渤海莲花纹瓦当对高句丽继承性的探讨》一文[7]，韩国学者金希燦认为，渤海瓦当的"倒心形"花瓣是由高句丽的线构莲花纹发展而来。基于此，他提出了渤海文化继承高句丽文化的新主张。对此，本书将在讨论文化因素影响与

---

[1] ［日］鸟山喜一：《渤海国上京竜泉府址に就いて》，《满鲜文化史観》，刀江书院，1935 年。

[2] ［日］鸟山喜一、藤田亮策：《間島省古蹟調査報告》，"滿洲國"古蹟古物调查报告第三编，民生部，1941 年。

[3] ［日］三上次男：《渤海の瓦》，《座右寶》第 10～12 号，座右寶刊行會，1947 年；《高句丽と渤海》，吉川弘文館，1990 年。

[4] ［日］田村晃一著、李云铎译：《关于渤海瓦当花纹的若干考察》，《历史与考古信息·东北亚》2003 年第 1 期（原文见《青山史学》第 19 号，青山学院大学史学研究室，2001 年）；［日］小岛芳孝著、吴丽丹译：《图们江流域的渤海都城和瓦当——根据斋藤优先生的调查资料》，《东北亚考古资料译文集》（7），北方文物杂志社，2007 年（原文见《东亚的都城与渤海》，2005 年）。

[5] ［朝］朱荣宪：《渤海文化》，朝鲜社会科学出版社，1971 年；朝鲜民主主义共和国社会科学院考古研究所编、李云铎译：《朝鲜考古学概要》，黑龙江省文物出版编辑室，1983 年。

[6] ［日］田村晃一著、李云铎译：《关于渤海瓦当花纹的若干考察》，《历史与考古信息·东北亚》2003 年第 1 期（原文见《青山史学》第 19 号，青山学院大学史学研究室，2001 年）。

[7] ［韩］金希燦著、包艳玲译：《关于渤海莲花纹瓦当对高句丽继承性的探讨》，《历史与考古信息·东北亚》2010 年第 2 期（原文见《高句丽渤海研究》第 36 辑，高句丽渤海研究会，2010 年）。

文化继承异同性问题时予以具体评述。

（三）俄罗斯学术界的话语主张

通过《渤海屋顶瓦的纹饰与分类》一文，Э. В. 沙弗库诺夫分析了渤海瓦当纹饰的文化渊源①。该文将渤海瓦当分为 13 种类型，并且根据具体纹饰的细部形制差异，对一些类型进行了亚型区分。考虑到我国学术界鲜有学者了解该论文的具体情况，在此，对该文进行简要的介绍。

Ⅰ型，3 种亚型。Ⅰa 型、Ⅰb 型出自马蹄山寺庙址（图一一八：1、2），Ⅰc 型出自杏山寺庙址（图一一八：3）。

Ⅱ型，出自鲍里索夫卡寺庙址（图一一八：4）。

Ⅲ型，4 种亚型。Ⅲa 型、Ⅲb 型出自杏山寺庙址（图一一八：5、6），Ⅲc 型、Ⅲd 型出自辽代祖州城城址（图一一八：7、8）。

Ⅳ型，出自渤海上京城城址（图一一八：9）。

Ⅴ型，5 种亚型。Ⅴa 型见于渤海上京城城址（图一一八：10）、辽阳，Ⅴb 型出自渤海上京城城址（图一一八：11），Ⅴc 型出自八连城城址（图一一八：12），Ⅴd 型、Ⅴe 型出自渤海上京城城址（图一一八：13、14）。

关于 Ⅴc 型瓦当，需要指出的是，其并非出自八连城城址，而是出自八连城城外的旷野类型寺庙址。

Ⅵ型，见于克拉斯基诺城址（图一一八：15）、渤海上京城城址。

Ⅶ型，12 种亚型。Ⅶa 型~Ⅶe 型、Ⅶg 型、Ⅶh 型、Ⅶk 型出自渤海上京城城址（图一一八：16~20、22、23、26），Ⅶf 型出自八连城城址（图一一八：21），Ⅶi 型、Ⅶj 型出自集安（图一一八：24、25），Ⅶl 型出自科尔萨科沃寺庙址（图一一八：27）。

Ⅷ型，2 种亚型。均出自渤海上京城城址（图一一八：28、29）。

Ⅸ型，3 种亚型。均出自八连城城址（图一一八：30~32），类似纹饰见于奈良平城京、高句丽。

需要指出的是，上述 3 种亚型瓦当标本并非八连城城址遗物，而是出自八连城城外的旷野类型寺庙址。

Ⅹ型，出自八连城城址（图一一八：33）。

Ⅺ型，出自集安（图一一八：34）。

关于此件标本，需要指出的是，Э. В. 沙弗库诺夫引自三上次男所著《高句丽与渤海》一书中的图 83 之ⅢA 型，但他误把西古城城址出土的瓦当作为集安出土的遗物加以利用。

---

① ［俄］Шавкунов Э. В. , *Декор бохайской кровельной черепицы и его классификация* // Археология северной пасифики —Владивосток，1996.

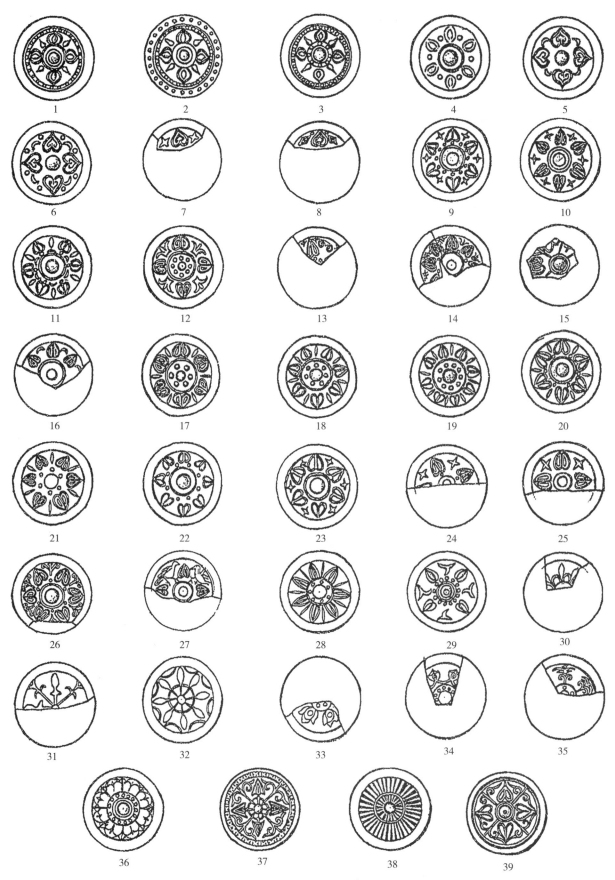

图一一八　瓦当类型（引自 Э. В. 沙弗库诺夫《渤海屋顶瓦的纹饰与分类》）

ⅩⅡ型，出自八连城城址（图一一八：35）。

ⅩⅢ型，出自八连城城址（图一一八：36）。

除此之外，Э. B. 沙弗库诺夫虽然在其图中列举了金山 1 号寺庙址出土的 3 件瓦当标本（图一一八：37~39），但没有将其视为渤海瓦当。

针对上述 13 种瓦当类型，Э. B. 沙弗库诺夫给予的学术解读是：Ⅳ~Ⅷ型、Ⅱ~Ⅲ型、Ⅹ~ⅩⅡ型瓦当，与中原唐王朝及高句丽、新罗、日本奈良瓦当没有类比性，"可以认为它们是渤海特有类型"；Ⅰ型瓦当与高句丽瓦当（梧梅里寺庙址）具有很多共性化特征，渤海人借用了高句丽人某些纹饰因素；Ⅸ型瓦当是高句丽或日本瓦当的变异，至于ⅩⅢ型瓦当，"完全可能，渤海的此型瓦当接受了新罗的影响"。

客观审视 Э. B. 沙弗库诺夫开展的上述研究，不难发现，其学术视野并没有涵盖其时已经发表的渤海瓦当的基础性信息，甚至没有涉及位于俄罗斯滨海地区的克拉斯基诺城址的诸多瓦当标本。因此，其所得出的学术结论具有一定的片面性。同时，由于研究理念不同，Э. B. 沙弗库诺夫在进行类型学考察时，其形制区分也没有执行统一的分类标准。值得注意的是，Э. B. 沙弗库诺夫将位于朝鲜境内北青川流域的梧梅里寺庙址视为高句丽遗存，认为其所出土瓦当并非渤海遗物。

（四）中国学术界的话语主张

关于渤海瓦当莲纹，李殿福认为，"其风格非常接近唐代的莲花纹瓦当"①。由于没有结合具体瓦当标本论证渤海瓦当与唐代瓦当彼此间哪些形制特征"接近"，该学术主张受到了田村晃一的质疑："李氏的见解过于茫然，不得要领。"② 严长录、朴龙渊撰文指出："渤海的砖瓦，是在继承高句丽砖瓦工艺技术的基础上吸收中原地区砖瓦工艺技术，烧制出来的。"③ 由于没有开展具体砖瓦标本的类比研究，该学术结论同样难以令人信服。值得肯定的是，赵越认为，西古城、八连城出土的"复瓣"莲纹瓦当，其纹样与中原唐王朝西明寺出土的莲纹瓦当的形制特点相近。作为学术亮点，该认知进一步丰富了中国学者相关主张的实证线索④。

在梳理以往学术认知的基础上，结合渤海瓦当纹样的形制特点，笔者依次开展了构图理念、主题纹饰视角下的渤海瓦当文化因素分析。

① 李殿福：《渤海的考古学》，《东北考古研究》（二），中州古籍出版社，1994 年；李殿福：《高句丽、渤海的考古与历史》（日文版见西川宏译，日本学生社，1991 年）。

② ［日］田村晃一著、李云铎译：《关于渤海瓦当花纹的若干考察》，《历史与考古信息·东北亚》2003 年第 1 期（原文见《青山史学》第 19 号，青山学院大学史学研究室，2001 年）。

③ 严长录、朴龙渊：《论渤海的瓦和砖的特点及其渊源》，《渤海文化研究》，吉林人民出版社，2000 年。

④ 赵越：《渤海瓦当类型学考察及分期》，《北方文物》2008 年第 4 期。

二、构图理念视角下的渤海瓦当文化因素分析

基于考古发现，学术界倾向性认为，陕西扶风、岐山遗址出土的西周时期半圆形瓦当是迄今发现的东亚地区年代最早的瓦当标本。在圆形瓦当还没有全面取代半圆形瓦当的秦汉时期，素面、图案、图像、文字等 4 种纹样形态的圆形瓦当陆续得到具体应用。就纹饰构图而言，图像瓦当有别于图案、文字瓦当，两者各自形成了不同的发展演变轨迹。由于没有构思独立的当心纹饰，全景、单一画面始终是图像纹瓦当遵循的构图理念；肇始于秦汉、终结于北朝的文字瓦当，主要应用了分区构图理念；至于图案瓦当，则因当心纹饰的存在，形成了由分区构图向"裂瓣纹"构图发展转化的演变轨迹。随着佛教东渐，南北朝至唐代，并行图案纹、图像纹两种纹样的瓦当类型。其中，图案纹瓦当基本上摒弃了秦汉以来始终秉持的"四分法"构图理念，取而代之的是西域传入的"裂瓣纹"构图理念。同时，开始依托佛教题材构思主题纹饰。

当然，情况也并非完全如此，高句丽瓦当便形成了与众不同的演变序列。考古发现表明，高句丽的瓦作建筑可以追溯至东晋时期，最早出现的是"四分法"构图的云纹瓦当①。随着佛教东渐，云纹主题纹饰被佛教题材的莲纹、忍冬纹、兽面纹主题纹饰所替代。不过，在接受"裂瓣纹"构图理念的同时，高句丽瓦当并没有彻底放弃传统的分区法构图理念，并行两种不同烧制工艺、不同构图风格的瓦当类型。具体而言，高句丽宫殿、佛寺、宗庙等瓦作建筑所使用的檐头筒瓦，其瓦当采用"裂瓣纹"构图理念设计了莲花、忍冬纹等主题纹饰图案，其兽面纹主题纹饰则体现了图像纹瓦当的形制特点。至于高句丽高等级墓葬出土的瓦当标本，虽然主题纹饰由云纹变成了莲纹，但其纹饰图案依然延续了云纹瓦当所采用的界格线分区构图的传统理念。值得注意的是，以 427 年高句丽第二十代王长寿王迁都平壤为时间节点，高句丽瓦当形制发生了新的变化。其宫殿、佛寺所使用的瓦当，开始按照传统的分区构图理念设计图案纹瓦当纹饰，从而形成了个性化特征鲜明的"复合主题纹饰"瓦当类型。高句丽亡国之后，其图案纹瓦当所流行的传统的"四分法"构图理念，对"宪象中国制度"之前的渤海瓦当形成了重要影响。即，渤海政权以"显州"为都之前，其瓦作建筑檐头筒瓦的图案纹瓦当纹饰，接受了高句丽瓦当文化因素的影响。具体而言，六顶山墓地出土的瓦当标本可以作为上述认知的学术支撑。

737 年，成为第三代渤海王的大钦茂，被唐册封为忽汗州都督、渤海郡王。738 年，大钦茂"遣使求写《唐礼》及《三国志》《晋书》《三十六国春秋》，许之"②。受之影响，渤海文化开启了"宪象中国制度"之旅。西古城按照中轴线规划的建置格局、出土的"裂瓣纹"构图的瓦当标本成为诠释上述变化的实证线索。其中，"图们江流域地域性纹

---

① 学术界倾向性认为，"太宁四年"云纹瓦当是现已发现的年代最早的高句丽瓦当。参见宋玉彬：《构图理念视角下的高句丽和渤海瓦当研究》，《考古》2020 年第 6 期。

② 《唐会要》卷三六《蕃夷请经史》，第 667 页，中华书局，1955 年。

饰"瓦当类型应该是西古城始建期瓦作建筑使用的遗物标本。

六顶山墓地、龙头山墓地龙海墓区 M13～14、河南屯墓葬、河南屯寺庙址、杨木林子寺庙址、立新寺庙址、克拉斯基诺城址寺庙综合体、马蹄山寺庙址、杏山寺庙址、金山 1 号寺庙址、长仁建筑址、温特赫部城址、八连城城址出土了双重主题纹饰瓦当标本，其外圈主题纹饰既有连珠纹，也有个性化纹样类型。如果说前者是对外来文化构图理念、纹样类型的双重借用，后者则属于在借用外来文化构图理念的基础上，创作了个性化的主题纹饰。在渤海双重构图理念瓦当的溯源问题上，学术界尚缺少共识性认知。根据模仿、重复、创新的演变规律推测，外圈施个性化纹饰的瓦当标本，其具体应用的时间多半晚于外圈施连珠纹的瓦当标本。

三、主题纹饰视角下的渤海瓦当文化因素分析

通过本书第三章得以明晰，渤海瓦当存在复合、单一等两种主题纹饰类型，其中，复合主题纹饰是高句丽文化因素留存的印记，单一主题纹饰则主要体现了唐文化因素的影响。两种主题纹饰均以花草纹占据绝对优势地位，仅有个别遗存地点中出土了少量的以几何纹（圆珠纹、放射线纹等）作为复合、单一主题纹饰的瓦当标本。此外，在科尔萨科沃寺庙址、七道河墓葬等 2 处遗存地点见有以鸟纹作为复合主题纹饰的瓦当标本。

在花草纹主题纹饰中，"倒心形"花瓣、"图们江流域地域性纹饰""珲春河流域地域性纹饰""嘎呀河流域地域性纹饰"均属于彰显渤海文化自身特色的主题纹饰。考古发现显示，图们江流域不仅是渤海瓦作建筑遗存地点分布最为密集的区域，也为开展渤海瓦当文化因素分析提供了诸多辨识标尺。基于这一认知，需要廓清的是，花草纹中萼形花瓣、忍冬纹、"复瓣"莲纹、莲蕾纹以及云纹、鸟形、几何纹等主题纹饰的文化渊源问题。

首先是萼形花瓣、忍冬纹主题纹饰。两种纹饰的纹样造型分别与高句丽瓦当单瓣莲纹、忍冬纹形制相近，表明其多半是接受高句丽瓦当文化因素影响的产物。

其次是"复瓣"莲纹花瓣、莲蕾纹主题纹饰。见于西古城城址、八连城城址、克拉斯基诺早期旷野类型寺庙址的"复瓣"莲纹瓦当，其主题纹饰具有唐文化瓦当"复瓣"莲纹的形制特点，成为诠释渤海瓦当接受唐瓦当文化因素影响的实证线索。在讨论"倒心形"花瓣母题纹饰时已经明晰，"复瓣"莲纹花瓣最终被同化、改造成"倒心形"花瓣。渤海上京城出土瓦当所见莲蕾纹主题纹饰，唐瓦当中见有形制相近的纹样类型。

再次是云纹、鸟纹主题纹饰。见于西流松花江流域渤海瓦当的云纹主题纹饰，应该是该流域早于渤海时期的瓦作建筑留存的遗风。鸟纹是朝鲜半岛统一新罗瓦当的主题纹饰之一，尚未在唐瓦当中发现此类主题纹饰。基于此，针对科尔萨科沃寺庙址、七道河墓葬出土的鸟纹主题纹饰瓦当标本，一些研究者尝试开展了渤海瓦当、统一新罗瓦当文化关联性研究。由于两种主题纹饰只是同属于鸟纹、缺少形制特征方面的类比性，目前尚未形成具有影响力的话语主张。

最后是几何纹主题纹饰，限于材料，目前尚不足以围绕此类纹饰开展文化因素分析。

通过开展构图理念、主题纹饰视角下的渤海瓦当文化因素分析，不难发现，渤海瓦当先后接受了"四分法"、双重构图、"裂瓣纹"等外来文化构图理念的影响，但其绝大多数主题纹饰则充分彰显了渤海人自身的审美情怀。少数接受外来文化影响的主题纹饰，随着渤海文化不断走向成熟，或绝迹，或被"倒心形"花瓣主题纹饰所同化、改造，并最终形成"倒心形"花瓣主题纹饰一统天下的局面。

四、寺庙址出土瓦当的文化因素分析

前文已经谈及，基于考古发现，图们江流域的瓦作建筑可以追溯至高句丽时期的古城村1号寺庙址，其所出土的瓦当兼具前燕瓦当[①]、高句丽瓦当[②]的形制特点。其中，"裂瓣纹"构图的前燕瓦当文化因素占据着主导地位。其后，同样始建于高句丽时期的杨木林子寺庙址出土的忍冬纹瓦当，其主题纹饰与高句丽以平壤为都时所使用的忍冬纹瓦当的形制特点相近。基于此，肇始于高句丽政权以今集安地区为都时期的图们江流域瓦作建筑，其瓦当纹饰图案接受了前燕瓦当"裂瓣纹"构图理念的影响。高句丽政权迁都今平壤地区以后，其所流行的"四分法"构图理念，成为图们江流域瓦当构图的新时尚。进入渤海时期以后，诸多旷野类型遗存地点出土的体现"四分法"构图理念的瓦当标本表明，"高句丽文化因素"是影响渤海早期佛寺瓦作建筑瓦当构图的主要因素。甚至，面对图们江流域使用"四分法"构图瓦当的瓦作建筑，目前还无法排除其始建于高句丽时期的可能性。不过，可以明确的是，"'忍冬纹'＋'倒心形'花瓣"复合主题纹饰瓦当，可以作为高句丽文化因素影响渤海瓦当的实证线索。总之，渤海建国之前，随着佛教东渐，图们江流域已经进入瓦作建筑时代，并且，"前燕系"瓦当、"高句丽系"瓦当先后得到具体应用。渤海建国后，高句丽瓦当对渤海瓦当的文化因素影响，具体表现有二。一是"四分法"构图理念，二是萼形花瓣、忍冬纹主题纹饰。其中，构图理念影响远远大于主题纹饰。具体而言，诸多渤海时期旷野类型的瓦作建筑遗存地点出土了体现"四分法"构图理念的瓦当标本，但其主题纹饰多为富于个性化形制特点的花草纹。就此意义而言，早期渤海瓦当只是接受了高句丽文化因素的影响，与一些学者所倡导的渤海对高句丽存在文化继承性的主张存在质的区别。以渤海国定都上京为时间节点，高句丽晚期瓦当流行的构图理念逐渐失去了文化影响力。

一个值得关注的文化现象是，地处牡丹江流域的渤海寺庙址中，鲜见"四分法"构图的瓦当标本。究其原因，肇始于高句丽时期的佛教东渐，在当时没有波及牡丹江流域。即，渤海以上京城为都之时，佛教始得以在牡丹江中下游地区传播。

---

① 前燕瓦当，意指套接法的当面制作工艺以及"裂瓣纹"构图的莲花纹样等"前燕文化因素"。
② 高句丽瓦当，意指当面存在的干支纪年铭文的"高句丽文化因素"。

　　总之，渤海国境内佛寺遗存地点出土的体现"四分法"构图理念的瓦当标本，主要源于高句丽文化因素的影响。作为全新的学术命题，需要进一步关注的是，佛教东渐不仅冲击了人们的精神世界，而且引发了房屋建筑的技术性革命。

五、城址出土瓦当的文化因素分析

　　目前，在渤海国曾经控制的区域内，计有 20 座城址出土了渤海瓦当标本[①]。通过开展类型学考察，11 座城址出土了"四分法"构图类型的瓦当标本，14 座城址出土了"裂瓣纹"构图类型的瓦当标本。其中，6 座城址共出"四分法""裂瓣纹"等两种构图理念的瓦当标本。由于多数城址未进行过考古清理，基于地表调查而汇总的上述统计数据，在一定程度上削弱了城址出土瓦当之文化因素分析的客观性。同旷野类型瓦作建筑遗存地点一样，城址中出土的"四分法"构图类型的瓦当标本体现了高句丽文化因素的影响，"裂瓣纹"构图类型的瓦当标本则与大钦茂"宪象中国制度"有关。有待廓清的是，寺庙址、城址出土的"四分法"构图类型瓦当之间是否存在非此即彼的影响关系。

　　在图们江支流中，嘎呀河流域的河北城址出土了"四分法"构图的单一主题纹饰瓦当；布尔哈通河流域的河龙城址、北大城址、太阳城址，嘎呀河流域的鸡冠城址、龙泉坪城址，珲春河流域的温特赫部城址等 6 座城址出土了"四分法"构图的复合主题纹饰瓦当。

　　作为曾经的高句丽都城故址，国内城城址出土有"四分法""裂瓣纹"等两种构图理念的"倒心形"花瓣单一主题纹饰瓦当，表明进入渤海时期以后，传统的高句丽文化逐渐被新兴的渤海文化所取代。作为渤海国南京南海府治所故址，青海城址目前见诸报道的瓦当标本，均具有"裂瓣纹"构图、"倒心形"花瓣单一主题纹饰的形制特点，表明行政建制引领了渤海文化的发展方向。

　　西流松花江流域的苏密城城址、北土城城址，分别出土了"'四分法'构图+地域性纹饰"瓦当类型。除此之外，苏密城城址出土了"裂瓣纹"构图、"倒心形"花瓣单一主题纹饰瓦当标本，表明渤海自身文化因素逐渐替代了其他文化因素的影响。

　　值得注意的是，与高句丽文化因素对渤海宗教建筑、城市建筑所带来的双重影响不同，唐瓦当对渤海瓦当所形成的文化因素影响仅见于都城故址，并且，唐文化因素影响具有明确的时间节点印记。西古城城址、八连城城址出土有受到唐文化"复瓣"莲纹影响的瓦当纹样类型，但在渤海以八连城为都之时，此类瓦当完成了由唐式"复瓣"莲纹向渤海式"倒心形"莲纹的纹样演变。渤海定都上京以后，虽然唐式"复瓣"莲纹瓦当已经绝迹，但饶有意思的是，渤海上京城城址出土有"四分法"构图的"莲蕾纹"瓦当，依据笔者倡导的学术主张，此类瓦当体现了高句丽文化因素（构图）、唐文化因素（主题纹饰）的双重影响。然而，笔者注意到，隋唐洛阳城出土有少数体现"四分法"构图理念

[①]　需要加以说明的是，在 20 座城址中，克拉斯基诺城址发现的瓦当标本均属于佛寺瓦作建筑留存的遗物标本。

形制特点的瓦当标本①。显然，这是不利于笔者所倡导的学术主张的最大的疑点问题。

六、墓葬出土瓦当的文化因素分析

目前，计有 4 处地点发现了营建有墓上瓦作建筑的渤海高等级墓葬，分别为牡丹江流域的六顶山墓地，图们江支流海兰江流域的河南屯墓葬、龙头山墓地龙海墓区 M13～14，西流松花江流域的七道河墓葬。上述地点出土的瓦当成为开展本书讨论的主要基础性数据。

六顶山墓地出土瓦当所呈现的鲜明的个性化特征，与现已发现的渤海瓦当存在明显的形制差别。其高边轮的形制特点属于高句丽瓦当标识性的制作工艺，其"四分法"构图的"十"字纹主题纹饰，则与位于辽宁省境内的高句丽晚期城址——凤凰城山城出土的"十"字纹瓦当存在纹样方面的关联②。在现已发表的有关六顶山墓地的研究成果中，我国学术界倾向性认为，六顶山墓地属于渤海王室、贵族墓葬。关于安葬者的身份与族属，韩国学者③、日本学者④均发表过不同的学术见解。根据《六顶山渤海墓葬》公布的全新考古清理资料⑤，以瓦当为学术切入点，笔者认为，六顶山墓地一墓区具有墓上瓦作建筑的墓葬是贞惠公主丈夫——高句丽人的家族墓地。同时，六顶山一墓区具有墓上瓦作建筑的墓葬，其年代下限早于贞惠公主墓下葬的 780 年。其原因在于，780 年时，"裂瓣纹"构图的"倒心形"花瓣已经成为渤海国境内时尚性的瓦当主题纹饰。

河南屯墓葬、龙头山墓地龙海墓区 M13～14 均出土有"图们江流域地域性纹饰"瓦当标本，相对而言，河南屯墓葬出土瓦当的文化因素特征较为明显，其构图理念主要体现了"裂瓣纹"的形制特点，其主题纹饰具有鲜明的地域性文化特征；龙头山墓地龙海墓区 M13～14 主要出土了"四分法""裂瓣纹"等两种构图理念的瓦当类型，其主题纹饰既有高句丽文化因素，也有渤海文化因素。其中，"四分法"构图的"'忍冬纹'＋'倒心形'花瓣"复合主题纹饰瓦当集高句丽、渤海文化因素于一身，属于过渡期的瓦当类型。

七道河墓葬出土的瓦当，则呈现出多种文化因素兼容并存的复杂现象。该墓葬出土了"四分法""裂瓣纹"等两种构图理念的瓦当类型，其主题纹饰则包括传统文化因素"云纹"、渤海文化标识性的"倒心形"花瓣以及缺少类比线索的"鸟纹"。限于资料，目前还难以厘清各种因素之孰轻孰重。

① 中国社会科学院考古研究所：《隋唐洛阳城》，文物出版社，2014 年。
② 国家文物局主编：《中国文物地图集·辽宁分册》，西安地图出版社，2009 年。
③ ［韩］宋基豪著、金春译：《六顶山古墓群的性质与渤海建国集团》，《渤海史研究》（九），延边大学出版社，2002 年（原文见《汕耘史学》第八集，1998 年）。
④ ［日］田村晃一：《贞惠公主墓と贞孝公主墓の意味するもの——渤海の王陵·贵族墓とその被葬者（その1）》，《青山考古》第 27 号，2011 年；［日］田村晃一：《渤海王陵·贵族墓论（その）2——『六顶山渤海墓葬』を読んで》，《青山史学》第 32 号，2014 年。
⑤ 吉林省文物考古研究所等：《六顶山渤海墓葬——2004～2009 年清理发掘报告》，文物出版社，2012 年。

综上，六顶山墓地发现的带有瓦作建筑的墓葬，除了具有渤海早期遗存的时间属性，还折射出鲜明的高句丽文化特征，其墓主为高句丽人的可能性较大。河南屯墓葬、龙头山墓地龙海墓区 M13～14、七道河墓葬等 3 处遗存地点则是在自身地域性文化基因的基础上，接受了其他文化因素的影响。

通过开展瓦当视角下的文化因素分析，由于佛教东渐，渤海建国之前的图们江流域已经结束茅茨土阶时代，前燕文化因素、高句丽文化因素先后主导过该流域佛教瓦作建筑的瓦当纹饰图案，前者为古城村 1 号寺庙址，后者如杨木林子寺庙址。渤海建国后，高句丽瓦当构图理念（"四分法"模式）、纹样形态（忍冬纹花瓣）影响了佛教、城市、墓葬建筑瓦当的纹饰构思。渤海定都上京后，高句丽文化因素的影响力风光不再。

中原唐文化因素主题纹饰对渤海瓦当的影响主要体现在都城建筑之上，这种影响应该肇始于大钦茂"宪象中国"时期的各种具体举措。

虽然渤海瓦当借鉴了高句丽瓦当的构图理念，模仿了高句丽、唐瓦当的花瓣纹样，但整体而言，"裂瓣纹"构图理念、自主创作的主题纹饰是渤海瓦当发展的主体脉络，并最终普及了具有渤海文化标识性意义的"倒心形"花瓣瓦当。

七、关于文化因素影响与文化继承的不同学术解读

（一）金希燦的学术解读

通过《关于渤海莲花纹瓦当对高句丽继承性的探讨》一文，以主题纹饰、间饰、当心纹饰、边轮等瓦当形制特征为学术切入点，韩国学者金希燦提出了渤海莲花纹瓦当对高句丽瓦当存在文化继承性的学术主张[①]。支撑金希燦学术认知的立论依据是，渤海"倒心形"花瓣是由高句丽的线构莲纹花瓣发展而来。基于此，形成了其瓦当视角下渤海文化继承高句丽文化的学术结论。不过，他也承认，在其所倡导的高句丽"复合主题纹饰瓦当"的主题纹饰组合关系中，线构莲纹花瓣处于从属地位。"作为渤海莲纹瓦当特征的线构莲纹和侧视莲纹并非是高句丽莲花复合纹瓦当的主题纹饰，而是作为高句丽瓦当的复合纹饰，但这种复合纹饰在渤海瓦当中则作为主题纹饰使用，并发展成'倒心形'、侧视莲纹瓦当。表现了高句丽瓦当向渤海瓦当发展的过程中，渤海瓦当逐渐摒弃了实体莲瓣的表现手法。"[②]

金希燦论文发表之际，正是笔者构思博士学位论文《渤海瓦当研究》之时。应该说，受益于其所提出的"复合主题纹饰瓦当"概念，笔者拓展了学术视野、理清了研究思路。并且，自此以后，"复合主题纹饰瓦当"成为笔者开展渤海瓦当研究重复率极高的名词。

---

① ［韩］金希燦著、包艳玲译：《关于渤海莲花纹瓦当对高句丽继承性的探讨》，《历史与考古信息·东北亚》2010 年第 2 期（原文见《高句丽渤海研究》第 36 辑，高句丽渤海研究会，2010 年）。

② ［韩］金希燦著、包艳玲译：《关于渤海莲花纹瓦当对高句丽继承性的探讨》，《历史与考古信息·东北亚》2010 年第 2 期（原文见《高句丽渤海研究》第 36 辑，高句丽渤海研究会，2010 年）。

不过，笔者难以认同其论文结论。需要予以澄清的是，文化继承与文化因素影响存在质的区别，两者具有不同的概念内涵与外延。文化继承体现了主体脉络的承袭性、连贯性，文化因素影响则仅仅停留于对具体表象的模仿与借用。审视金希燦学术主张的论证过程，其试图在高句丽非典型性瓦当纹样与渤海标识性瓦当纹样之间建立起演变关系的学术尝试，因缺少诸多环节的衔接链条而难以令人信服。此外，他将"浅浮雕"造型的"倒心形"花瓣视为线构莲纹，表明其对类型学辨识标准的理解存在认知偏差，从而导致其所阐述的由高句丽"线构"莲纹到渤海"线构"莲纹的纹饰演变轨迹有违学术规范，难以成为实证线索。

客观而言，基于"复合主题纹饰瓦当"概念的提出，金希燦已经拥有了廓清高句丽瓦当与渤海瓦当之间存在文化关联的钥匙。遗憾的是，由于过于在意所谓的文化继承性问题，从而导致其学术方向的迷失。

（二）曲背檐头筒瓦视角下的学术解读①

以东北亚地区见于高句丽、渤海、统一新罗、平城京瓦作建筑的曲背檐头筒瓦为例，阐述文化继承与文化因素影响之间质的差异。

在基于考古发现而开展的考古学视角下的古代瓦作建筑构件研究中，考古工作者往往没有完全沿用古建文献所界定的专业术语，而是结合考古学科的研究特点提出了一些自身业内约定俗成的通用称谓，如檐头筒瓦、檐头板瓦等等。此外，在田野考古工作中，间续出土了一些古典史籍中未予著录的古代瓦作构件类遗物标本。在公布此类遗物时，因无从查询相关的佐证资料，发掘者便依据其形制特点并结合自己的理解与判断进行了命名与介绍。

本部分的命题对象——曲背檐头筒瓦，在古代文献典籍中未能留存下任何相关记载。基于考古发现，此类瓦件成为考古学研究的客体对象，但因出土的个体数量稀少且遗存地点分散，相关信息始终隐含于专业性极强的田野考古报告之中。由于考古学者未能给予必要的学术关注，考古学界之外尤其是古建领域的学术认知基本上处于空白状态。

基于此，本部分研究属于全新的学术尝试。切入点有二，一是以考古学为视角，跨学科开展有关古代瓦作建筑构件的梳理、整合研究；二是透过瓦作构件遗物标本的具体表象，对东北亚地区古代族群及其政权间的文化关系进行学术阐释。

曲背檐头筒瓦已有近80年的考古发现史，下面，依据具体资料公布的时间顺序加以简单的介绍。

1939年，日本东亚考古学会出版的《东京城》一书，曾简略提及渤海上京城出土了一种"瓦身呈弧线造型"的筒瓦（图一一九）②，同时指出，该类筒瓦具体应用于屋脊的

---

① 本部分内容曾以论文形式发表，参见宋玉彬：《曲背檐头筒瓦研究》，《庆祝宿白先生九十华诞文集》，科学出版社，2012年。

② ［日］東亞考古學會：《東京城——渤海國上京龍泉府址の發掘調查》，東方考古學叢刊甲種第五册，雄山閣，1939年。

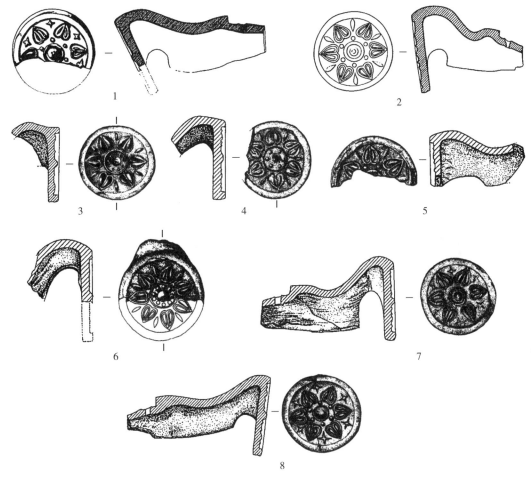

图一一九　渤海上京城出土的曲背檐头筒瓦
1. 引自《东京城》　2. 引自《六顶山与渤海镇》　3~8. 引自《渤海上京城》

四角。根据《东京城》配发的标本图例可以确认，这是学术界披露的首例曲背檐头筒瓦类遗物标本。遗憾的是，报告作者虽然意识到此类遗物与其他筒瓦的形制差异，并且指出了其具体的铺设部位，但没有进行明确的命名界定。

1968 年，苏联学者 Э. В. 沙弗库诺夫在其《渤海国及其在滨海地区的文化遗存》一书中指出，杏山寺庙址出土了一种形制特殊的檐头筒瓦，他将此类瓦件命名为"фигурная черепица"，其俄文原意为"花样的瓦"，中国学者将其译为"花样瓦"[1]（图一二○：1）。"фигурная черепица"一词，应该是学术界对瓦身呈弧线造型的檐头筒瓦的首次学术命名。其后，俄罗斯滨海边疆区境内的鲍里索夫卡寺庙址[2]（图一二○：6~7）、科尔萨科

① ［俄］Э. В. 沙弗库诺夫著、林树山译：《苏联滨海边区的渤海文化遗存》，《东北考古与历史》第 1 辑，文物出版社，1982 年（节译自 ГОСУДОРСТВО БОХАЙ И ПАМЯТНИКИ ЕГО КУЛЬТУРЫ В ПРИМОРЬЕ，издательств о наука ленинградское отделение Ленинград，1968）。

② ［俄］В. Е. 麦德维杰夫著、全仁学译：《俄罗斯滨海地区渤海寺庙址》，《历史与考古信息·东北亚》2007 年第 2 期（原文见韩国学研文化社，1999 年）。

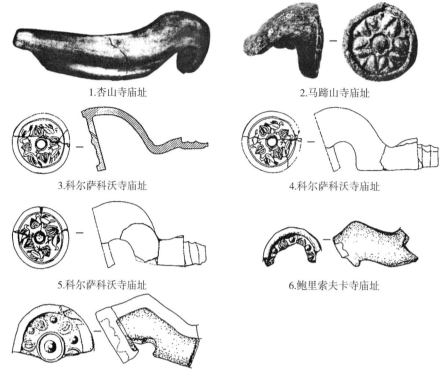

1.杏山寺庙址　　　　　　　　　　　2.马蹄山寺庙址

3.科尔萨科沃寺庙址　　　　　　　　4.科尔萨科沃寺庙址

5.科尔萨科沃寺庙址　　　　　　　　6.鲍里索夫卡寺庙址

7.鲍里索夫卡寺庙址

图一二〇　俄罗斯滨海边疆区渤海寺庙址出土曲背檐头筒瓦

1、2. 引自《渤海国及其在滨海地区的文化遗存》　 3~5. 引自《科尔萨科沃佛教寺院址的发掘》

6、7. 引自《俄罗斯滨海地区渤海寺庙址》

沃寺庙址①（图一二〇：3~5）、马蹄山寺庙址②（图一二〇：2）等渤海时期佛寺遗存地点陆续发现了同类遗物，并均被俄罗斯学者称为"花样瓦"。

1976 年，日本学者井内功在其编著出版的《朝鲜瓦砖图谱》一书中，著录了多件朝鲜境内平壤地区出土的高句丽时期的瓦身呈弧线造型的檐头筒瓦标本，并称之为"鸟衾瓦"③（图一二一：1~6）。"鸟衾瓦"是日本学术界对镰仓时代具体应用的一种瓦作构件提出的学术命名，日文原意为"（瓦身）呈鸟首至胸部造型的瓦"。需要指出的是，就形制特征而言，"鸟衾瓦"与曲背檐头筒瓦差别明显。

1986 年发表的《渤海砖瓦窑址发掘报告》一文④，将我国黑龙江省宁安市杏山砖瓦窑遗址出土的 1 件渤海时期的檐头筒瓦标本命名为"鞍状瓦"："这种瓦两头翘起，中间凹下，呈马鞍型。多数带瓦当，在瓦下部近瓦当处，每边有一凹槽，似放在阻挡物上面用。"（图一二二：1）"鞍状瓦"一词，是目前可资查询的我国学者对瓦身呈弧线造型的檐头筒

① ［韩］文明大著、赵俊杰译：《科尔萨科夫卡佛教寺院址的发掘》，《历史与考古信息·东北亚》2008 年第 2 期（原文见韩国大陆研究所出版部，1994 年）。

② 现藏俄罗斯科学院远东分院远东民族历史·考古·民族研究所博物馆。

③ ［日］井内功：《朝鲜瓦砖图谱》，日本，井内功文化研究室，1976 年。

④ 黑龙江省文物考古研究所：《渤海砖瓦窑址发掘报告》，《北方文物》1986 年第 2 期。

图一二一　高句丽文化的曲背檐头筒瓦
1~6. 平壤地区出土（引自井内功《朝鲜瓦砖图谱》）　7. 丸都山城出土（引自《丸都山城》）

瓦的首次命名。

　　1993 年发表的《吉林省蛟河市七道河村渤海建筑遗址清理简报》，将七道河遗址（目前学术界倾向性认为这是一座渤海时期的高等级墓葬）出土的渤海时期的瓦身呈弧线造型的檐头筒瓦冠名为"折腰锥形花头筒瓦"①，并具体指出，"此种筒瓦共发现了 8 件个体，皆出自建筑的四角部位，其中 5 件出于东北角，西北、西南、东南三角各出土 1 件，当系翼角瓦作部分的构件"（图一二二：5）。由于该简报没有开展同类器物的横向类比研究，

————————————
　　①　吉林市博物馆：《吉林省蛟河市七道河村渤海建筑遗址清理简报》，《考古》1993 年第 2 期。

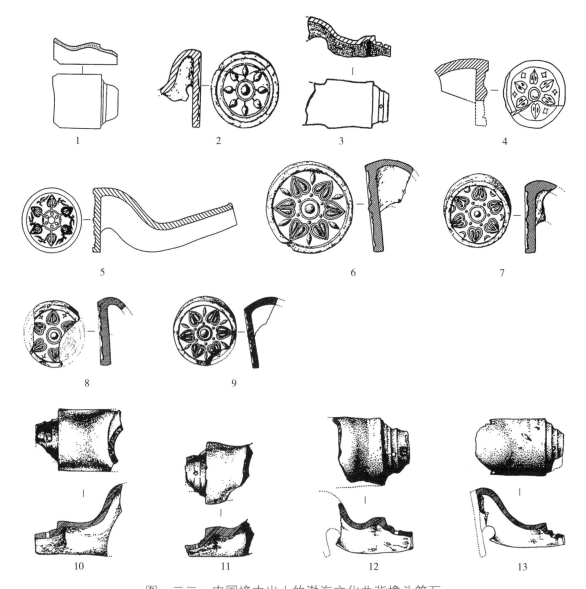

图一二二　中国境内出土的渤海文化曲背檐头筒瓦

1. 杏山窑址出土　2. 龙头山出土　3. 八连城出土　4. 牤牛河子建筑址出土　5. 七道河墓葬出土　6~13. 西古城出土

因此，其所做出的学术命名应该是基于发掘者自身的理解与判断。

1993 年，日本奈良国立文化财研究所在其出版的《平城宫发掘调查报告·ⅩⅣ》中①，发表了一种瓦身呈斜线造型的檐头筒瓦个体标本，其形制介于瓦身呈直线造型的檐头筒瓦与瓦身呈弧线造型的檐头筒瓦之间（图一二三：7）。日本学者虽然没有对此类瓦件提出具体的学术命名，但在开展类型学研究时进行了明确的型式区分，并且认为此类檐头筒瓦装饰于建筑物屋顶垂脊或戗脊的翘檐部位。据此推断，日本以平城京为都时期存在具有日本特色的曲背檐头筒瓦的变异类型。

① ［日］日本奈良国立文化财研究所：《平城宫发掘调查报告·ⅩⅣ》，奈良国立文化财研究所创立 40 周年纪念学报，1993 年。

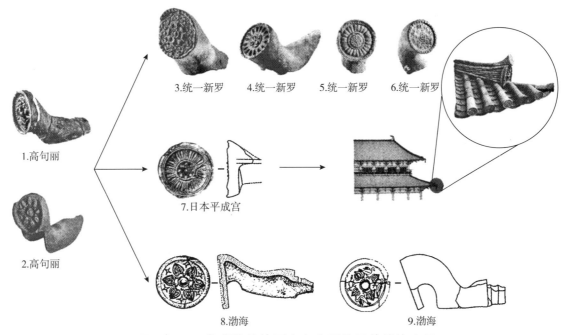

1.高句丽　2.高句丽　3.统一新罗　4.统一新罗　5.统一新罗　6.统一新罗　7.日本平成宫　8.渤海　9.渤海

图一二三　曲背檐头筒瓦在东北亚地区的具体应用

　　1997 年，中国社会科学院考古研究所出版的《六顶山与渤海镇》一书，在介绍渤海上京城城址 1964 年发掘资料时，将瓦身呈弧线造型的檐头筒瓦作为该城址出土的Ⅱ式檐头筒瓦加以描述。称该类瓦"可能只用于屋顶的翘角处，形体短而较宽，前端隆起甚高，背面曲成马鞍状，靠近前端的两侧边缘各有一个半圆形凹入，亦可分为大型、中型和小型"（图一一九：2）。同时该报告指出，在渤海上京城城址共采集到 22 件此类标本①。

　　1997 年，被《高句丽、渤海研究集成》收录的《牤牛河子遗址调查》一文，公布了 1982 年度黑龙江省牡丹江市渤海时期的牤牛河子遗址调查采集的 1 件标本，其"筒瓦与瓦当接触部分呈弧线，应是一种特殊的专用瓦"。通过该标本的清绘图确认，这是 1 件瓦身呈弧线造型的檐头筒瓦标本②（图一二二：4）。

　　2000 年，韩国国立庆州博物馆出版的《新罗瓦砖》一书，著录了统一新罗时期雁鸭池（图一二三：3、4）、感恩寺（图一二三：5、6）等遗址中出土的瓦身呈弧线造型的檐头筒瓦实物图片资料。韩国学者将此类瓦作建筑构件命名为"곱새기와"，其韩文原意为"放置于前侧的有弧度的筒瓦"。在韩文文献中，"곱새기와"习惯性对应的汉字是"望瓦"③。

　　2001 年，吉林省文物考古研究所在吉林省集安市发掘高句丽时期都城——丸都山城时，在其宫殿遗址发现了 1 件形体接近完整的瓦身呈弧线造型的檐头筒瓦标本。该标本最

①　中国社会科学院考古研究所：《六顶山与渤海镇——唐代渤海国的贵族墓地与都城遗址》，中国大百科全书出版社，1997 年。
②　牡丹江市文物管理站：《牤牛河子遗址调查》，《高句丽、渤海研究集成·6》，哈尔滨出版社，1997 年。
③　［韩］韩国国立庆州博物馆：《新罗瓦砖》，2000 年。

早公布于中华人民共和国国家文物局编撰的申报世界文化遗产文本——《中国高句丽王城、王陵及贵族墓葬》之中，该文本将此类建筑构件称为"戗脊兽面筒瓦"①。随后于2004年出版的丸都山城正式发掘报告——《丸都山城——2001～2003年集安丸都山城调查试掘报告》一书，只是在介绍该城址宫殿遗迹出土的"筒瓦"时，简略提及此件标本的规格、瓦当形制，没有提出明确的命名及具体的形体描述②（图一二一：7）。

2007年，吉林省文物考古研究所出版的《西古城》一书，将西古城城址出土的瓦身呈弧线造型的檐头筒瓦，首次命名为"曲背檐头筒瓦"，用以区别普通形制的檐头筒瓦③（图一二二：6～13）。

2009年，黑龙江省文物考古研究所出版的《渤海上京城》一书，将1998～2007年度渤海上京城城址发掘出土的瓦身呈弧线造型的檐头筒瓦命名为"异形檐头筒瓦"或"曲身檐头筒瓦"④（图一一九：3～8）。

2009年发表的《吉林珲春市八连城内城建筑基址的发掘》一文，将八连城城址出土的瓦身呈弧线造型的檐头筒瓦命名为"折腰筒瓦"⑤（图一二二：3）。

2009年发表的《吉林和龙市龙海渤海王室墓葬发掘简报》一文，公布了龙头山墓地龙海墓区M13～14出土的瓦身呈弧线造型的檐头筒瓦（器物编号为M13、M14J：113）⑥。发掘者在介绍该件标本时，只是对瓦当的纹饰进行了客观描述，对瓦当所依附的檐头筒瓦未做任何介绍性说明（图一二二：2）。

综上，基于考古发现，目前可以辨识出两种形制的檐头筒瓦，一种是瓦身呈直线造型的普通类型檐头筒瓦，另一种是瓦身呈弧线造型的特殊类型檐头筒瓦。除了瓦作工艺不同，两者的实用性功能也存在差异。瓦身呈直线造型的檐头筒瓦应用于瓦作建筑的常规檐区，考古工作者习惯性称之为"檐头筒瓦"。瓦身呈弧线造型的檐头筒瓦属于普通檐头筒瓦的衍生类型，考古工作者倾向性认为，此类瓦件具体铺设于瓦作建筑垂脊或戗脊的翘檐部位。关于瓦身呈弧线造型的檐头筒瓦，俄罗斯学者称之为"фигурная черепица"——花样瓦，朝、韩学者称之为"곱새기와"——望瓦，日本学者称之为"鸟衾瓦"，我国考古学者所公布的实物标本还没有形成统一的学术命名。本研究重申"曲背檐头筒瓦"的学术命名，一是在形制、功能方面，明确此类瓦件与普通檐头筒瓦的具体差异；二是通过整合资料，规范我国学术界混乱的命名状态，为学术研究的拓展尤其是古建学科的介入创造便利条件。

---

①　中华人民共和国国家文物局申报世界文化遗产文本：《中国高句丽王城、王陵及贵族墓葬》，2002年。

②　吉林省文物考古研究所等：《丸都山城——2001～2003年集安丸都山城调查试掘报告》，文物出版社，2004年。

③　吉林省文物考古研究所等：《西古城——2000～2005年度渤海国中京显德府故址田野考古报告》，文物出版社，2007年。

④　黑龙江省文物考古研究所：《渤海上京城——1998～2007年度考古发掘调查报告》，文物出版社，2009年。

⑤　吉林省文物考古研究所等：《吉林珲春市八连城内城建筑基址的发掘》，《考古》2009年第6期。

⑥　吉林省文物考古研究所等：《吉林和龙市龙海渤海王室墓葬发掘简报》，《考古》2009年第6期。

目前，在 10 余处遗存地点获取了曲背檐头筒瓦的信息数据。归纳起来，它们具有以下特点。其一，依据地理位置，所有遗存地点均分布于包括中国东北地区、朝鲜半岛、俄罗斯滨海边疆区、日本奈良在内的东北亚地区；其二，依据遗存的文化属性，曲背檐头筒瓦分别应用于高句丽文化、渤海文化、统一新罗文化的瓦作建筑之上，日本平城京时代的都城建筑存在曲背檐头筒瓦的变异类型；其三，依据遗物所依附的建筑主体的功能属性，曲背檐头筒瓦具体应用于都城行政设施（高句丽文化、渤海文化、统一新罗文化、平城京文化）、高等级王室贵族墓葬（渤海文化）、宗教设施（渤海文化、统一新罗文化）等类瓦作建筑之上；其四，依据文化的存续时间，曲背檐头筒瓦延续使用了早晚两个历史时期：早期为 4~6 世纪的高句丽文化时期，晚期为 7~10 世纪的渤海文化、统一新罗文化时期以及奈良平城京时代。

基于上述梳理，一个值得注意的现象是，虽然东北亚地区的瓦作建筑均系中国中原地区瓦作技术传播影响的结果，但迄今为止，在瓦作技术的原发地，即中国中原地区的古代建筑、建筑基址中尚没有发现任何使用曲背檐头筒瓦的具体线索。因此，可以初步推断，曲背檐头筒瓦的具体应用具有一定的地域性特点，应该是东北亚地区古代先民对瓦作工艺的技术性创新。依据现有资料，最早的曲背檐头筒瓦出现于高句丽文化遗存之中。

在高句丽文化遗存中，丸都山城、平壤地区出土了曲背檐头筒瓦类遗物。《丸都山城》认为，该城址宫殿建筑的断代以 342 年慕容皝攻破丸都山城为下限[①]，不过，这一认识已经遭到学术质疑。基于瓦当研究，王飞峰认为丸都山城宫殿建筑的年代上限为 372 年，427 年高句丽迁都平壤以后逐渐废弃[②]。上述两种断代观点虽然存在认识分歧，但可以明确的是，丸都山城的年代下限不晚于高句丽政权迁都平壤之时。平壤地区出土了数件曲背檐头筒瓦标本，其瓦当纹饰体现的均是高句丽迁都平壤之后的纹样特点[③]，因此，丸都山城出土的标本早于平壤地区出土的标本。据此推测，至迟于四、五世纪，高句丽先民已经掌握了曲背檐头筒瓦的制作技术，并且完全可能是，曲背檐头筒瓦属于高句丽文化的原创性瓦作技术产品。

就装饰性效果而言，虽然曲背檐头筒瓦较普通檐头筒瓦更具艺术张力，但依据考古学线索，此项属于高句丽文化的技术创新产品并没有得到同时代其他文化的认同，故而未能形成跨越文化的横向推广与传播。

虽然曲背檐头筒瓦没有在高句丽文化存续之时成为时代风尚，但其也没有随着高句丽文化的湮没而消失。高句丽政权灭亡之后，曲背檐头筒瓦在渤海文化、统一新罗文化中得到了具体应用，在日本的奈良平城京时代演化出变异类型。因此，需要学术界思考的是，

---

① 吉林省文物考古研究所等：《丸都山城——2001~2003 年集安丸都山城调查试掘报告》，文物出版社，2004 年。

② 王飞峰、夏增威：《高句丽丸都山城瓦当研究》，《东北史地》2008 年第 2 期。

③ ［韩］金希燦著、包艳玲译：《关于渤海莲花纹瓦当对高句丽继承性的探讨》，《历史与考古信息·东北亚》2010 年第 2 期（原文见《高句丽渤海研究》第 36 辑，高句丽渤海研究会，2010 年）。

曲背檐头筒瓦跨越时代的纵向传播，是单纯的工艺技术传承还是复杂的文化基因传承？

　　曲背檐头筒瓦、普通檐头筒瓦的装饰性功能主要通过瓦当纹饰得以体现，古人依据自身的主观意识、审美情趣赋予瓦当各种图案化纹饰造型，其设计理念不但具有鲜明的时代特征，而且兼容着深邃的自主文化内涵。因此，从学术研究的视角而言，瓦当纹饰既是推断考古学文化存续时限的重要标志之一，也是界定考古学文化独有属性的要素特征之一。回归到本书的学术命题，开展曲背檐头筒瓦研究，一是需要明晰筒瓦制作技术的发展、演变轨迹，二是需要透过瓦当纹样的表象廓清文化主体的内涵属性问题。曲背檐头筒瓦的形体研究属于前者，瓦当纹饰研究属于后者。

　　高句丽政权建立以后，其高等级建筑逐渐吸纳、应用了中国中原地区的瓦作工艺技术，并且，在具体实践过程中，对瓦作建筑构件进行了个性化的革新、改造。其具体表现是，在檐头筒瓦的基础上，发明了曲背檐头筒瓦的工艺技术。高句丽政权灭亡以后，曲背檐头筒瓦的工艺技术在渤海文化、统一新罗文化中得到了延续使用。以此为线索，本书命题需要进一步探索的是，体现深邃文化内涵的瓦当纹饰是否随着瓦作技术传播而在渤海文化、统一新罗文化中得到延续发展。

　　目前，在如何阐释高句丽文化、渤海文化、统一新罗文化三者之间的文化关系的问题上，国际学术界尚存在诸多分歧。分歧的焦点在于，高句丽文化、渤海文化之间是否存在一脉相承的文化基因，换言之，渤海文化是否是在高句丽文化传统的基础上发展而来，这一问题的答案直接关系到朝鲜半岛史学界所倡导的朝鲜史（韩国史）"南北国时代"观点的成立与否。相关问题的解读是一项复杂的系统工程，本书试图通过开展曲背檐头筒瓦的瓦当纹饰研究，提出具体的学术认识。

　　大体上，以高句丽政权迁都平壤为界，高句丽莲纹瓦当的主题纹饰可以分为早晚两期。早期以单一主题纹饰为主，晚期以复合主题纹饰为主，两期之间以单瓣莲纹主题纹饰作为同一文化固有要素特征的传承纽带。据此，虽然丸都山城出土的曲背檐头筒瓦（兽面纹瓦当）与平壤地区出土的曲背檐头筒瓦（莲纹、复合纹瓦当）存在纹样差异，但依据分别与之共出的单瓣莲纹瓦当可以确认两者之间存在一脉相承的文化关系。

　　渤海文化曲背檐头筒瓦瓦当的纹样构图，其主题纹饰以"倒心形"花瓣为主。"倒心形"花瓣既是渤海瓦当的主题纹饰，也是渤海文化的标识性特征。种种迹象表明，"倒心形"花瓣的母题纹样出自图们江流域的可能性最大。因此，高句丽瓦当的单瓣莲纹主题纹饰与渤海瓦当的"倒心形"花瓣主题纹饰之间不存在继承、演变、发展关系。在这种情况下，渤海文化对曲背檐头筒瓦的具体应用，只是在技术层面上借用了高句丽文化发明创造的瓦作技术工艺，没有在思想意识层面上传承高句丽文化瓦当的纹样构思理念。统一新罗文化对曲背檐头筒瓦的具体应用，也具有同样的性质。

　　曲背檐头筒瓦在东北亚地区的具体应用，具有鲜明的地域性特点。4~5世纪时期，在檐头筒瓦的基础上，高句丽文化发明创造了曲背檐头筒瓦的制作工艺。高句丽政权灭亡以后，此项技术在渤海文化分布地域内得到了近乎普及性的推广使用，在统一新罗文化的中心区域得到具体应用，对日本奈良平城京时代的都城建筑产生了一定的影响。结合开展瓦当研究得出的学术认识，上述情况的发生及其形成的结果，是高句丽文化因素辐射影响的具体体现。

第五章　瓦当视角下的渤海文化研究

以往围绕城址（主要是都城、五京治所故址）、佛教遗存、墓葬问题而开展的渤海文化研究，因研究理念不同、认知取向各异，各国研究者进行了不同层面的学术阐释。其中，瓦当只是在讨论都城问题时发挥了重要作用，鲜见以瓦当为学术切入点而展开的佛教遗存、墓葬问题专项研究。本书开展瓦当视角下的渤海城址、佛教遗存、墓葬研究，得益于不断出新的考古发现。基于信息日趋丰富的基础性数据，本章的学术构想有三。其一，在追溯佛教东渐图们江流域初始时间的基础上，梳理渤海时期佛寺建筑所使用的瓦作产品的烧制方式与形制变化，借此捕捉其所蕴含的佛教传播方式信息以及由此而产生的社会影响。其二，在辨识渤海城址出土瓦当历时性形制变化的基础上，结合史料线索，考察渤海都城治所故址之所在，解析渤海政权行政建制的发展历程。其三，基于渤海墓葬出土瓦当文化因素分析，尝试开展渤海高等级瓦构墓葬年代与族属问题的学术解读。

第一节　瓦当视角下的渤海佛教遗存研究

渤海人的佛教信仰问题是认知渤海文化不可或缺的重要组成部分，回顾以往研究的学术积累，长期以来，由于考古学实物遗存不足以作为学术命题的数据支撑，各国研究者的学术关注多围绕文献信息而展开。少数以考古发现为学术切入点的认知与解读，其学术结论往往未能透过遗存表象进行深层次的阐释与剖析。

关于渤海佛教的缘起，中韩学术界存在认知分歧，中国学者主张渤海佛教继承于靺鞨佛教，韩国学者则认为渤海佛教继承于高句丽佛教。针对中韩纷争，通过《渤海佛教的发展过程及其特征》一文，韩国学者宋基豪（송기호）指出，"（中国学者）若想使其主张符合逻辑，至少要发现与靺鞨族有关的佛教信息或遗存。然而，既没有发现渤海佛教源于靺鞨族的记载，也没有发现为此提供依据的遗存。所以，渤海佛教的根源只能在高句丽寻找。更为重要的是，渤海的佛像或瓦当遗物如实地反映出高句丽的传统，这是渤海佛教直

接继承高句丽佛教的重要依据。"① 对于宋基豪指出的中国学者研究中存在的问题，笔者表示认同。不过，遗憾的是，宋基豪在阐述其自身的学术主张时，同样未能向学术界提供令人信服的"渤海的佛像或瓦当遗物如实地反映出高句丽的传统"的具体实证线索。在笔者看来，基于现有学术资源尚不足以开展佛教视角下渤海、高句丽文化间相互关系问题的学术讨论。

宏观审视佛教在东亚地区的推广传播，不难看出，高句丽、渤海存国期间崇奉的佛教，均源于汉传佛教的具体宗派，并没有衍生出新的佛教派别。因此，目前学术界普遍使用的"高句丽佛教""渤海佛教"名词，均是宽泛的称谓，并不具备佛教宗派的实质性概念内涵。既然不存在独立的高句丽系、靺鞨系、渤海系佛教宗派，意味着中韩学术界各自所秉持的"渤海佛教继承靺鞨佛教""渤海佛教继承高句丽佛教"话语主张，其命题本身已经失去了继续存在的合理性②。毕竟，佛教不是靺鞨人、高句丽人的发明，甚至连改造都谈不上。

得益于古城村 1 号寺庙址的考古发现，有关渤海佛教缘起的学术解读，可以表述为：渤海建国初期控制的图们江流域，在其隶属于高句丽统治时期，便已经形成佛教信仰的民间基础，由于渤海建国集团信奉佛教，其境内的民间佛教信仰不仅得以延续，而且得到了进一步发展。

结合考古发现，以佛教遗迹为学术切入点，刘晓东等人指出，"渤海的佛寺址总体特征与中原唐王朝是一致的，但也有其自身的特色"③。关于"自身的特色"，其学术解读为，"渤海佛寺建筑使用的建筑材料莲花纹瓦当、方砖及三彩螭吻、兽头等建筑饰件都具有渤海自身的特征"④。

综观上述认知，笔者认为，开展佛教遗存研究，需要透过佛造像、佛寺建筑的表象，进行不同层面的学术解读。其中，辨识佛寺建筑格局、装饰风格之时段性变化，需要梳理的是营建者所处时代、所在区域的世俗文化面貌及其人文情怀。

以瓦当为视角讨论渤海的佛教问题，旨在梳理佛教在渤海国境内的传播方式及其瓦作建筑的历时性演变。为此，作为一种全新的尝试，本章的学术命题不涉及佛教思想之深邃内涵。

---

① 송기호：《渤海佛教의展開過程과몇가지特徵》，《伽山李智冠스님華甲紀念論叢 韓國佛教文化思想史》上，논총간행위원회，1992.

② 宋玉彬：《渤海佛教研究的信息资源与学术解读》，《边疆考古研究》第 25 辑，科学出版社，2019 年。

③ 胡秀杰、刘晓东：《渤海佛教遗迹的发现与研究》，《北方文物》2004 年第 2 期；刘晓东：《渤海文化研究——以考古发现为视角》，黑龙江人民出版社，2006 年。

④ 胡秀杰、刘晓东：《渤海佛教遗迹的发现与研究》，《北方文物》2004 年第 2 期；刘晓东：《渤海文化研究——以考古发现为视角》，黑龙江人民出版社，2006 年。

一、渤海时期佛教的传播方式

《三国史记》记载了佛教东渐高句丽的相关信息。372 年，在前秦、前燕军事对峙中获胜的苻坚，没有继续对高句丽用兵，而是向其"遣使及浮屠顺道送佛像、经文"。以此为契机，高句丽小兽林王为僧侣营建了肖门寺、伊弗兰寺，史称"海东佛法之始"[①]。如果将上述历史事件视为佛教东渐的官方举措，文献典籍未予著录的、图们江支流珲春河流域发现的古城村 1 号寺庙址和杨木林子寺庙址，多半属于佛教东渐的民间行为[②]。其中，前燕文化因素占据主导地位的古城村 1 号寺庙址，应该是来自前燕地区的佛教僧侣留下的佛教遗存；杨木林子寺庙址出土了高句丽以平壤为都时使用的"顺时针忍冬纹"主题纹饰的瓦当标本，由于忍冬纹不是平壤地区占据优势地位的瓦当主题纹饰，其在珲春河流域佛寺建筑中的具体应用，多半也是佛教传播的民间行为所致。总之，种种迹象表明，高句丽时期，通过僧侣的"自主"行为，佛教东渐图们江支流珲春河流域。

《册府元龟》记载："开元元年（713 年）十二月，靺鞨王子来朝，奏曰：'臣请就市交易，入寺礼拜。'许之。"[③] 此段渤海国朝贡纪事折射的佛教信息是，渤海建国之初，其统治阶层信奉佛教、"入寺礼拜"。据此，金毓黻指出："高王元年，遣使朝唐，请入寺礼拜，是为佛教流入渤海之始。"[④] 以今天的学术标准审视上述主张，不难发现金毓黻认知的时代性局限，其主观性误判有二。其一，相较于其将"高王元年"比定为唐纪元的"开元元年"（713 年），学术界多将大祚荣自立"震国王"的 698 年认同为"高王元年"，两者之间存在 15 年的时间偏差。其二，文献记载的"入寺礼拜"信息，只能表明建国初期的渤海上层社会已经崇奉佛教，但不足以证明其为"佛教流入渤海之始"。

基于考古发现，渤海时期的佛寺建筑分为城内寺院、旷野寺院两种。目前，仅在渤海上京城城址、克拉斯基诺城址等两座城址中发现了城内寺院遗存，余者均为旷野类型佛寺遗存。种种迹象表明，两种寺院始建于渤海国不同的历史时期，并且，其不同的存在方式也折射出佛教在渤海国境内不同的传播方式。

渤海遗存的田野考古统计数据显示，图们江流域不仅是渤海文化的核心区域，也是渤海存国期间佛教寺院最为密集的分布区域。由于西古城、八连城均未发现城内佛寺遗存，表明渤海以"显州""东京"为都之时，无论是统治集团，还是社会民众，其礼佛行为均只能在旷野类型寺院中进行。在这种情况下，需要我们思考的问题是，渤海国最终定都上京之前，即上京城出现城内佛寺之前，在佛寺均以旷野类型方式存在之时，其统治集团、上层贵族与普通民众的"礼佛"场所是否存在差异？为了廓清这一问题，以渤海时期瓦作

① （高丽）金富轼：《三国史记·高句丽本纪》，吉林大学出版社，2015 年。

② 笔者认为，如果佛教东渐图们江流域为官方行为，其瓦当应为高句丽以集安为都之时流行的纹样类型。

③ （宋）王钦若等：《册府元龟》，第 11237 页，凤凰出版社，2006 年。

④ 金毓黻：《渤海国志长编》，第 378 页，《社会科学战线》杂志社，1982 年。

建筑遗存地点出土的"文字瓦"标本为学术切入点，笔者开展了全新视角的学术思考①。

在已发现的渤海时期的瓦作构件类遗物中，存在一定数量的"文字瓦"标本。所谓"文字瓦"，意指一些筒瓦（包括檐头筒瓦）、板瓦（包括檐头板瓦）上模印或刻划有 1~3 字不等的汉字。此外，一些模印或刻划有无法识读的符号、"殊异字"的板瓦和筒瓦标本，也被归入"文字瓦"之列②。以往针对渤海"文字瓦"而开展的学术研究、各种学术解读，主要围绕文字考释或"文字瓦"自身的寓意而展开。学术界倾向性认为，渤海"文字瓦"上的文字源于"物勒工名"，是制瓦工匠的个人身份标识。对此，需要指出的是，由于部分渤海"文字瓦"标本著录于未公开发表的内部资料之中，这种情况限制了诸多研究者的视野空间，从而导致其学术认知忽略了一个重要的线索。即，除了渤海上京城、西古城、八连城等渤海都城城址，"文字瓦"尚另见于少数佛寺瓦作建筑遗存地点。

据《旧唐书》记载，高句丽时期"其所居必依山谷，皆以茅草葺舍，唯佛寺、神庙及王宫、官府乃用瓦"③。文献中未留存有关渤海国瓦作建筑方面的信息，田野考古发现表明，其瓦作建筑的具体情况与高句丽大体相仿。此期，瓦作建筑未能普及的原因有二：一是制瓦技术及房屋营建技术的限制，二是等级制度制约。考虑到高句丽"唯佛寺、神庙及王宫、官府乃用瓦"之具体情况，高句丽、渤海时期的瓦作产品应该还没有成为可以出售或购买的"商品"。在这种情况下，相较普通瓦，"文字瓦"不仅多了一道"物勒工名"制作环节，而且鲜见于都城之外的瓦作建筑。据此推测，渤海时期使用"文字瓦"的佛教寺院，其社会地位应该高于普通佛教寺院。

下面，结合考古发现，梳理渤海时期瓦作产品的烧制情况。在此基础上，进一步辨识使用"文字瓦"的佛教寺院的性质。

现已确认的渤海时期的制瓦窑址有两处，一是位于渤海上京城西南 15 千米处的杏山窑址，二是克拉斯基诺城址寺庙综合体院落内清理揭露的窑址。

在杏山窑址，经钻探，在绵延 100 余米的沙岗上确认了 10 余座烧制砖瓦的窑址。1980 年，考古工作者对其中的 4 座窑址进行了清理、发掘。基于考古发现，发掘者将该窑址界定为渤海中晚期遗存，认为"营建上京龙泉府所用的建筑砖瓦大都来源于此"。除此之外，发掘者指出，在窑址附近采集到部分"文字瓦"标本④。

1997~2000 年，在克拉斯基诺城址寺庙综合体佛寺院落内发现了 7 座窑址，通过清理发掘，确认其为佛寺烧制建筑用瓦、装饰性构件的一次性窑址⑤。

---

① 宋玉彬：《文字瓦视角下的渤海佛教遗存研究》，《学习与探索》2019 年第 7 期。

② 李强：《论渤海文字》，《学习与探索》1982 年第 5 期。

③ 《旧唐书》卷一九九《高丽列传》，第 5320 页，中华书局，1975 年。

④ 黑龙江省文物考古研究所：《渤海砖瓦窑址发掘报告》，《北方文物》1986 年第 2 期。

⑤ ［俄］В. И. 博尔金等著、宋玉彬译：《克拉斯基诺城址四年"一体化"考察》，《历史与考古信息·东北亚》2004 年第 1 期（原文见《俄罗斯科学院远东分院院刊》2001 年 3 期）。

上述考古发现表明，渤海时期存在不同规模、不同性质的制瓦作坊。其中，为渤海上京城都城建筑提供瓦作产品的杏山窑址，要求制瓦工匠在产品上"物勒工名"。位于克拉斯基诺城址寺庙综合体院落内的窑址，则仅仅是为满足寺院本身用瓦需求而修建的一次性作坊，并且，其瓦作产品未要求"物勒工名"。

克拉斯基诺城址寺庙综合体区域清理揭露的一次性制瓦窑址，为了解旷野类型佛寺建筑所需瓦作产品的生产制作提供了线索。即，未使用"文字瓦"的旷野寺院，其瓦作产品的制作，应该与克拉斯基诺城址佛寺的情况相同，属于就地、就近烧制而成。显然，渤海"文字瓦"的具体应用，应该是为了保障"特殊"建筑的营建质量而对瓦作产品提出的特殊要求。鉴于此，"文字瓦"应该是评估旷野类型佛寺社会地位的重要标尺。

迄今为止，图们江流域的高产寺庙址①、军民桥寺庙址②、东南沟寺庙址③、立新寺庙址④、盘岭沟口建筑址⑤出土了"文字瓦"标本。综合梳理考古资料，渤海以"显州""天宝末"的"上京"、"贞元时"的"东京"为都之时，使用"文字瓦"构建的佛教寺院的等级最高，它们多半与统治集团的"礼佛"场所有关。

综上所述，大钦茂执政时期，虽然佛教寺院均为旷野类型瓦作建筑，但存在使用文字瓦的"官办"寺院与使用普通瓦的民间寺院之别。最新的研究成果显示，位于渤海上京城北郊的 9 号寺庙址，是"天宝末"渤海以"上京"为都时营建的旷野类型佛寺遗存。根据该寺庙址出土的文字瓦标本推断，其为统治集团的"礼佛"场所。所谓民间寺院，意指僧侣自筹自建性质的佛寺。渤海定都上京后，由于城市空间的拓展，开始允许僧侣在郭城内营建佛教寺院。基于地表调查及考古清理出土的瓦当标本，通过开展类型学考察得以确认，渤海上京城宫殿、行政建置瓦作建筑与郭城内佛寺瓦作建筑使用的陶瓦当别无二致。遗憾的是，依据已公布的考古资料，除了出土有文字瓦标本的 1 号寺庙址外，尚不足以确认渤海上京城郭城内的所有寺院均为"官办"寺院。初步推测，三重城建置时期的渤海上京城，其瓦作建筑具体应用的瓦作产品，可能出自相同的制瓦作坊或当时已经统一了瓦当的纹饰风格。

作为渤海国东京龙原府盐州治所故址的克拉斯基诺城址，由于尚未清理确认其"衙署"建筑基址，目前还无法洞察其晚期城域类型佛寺建筑的性质。近年来通过解剖城墙得

---

① 该寺庙址出土有模印的"文""隆"等字文字瓦标本，参见何明：《高产渤海寺庙址出土文物》，《东北师大学报》（哲学社会科学版）1983 年第 4 期。

② 该寺庙址出土有"述""本""川"等字等 6 件文字瓦标本，参见《吉林省文物志》编委会：《和龙县文物志》，军民桥寺庙址词条，1984 年。

③ 该寺庙址出土有"赤"字文字瓦标本，参见《吉林省文物志》编委会：《和龙县文物志》，东南沟寺庙址词条，1984 年。

④ 该寺庙址出土有"珎（珍）""仁""羌""男"等字文字瓦标本，参见《吉林省文物志》编委会：《珲春县文物志》，新生寺庙址词条，1984 年。

⑤ 李正凤：《珲春县英安镇盘岭沟口渤海遗址》，《博物馆研究》1989 年 3 期。

以确认，克拉斯基诺遗存经历了由村落址到行政建置盐州的发展变化①。无论是村落时期营建的旷野类型瓦作佛寺，还是盐州建置（克拉斯基诺城）落成以后营建的城域类型的瓦作佛寺建筑，均是就近、就地自行烧制瓦作产品。值得注意的是，如果说早期佛寺自主构思了个性化的瓦当主题纹饰，渤海国州级行政建置——盐州确立以后，"倒心形"花瓣成为晚期佛寺瓦当的唯一主题纹饰。

二、渤海佛寺建筑瓦当纹样构图的演变态势

综合史料信息、结合考古资料，可以发现高句丽"栅城"的行政建置主要分布在图们江支流珲春河流域。伴随佛教东渐，图们江流域年代最早的瓦作建筑遗存地点，目前也仅见于"栅城"所在的珲春河流域。正如前文所述，古城村1号寺庙址、杨木林子寺庙址出土有此期佛寺瓦作建筑留存的遗物标本。渤海建国后，由于统治集团信奉佛教，其礼佛行为进一步推动了佛教在其核心统治区域内的推广、传播。以此为契机，瓦构佛寺建筑逐渐从珲春河流域拓展至整个图们江地区。由于旷野类型佛寺建筑多半采用自行烧制的瓦作产品，从而形成了诸多以寺庙为单位、自行构思设计且个性化十足的瓦当主题纹饰类型。

关于瓦当的纹饰构图，图们江流域最早的瓦当标本遵循了前燕瓦当的"裂瓣纹"构图理念，其后，高句丽"四分法"构图理念瓦当类型占据了主导地位。目前，图们江流域出土的、体现"四分法"构图理念的单一主题纹饰和复合主题纹饰瓦当，多半属于接受高句丽文化因素影响的渤海早期瓦当类型②。据此推断，图们江流域出土有"四分法"构图理念瓦当标本的佛寺遗存，虽然存在高句丽时期始建、渤海沿用的可能性，但考虑到瓦当个性化的主题纹饰，多数佛寺应该始建于渤海建国初期。

关于瓦当的主题纹饰，图们江流域肇始期的瓦作建筑，其瓦当纹样受到了前燕、高句丽文化因素的双重影响。渤海建国以后，体现高句丽文化因素的忍冬纹依然存在，但已经由单一主题纹饰纹样类型演化成复合主题纹饰纹样类型。见于图们江流域佛寺、城址、高等级墓葬等遗存地点的"忍冬纹+'倒心形'花瓣"主题纹饰，是高句丽文化因素影响渤海瓦当的最后印记之一。大体上，此类瓦当的初始应用时间，至迟不会晚于大华玙"复还上京"之时。

通过开展构图理念考察而获得的瓦当统计数据显示，在已确认、出土有渤海时期瓦当标本的50处旷野类型瓦作建筑遗存地点中，32处遗存地点出土了"四分法"构图类型的瓦当标本，37处遗存地点出土了"裂瓣纹"构图类型的瓦当标本。其中，12处遗存地点共出"四分法""裂瓣纹"两种构图理念的瓦当类型（见前文表一九）。不过，仅仅依托

---

① ［韩、俄］Фонд иучения Северо-Восточной Азии и др, *Отчёт об Археологических Исследований на Краскинском Городище Приморского края России в 2018г*, Сеул, 2019.

② "接受高句丽文化因素影响"认知的学术依据是，虽然此期瓦当构图理念源自高句丽，但其纹样更多体现的是地域性文化特征。

上述类型学考察数据，还不足以廓清具体遗存地点历时性变化的时间节点问题。关于此，可资参考的个体案例是克拉斯基诺城址寺庙综合体遗存。其层位关系表明，早期旷野类型佛寺瓦作建筑使用的檐头筒瓦，虽然其瓦当应用了"四分法""裂瓣纹"两种构图理念，但其主题纹饰均具有花草纹复合主题纹饰的形制特点；晚期城域类型佛寺瓦作建筑使用的檐头筒瓦，其瓦当则仅见有"裂瓣纹"构图的"倒心形"花瓣单一主题纹饰。

基于现有资料，渤海时期佛寺瓦作建筑遗存地点出土的瓦当，其构图、主题纹饰大体经历了三个阶段的历时性变化：

第一阶段，渤海建国初期。瓦当特点是，构图理念趋同，主题纹饰各异。"四分法"是此期瓦当遵循的主要构图理念。虽然少数瓦当纹样依然留存高句丽文化因素影响的印记，但多数瓦当标本呈现出以佛寺为单位的个性化主题纹饰的形制特点。

第二阶段，大钦茂执政时期。此期，"宪象中国制度"成为全面引领渤海国社会发展进步的方向标。在佛寺瓦作建筑檐头筒瓦装饰风格方面，"裂瓣纹"取代"四分法"，成为瓦当构图的新理念。此期瓦当主题纹饰存在一定的地域性特点，如第三章所述"图们江流域地域性纹饰""图们江支流地域性纹饰"瓦当。其中，体现"裂瓣纹"构图理念的"倒心形"花瓣瓦当已经具体应用于佛寺建筑。

第三阶段，渤海最终定都上京以后，母题纹饰源发于图们江流域的"倒心形"花瓣，逐渐成为渤海瓦当普遍采用的主题纹饰。

第二节　瓦当视角下的渤海城址研究

开展瓦当视角下的渤海城址研究，诚如本章篇首所言，旨在"在辨识渤海城址出土瓦当历时性形制变化的基础上，结合史料线索，考察渤海都城治所故址之所在，解析渤海政权行政建制的发展历程"。目前，在曾经的渤海国疆域内，初步确认20座城址出土有渤海时期的瓦当标本。其中，绝大多数城址的瓦当信息局限于地表调查数据，信息的不充分性制约了具体城址的年代学考察及其城市功能定位。鉴于此，本节重点针对《渤海上京城》《西古城》《八连城》公布的发掘数据，开展瓦当视角下的渤海都城研究。

一、文献信息的梳理与解读

开展渤海都城研究，涉及文献信息与考古发现两个方面基础性数据的梳理与解读。同时，由于文献信息存在诸多不确定性因素，需要理性判断渤海国都城与五京制度的相互关系问题。关于渤海国五京制度的认知，源于文献史籍的记载，属于历史学研究范畴；关于渤海都城的界定，基于田野调查、发掘清理所获取的实证遗存，属于考古学研究范畴；关于渤海国五京与都城的关系，则需要文献信息、考古发现的有机融合。

（一）文献中渤海都城信息的梳理与解读

史料1：《旧唐书·渤海靺鞨传》："高丽既灭……祚荣遂率其众东保桂娄之故地，据东牟山，筑城以居之。"①

史料2：《新唐书·渤海传》："高丽灭，（祚荣）率众保挹娄之东牟山……筑城郭以居，高丽遗残稍归之。"②

史料3：《新唐书·地理志》引贾耽《边州入四夷道里记》："自鸭渌江口舟行……至显州，天宝中王所都。又正北如东六百里，至渤海王城。"③

史料4：《武经总要》："显州，渤海国，按《皇华四达记》，唐天宝以前，渤海国所都。"④

史料5：《新唐书·渤海传》："天宝末，钦茂徙上京，直旧国三百里忽汗河之东。"⑤

史料6：《新唐书·渤海传》："贞元时，东南徙东京。钦茂死……华玙为王，复还上京。"⑥

史料7：《辽史·太祖本纪》："天显元年……夜围忽汗城……谭撰素服，稿索牵羊，率僚属三百余人出降……谭撰复叛，攻其城，破之。"⑦

关于史料1、2，2009年发表《渤海都城故址研究》一文时，笔者认为，文献中"大祚荣'据东牟山，筑城以居之'的表述并没有与其建立的政权发生直接的关联，据此求证渤海国早期的都城显得牵强"⑧。基于不断出新的考古发现而引发的全新思考，上述认知需要给予必要的调整与修正。开展渤海都城研究，需要用不同的学术标准辨识不同时期"都城"的行政建置。大祚荣"东奔"建立"震国"之时，虽然还不具备营建功能齐全的"都城"的能力与实力，但其所居之城是渤海城址的肇始之源。问题是，寻找大祚荣"据东牟山"而居的建国地，遗存的年代学实证线索优于建置功能的主观性分析。

长期以来，基于贞惠公主墓的考古发现，学术界倾向性认为，同处牡丹江上游地区的城山子山城、敖东城、永胜遗址或为大祚荣的建国地。不过，通过田野调查，城山子山城始终未见渤海时期遗物标本；基于考古发掘，敖东城、永胜遗址清理揭露的遗迹、遗物均

---

① 《旧唐书》卷一九九《渤海靺鞨传》，第5360页，中华书局，1975年。

② 《新唐书》卷二一九《渤海传》，第6179页，中华书局，1975年。

③ 《新唐书》卷三三《地理志》，第1147页，中华书局，1975年。

④ 《武经总要》卷一六《边防》，第268页，商务印书馆，2017年。

⑤ 《新唐书》卷二一九《渤海传》，第6181页，中华书局，1975年。

⑥ 《新唐书》卷二一九《渤海传》，第6181页，中华书局，1975年。

⑦ 《辽史》卷二《太祖本纪》，第21、22页，中华书局，1974年。

⑧ 宋玉彬：《渤海都城故址研究》，《考古》2009年第6期。

为金代遗存。据此，学术界不再坚持旧有主张。近年来，位于图们江支流海兰江、布尔哈通河交汇处的磨盘村山城出土了介于高句丽晚期、渤海初期的遗物标本，一些学者推测该城址可能是大祚荣的建国地①。由于发掘资料尚未公布，现有主张多停留于主观推想层面之上。笔者认为，鉴于唐册封大氏政权的"忽汗州"与"忽汗河""忽汗海"有关，因此，即便考古发现与大祚荣"据东牟山"的时间节点吻合，尚需合理解读史料文献中留存的"忽汗州""忽汗河""忽汗海"等称谓的由来②。

关于史料 3，贾耽用"过去时"追述"显州"为天宝年间渤海政权的都城，用"现在时"表述"渤海王城"为渤海政权当时的都城，表明其撰写《边州入四夷道里记》之时，渤海国还没有确立五京制度。

关于史料 4，《武经总要》所引《皇华四达记》也为贾耽所著。因此，在难以辨识《边州入四夷道里记》《皇华四达记》所记显州为都时间孰是孰非的情况下，只能将"天保末"视为显州为都的年代下限。

关于史料 5、6，由于无法界定渤海国五京制度的初置时间，学术界倾向性认为，大华玙"复还上京"之时，渤海国还没有确立五京制度，《新唐书》的编撰者用后世行政建置的城市称谓记述了大钦茂、大华玙执政期间发生的迁都事件。

关于史料 7，《辽史》编撰者以"忽汗城"称渤海都城，是对渤海国作为唐王朝羁縻府州——忽汗州的最好诠释，该信息有助于学术界客观解读渤海国政权性质的历史定位。

（二）渤海国都城与五京制度关系的文献解读

《新唐书·渤海传》："初，其王数遣诸生诣京师太学，习识古今制度，至是遂为海东盛国，地有五京、十五府、六十二州。以肃慎故地为上京，曰龙泉府，领龙、湖、渤三州。其南为中京，曰显德府，领卢、显、铁、汤、荣、兴六州。獩貊故地为东京，曰龙原府，亦曰栅城府，领庆、盐、穆、贺四州。沃沮故地为南京，曰南海府，领沃、晴、椒三州。高丽故地为西京，曰鸭渌府，领神、桓、丰、正四州。"③

上引文献是目前可资查询的有关渤海国五京制度最为翔实的史料信息，然而，对于开展学术研究而言，该信息存在两个难以破解的疑难问题。一是渤海五京制度的初置时间，即如何界定文中"至是……地有五京……"的时间节点问题；二是中京显德府的治所问

① 李强等：《吉林延边磨盘村山城》，《2015 中国重要考古发现》，文物出版社，2016 年；吉林省文物考古研究所：《2017 年度吉林省考古工作汇编》（内部资料），2017 年。

② 据考证，忽汗河为牡丹江，忽汗海为镜泊湖，忽汗州的称谓应该与两者有关。《新唐书·渤海传》：（713 年）唐册封大祚荣"为左骁卫大将军、渤海郡王，以所统为忽汗州"。《新唐书·渤海传》："天宝末，钦茂徙上京，直旧国三百里忽汗河之东。"《新唐书·地理志》："至渤海王城，城临忽汗海。"第 6180、6181、1147 页，中华书局，1975 年。

③ 《新唐书》卷二一九《渤海传》，第 6182 页，中华书局，1975 年。

题，即《新唐书·渤海传》所记卢州、显州次序是否如金毓黻所言有误①。

依托文献信息，通过开展历史地理学考证，在渤海都城与五京制度关系问题上，鸟山喜一、金毓黻为中日学术界开启了不同学术理念的认知模式。

鸟山喜一构建的学术体系是，渤海以显州为都之后，其“京城”等同于都城。基于此，在没有廓清显州都城建制的情况下，按照“旧日国都、昔日王城”标准，他完成了《渤海东京考》②《渤海中京考》③ 等“京城”理念下的系列研究。

困惑于曾经为都的显州缘何沦落为中京显德府的次州，金毓黻对《新唐书》有关渤海中京显德府所辖六州的记述提出了质疑，认为该书混淆了显州与卢州的次序。为此，与鸟山喜一的认知不同，金毓黻主张显州既是“天宝中”的渤海都城，也是确立五京制度后中京显德府的治所所在④。

二、瓦当视角下的渤海都城研究

（一）渤海城址考古学术史梳理

20 世纪 20~40 年代，渤海考古肇始于渤海城址的田野调查与发掘，由于特殊的时代背景，日本学者主导了中国境内渤海遗存的田野考古与学术研究。关于渤海城址，日本学术界构建的认知体系是，八家子土城（河南屯古城）是“天宝中”王所都的显州故址⑤，“东京城”是上京龙泉府故址，西古城是中京显德府故址，八连城是东京龙原府故址。时至今日，上述主张依然是学术界讨论渤海都城问题时所遵循的常态化思维。

进入 20 世纪 80 年代，由于贞孝公主墓的发现，中国学术界开始重新审视西古城城址的城市功能定位问题。以往基于历史地理学研究而引发的中京显德府治所“显州说”“卢州说”之争，开始演变为考古学研究领域的西古城城址“显州说”“卢州说”之争，饶有意思的是，指认西古城城址为中京显德府故址，是争论双方共同秉持的学术主张。

21 世纪伊始，基于材料新认识、考古新发现，旨在厘清城址始建年代的瓦当类型学考察，成为引领渤海都城研究的前沿性学术探索。

（二）日、韩学者开展的渤海都城瓦当研究

20 世纪 90 年代，田村晃一对收藏于东京大学的 1933~1934 年东亚考古学会发掘渤海

① 　金毓黻：《渤海国志长编》，《社会科学战线》杂志社，1982 年。

② 　［日］鸟山喜一：《渤海東京考》，《史學論叢》第 7 辑，岩波书店，1938 年。

③ 　［日］鸟山喜一著、张生镇译：《渤海中京考》，《历史与考古信息·东北亚》2004 年第 1 期（原文见《考古学杂志》第 34 卷第 1 号，日本考古学会，1944 年）。

④ 　金毓黻：《渤海国志长编》，《社会科学战线》杂志社，1982 年。

⑤ 　［日］田村晃一著、李云铎译：《关于渤海瓦当花纹的若干考察》，《历史与考古信息·东北亚》2003 年第 1 期（原文见《青山史学》第 19 号，青山学院大学史学研究室，2001 年）。

上京城所获的瓦当资料进行了整理①。基于"倒心形"花瓣瓦当的花肉由"丰满"到"纤细"的形制变化，田村晃一推断西古城、八连城瓦当晚于渤海上京城瓦当。即，西古城、八连城的始建年代晚于渤海上京城，西古城是中京显德府治所故址，与"天宝中王所都"的显州无关②。

通过开展瓦当类型学考察，田村晃一开启了全新模式的渤海城址研究。以此为契机，学术界开始突破历史地理学研究模式的视野局限，依托实物遗存而开展的实证考察，逐渐成为渤海都城研究的新视角、新理念。毋庸讳言，随着考古新发现的不断涌现，田村晃一开展渤海瓦当研究的时代性局限问题也逐渐突显出来。

依托《西古城》《渤海上京城》公布的全新瓦当资料，以主题纹饰、间饰、当心纹饰的形制特征为学术切入点，韩国学者金希燦开展了有别于田村晃一认知方法的渤海"倒心形"花瓣瓦当类型学考察。金希燦认为，施萼形间饰纹、当心纹饰由外及里呈"连珠纹+凸线纹同心圆+乳突"造型的"倒心形"花瓣瓦当的年代最早。基于此，渤海上京城出土的"花肉"肥大的"倒心形"花瓣瓦当，属于"渤海向上京迁都或还都时期制作的瓦当"，田村晃一"将其认为是渤海莲花纹瓦当中最早类型的观点较为不妥"③。

田村晃一、金希燦开展的渤海瓦当研究，均属于"纯粹"的类型学考察。通过比对他们各自所排定的瓦当编年序列，不难发现，金希燦认为年代最早的瓦当属于田村晃一编年序列中的晚期瓦当类型。显然，单纯依托类型学的研究手段难以客观构建渤海瓦当的编年序列。针对这种情况，在 2011 年完成的博士学位论文《渤海瓦当研究》中，笔者指出："日、韩学者针对瓦当纹饰形态之演变规律所做出的判断，既缺少年代学方面的实证线索，也缺少工艺学方面的数据支撑，因此，对其学术结论无须进行过多的评判"④。

（三）瓦当视角下的渤海显州考

根据文献记载，显州曾经作为渤海政权的都城，由于迁都而成为隶属于中京显德府的州城。由于史料语焉不详，显州既是认知渤海都城研究的重要线索，也是解读渤海五京制度的一道屏障。基于田野考察，"河南屯古城"、西古城城址成为渤海显州考的焦点问题。

1. "河南屯古城"考

通过 1944 年发表的《渤海中京考》一文可知，1923 年，鸟山喜一首次调查发现了

---

① 详见本书第三章第一节之二（四）。

② ［日］田村晃一著、李云铎译：《关于渤海瓦当花纹的若干考察》，《历史与考古信息·东北亚》2003 年第 1 期（原文见《青山史学》第 19 号，青山学院大学史学研究室，2001 年）。

③ ［韩］金希燦著、包艳玲译：《渤海莲花纹瓦当的纹样变化与时代变迁》，《历史与考古信息·东北亚》2013 年第 2 期（原文见《白山学报》第 87 号，白山学会，2010 年）。

④ 宋玉彬：《渤海瓦当研究》，吉林大学博士学位论文，2011 年。

"河南屯古城"，并"依其部落之名"将之命名为"八家子土城"①。

据鸟山喜一追述，其调查之时，城址已经被"毁坏得极为严重，想象其原状都很困难"。为此，他使用了大量推测性语言描绘其所见到的城址残存状况。就专业素养而言，鸟山喜一不是考古学家，这是日本学术界给予的客观评价②。但奇怪的是，连鸟山喜一自己都坦言"想象其原状都很困难"的城址，一直没有受到考古学者的学术质疑。

1942 年，斋藤优"去八家子部落确认土城的位置。路上向住民询问土城和古瓦散布的地点，但一无所获"③。显然，长期生活于"城址"附近的当地人似乎并没有意识到该城址的存在。基于此次调查，斋藤优绘制了"河南屯古城"区域图，此图成为学术界了解城址信息的重要线索④。

1943 年，利用协助鸟山喜一发掘西古城之便，李文信调查了"八家子土城"。不过，据其日记，当时该城已有了"河南屯古城"之名。李文信了解到的情况是，"河南古城址与河北西古城子隔河南北略相对，形式虽不明白，但大小似相若。唯土壁颓败更甚，内城壁尚可明白，外壁则南方尚高，东西两壁形迹不清，北壁或在海兰河南岸，或为河水浸减，一时殊难判明，内城中央存土台一处，础石整然，尚可考明屋式。砖瓦多属渤海时代物，亦间有绳纹印之砖瓦，其制轻古，仍存高句丽式样，当是渤海初期物。若所见不误，则此城必较河北西古城者为古，以意测之，先建此城而后迁于河北者。其原因或以河水泛滥，盖今日北壁不明，以城式观之，或湮于河亦未可知也"⑤。通过上述文字可知，"河南屯古城"为内外城结构的双重城建置，外城区域残存部分城垣迹象，内城城垣中可见裸露础石柱网的土筑平台。

1971 年，因平整耕地，在李文信所记述的土筑平台位置处，当地村民发现了同封异穴墓葬。在其后发表的出土遗物整理报告中，平台之上的础石柱网被确认为墓上瓦作建筑的基础。根据出土遗物，该墓被确定为渤海时期遗存、墓主身份高贵⑥。2005 年，龙头山墓地龙海墓区 M13~14 的发现，为河南屯墓葬的定性、定位起到了补充印证的作用："此类墓葬是渤海王室墓葬形制之一"⑦。

2014 年，考古工作者对"河南屯古城"进行了考古复查。首先，重新绘制了城址所在区域的平面图；其次，将新绘制的平面图与斋藤优当年绘制的城址遗迹图进行了拼图对

①　［日］鸟山喜一著、张生镇译：《渤海中京考》，《历史与考古信息·东北亚》2004 年第 1 期（原文见《考古学杂志》第 34 卷第 1 号，日本考古学会，1944 年）。

②　［日］田村晃一著、林世香等译：《渤海国都城调查简史》，《历史与考古信息·东北亚》2007 年第 2 期（原文见《渤海都城之考古学的研究》，财团法人东洋文库，2005 年）。

③　［日］斋藤優：《半拉城と他の史蹟》，半拉城史刊行會，1978 年。

④　［日］斋藤優：《半拉城と他の史蹟》，半拉城史刊行會，1978 年。

⑤　李文信：《1943 年和龙县西古城子调查日记》，《李文信考古文集》（增订本），辽宁人民出版社，2009 年。

⑥　郭文魁：《和龙渤海古墓出土的几件金饰》，《文物》1973 年第 8 期。

⑦　吉林省文物考古研究所等：《吉林和龙市龙海渤海王室墓葬发掘简报》，《考古》2009 年第 6 期。

接；最后，对斋藤优认定的城址迹象最明显的区域——外城西南角城垣处进行了试掘。遗憾的是，在1米×3.5米试掘区域内，无论是地表隆起部分，还是地下生土以上堆积层，均未发现任何人工构筑迹象①。

综上所述，鸟山喜一等人基于地表调查所指认的"河南屯古城"内外城迹象，因农民平整土地、考古工作者解剖"城墙"而被逐一否决。显然，随着城址构成要素的缺失，意味着"河南屯古城"显州说不得不退出渤海都城研究的学术认知体系。在这种情况下，促使学术界调整思路、更新理念，重新寻找曾经为都的显州故址所在。

2. 渤海显州考

根据史料文献留存的渤海都城信息，同时，结合田野考古发现的实物遗存，《渤海的五京制度与都城》一文界定了辨识渤海都城的三个标准：城市设施的中轴线布局、大型宫殿建筑、釉陶建筑构件②。目前，只有渤海上京城、西古城、八连城符合上述条件。种种迹象表明，上述情况不应仅仅视为简单的数字重合。同时，既然日本学术界所倡导的"河南屯古城"显州说已经失去立论资质，廓清西古城城址的始建年代问题，不仅有助于明晰该城址的城市功能定位，也将成为辨识"天宝中王所都"显州故址的关键所在。

通过《渤海显州考》③《渤海都城故址的辨识标准与西古城城址的性质认定》④《渤海都城研究补遗》⑤《西古城与渤海都城》⑥《行政建制视角下的渤海上京城营建时序研究》⑦等系列论文，透过遗迹、遗物的具体表象，笔者不断修正、完善了有关西古城始建年代、行政建制定位的学术思考。

下面，在综合梳理以往所开展的考古学、历史学研究成果的基础上，对西古城在渤海国社会发展进程中的角色定位予以学术解读。

（1）考古学考察

其一，基于城门建置考察，与八连城相比，西古城外城南、北门与渤海上京城宫城北门具有年代偏早的共性化特征。

---

① 吉林大学边疆考古研究中心等：《吉林和龙"河南屯古城"复查简报》，《文物》2017年第12期。

② 宋玉彬，曲轶莉：《渤海国的五京制度与都城》，《东北史地》2008年第6期。

③ 宋玉彬：《渤海显州考》，《东北亚古代聚落与城市考古国际学术研讨会论文集》，科学出版社，2015年。

④ 宋玉彬：《渤海都城故址的辨识标准与西古城城址的性质认定》，《庆祝魏存成先生七十岁论文集》，科学出版社，2015年。

⑤ 宋玉彬：《渤海都城研究补遗》，《东亚都城和帝陵考古与契丹辽文化国际学术研讨会论文集》，科学出版社，2016年。

⑥ 宋玉彬：《西古城与渤海都城》，《渤海都城研究的最前沿——国际学术会议文集》，韩国高句丽渤海学会、东北亚历史财团，2017年。

⑦ 宋玉彬：《行政建制视角下的渤海上京城营建时序研究》，《中国边疆史地研究》2020年第3期。

经考古清理确认，西古城外城南、北门①和渤海上京城宫城北门②均属于没有使用瓦作构件的无瓦建筑。与之不同的是，八连城外城南门址区域出土有瓦作构件类遗物标本③，表明"贞元时"的渤海都城已经形成瓦构城门建置。基于史料文献信息考证，"贞元时"渤海国还没有确立五京制度。综合上引考古发现、史学认知而形成的学术判断是，如果西古城是确立五京制度后营建的中京显德府治所故址，根据西古城、八连城在瓦作构件方面所呈现的共时性特征，西古城应该参照八连城的城门建置营建瓦构城门。鉴于西古城、八连城清理的遗迹、出土的遗物所彰显的渤海都城的要素特征④，考古发掘清理揭露的西古城、渤海上京城无瓦的城门遗迹，体现的应是渤海政权早期都城的建置特点。即大钦茂执政时期，其都城外门经历了从无瓦（"天宝"年间的显州、"上京城"）到用瓦（"贞元"年间的"东京"）的历时性变化。需要加以说明的是，经考古发掘确认，直至渤海国灭亡，渤海上京城宫城北门始终处于无瓦的建置形态。究其原因，缘于三重城建置形成以后，该门已经成为不常使用、无须彰显礼制威仪的宫禁后门设施。

其二，基于王宫建置考察，与渤海上京城、八连城相比，西古城的营建理念具有年代偏早的个性化特征。

长期以来，学术界倾向性认为，西古城拥有内、外城格局的"双重城"建置。基于考古清理，西古城外垣墙体基部宽约 6.94 米、内垣墙体基部宽约 2.65 米⑤。据此，李强否定了西古城拥有"双重城"建置的传统主张，认为其只是在单城制城垣内营建了院落式王宫，以往界定的"内城"城垣只不过是王宫的院落围墙而已⑥。渤海上京城的宫城考古发现显示，其 3~5 号宫殿区域营建有与西古城 1~5 号宫殿区域格局相同的宫殿建筑、院落围墙及其隔墙门址⑦。显然，《西古城》《渤海上京城》公布的基础性数据，为刘晓东、魏存成所倡导的渤海上京城宫城建置渊源说提供了新的学术支撑。基于新增加的 1~2 号宫殿，渤海上京城形成了新的"内城式"的王宫建置。基于清理，八连城外垣墙体基部宽约 6.1、内垣墙体基部宽约 5.4 米。规格相仿的内、外城城垣墙体表明，八连城为都之时，

①　吉林省文物考古研究所等：《西古城——2000~2005 年度渤海国中京显德府故址田野考古报告》，文物出版社，2007 年；吉林省文物考古研究所等：《吉林和龙西古城城址 2007~2009 年发掘简报》，《文物》2016 年第 12 期。

②　黑龙江省文物考古研究所：《黑龙江宁安渤海上京城宫城北门址发掘简报》，《文物》2015 年第 6 期。

③　吉林省文物考古研究所等：《八连城——2004~2009 年度渤海国东京故址田野考古报告》，文物出版社，2014 年。

④　界定渤海都的三个标准：城市设施的中轴线布局、大型宫殿建筑、釉陶建筑构件。

⑤　吉林省文物考古研究所等：《西古城——2000~2005 年度渤海国中京显德府故址田野考古报告》，文物出版社，2007 年。

⑥　李强、白淼：《西古城性质研究——以考古资料获取的城址形制和功能为切入点》，《北方文物》2014 年第 4 期。

⑦　黑龙江省文物考古研究所：《渤海上京城——1998~2007 年度考古发掘调查报告》，文物出版社，2009 年。

其王宫已经因"内城制"营建理念而改变了院落式格局①。综合上述研究，大钦茂执政时期，其都城经历了从"院落式"王宫（"天宝"年间的显州）到"内城式"王宫（"上京城"宫城、"贞元"年间的"东京"）的历时性变化。

其三，基于瓦作构件考察，与渤海上京城相比，西古城与八连城出土的瓦当具有年代偏早的共性化特征。

通过开展类型学考察，西古城、八连城出土的瓦当标本均可以区分出 3 组纹样类型：渤海文化标识性的"倒心形"花瓣类型、"图们江流域地域性纹饰"类型、接受唐文化因素影响的"复瓣"莲纹类型。两座城址的统计数据显示，"倒心形"花瓣瓦当类型均占有逾 90% 的比例，主导地位优势明显；另外两种瓦当类型，其比例则均少于 5% 。关于"图们江流域地域性纹饰"瓦当类型的命名，缘于此类瓦当不仅见于西古城、八连城，还具体应用于图们江流域的旷野类型佛寺建筑、高等级墓葬的墓上瓦构建筑。考古发现证实，渤海建国前，图们江流域已经形成了佛教信仰的民间社会基础，并且随着佛教东渐，瓦构佛寺结束了图们江流域的"茅茨土阶"时代②。由于渤海晚期的佛寺建筑已经普遍采用"倒心形"花瓣瓦当，种种迹象表明，"图们江流域地域性纹饰"瓦当类型发端于图们江流域的旷野类型佛寺建筑，其在西古城、八连城的具体应用，是渤海行政建筑接受佛寺建筑影响的结果。至于"复瓣"莲纹瓦当，其纹样在八连城完成了由"复瓣"莲纹向"倒心形"花瓣的转化。

渤海上京城出土的瓦当标本可以区分出 2 组纹样类型："倒心形"花瓣类型、接受唐文化因素影响的"莲蕾纹""花草纹"类型。其中，"倒心形"花瓣瓦当的主导地位优势更为明显，其所占的比例已经超过 95%。渤海上京城不见"图们江流域地域性纹饰"瓦当类型，意味着渤海定都上京后，其瓦当纹样的艺术构思逐渐摒弃了地域性文化因素的影响，零星的、个位数的"莲蕾纹""花草纹"瓦当标本则预示着，唐文化因素对瓦作构件的影响也已经日趋衰弱。尤为重要的是，"倒心形"花瓣瓦当不仅在都城建筑中确立了绝对优势地位，而且在渤海全境的瓦构建筑中得到了普及化推广应用。

关于西古城、八连城、渤海上京城出土的"唐式"主题纹饰瓦当类型，"复瓣"莲纹瓦当始见于北魏时期③，"莲蕾纹"瓦当则多见于唐长安城太液池遗址。"复瓣"莲纹瓦当被西古城模仿、借鉴，源于大钦茂执政时期"宪象中国制度"而引发的政治、文化变革；在"贞元时"为都的"东京"故址八连城，此类瓦当被改造成"倒心形"花瓣瓦当；其后，随着渤海政权迁都"上京"，"莲蕾纹"瓦当成为渤海国"宪象中国制度"的新的文化印记。

---

① 吉林省文物考古研究所等：《八连城——2004～2009 年度渤海国东京故址田野考古报告》，文物出版社，2014 年。

② 宋玉彬：《试论佛教传入图们江流域的初始时间》，《文物》2015 年第 11 期。

③ 大同北朝艺术研究院：《砖瓦 瓦当》，文物出版社，2016 年。

基于上述考察，与早期渤海上京城（"天宝末"）、八连城（"贞元时"）的为都时序不同，八连城存在年代早于渤海上京城的瓦当类型。导致这种情况产生的原因有二：一是长期为都的渤海上京城，其所出土的瓦当标本多为"复还上京"后具体应用的檐头筒瓦遗物；二是晚于早期上京城、"贞元时"曾经短暂为都的八连城，则随着政治地位下降、疏于修缮而留存下诸多早期纹样类型的瓦当标本。与之相关，关于西古城、八连城瓦作构件的共性化特征，学术界倾向性认为，西古城、八连城不仅前后为都的间隔期较短（仅约30 年），而且拥有共同的制瓦部门①，至于渤海上京城，位于城址西南约 15 千米处的杏山窑址是其专属的制瓦部门②。有待廓清的是，杏山窑址的始建年代。

总之，无论是遗迹建置研究，还是遗物类型学考察，其学术结论均可以归结为西古城的始建年代早于渤海上京城。因此，考古发现与研究为西古城"显州说"提供了全新的学术支撑。

（2）历史学考察

鼎盛时期的渤海国，不仅宪象唐朝组建有三省六部等中央集权统治机构，而且通过五京制度强化区域性行政管理。不过，由于史料信息语焉不详，现已难以界定上述建制确立的初始时间。在这种情况下讨论显州故址与西古城的关系，除了开展遗迹、遗物的考古学考察，尚需了解"天宝中"时渤海国的基本国情，以便于结合文献中留存的渤海社会发展进程的动态信息，合理定位行政建制制约下的显州都城建置。

关于显州为都时的渤海国情，有三条可资利用的史料线索。

史料 1："武艺立，斥大土宇，东北诸夷畏臣之。"③

史料 2："武艺恭当列国，监总诸蕃，复高丽之旧居，有夫余之遗俗。"④

史料 3："钦茂恭继祖业，监总如始。"⑤

前两条资料表明，诸夷因"畏"而"臣"，大武艺"监总"之。第三条资料则意味着，大钦茂执政初期，"监总如始"。显然，如何解读渤海政权对"诸蕃"的"监总"方式，制约着显州为都之时渤海行政建制的学术阐释。铃木靖民认为，靺鞨诸部臣服于渤海后，渤海对其实施了唐式的羁縻统治⑥。为了进一步拓展学术视野，笔者检索了大武艺、

---

① ［韩］林相先著、陈爽译：《渤海王都——显州和西古城》，《历史与考古信息·东北亚》2012 年第 1 期（原文见《渤海中京时期的历史与文化会议文集》，2010 年）；［日］田村晃一著、吴丽丹译：《上京龙泉府出土压印瓦的几点思考》，《东北亚考古资料译文集》（7），北方文物杂志社，2007 年（原文见《东北亚的都城与渤海》，东洋文库论丛第 64 辑，2005 年）。

② 黑龙江省文物考古研究所：《渤海砖瓦窑址发掘报告》，《北方文物》1986 年第 2 期。

③ 《新唐书》卷二一九《渤海传》，第 6180 页，中华书局，1975 年。

④ ［日］藤原继绳：《续日本纪》卷一〇，圣武天皇神龟五年四月壬午条，新订增补《国史大系》第 2 卷，1976 年。

⑤ ［日］藤原继绳：《续日本纪》卷一三，圣武天皇天平十一年十二月戊辰条。

⑥ ［日］铃木靖民著、李东源译：《关于渤海首领的基础性研究》，《渤海史译文集》，黑龙江社会科学院历史所，1986 年（原文见《古代对外关系史的研究》，吉川弘文馆，1985 年）。

大钦茂时期渤海遣唐使、遣日使史料文献，希望通过梳理使者的身份信息获取新的学术认知的突破口。

《册府元龟》留存有大武艺、大钦茂时期的渤海遣唐使纪事，遗憾的是，其所著录的使者身份或为王族，或仅称其为"使""大臣""大首领"，虽然折射出一定的时代信息，但均不足以深化行政建制研究。关于渤海的"首领"，根据日本文献中留存的渤海国"延袤二千里，无州县馆驿，处处有村里，皆靺鞨部落……其下百姓皆曰首领"记载①，铃木靖民曾经指出，草创期的渤海政权对地方的统治并未取得进展，尚未实行州县制，地方官也没有固定名称②。与《册府元龟》著录的遣唐使纪事不同，《类聚国史》《续日本纪》等日本古代文献中留存的渤海遣日使纪事，不仅注明了使者的职务，而且可以看出其身份的历时性变化：

史料 1：727 年，大武艺遣"宁远将军"高仁出使日本③。

史料 2：739 年，大钦茂遣"若忽州都督"胥要德、副使"云麾将军"已珍蒙出使日本④。

史料 3：753 年，大钦茂遣"辅国大将军"慕施蒙出使日本⑤。

史料 4：758 年，大钦茂遣"辅国大将军"、兼将军行"木底州刺史"、兼"兵署少正"、开国公杨承庆出使日本⑥。

史料 5：759 年，大钦茂遣"辅国大将军"、兼将军"玄菟州刺史"、兼衙官、开国公高南申出使日本⑦。

史料 6：762 年，大钦茂遣"紫授大夫"、行"政堂左允"、开国男王新福出使日本⑧。

史料 7：771 年，大钦茂遣"青授大夫"壹万福出使日本⑨。

针对上述纪事，学术界倾向性认为，渤海对日交往政策的调整，是导致其使者身份变化的主因。其中，762 年是一个重要时间节点。此前，为了与日本"亲仁结援"，渤海遣日使均由武官担任；此后，改派文官加强经济文化交流。同样是利用上述纪事，另有一些学者开展了草创期的渤海政权行政建制研究。通过考证若忽州、木底州、玄菟州的沿革，宋基豪认为，胥要德、杨承庆、高南申是地方势力的代表，不是中央直接派遣的官吏。关

① ［日］菅原道真：《类聚国史》卷一九三《殊俗·渤海》，新订增补《国史大系》第 6 卷，2000 年。
② ［日］铃木靖民著、李东源译：《关于渤海首领的基础性研究》，《渤海史译文集》，黑龙江社会科学院历史所，1986 年（原文见《古代对外关系史的研究》，吉川弘文馆，1985 年）。
③ ［日］藤原继绳：《续日本纪》卷一〇，圣武天皇神龟四年十二月丙申。
④ ［日］藤原继绳：《续日本纪》卷一三，圣武天皇天平十一年十二月戊辰、圣武天皇天平十一年七月癸卯。
⑤ ［日］藤原继绳：《续日本纪》卷一八，孝谦天皇天平胜宝四年九月丁卯。
⑥ ［日］藤原继绳：《续日本纪》卷二一，淳仁天皇天平宝字二年九月丁亥。
⑦ ［日］藤原继绳：《续日本纪》卷二一，淳仁天皇天平宝字三年十月辛亥。
⑧ ［日］藤原继绳：《续日本纪》卷二四，淳仁天皇天平宝字六年十月丙午朔。
⑨ ［日］藤原继绳：《续日本纪》卷三一，光仁天皇宝龟二年十月丙寅。

于渤海的地方统治，宋基豪认同铃木靖民的主张——渤海给予地方势力自治权，对其实行间接统治①。孙玉良则透过使者身份变化的表象，"看到了渤海社会由武官专政到文官统治的重要过渡"②。铃木靖民也曾指出，渤海政权经历过从军政统治向行政统治的过渡③。显然，就时间节点而言，"天宝中"渤海以显州为都之时，其政权的统治模式还没有发生上述"过渡"性变化。基于此，"监总如始"的表述方式可以解读为，大钦茂执政初期，渤海政权依然通过都督、刺史、首领管理地方事务，尚未确立中央集权的行政管理体制。鉴于此，透过遗存表象，笔者进一步开展了行政建制视角下的西古城功能考察。

笔者认同李强关于西古城建置的新主张，但不赞同学术界近期围绕西古城性质问题而提出的新主张④。根据现有学术资源，首先需要厘清渤海国行政建制的阶段性特点，以便于按照不同辨识标准，界定不同时期渤海都城的故址所在。在尚未明晰都城故址定位、五京治所建置的情况下，不宜开展游离于文献信息、考古遗存之外的陪都、离宫等问题的学术讨论。文献信息显示，"天宝中"渤海政权还没有确立中央集权统治机构。考古发现表明，西古城的都城建置与大钦茂执政初期渤海国军政化的行政建制相同步。单城制的西古城，其院落式王宫、缺少行政机构、未见普通民居的遗存表象意味着，整个都城均为"宫禁"，其都城功能仅仅服务于王权需求，其都城建置则体现了早期都城普遍遵循的、单纯的"筑城以卫君"的营建理念。关于此，王培新最近指出，西古城属于渤海国宫城类型王城⑤。

综上，基于目前可资利用的学术资料，西古城城址成为辨识"天宝中王所都"显州故址的不二选择。限于资料，目前还无法廓清渤海五京制度的初置时间。鉴于此，《新唐书》记述的渤海都城迁徙信息，可以按照刘晓东的表述方式修正为："西古城为渤海文王大钦茂于天宝中营建为都的都城（渤海厘定京府后称之为中京），八连城是大钦茂于贞元时营建为都的都城（渤海厘定京府后称之为东京）"⑥。

（四）渤海上京城营建时序考

关于渤海上京城的营建时序，学术界形成两种学术主张。一是三重城建置一次性竣工，二是三重城分期落成（先建宫城、次建皇城、再建郭城）。通过《文字瓦视角下的渤

①　［韩］宋基豪、李东源译：《渤海的地方统治及其实况》，《东北亚考古资料译文集》（高句丽、渤海专号），北方文物杂志社，2001年（原文见《韩国古代史研究会会报》第24号，1992年）。

②　孙玉良：《渤海史料全编·前言》，吉林文史出版社，1992年。

③　［日］铃木靖民著、李东源译：《关于渤海首领的基础性研究》，《渤海史译文集》，黑龙江社会科学院历史所，1986年（原文见《古代对外关系史的研究》，吉川弘文馆，1985年）。

④　李强、白淼：《西古城性质研究——以考古资料获取的城址形制和功能为切入点》，《北方文物》2014年第4期；［日］田村晃一：《近時における渤海都城研究の動向と課題》，《青山考古》第29号，2013年。

⑤　王培新：《渤海中京和龙西古城布局规划考察》，《边疆考古研究》第24辑，科学出版社，2018年。

⑥　刘晓东：《渤海文字瓦模印文字内容、性质含义的再思考》，《北方文物》2015年第1期。

海佛教遗存研究》①《行政建制视角下的渤海上京城营建时序研究》② 二文，依托考古发现与史料信息，笔者提出了渤海上京城营建时序的全新主张。

为了洞察"上京"初次为都时渤海国的行政建制，笔者检索了史料文献中留存的"天宝末"至"贞元时"渤海纪事。其中，可资借鉴的信息包括：

史料 1：759 年，高南申携"中台牒"出使日本③。

史料 2：762 年，王新福以紫授大夫、行"政堂左允"、开国男身份出使日本④。

史料 3：776 年，史都蒙以献可大夫、"司宾少令"、开国男身份自南海府出使日本⑤。

史料 4：778 年，张仙寿以献可大夫、"司宾少令"身份出使日本⑥。

史料 5：779 年，高洋弼以渤海使、"押领"身份出使日本⑦。

史料 6：792 年，杨吉福以渤海"押靺鞨使"身份领三十五人朝唐⑧。

回顾以往研究，史料 1 中的"中台牒"多被认同为"中台省牒"；史料 2 中的"政堂左允"也被视为"政堂省左允"；史料 3、4 中的"司宾少令"，据金毓黻考证，是相当于唐鸿胪寺的司宾寺官职⑨；至于史料 6、7 中的"押领""押靺鞨使"，同样是据金毓黻考证，其为渤海使兼任的、管理一同出使的诸部使者的官职⑩。

基于学术解读，上引史料纪事折射的渤海国行政建制信息是，迁都"上京"时，渤海已经成立了中台省、政堂省等中央集权统治机构。并且，"渤海显州考"一节中引用的758 年的"兵署少正"、759 年的"衙官"以及本节"掌宾客及凶议之事"的"司宾少令"可资补充⑪。不过，"押领""押靺鞨使"也意味着，即使以"东京"为都之时，渤海政权依然没有完成对地方势力的直接统治。即，渤海的中央集权统治并非一蹴而就，而是一个逐渐完善的过程。

关于中国古代都城建置沿革，刘庆柱指出，对后代都城影响深远的北魏洛阳城开启了宫城、内城、郭城并存的都城制度。内城既是中央集权机构的官署区，也是礼制活动的中心。隋唐都城将内城改名为皇城，内城（皇城）的出现，是中央集权得到强化、政权统治趋于成熟的表现⑫。

---

① 宋玉彬：《文字瓦视角下的渤海佛教遗存研究》，《学习与探索》2019 年第 7 期。

② 宋玉彬：《行政建制视角下的渤海上京城营建时序研究》，《中国边疆史地研究》2020 年第 3 期。

③ ［日］藤原继绳：《续日本纪》卷二一，淳仁天皇天平宝字三年十月辛亥。

④ ［日］藤原继绳：《续日本纪》卷二四，淳仁天皇天平宝字六年十月丙午朔。

⑤ ［日］藤原继绳：《续日本纪》卷三四，光仁天皇宝龟七年十二月乙巳。

⑥ ［日］藤原继绳：《续日本纪》卷三五，光仁天皇宝龟十年（七七九）正月壬寅朔。

⑦ ［日］藤原继绳：《续日本纪》卷三五，光仁天皇宝龟十年十二月戊午。

⑧ 《唐会要》卷九六《渤海》，第 1724 页，中华书局，1955 年。

⑨ 金毓黻：《渤海国志长编》，第 340 页，《社会科学战线》杂志社，1982 年。

⑩ 金毓黻：《渤海国志长编》，第 348 页，《社会科学战线》杂志社，1982 年。

⑪ 金毓黻：《渤海国志长编》，第 348 页，《社会科学战线》杂志社，1982 年。

⑫ 刘庆柱主编：《中国古代都城考古发现与研究》（下），第 884 页，社会科学文献出版社，2016 年。

回归到本书的学术命题，史料信息表明，"天宝末"至"贞元时"渤海国已经确立了中央集权的"三省六部"建制，基于都城建置从属于行政建制考量，三重城格局的渤海上京城，其皇城建置应该肇始于"三省六部"建制的确立。基于迁都，早期上京城开启了有别于"显州"都城的新的都城建置。随之而来的问题是，早期上京城是否如一些学者所言，其初始为都之时便已经确立并完成了三重城格局的都城建置？通过开展文字瓦视角下的渤海佛教遗存研究，笔者曾撰文指出，位于渤海上京城北郊8、9号佛寺是"上京"初始为都之时营建的旷野类型佛教寺院。其中，9号佛寺是渤海统治集团的"礼佛"场所①。其后，刘晓东依托考古学材料进一步充实完善了笔者的学术主张②。需要指出的是，围绕8、9号佛寺而展开的学术讨论，不仅论证了两座佛寺的始建年代，分析了其位于上京城郊外的原因，而且进一步强化了上京城"先筑宫城、次筑皇城、郭城"的分期营建说。通过开展行政建制视角下的都城建置研究，笔者意识到，新近阐释的学术主张依然存在进一步调整的空间。修改过的学术认知是："天宝末"，随着中央集权统治机构的组建，初始为都的"上京"确立了由宫城、皇城构成的"二重城"都城建置；因渤海统治集团崇奉佛教，伴随都城迁徙，佛教得以东渐牡丹江中游地区；为了满足统治集团及其普通民众的"礼佛"需求，在早期上京城北郊营建了旷野类型的8、9号佛寺。

不难看出，在渤海上京城营建时序问题上，笔者依然坚持分期营建说。据渤海上京城发掘报告："经解剖验证，郭城北部折曲突出的部分是一次筑成，说明郭城城墙应该与宫城间具有早晚关系……郭城西北角一带有折曲，即是为服从已有的宫城而不得已改动的。"③其后，发掘者赵哲夫进一步指出："（郭城）北城墙全长4957米，情况比较复杂，该段城墙自西北角起，为规避西南—东北流向的从牡丹江分流出来的河岔，形成了同向的抹斜……从整体观察，郭城的遗迹连续，特别是北半部城墙建筑遗迹清晰，连续无间断。"④基于上述考古发现，渤海上京城及其北郊8、9号佛寺的营建时序，只能解读为先有早期上京以及8、9号佛寺，后筑郭城。并且，考古发现表明，初始为都之时的渤海上京城，并没有制定三重城格局的建置规划。大华玙"复还上京"以后，随着社会进步、国力增强，当上京城需要"造郭以守民"时，其北郊因濒临河水、可资利用的地域空间已经十分有限，不仅无法将8、9号佛寺并入郭城之内，甚至连其郭城北垣也不得不顺应地势、因地制宜地构筑成折曲、抹斜的不规则线形轮廓。

通过开展瓦当类型学、年代学考察，渤海上京城宫城、皇城以及9号寺庙址出土瓦当

---

①　宋玉彬：《文字瓦视角下的渤海佛教遗存研究》，《学习与探索》2019年第7期。

②　刘晓东：《关于渤海上京城北垣外侧8、9寺庙址始建年代的补充说明》，《边疆考古研究》第25辑，科学出版社，2019年。

③　黑龙江省文物考古研究所：《渤海上京城——1998～2007年度考古发掘调查报告》，第636页，科学出版社，2009年。

④　赵哲夫：《从渤海上京城城墙建筑顺序和营建方式看皇城宫城区域的划分》，《庆祝魏存成先生七十岁论文集》，科学出版社，2015年。

标本的时间节点属性也与上述分析相符。

至此，基于考古发现、结合文献梳理，关于渤海上京城的营建时序，笔者提出了先筑宫城、皇城，后筑郭城的全新主张。服务于行政建制，渤海上京城的都城功能经历了从"筑城以卫君"到"造郭以守民"的历时性变化。

第三节　瓦当视角下的渤海墓葬研究

目前，在牡丹江、图们江、西流松花江流域发现的渤海墓葬中，计有 4 处地点确认了"瓦构"墓葬。所谓"瓦构"墓葬，意指墓上营建有瓦作建筑或在封土之上铺设、放置瓦件的墓葬。4 处地点中，除了牡丹江流域六顶山墓地"瓦构"墓的分布较为密集外①，其他 3 处地点均仅为孤例个案，其中，海兰江流域 2 处：河南屯墓葬、龙头山墓地龙海墓区M13~14；西流松花江流域 1 处：七道河墓葬②。开展瓦当视角下的渤海墓葬研究，旨在充实完善墓群性质、墓葬编年问题的学术构建。

下面，首先梳理包括"瓦构"墓在内的渤海高等级墓葬的学术研究历程，在此基础上，结合全新的考古发现，阐释本研究的学术思考。

一、关于渤海"王室、贵族墓地"的学术解读

由于贞惠公主、贞孝公主墓志的发现，学术界将六顶山墓地、龙头山墓地定性为渤海"王室、贵族墓地"。然而，随着学术视野的不断拓展、学术认知的逐步细化，学术界渐渐意识到，笼统地将上述墓地指认为王室、贵族墓地，无法厘清墓主彼此之间的身份关系。根据古人的丧葬习俗，六顶山墓地、龙头山墓地清理揭露的高等级墓葬，墓主的身份或为王室家族成员，或为贵族家族成员，两者不宜混称，只能二择其一。

学术界之所以将六顶山墓地、龙头山墓地定性为渤海"王室、贵族墓地"，除了基于贞惠、贞孝的公主身份，还在于"陪葬于珍（珍）陵之西原"（贞惠公主墓志）、"陪葬于染谷之西原"（贞孝公主墓志）所记载的"陪葬"信息。遗憾的是，由于学术界没有意识到上述句式均是在套用唐代墓志铭文的固定格式，在缺少旁证线索的情况下，研究者过于关注"珍（珍）陵""染谷"的语义学解读，从而导致学术认知出现了偏差。

基于考古发现，"某年某月某日葬于某地，礼也"，作为墓志铭文的固定句式，被大量

---

① 吉林省文物考古研究所等：《六顶山渤海墓葬——2004~2009 年清理发掘报告》，文物出版社，2012 年。

② 由于扰动、破坏严重，七道河遗存被作为建筑址而清理、发表，参见吉林市博物馆：《吉林省蛟河市七道河村渤海建筑遗址清理简报》，《考古》1993 年第 2 期。近年来，学术界多倾向性认为，该遗存是一座具有墓上瓦作建筑的渤海时期墓葬，参见彭善国：《蛟河七道河村渤海遗址属性辨析》，《东北史地》2010 年第 3 期。

运用于唐代墓葬之中①。至于贞惠、贞孝墓志所用"陪葬"句式，在唐代墓志中并非专指陪葬君主之"陵"，亦有归葬祖茔之意。例如，河南洛阳出土的《郭思训墓志》所记述的"陪葬"信息："以景云二年（711 年）岁次辛亥十二月辛丑朔十五日乙卯，迁合于洛阳北部乡之原，陪葬先茔之壬地，礼也。"② 受之启发，在六顶山墓地、龙头山墓地历经大规模发掘却依然无法确认王陵的情况下，不妨变换思维，重新考证贞惠、贞孝"陪葬"之寓意。

亲历贞孝公主墓发掘的郑永振曾撰文指出，贞孝公主墓并非因贞孝而建，是其先逝的夫君之墓，贞孝死后"附葬"于此③。通过综合梳理六顶山墓地、龙头山墓地的考古发现，田村晃一进一步指出，同贞孝公主一样，贞惠公主也是"附葬"于其先逝的夫君之墓④。

为了廓清渤海国公主墓的埋葬习俗，笔者检索了学术界有关唐代公主墓的研究成果。据《唐代公主丧葬研究》一文，公主陪葬帝陵主要见于高祖献陵、太宗昭陵、高宗与武则天合葬的乾陵、中宗定陵、睿宗桥陵，睿宗之后，公主不再陪葬帝陵，多入葬驸马家族墓地⑤。沈睿文认为，上述变化与唐代陪葬墓数量趋于减少有关⑥。

《唐代公主丧葬研究》统计数据显示，计有 30 位公主陪葬帝陵。其中，房陵公主⑦、淮南公主⑧、馆陶公主⑨等 3 位公主陪葬高祖献陵；南平公主、高密公主、长广公主、长沙公主、衡阳公主、襄城公主、豫章公主、普安公主、晋安公主、新兴公主、城阳公主、长乐公主（与驸马长孙冲）⑩、新城公主⑪，兰陵公主（与驸马窦怀哲）⑫、遂安公主（与驸马王大礼）⑬、城阳公主（与驸马薛瓘）⑭、清河公主（与驸马程处亮）⑮、临川公主（与驸马周道务）⑯ 等 18 位公主陪葬太宗昭陵；永泰公主⑰、义阳公主、新都公主、安兴公主

① 姚美玲：《唐代墓志词汇研究》，华东师范大学出版社，2008 年。
② 姚美玲：《唐代墓志词汇研究》，华东师范大学出版社，2008 年。
③ 郑永振、严长录：《渤海墓葬研究》，吉林人民出版社，2000 年。
④ ［日］田村晃一：《贞惠公主墓と贞孝公主墓の意味するもの——渤海の王陵・貴族墓とその被葬者（その1）》，《青山考古》第 27 号，2011 年；［日］田村晃一：《渤海王陵・貴族墓論（その）2——『六頂山渤海墓葬』を読んで》，《青山史学》第 32 号，2014 年。
⑤ 巴姗姗：《唐代公主丧葬研究》，陕西师范大学硕士学位论文，2007 年。
⑥ 沈睿文：《唐陵的布局：空间与秩序》，第 247~306 页，北京大学出版社，2009 年。
⑦ 安峥地：《唐房陵大长公主墓清理简报》，《文博》1990 年第 1 期。
⑧ 岳连建、柯卓英：《唐淮南大长公主驸马封言道墓志考释》，《考古与文物》2004 年第 4 期。
⑨ 《唐会要》卷二一《缘陵礼物》，第 412 页，中华书局，1955 年。
⑩ 昭陵博物馆：《唐昭陵长乐公主墓》，《文博》1988 年第 3 期。
⑪ 陕西省考古研究所等：《唐新城长公主墓发掘报告》，科学出版社，2004 年。
⑫ 昭陵文物管理所：《昭陵陪葬墓调查记》，《文物》1977 年第 10 期。
⑬ 昭陵文物管理所：《昭陵陪葬墓调查记》，《文物》1977 年第 10 期。
⑭ 昭陵文物管理所：《昭陵陪葬墓调查记》，《文物》1977 年第 10 期。
⑮ 周绍良主编：《唐代墓志汇编》，上海古籍出版社，1992 年。
⑯ 陕西省文管会等：《唐临川公主墓出土的墓志和诏书》，《文物》1977 年第 10 期。
⑰ 陕西省文物管理委员会：《唐永泰公主墓发掘简报》，《文物》1964 年第 1 期。

等4位公主陪葬高宗与武则天合葬的乾陵；宜城公主、长宁公主、成安公主、定安公主（与驸马王铜皎）、永寿公主（与驸马韦鐬）等5位公主陪葬中宗定陵；金仙公主①、梁国公主②、鄎国公主③、代国公主④等4位公主陪葬睿宗桥陵。

唐睿宗之后，即8世纪中期（750年）以后，统计数据显示，唐代公主的埋葬方式发生了变化，6位公主入葬驸马的家族墓地。例如，肃宗之女和政公主葬于驸马柳潭家族墓地（起塔而葬）⑤、郏国公主葬于驸马张清家族墓地⑥，代宗之女昇平公主葬于驸马郭氏家族墓地⑦，德宗之女宜都公主葬于驸马柳昱家族墓地⑧，宪宗之女岐阳公主葬于驸马杜悰家族墓地⑨，穆宗之女金堂长公主葬于驸马郭仲恭家族墓地⑩。

通过开展唐代公主墓的埋葬习俗研究，以宏观的学术视野审视贞惠公主墓、贞孝公主墓的考古发现，可知其所出土的墓志表明，两者均留存有唐文化因素影响的印记。因此，促使学术界思考的是，贞惠公主、贞孝公主下葬之时，是否也按照唐代习俗埋葬于其夫君的家族墓地？廓清这一问题，无疑有助于客观把握六顶山墓地、龙头山墓地具体埋葬者之族属、身份定位。

孝懿皇后墓、顺穆皇后墓的考古发现，为学术界细化六顶山墓地、龙头山墓地学术研究开辟了全新的视野空间⑪。由此而引发的学术联想是，同为大钦茂女儿，为什么贞孝公主与孝懿皇后同葬一地，与孝懿皇后死亡时间相近的贞惠公主却另葬他处？综合梳理文献、墓志信息可知，孝懿皇后、贞惠公主下葬时，渤海国都于"上京"⑫；贞孝公主下葬

① 雒忠如等：《唐桥陵调查简报》，《文物》1966年第1期；陕西省考古研究院：《唐睿宗桥陵陵园遗址考古勘探、发掘简报》，《考古与文物》2011年第1期。

② 雒忠如等：《唐桥陵调查简报》，《文物》1966年第1期；陕西省考古研究院：《唐睿宗桥陵陵园遗址考古勘探、发掘简报》，《考古与文物》2011年第1期。

③ 雒忠如等：《唐桥陵调查简报》，《文物》1966年第1期；陕西省考古研究院：《唐睿宗桥陵陵园遗址考古勘探、发掘简报》，《考古与文物》2011年第1期。

④ 雒忠如等：《唐桥陵调查简报》，《文物》1966年第1期；陕西省考古研究院：《唐睿宗桥陵陵园遗址考古勘探、发掘简报》，《考古与文物》2011年第1期。

⑤ （唐）颜真卿：《和政公主神道碑》，《全唐文》，第3490页，中华书局，1983年。

⑥ 周绍良主编：《唐代墓志汇编·大唐故郏国大长公主墓志铭》，第1845页，上海古籍出版社，1992年。

⑦ 郭海文等：《新出唐代昇平公主墓志研究》，《唐史论丛》第29辑，三秦出版社，2019年。

⑧ 王仁波主编：《隋唐五代墓志汇编》陕西卷第二册，《唐故宜都公主墓志铭》《柳昱墓志》，天津古籍出版社，2009年。

⑨ 《唐故岐阳公主墓志铭》，《全唐文》，第7838页，中华书局，1983年。

⑩ 西安市文物保护考古研究院：《唐郭仲恭及夫人金堂长公主墓发掘简报》，《文博》2013年第2期。

⑪ 吉林省文物考古研究所等：《吉林和龙市龙海渤海王室墓葬发掘简报》，《考古》2009年第6期。

⑫ 关于孝懿皇后、贞惠公主下葬时，渤海都于"上京"，理由有三。其一，据《新唐书》，天宝末（约756年），渤海徙上京；贞元时（785～805年），渤海徙"东京"。其二，《续日本纪》载：776年渤海国史都蒙出使日本，"贺我即位，并赴彼国王妃之丧，比著我岸"。据此可知，孝懿皇后卒于775年或776年。其三，据墓志，贞惠卒于777年。

时，渤海国都于"东京"①。如果从入葬家族墓地的角度考虑，则存在一种可能，六顶山墓地、龙头山墓地的高等级墓葬与渤海王陵无关，均是基于血缘、姻缘关系而埋葬的家族成员。

二、六顶山墓地"瓦构"墓葬的学术解读

通过 1979 年发表的《敦化六顶山渤海墓清理发掘记》一文，学术界得以知晓六顶山墓地存在瓦作建筑遗存②。遗憾的是，由于该文没有注明瓦作产品类遗物标本的具体出土单位，限制了学术界进行瓦作建筑视角下的六顶山墓地学术解读③。1997 年出版的《六顶山与渤海镇》考古报告，虽然著录了六顶山墓地第二墓区 M208、M209 出土的板瓦、筒瓦、瓦当类遗物标本④，但因表述简洁，瓦作构件依然没有成为学术界拓展六顶山墓地认知空间的学术契机。2012 年伊始，随着《六顶山渤海墓葬》的出版⑤，学术界终于得以开展瓦当视角下的六顶山墓地研究。

据《六顶山渤海墓葬》，六顶山墓地清理揭露了 3 种形式的墓上用瓦迹象。一是墓上营建有瓦作建筑（留存有回字形础石柱网），见于第一墓区ⅠM1、ⅠM3、ⅠM4、ⅠM5；二是封土之上铺有板瓦，见于第一墓区ⅠM2（贞惠公主墓）、ⅠM8、ⅠM9 和第二墓区ⅡM9、ⅡM10；三是墓上象征性放置瓦件，见于第一墓区ⅠM61、ⅠM68 和第二墓区ⅡM8、ⅡM45。结合文献信息，发掘者认为，上述"瓦构"迹象均源于史料文献中记述的"冢上作屋"习俗⑥。

通过研读报告，同时结合实地考察，笔者的学术认知是，《六顶山渤海墓葬》所公布的该墓地第一墓区贞惠公主墓、ⅠM5 两座墓葬的学术信息，无论是客观描述还是学术阐释，均存在一些需要重新加以界定，甚至有待于进一步厘清的问题。

关于贞惠公主墓，《六顶山渤海墓葬》执笔者将其定性为封土之上铺瓦之墓。问题是，报告在介绍该墓的考古发现时，未能提供该墓与瓦作构件类遗物存在关联的具体线索。并且，在早于该报告而发表的考古资料中，也查询不到任何与瓦有关的考古发现。根据墓志

①　关于贞孝公主下葬时，渤海都于"东京"，理由有二。其一，据墓志，贞孝卒于 792 年。其二，据《新唐书》，"贞元时"徙"东京"，793 年大华玙复还上京。

②　王承礼：《敦化六顶山渤海墓清理发掘记》，《社会科学战线》1979 年第 3 期。

③　[日]田村晃一著、李云铎译：《关于渤海瓦当花纹的若干考察》，《历史与考古信息·东北亚》2003 年第 1 期（原文见《青山史学》第 19 号，青山学院大学史学研究室，2001 年）；[日]田村晃一：《贞惠公主墓と贞孝公主墓の意味するもの——渤海の王陵·贵族墓とその被葬者（その1）》，《青山考古》第 27 号，2011 年。

④　中国社会科学院考古研究所：《六顶山与渤海镇——唐代渤海国的贵族墓地与都城遗址》，中国大百科全书出版社，1997 年。

⑤　吉林省文物考古研究所等：《六顶山渤海墓葬——2004~2009 年清理发掘报告》，文物出版社，2012 年。

⑥　吉林省文物考古研究所等：《六顶山渤海墓葬——2004~2009 年清理发掘报告》，文物出版社，2012 年。

铭文，贞惠公主下葬于 780 年。其时，"倒心形"花瓣瓦当已经在渤海瓦作建筑中占据主导地位。鉴于此，贞惠公主墓是否用瓦，不仅事关六顶山墓地出土瓦当的文化因素分析、年代学考察，而且制约着渤海瓦当总体发展态势的宏观把握。

关于六顶山第一墓区ⅠM5，通过实地考察，笔者注意到，《六顶山渤海墓葬》在记述该墓形制时，疏漏了一个重要的细节问题。即，营建者构筑墓室的石质墙壁时，在石块缝隙之间有意添加了一些碎瓦残片。这一迹象表明，该墓对废弃后的瓦砾进行了二次利用，据此推测，ⅠM5 不是六顶山墓地最早的瓦作建筑。由此而引发的思考是，该墓出土的瓦作构件是否均为其墓上建筑的倒塌堆积或废弃堆积？其中是否夹杂有被二次利用的早期瓦作建筑遗物？

综上所述，由于历经扰动、破损严重，六顶山墓地清理揭露的"瓦构"墓葬，尚存在诸多不确定因素。显然，这种情况在一定程度上制约了本书命题研究的横向拓展与纵向深入。

六顶山墓地出土了板瓦、筒瓦、檐头筒瓦（瓦当）、鬼面瓦等建筑构件类遗物标本，就制作工艺或纹饰风格而言，上述遗物标本均可以在高句丽建筑构件中找到可资类比的同型器物。在制作工艺方面，六顶山墓地出土的无瓦唇筒瓦、直节瓦唇筒瓦、高边轮瓦当以及纹饰板瓦，其形制特征与高句丽相近、与渤海相异。基于这种同异性，学术界将之界定为渤海国早期瓦作建筑留存的遗物。关于图案风格，在东亚地区已经普遍采用"裂瓣纹"构图理念创作瓦当纹饰的时代背景下，依然固守"四分法"构图理念的六顶山Ⅰ型、Ⅱ型、Ⅲ型瓦当，表明其接受了高句丽瓦当文化因素的影响，"十"字纹、乳丁纹等主题纹饰分别可以在凤凰山城[1]、叆河尖城址[2]、东台子遗址[3]等高句丽时期瓦作建筑遗存地点出土的瓦当中找到形制相近的纹样。至于鬼面瓦，在田村晃一看来，其"纹饰源流不必非要求之于中原，承认其为高句丽的兽面纹瓦也无妨"[4]。

在本章第一、二节中，出土"四分法"构图、个性化主题纹饰瓦当标本的寺庙址、城址均被初步界定为接受高句丽文化因素影响的渤海国早期遗存。基于上文分析，六顶山出土瓦当与高句丽瓦当在工艺、纹样等方面所显现的诸多趋同性，显然不能仅仅解释为文化因素影响。笔者认为，六顶山墓地的"瓦构"墓是高句丽人的家族墓葬。至于贞惠公主墓，根据其抹角叠涩式墓室结构，同时，结合贞惠公主所遵循的死后三年下葬的习俗，笔者认同田村晃一的学术主张，即贞惠公主嫁给了高句丽人，ⅠM2 是其夫君之墓，贞惠公

---

① 国家文物局主编：《中国文物地图集·辽宁分册》，西安地图出版社，2009 年。

② 国家文物局主编：《中国文物地图集·辽宁分册》，西安地图出版社，2009 年。

③ 吉林省文物考古研究所等：《集安出土高句丽文物集粹》，科学出版社，2010 年。

④ ［日］田村晃一：《渤海王陵·貴族墓論（その）2——『六頂山渤海墓葬』を読んで》，《青山史学》第 32 号，2014 年。

主卒后"附葬"于此。需要指出的是，在渤海国境内，抹角叠涩墓另见于长仁墓葬①、惠章墓葬②、三灵坟二号墓③、龙湖墓葬④、北大墓地 M35⑤。现有资料显示，这些墓葬均未发现用瓦迹象。田村晃一将这些渤海时期的抹角叠涩墓视为高句丽"族徽"，墓主包括出嫁的高句丽女性和嫁入高句丽的女性⑥。考虑到贞惠公主下葬之时（780 年），渤海国境内高等级瓦作建筑所使用的瓦当，已经鲜见体现高句丽文化因素影响的构图模式与主题纹饰，而开始流行彰显自身文化特点的"倒心形"花瓣主题纹饰瓦当类型，笔者认为，六顶山墓地的"瓦构"墓葬均早于贞惠公主墓。不过，在六顶山墓地现已指认的"瓦构"墓中，尚需进一步甄别的是，有些墓（如 I M5）是否只是破坏了早期瓦构遗存，其本身并没有用瓦？

作为渤海时期的高等级墓葬，六顶山墓地"瓦构"墓葬出土的瓦当标本不仅具有高句丽瓦当的形制特点，而且其彼此之间具有共时性的时间节点属性。由此而引发的学术思考是，它们为什么没有留存下修缮迹象？笔者认为，导致这种情况的原因，多半与贞惠公主夫君家族的社会地位下降有关。即，贞惠公主丈夫不仅是高句丽人，而且其家族是在大氏政权建国过程中发挥了重要作用的豪门显贵。然而，随着时间流逝，其家族逐渐趋于没落，致使后世族人无力为先祖墓葬进行修缮。

三、河南屯墓葬的学术解读

因破损严重，河南屯墓葬没有发表正式的考古报告，据 1973 年刊发的《和龙渤海古墓出土的几件金饰》一文可知，该墓是一座环以围墙的同封异穴夫妻并葬墓⑦。根据墓中出土的金带，结合文献著录的唐朝赐渤海使者"紫袍金带"信息，该文推断墓主可能为渤海王室贵族。与本书研究相关的考古发现是，该并葬墓出土有瓦当类建筑构件（详见本书第三章第四节）。

在 1984 年作为内部资料印刷的《和龙县文物志》中，著录有"河南屯墓葬"词条⑧，其具体信息多引自《和龙渤海古墓出土的几件金饰》。

---

① 《吉林省文物志》编委会：《和龙县文物志》（内部资料），长仁墓群词条，1984 年。
② 《吉林省文物志》编委会：《和龙县文物志》（内部资料），惠章墓群词条，1984 年。
③ 国家文物局主编：《中国文物地图集·黑龙江分册》，文物出版社，2015 年。
④ 延边文物管理委员会等：《吉林省和龙湖渤海墓葬》，《博物馆研究》1993 年第 1 期。
⑤ 延边朝鲜族自治州博物馆等：《和龙北大渤海墓葬清理简报》，《东北考古与历史》第一辑，文物出版社，1982 年。
⑥ ［日］田村晃一：《貞惠公主墓と貞孝公主墓の意味するもの——渤海の王陵·貴族墓とその被葬者（その1）》，《青山考古》第 27 号，2011 年。
⑦ 郭文魁：《和龙渤海古墓出土的几件金饰》，《文物》1973 年第 8 期。
⑧ 吉林省文物志编委会：《和龙县文物志》（内部资料），1984 年。

2014 年，通过对"河南屯古城"进行考古复查，考古工作者得以确认，斋藤优①、李文信②等人著录的"河南屯古城"内城遗迹，实为河南屯同封异穴合葬墓的墓域围墙，内城中所谓的台基式础石遗迹则为合葬墓之墓上"瓦构"建筑的础石柱网。据此，复查报告指出，河南屯墓葬是一座构筑在台基之上、营建有墓上瓦作建筑的同封异穴合葬墓，并且，墓域环以土构围墙③。

基于地表调查，河南屯同封异穴合葬墓墓域内出土的瓦当标本可以分为 4 型。其中，Ⅰ 型、Ⅱ 型、Ⅲ 型瓦当均属于"图们江流域地域性纹饰"瓦当类型，Ⅳ 型瓦当见于河南屯寺庙址。通过开展类型学考察，河南屯寺庙址出土的檐头板瓦早于西古城城址的同类器物。据此，复查简报将该寺庙址界定为始建年代早于西古城城址的渤海佛教遗存④。由于河南屯墓葬出土有与河南屯寺庙址纹样形制相近的檐头板瓦，推测河南屯墓葬的始建年代早于西古城城址。根据墓葬出土瓦当所折射出的地域性文化信息，可以将之视为靺鞨人的高等级墓葬。

根据地表调查资料，河南屯墓葬未见"倒心形"花瓣瓦当标本。由于土地改造，除了墓域轮廓依稀可辨，该墓葬的其他迹象均已荡然无存。目前，已经无法廓清采集到的瓦当标本是否囊括了该墓所使用瓦当的全部类型。由此而产生的无法破解的悬疑问题是，该墓是否也如六顶山墓地"瓦构"墓葬一样，缺少后世修缮行为？

四、龙头山墓地龙海墓区 M13~14 的学术解读

经发掘确认，龙头山墓地龙海墓区 M13~14 与河南屯墓葬具有相同的墓葬形制。通过开展类型学考察，该合葬墓区分出 8 种瓦当类型。其中，Ⅰ 型、Ⅱ 型为标准"倒心形"花瓣主题纹饰瓦当类型，Ⅲ 型、Ⅳ 型、Ⅴ 型属于"图们江流域地域性纹饰"瓦当类型，Ⅶ 型瓦当具有渤海纹样（"倒心形"花瓣）与高句丽纹样（忍冬纹）相结合的"四分法"构图、复合主题纹饰瓦当类型的形制特点，Ⅵ 型、Ⅷ 型瓦当则作为孤例，呈现出个性化的形制特点。基于现有资料，初步推断该墓的始建年代与河南屯墓葬相近，即其年代上限早于西古城城址，并且，该墓也是靺鞨人的高等级墓葬。

问题是，基于营建有墓上"瓦构"建筑的渤海时期高等级墓葬，如何定性龙头山墓地龙海墓区 M13~14 的性质呢？是王室墓地抑或为贵族墓地？在龙海墓区地势最高的 Ⅴ 号台地，除了埋葬有贞孝公主夫妇、渤海第三代王大钦茂妻子孝懿皇后（M12）、渤海第九代王大明忠妻子顺穆皇后（M3），尚有两座墓主身份不详的墓葬——孝懿皇后墓东侧的 M11、顺穆皇后墓东侧的 M2。考古发现显示，M11 的墓葬形制、规模均不如 M12，墓主是

① ［日］斋藤優：《半拉城と他の史蹟》，半拉城史刊行會，1978 年。
② 李文信：《1943 年和龙县西古城子调查日记》，《李文信考古文集》（增订本），辽宁人民出版社，2009 年。
③ 吉林大学边疆考古研究中心等：《吉林和龙"河南屯古城"复查简报》，《文物》2017 年第 12 期。
④ 吉林大学边疆考古研究中心等：《吉林和龙"河南屯古城"复查简报》，《文物》2017 年第 12 期。

大钦茂的可能性极小；至于 M2，虽然其墓葬形制、规模高于 M3，但墓主也不可能是大明忠。通过《新唐书·渤海传》可知，简王卒于 818 年①。根据墓志可知，829 年顺穆皇后迁葬于 V 号台地②。并且，现有资料不足以证明顺穆皇后是为了陪葬大明忠而"迁葬"。

上述墓葬与贞孝公主墓埋葬在同一台地，根据文献信息，孝懿皇后的下葬年代早于贞孝公主墓③。在孝懿皇后已经下葬的情况下，贞孝公主"陪葬于染谷之西原"的表述方式，应该足以证明该台地没有埋葬渤海王陵。并且，考虑到贞孝公主"附葬"于其先逝的夫君之墓的安葬方式，并结合上文开展的唐代公主墓信息梳理，笔者认为，该台地埋葬的是贞孝公主夫君的家族成员，孝懿皇后、顺穆皇后是归葬家族墓地。即，孝懿皇后、顺穆皇后出自同一家族，贞孝公主则嫁给了该家族之人。据此，龙头山墓地龙海墓区 M13～14 只能定性为渤海时期的贵族墓葬。

与六顶山、河南屯"瓦构"墓葬不同的是，龙头山墓地龙海墓区 M13～14 出土有"裂瓣纹"构图、"倒心形"花瓣单一主题纹饰的瓦当类型。该墓地的 I 型瓦当见于渤海上京城的郭城北门址，因此，龙头山墓地龙海墓区 M13～14 之墓上瓦构建筑具体应用的年代下限怎么说都不为过。

五、七道河墓葬的学术解读

因破损严重，七道河墓葬清理揭露的遗迹被发掘者定性为渤海时期的建筑址④。随着学术研究的不断进步，学术界逐渐意识到，七道河遗存是一处渤海时期具有墓上"瓦构"建筑的高等级墓葬⑤。

通过开展类型学考察，该墓葬区分出 6 种形制的瓦当类型。其中，I 型、II 型具有"裂瓣纹"构图瓦当的形制特点，III 型、IV 型、V 型具有"四分法"构图瓦当的形制特点，VI 型瓦当因破损严重而难以辨识。该墓出土有较多的体现"四分法"构图理念的瓦当类型，意味着营建该墓之时，高句丽文化因素的影响依然存在，表明该墓的始建年代至迟不晚于大华玛"复还上京"之时。由于瓦当主题纹饰留存下包括传统云纹在内的多种文化因素影响的印记，在难以辨识其主体文化属性的情况下，无法廓清墓主的族属问题。结合墓葬所处地域，推测其为粟末靺鞨人的高等级墓葬⑥。该墓葬出土的 I 型瓦当具有"裂瓣纹"构图、复合主题纹饰的形制特点（六瓣"倒心形"花瓣+六只飞鸟纹），表明其墓上"瓦构"建筑具体应用的年代下限不晚于大钦茂执政时期。即，"倒心形"花瓣的影响力

① 《新唐书》卷二一九《渤海传》："明忠立，改年太始，立一岁死。"第 6181 页，中华书局，1975 年。
② 《顺穆墓志》："建兴十二年七月十五日，迁安□陵，礼也。"
③ 《续日本纪》载：776 年渤海国史都蒙出使日本，"贺我即位，并赴彼国王妃之丧，比著我岸"。据此可知，孝懿皇后死于 775 年或 776 年。据贞孝公主墓志，贞孝公主葬于 792 年。
④ 吉林市博物馆：《吉林省蛟河市七道河村渤海建筑遗址清理简报》，《考古》1993 年第 2 期。
⑤ 彭善国：《蛟河七道河村渤海遗址属性辨析》，《东北史地》2010 年第 3 期。
⑥ 松花江，古称粟末水。据此，学术界倾向性认为，地处西流松花江流域的靺鞨遗存属于粟末靺鞨。

已经波及西流松花江流域。

引发笔者思考的是，该墓葬是否也缺少后世的修缮行为？

综上，基于考古发现，在现已确认的渤海"瓦构"墓葬中，均见有"四分法"构图理念的瓦当类型，鉴于此，"瓦构"墓葬的始建年代均不晚于贞惠公主墓。其理由在于，渤海以"显州为都"之时，"裂瓣纹"已经取代"四分法"成为渤海瓦当的主要构图理念。关于"瓦构"墓的族属，既有高句丽人，也有靺鞨人。至于"瓦构"墓所在的六顶山墓地第一墓区、龙头山墓地龙海墓区，应该将其界定为渤海时期的贵族家族墓地。

结　语

本书命题的学术构建，可以分为两个部分。一是基础性研究，通过全面占有资料，对渤海遗存出土的瓦当标本进行了系统梳理。在此基础上，借助考古类型学研究手段，辨识了渤海瓦当的共性化特征、个性化差异。此项工作旨在完善渤海瓦当的数据库建设，借此夯实渤海瓦当研究的基础性学术平台。二是拓展性研究，依托考古发现、结合史料信息，在东亚、东北亚瓦作建筑发展历程的宏观学术视野下，透过渤海瓦当的具体表象，对渤海城址、寺庙址、高等级墓葬进行了全新视角的学术解读。此项工作旨在在客观把握渤海文化历时性发展脉络的基础上，利用前沿性研究理念、适时修正更新渤海文化的学术阐释，以便于理性地探索渤海文明产生、发展直至湮没的沧桑历程。

一、基础性研究学术认识

（一）关于渤海时期瓦作建筑的地域性分布

基于田野调查及考古清理，在图们江、牡丹江、绥芬河、西流松花江、鸭绿江、楚卡诺夫卡河、北青川等江河流域的瓦作建筑遗存地点中获取了渤海时期的瓦当类遗物标本。考古发现表明，图们江、牡丹江流域不仅是渤海文明的核心区域，也是渤海瓦作建筑最为密集的分布区。随着渤海政权不断发展壮大，瓦作建筑成为见证渤海文明发展进程的重要标识。进入"海东盛国"发展期以后，无论是其核心区域，还是边远地区，瓦作建筑所使用的檐头筒瓦，其瓦当的装饰风格，从形式到内容均达到了高度统一。遗憾的是，客观上受制于材料、主观上受制于方法，本书只是宽泛地界定了瓦作建筑出现在渤海国不同区域的初始时间及其具体途径（多数地区的瓦作建筑发端于佛教寺院）。不过，即便如此，现有成果也足以说明，以瓦当为学术切入点，不仅可以拓展渤海文化研究的视野广度，而且有助于提升渤海文化研究的认知高度。

（二）关于渤海瓦当的形制特点

通过开展类型学考察，已经能够勾勒出渤海瓦当历时性形制变化的总体态势。不过，现有研究成果尚不足以建立时间节点明确的年代学序列。大体上，渤海瓦作建筑所使用的檐头筒瓦，其瓦当形制变化的阶段性标识有三。一是渤海政权初创期的瓦当，主要是按照"四分法"构图理念设计纹饰图案，其主题纹饰均呈现出鲜明的个性化特点。二是大钦茂执政以后，在"宪象中国制度"的社会化风潮影响下，瓦作建筑开始流行"裂瓣纹"构图、单一主题纹饰的瓦当类型。三是大华玙"复还上京"以后，渤海境内的瓦作建筑开始普及化应用突显渤海文化自身特色的"裂瓣纹"构图、"倒心形"花瓣主题纹饰的瓦当类型。因此，渤海瓦当的演变轨迹可以概括为：早期阶段（以显州为都之前），遵循"四分法"构图理念、追求个性化主题纹饰。中期阶段（大华玙复还上京之前），在构图理念方面，"裂瓣纹"逐渐取代了"四分法"；至于主题纹饰，单一主题纹饰成为时尚元素，"倒心形"花瓣主题纹饰已经在行政建置瓦作建筑中占据主导地位。晚期阶段（进入"海东盛国"时期），流行"裂瓣纹"构图理念，"倒心形"花瓣成为"一枝独秀"的主题纹饰。

（三）关于渤海瓦当的文化内涵

作为舶来品，渤海瓦作建筑体现了外域先进文化因素对渤海物质文明的影响。其中，瓦当对外来文化的借鉴、模仿，主要体现在构图理念方面。其主题纹饰则充分体现了渤海文明的文化底蕴、渤海人自身的审美情怀，经历了从自主创作个性化主题纹饰到普遍采用"倒心形"花瓣主题纹饰的总体发展态势。种种迹象表明，"倒心形"花瓣的母题纹饰起源于图们江流域。渤海亡国以后，"倒心形"花瓣一度成为辽代早期瓦当的主题纹饰之一。鉴于此，"倒心形"花瓣瓦当不仅是辨识渤海遗存的学术标尺，也是阐释渤海文化个性化特征产生、发展乃至形成辐射影响力的重要线索。

（四）关于渤海瓦作建筑的性质

统计数据显示，旷野遗址在渤海瓦作建筑遗存地点中所占的比例最大。目前，通过考古发掘清理揭露的旷野类型瓦作建筑遗迹，除了佛教寺院，尚未发现民居建筑使用檐头筒瓦（瓦当）的个案线索。因此，基于现有考古发现推测，渤海存国期间，作为集实用性、装饰性于一身的瓦作构件，檐头筒瓦仅仅具体应用于都城、五京、府州县等行政建置设施以及高等级墓葬、佛教寺院类瓦作建筑。

二、拓展性研究学术认识

（一）关于渤海时期佛教寺院的学术解读

根据《册府元龟》著录的唐朝的"靺鞨王子"请求"入寺礼拜"信息，不难推测，建立初期的渤海国境内应该营建有供统治集团礼佛的佛教寺院。考古发现显示，由于佛教东渐，高句丽"栅城"控制下的珲春河流域，已经营建有图们江地区最早的瓦作建筑——佛教寺院。因此，目前图们江流域得以确认的出土有"四分法"构图、花草纹主题纹饰瓦当标本的旷野类型瓦作建筑遗存地点，多半属于渤海早期营建的佛教寺庙遗存。并且，此类遗存的始建年代至迟不晚于大华玛"复还上京"之时。需要补充说明的是，这一主张应该同样适用于渤海国境内其他地区佛教遗存的年代学考察。

基于俄罗斯境内渤海佛教遗存的考古发现，渤海时期的佛教寺院不仅营建有独立的院落，而且其瓦作佛寺建筑足以说明，僧侣拥有较高的社会地位。其中，使用文字瓦营建的佛寺，应该是统治集团的礼佛场所。具体而言，三重城建置的渤海上京城竣工之前，渤海政权统治集团的礼佛活动均在城外寺院（旷野类型寺院）中进行。通过开展渤海文字瓦研究而获得的启示是，渤海时期存在官方、民间两种路径的佛教传播方式。其中，文字瓦是区分"官办""民办"寺院的重要标志。"官办"寺院由专业作坊提供瓦作构件，为此，专业作坊批量烧制的板瓦（包括檐头板瓦）、筒瓦（包括檐头筒瓦）要求"物勒工名"。与之不同，"民办"寺院均就地自行烧制瓦作构件，由于用量少，一次性窑址烧制的板瓦（包括檐头板瓦）、筒瓦（包括檐头筒瓦）无须"物勒工名"。引发笔者思考的是，佛教的民间传播路径不仅使个性化十足的主题纹饰成为渤海早期瓦当的主要形制特点，而且加快了制瓦技术的推广、促进了瓦作建筑的应用。就此意义而言，随着佛教东渐，其所到之处不仅冲击了人们的精神世界（生死观、审美情怀）①，而且引发了当地房屋建筑由茅庐式屋顶向瓦作屋顶转化的技术性革命。显然，这是一个值得学术关注、有待于拓展深化的全新学术命题。

（二）关于渤海建国地、都城的学术解读

首先，针对大祚荣建国地学术主张的反思。通过辨识磨盘村山城出土瓦作构件类遗物标本的形制特点，一些研究者将该城址视为大祚荣"自立震国王""筑城以居之"的东牟山，即渤海政权的建国地。对此，笔者表示难以认同。究其原因，在磨盘村山城发掘报告出版之前，涉及该城址性质问题的学术讨论均存在主观性猜测之嫌。为此，提醒学术界注意的是，在论证磨盘村山城是否为大祚荣的建国地时，不仅需要洞察忽汗州、忽汗河、忽汗海等称谓的由来，而且应该廓清该城址缺少渤海晚期遗存的原因所在。

其次，针对西古城城址始建年代、建置功能及其角色定位等问题，形成以下全新思考。第一，河南屯寺庙址的考古发现，可以作为推断西古城城址始建年代的新的实证线索②。第二，随着西古城属于单城制建置学术主张的确立，同时，结合该城址城门营建方

---

① 就瓦当纹饰图案而言，传承自秦汉时期的"四分法"构图理念，随着佛教东渐，自南北朝时期伊始，逐渐被西域的"裂瓣纹"构图理念全面取代。

② 河南屯寺庙址出土的檐头板瓦的纹饰特征表明，该寺庙址的始建年代早于西古城城址。据此推测，"图们江流域地域性纹饰"瓦当类型的年代上限早于"倒心形"花瓣瓦当类型。参见吉林大学边疆考古研究中心等：《吉林和龙"河南屯古城"复查简报》，《文物》2017年第12期。

式早于八连城城门建置的全新阐释①，为廓清西古城城址的角色定位拓展了认知空间。第三，随着"河南屯古城"作为城址而存在的立论依据逐一崩塌，意味着日本学术界所倡导的"河南屯古城"是渤海"天宝中王所都"显州治所故址的学术主张已经缺失了立论基础。鉴于此，结合文献中著录的渤海都城地理位置、迁徙变化信息，不仅可以将西古城城址界定为显州都城治所故址，而且足以证明该城址的建置功能与渤海政权以显州为都时的社会发展进程相吻合。

最后，针对渤海上京城营建时序的全新思考。通过开展瓦当、文字瓦、佛教遗存研究，同时，结合文献中留存的渤海政权行政建制信息线索，廓清了"天宝末钦茂徙上京"的原因。即，三省六部等集权统治机构的确立，是渤海上京城初次为都的主要原因。与以往学术主张不同，全新的认知是，"天宝末"的渤海上京城，不仅营建有宫城设施，而且完成了皇城建置。

（三）关于渤海时期高等级墓葬的学术解读

通过开展文化因素分析得以明晰，渤海境内现已发现的具有墓上瓦构建筑的高等级墓葬，其墓主既有高句丽人（六顶山墓地的瓦构墓葬），也有靺鞨人（河南屯墓葬、龙头山龙海墓区 M13～14、七道河墓葬）。通过开展瓦当类型学考察得以推断，渤海瓦构墓的始建年代至迟不晚于贞惠公主下葬的 780 年。通过梳理唐代公主埋葬习俗而形成的全新学术主张是，六顶山墓葬、龙头山墓葬的高等级墓葬均属于贵族家族墓地的组成部分，与渤海王陵无关。

综上，瓦作建筑既是感知渤海国社会发展进程的物化表象，也是见证渤海文明辉煌程度的重要标识。其中，瓦当研究是开展学术论证、进行学术阐释的学术切入点之一。大祚荣自立之前，属于靺鞨族群主要聚居区的图们江流域，已经形成佛教信仰的民间基础。因此，渤海建国集团崇奉佛教，只是为佛教的进一步推广传播提供了便利条件。就渤海文明的演变轨迹而言，佛教寺院引领了渤海政权初创期瓦作建筑的装饰风格、审美情怀。大钦茂执政以后，在其"宪象中国制度"改革举措引领下，"倒心形"花瓣主题纹饰首先成为渤海都城瓦作建筑所使用的檐头筒瓦的主要形制特点。随着渤海政权集权统治机制的不断完善与强化，"倒心形"花瓣瓦当类型逐渐成为渤海国境内行政建置、佛教寺院瓦作建筑装饰风格的统一标识。因此，吸纳、借鉴外域文明的先进元素，只是渤海文明发展、壮大的助力剂；不断打造、完善兼容并蓄的个性化标识，才是渤海文明赢得"海东盛国"赞誉的内在动力。

---

① 宋玉彬：《行政建制视角下的渤海上京城营建时序研究》，《中国边疆史地研究》2020 年第 3 期。

参考文献

一、古代文献

（后晋）刘昫等：《旧唐书》，中华书局，1975 年。

（唐）吴融：《古瓦砚赋》，《全唐文》，中华书局，1983 年。

（宋）王辟之：《渑水燕谈录》，《四库全书》，上海古籍出版社，1987 年。

（宋）欧阳修、宋祁：《新唐书》，中华书局，1975 年。

（宋）曾公亮等：《武经总要》，商务印书馆，2017 年。

（宋）王钦若等：《册府元龟》，凤凰出版社，2006 年。

（宋）王溥：《唐会要》，中华书局，1955 年。

（高丽）金富轼：《三国史记·高句丽本纪》，吉林大学出版社，2015 年。

（元）脱脱等：《辽史》，中华书局，1974 年。

（清）阿桂等：《钦定满洲源流考》卷一〇《疆域三·渤海国境》，《钦定四库全书》（浙江大学图书馆藏本），1778 年。

（清）曹廷杰：《东三省舆地图说》，辽海丛书本，辽沈书社，1985 年。

（清）徐松撰、（清）张穆校补、方严点校：《唐两京城坊考》，中华书局，1985 年。

［日］藤原继绳：《续日本纪》，新订增补《国史大系》第 2 卷，1976 年。

［日］菅原道真：《类聚国史》，新订增补《国史大系》第 6 卷，2000 年。

二、中文著述

（一）研究著作

大同北朝艺术研究院：《砖瓦　瓦当》，文物出版社，2016 年。

国家文物局主编：《中国文物地图集·吉林分册》，中国地图出版社，1993 年。

国家文物局主编：《中国文物地图集·辽宁分册》，西安地图出版社，2009 年。

国家文物局主编：《中国文物地图集·黑龙江分册》，文物出版社，2015 年。

黑龙江省地方志编纂委员会：《黑龙江省志·文物志》，黑龙江人民出版社，1994 年。

黑龙江省文物考古研究所:《考古·黑龙江》, 文物出版社, 2011 年。

吉林大学边疆考古研究中心:《新果集——庆祝林沄先生七十华诞论文集》, 科学出版社, 2009 年。

吉林大学边疆考古研究中心:《庆祝张忠培先生八十岁论文集》, 科学出版社, 2014 年。

吉林大学边疆考古研究中心:《庆祝魏存成先生七十岁论文集》, 科学出版社, 2015 年。

吉林大学边疆考古研究中心:《新果集(二)——庆祝林沄先生八十华诞论文集》, 科学出版社, 2018 年。

吉林省地方志编纂委员会:《吉林省志·文物志》, 吉林人民出版社, 1991 年。

吉林省文物考古研究所、俄罗斯科学院远东分院远东民族历史·考古·民族研究所:《俄罗斯滨海边疆区渤海文物集粹》, 文物出版社, 2013 年。

焦南峰、田亚岐、王保平、景宏伟:《雍城秦汉瓦当集粹》, 三秦出版社, 2008 年。

金毓黻:《渤海国志长编》,《社会科学战线》杂志社, 1982 年。

李殿福:《高句丽、渤海的考古与历史》, (日本)学生社, 1991 年。

李零:《万变——李零考古艺术史文集》, 生活·读书·新知三联书店, 2016 年。

李文信:《李文信考古文集》(增订本), 辽宁人民出版社, 2009 年。

辽宁省文物考古研究所、日本奈良文化财研究所:《辽西地区东晋十六国时期都城文化研究》, 辽宁人民出版社, 2017 年。

刘庆柱:《古代都城与帝陵考古学研究》, 科学出版社, 2000 年。

刘庆柱:《中国古代都城考古发现与研究》, 社会科学文献出版社, 2016 年。

刘晓东:《渤海文化研究——以考古发现为视角》, 黑龙江人民出版社, 2006 年。

洛阳师范学院河洛文化国际研究中心:《洛阳考古集成》, 北京图书出版社, 2005 年。

马一虹:《靺鞨、渤海与周边国家、部族关系史研究》, 中国社会科学出版社, 2011 年。

内蒙古自治区文物考古研究所:《内蒙古出土瓦当》, 文物出版社, 2003 年。

申云艳:《中国古代瓦当研究》, 文物出版社, 2006 年。

沈睿文:《唐陵的布局——空间与秩序》, 北京大学出版社, 2009 年。

孙进己、孙海主编:《高句丽 渤海研究集成》, 哈尔滨出版社, 1994 年。

孙玉良:《渤海史料全编》, 吉林文史出版社, 1992 年。

王承礼:《中国东北的渤海国与东北亚》, 吉林文史出版社, 2000 年。

王世昌:《陕西古代砖瓦图典》, 三秦出版社, 2004 年。

王效清主编:《中国古建筑术语词典》, 文物出版社, 2007 年。

魏存成:《渤海考古》, 文物出版社, 2009 年。

魏存成:《高句丽渤海考古论集》, 科学出版社, 2015 年。

魏国忠、朱国忱、郝庆云：《渤海国史》（修订本），黑龙江人民出版社，2014 年。

徐锡台、楼宇栋、魏效祖：《周秦汉瓦当》，文物出版社，1988 年。

延边博物馆《延边文物简编》编写组：《延边文物简编》，延边人民出版社，1988 年。

姚美玲：《唐代墓志词汇研究》，华东师范大学出版社，2008 年。

郑永振、严长录：《渤海墓葬研究》，吉林人民出版社，2000 年。

郑永振：《高句丽渤海靺鞨墓葬比较研究》，延边大学出版社，2003 年。

赵虹光：《渤海上京城考古》，科学出版社，2012 年。

中国考古学会、沈阳市文物考古研究所：《庆祝宿白先生九十华诞文集》，科学出版社，2012 年。

中国社会科学院考古研究所、西安市大明宫遗址区改造保护领导小组：《唐大明宫遗址考古发现与研究》，文物出版社，2007 年。

中国社会科学院考古研究所、西安市隋唐长安城遗址保护中心、西安市世界遗产监测管理中心：《隋唐长安城遗址（考古资料编）》，文物出版社，2017 年。

中华人民共和国国家文物局申报世界文化遗产文本：《中国高句丽王城、王陵及贵族墓葬》，2002 年。

（二）著作类考古报告

黑龙江省文物考古研究所：《渤海上京城——1998～2007 年度考古发掘调查报告》，文物出版社，2009 年。

吉林省文物考古研究所、集安市博物馆：《丸都山城——2001～2003 年集安丸都山城调查试掘报告》，文物出版社，2004 年。

吉林省文物考古研究所、集安市博物馆：《国内城——2000～2003 年集安国内城与民主遗址试掘报告》，文物出版社，2004 年。

吉林省文物考古研究所、延边朝鲜族自治州文化局、延边朝鲜族自治州博物馆、和龙市博物馆：《西古城——2000～2005 年度渤海国中京显德府故址田野考古报告》，文物出版社，2007 年。

吉林省文物考古研究所、敦化市文物管理所：《六顶山渤海墓葬——2004～2009 年清理发掘报告》，文物出版社，2012 年。

吉林省文物考古研究所、吉林大学边疆考古研究中心、珲春市文物管理所：《八连城——2004～2009 年度渤海国东京故址田野考古报告》，文物出版社，2014 年。

中国社会科学院考古研究所：《六顶山与渤海镇——唐代渤海国的贵族墓地与都城遗址》，中国大百科全书出版社，1997 年。

中国社会科学院考古研究所：《隋唐洛阳城——1959～2001 年考古发掘报告》，文物出版社，2014 年。

（三）期刊类考古报告、简报

宝鸡市考古研究所：《宝鸡发现龙山文化时期建筑构件》，《文物》2011 年第 3 期。

冯永谦、姜念思：《辽代饶州调查记》，《东北考古与历史》（第一辑），文物出版社，1982 年。

郭文魁：《和龙渤海古墓出土的几件金饰》，《文物》1973 年第 8 期。

黑龙江省文物考古工作队：《宁安县镜泊湖地区文物普查》，《黑龙江文物丛刊》1983 年第 2 期。

黑龙江省文物考古研究所：《渤海砖瓦窑址发掘报告》，《北方文物》1986 年第 2 期。

吉林大学边疆考古研究中心、吉林省文物考古研究所：《吉林敦化市敖东城遗址发掘简报》，《考古》2006 年第 9 期。

吉林大学边疆考古研究中心、吉林省文物考古研究所：《吉林敦化市永胜金代遗址一号建筑基址》，《考古》2007 年第 2 期。

吉林大学边疆考古研究中心、吉林省文物考古研究所、珲春市文物管理所：《吉林珲春古城村 1 号寺庙址遗物整理简报》，《文物》2015 年第 11 期。

吉林大学边疆考古研究中心、吉林省文物考古研究所、延边朝鲜族自治州博物馆、和龙市文物管理所：《吉林和龙"河南屯古城"复查简报》，《文物》2017 年第 12 期。

吉林省图珲铁路考古发掘队：《珲春市东六洞二号遗址发掘简报》，《北方文物》1990 年第 1 期。

吉林省文物考古研究所：《吉林汪清县红云渤海建筑遗址的发掘》，《考古》1999 年第 6 期。

吉林省文物考古研究所：《抚松新安渤海古城的调查和发掘》，《博物馆研究》2000 年第 1 期。

吉林省文物考古研究所、敦化市文物管理所：《吉林敦化市六顶山墓群 2004 年发掘简报》，《考古》2009 年第 6 期。

吉林省文物考古研究所、吉林大学边疆考古研究中心：《吉林珲春市八连城内城建筑基址的发掘》，《考古》2009 年第 6 期。

吉林省文物考古研究所、延边朝鲜族自治州文物管理委员会办公室：《吉林和龙市龙海渤海王室墓葬发掘简报》，《考古》2009 年第 6 期。

吉林省文物考古研究所：《吉林抚松新安遗址发掘报告》，《考古学报》2013 年第 3 期。

吉林省文物考古研究所、吉林大学边疆考古研究中心、延边朝鲜族自治州博物馆、和龙市文物管理所：《吉林和龙西古城城址 2007～2009 发掘简报》，《文物》2016 年第 12 期。

吉林市博物馆：《吉林省蛟河市七道河村渤海建筑遗址清理简报》，《考古》1993 年第

2 期。

李乃胜、李清临、曾晓敏、宋国定：《郑州商城遗址出土商代陶板瓦的工艺研究》，《建筑材料学报》2012 年第 4 期。

李正凤：《珲春县英安镇盘岭沟口渤海遗址》，《博物馆研究》1989 年第 3 期。

洛阳市文物工作队：《隋唐东都洛阳城外廓城砖瓦窑址 1992 年清理简报》，《考古》1999 年第 3 期。

陕西省文物管理委员会：《陕西扶风、岐山周代遗址和墓葬调查发掘报告》，《考古》1963 年第 12 期。

陶刚：《牡丹江市郊南城子调查记》，《黑龙江省文物博物馆学会成立纪念文集》，1980 年。

王承礼：《敦化六顶山渤海墓清理发掘记》，《社会科学战线》1979 年第 3 期。

王志敏：《吉林抚松新安渤海遗址》，《博物馆研究》1985 年第 2 期。

辛岩、付兴胜、穆启文：《辽宁北票金岭寺魏晋建筑遗址发掘报告》，《辽宁考古文集》（二），科学出版社，2010 年。

延边朝鲜族自治州博物馆：《渤海贞孝公主墓发掘清理简报》，《社会科学战线》1982 年第 1 期。

张殿甲：《浑江地区渤海遗迹与遗物》，《博物馆研究》1988 年第 1 期。

张殿甲：《鸭绿江中上游高句丽、渤海遗址调查综述》，《北方文物》2000 年第 2 期。

张太湘：《大城子古城调查记》，《文物资料丛刊》（4），文物出版社，1981 年。

中国社会科学院考古研究所、日本独立行政法人文化财研究所奈良文化财研究所：《唐长安城大明宫太液池遗址发掘简报》，《考古》2003 年第 11 期。

中国社会科学院考古研究所洛阳唐城队、洛阳市文物工作队：《定鼎门遗址发掘报告》，《考古学报》2004 年第 1 期。

（四）论文

何明：《吉林和龙高产渤海寺庙址》，《北方文物》1985 年第 4 期。

胡秀杰、刘晓东：《渤海佛教遗迹的发现与研究》，《北方文物》2004 年第 2 期。

吉林大学边疆考古研究中心、吉林省文物考古研究所：《吉林敦化敖东城及永胜遗址考古发掘的主要收获》，《边疆考古研究》第 2 辑，科学出版社，2004 年。

姜成山、马龙：《基于新材料的学术思考——田村晃一开展的渤海都城、墓葬研究》，《边疆考古研究》第 25 辑，科学出版社，2019 年。

蒋璐、赵里萌、解峰：《珲春古城村 1 号寺庙址始建年代及出土造像研究》，《文物》2022 年第 6 期。

李殿福：《渤海的考古学》，《东北考古研究》（二），中州古籍出版社，1994 年。

李强：《论渤海文字》，《学习与探索》1982年第1期。

李强、白淼：《西古城性质研究——以考古资料获取的城址形制和功能为切入点》，《北方文物》2014年第4期。

梁会丽：《八连城出土文字瓦研究》，《西部考古》第8辑，科学出版社，2015年。

刘滨祥：《浅谈烟筒砬子渤海建筑址出土物的性质和年代》，《北方文物》1994年第3期。

刘滨祥、郭仁：《渤海瓦当的分类与分期研究》，《北方文物》1995年第3期。

刘庆柱：《中国古代瓦当研究·序》，《中国古代瓦当研究》，文物出版社，2006年。

刘庆柱：《关于中国古代莲花纹瓦当图案渊源考古研究》，《古代东亚的瓦件》，韩国瓦件学会，2008年。

刘晓东：《渤海文字瓦模印文字内容、性质含义的再思考》，《北方文物》2015年第1期。

刘晓东：《渤海文字瓦模印文字分期的几点思考》，《北方文物》2016年第1期。

刘晓东：《关于渤海上京城北垣外侧8、9号寺庙址始建年代的补充说明》，《边疆考古研究》第25辑，科学出版社，2019年。

彭善国：《蛟河七道河村渤海遗址属性辨析》，《东北史地》2010年第3期。

齐东方：《洛阳考古集成·隋唐五代宋卷·序》，《洛阳考古集成·隋唐五代宋卷》，北京图书馆出版社，2005年。

钱国祥：《汉魏洛阳城出土瓦当的分期与研究》，《考古》1996年第10期。

宋玉彬、曲轶莉：《渤海国的五京制度与都城》，《东北史地》2008年第6期。

宋玉彬、王志刚：《考古学视角下的西古城城址》，《新果集——庆祝林沄先生七十华诞论文集》，科学出版社，2009年。

宋玉彬：《渤海瓦当纹饰的文化因素分析》，《中国考古学会第十二次年会论文集（2009）》，文物出版社，2010年。

宋玉彬、刘玉成：《渤海上京瓦当的类型学考察》，《东北史地》2011年第5期。

宋玉彬：《曲背檐头筒瓦研究》，《庆祝宿白先生九十华诞文集》，科学出版社，2012年。

宋玉彬：《渤海瓦当的纹饰构图探源及文字瓦的使用》，《城郭与瓦——2013年国际学术会议文集》，韩国瓦砖学会·韩国城郭学会，2013年。

宋玉彬：《渤海瓦当"倒心形"花瓣母题纹饰探源》，《庆祝张忠培先生八十岁论文集》，科学出版社，2014年。

宋玉彬：《渤海都城的田野考古研究》，《社会科学战线》2015年第8期。

宋玉彬：《试论佛教传入图们江流域的初始时间》，《文物》2015年第11期。

宋玉彬：《渤海都城故址的辨识标准与西古城城址的性质认定》，《庆祝魏存成先生七十岁论文集》，科学出版社，2015年。

宋玉彬：《渤海显州考》，《东北亚古代聚落与城市考古国际学术研讨会论文集》，科学出版社，2015 年。

宋玉彬：《渤海都城研究补遗》，《东亚都城和帝陵考古与契丹辽文化国际学术研讨会论文集》，科学出版社，2016 年。

宋玉彬、姜成山：《俄罗斯境内渤海遗存的发现与研究》，《社会科学战线》2017 年第 2 期。

宋玉彬：《西古城与渤海都城》，《渤海都城研究的最前沿——国际学术会议文集》，韩国高句丽渤海学会、东北亚历史财团，2017 年。

宋玉彬：《试论渤海瓦当的“图们江流域地域性纹饰”类型》，《新果集（二）——庆祝林沄先生八十华诞论文集》，科学出版社，2018 年。

宋玉彬：《文字瓦视角下的渤海佛教遗存研究》，《学习与探索》2019 年第 7 期。

宋玉彬：《渤海佛教研究的信息资源与学术解读》，《边疆考古研究》第 25 辑，科学出版社，2019 年。

宋玉彬：《行政建制视角下的渤海上京城营建时序研究》，《中国边疆史地研究》2020 年第 3 期。

宋玉彬：《构图理念视角下的高句丽和渤海瓦当研究》，《考古》2020 年第 6 期。

宿白：《在“渤海文化研讨会”上的发言》，《北方文物》1997 年第 1 期。

王飞峰、夏增威：《高句丽丸都山城瓦当研究》，《东北史地》2008 年第 2 期。

王飞峰：《丸都山城宫殿址研究》，《考古》2014 年第 4 期。

王培新、傅佳欣：《渤海早期都城遗址的考古学探索》，《吉林大学社会科学学报》2003 年第 3 期。

王培新：《渤海早期王城研究中的几个问题》，《中国边疆史地研究》2013 年第 2 期。

王培新、卢成敢：《渤海上京城考古研究学术史回顾》，《社会科学战线》2017 年第 2 期。

解峰等：《吉林考古专题（三）寻觅古寺清幽——吉林珲春古城村 1 号、2 号寺庙址考古发掘收获》，《中国文物报》2021 年 9 月 24 日。

严长录、朴龙渊：《论渤海的瓦和砖的特点及其渊源》，《渤海文化研究》，吉林人民出版社，2000 年。

赵越：《渤海瓦当类型学考察及分期》，《北方文物》2008 年第 4 期。

郑永振：《渤海墓葬研究》，《黑龙江文物丛刊》1984 年第 2 期。

（五）译著、译文集

北方文物杂志社：《东北亚考古资料译文集》（第 8 辑），哈尔滨地图出版社，2014 年。

北方文物杂志社：《东北亚考古资料译文集》（第 9 辑），黑龙江人民出版社，2019 年。

李东源译：《渤海史译文集》，黑龙江省社会科学院历史研究所，1986年。

李云铎译：《朝鲜考古学概要》，朝鲜民主主义共和国社会科学院考古研究所，1983年。

宋玉彬译：《渤海国及其俄罗斯远东部落》，东北师范大学出版社，1997年。

（六）中文内部资料

《吉林省文物志》编委会：《汪清县文物志》，1983年。

《吉林省文物志》编委会：《龙井县文物志》，1984年。

《吉林省文物志》编委会：《和龙县文物志》，1984年。

《吉林省文物志》编委会：《珲春县文物志》，1984年。

《吉林省文物志》编委会：《浑江市文物志》，1984年。

《吉林省文物志》编委会：《图们市文物志》，1985年。

《吉林省文物志》编委会：《安图县文物志》，1985年。

《吉林省文物志》编委会：《延吉市文物志》，1985年。

《吉林省文物志》编委会：《敦化市文物志》，1985年。

《吉林省文物志》编委会：《桦甸县文物志》，1986年。

《吉林省文物志》编委会：《蛟河县文物志》，1986年。

《吉林省文物志》编委会：《抚松县文物志》，1987年。

《吉林省文物志》编委会：《长白朝鲜族自治县文物志》，1988年。

北方文物杂志社：《东北亚考古资料译文集》（第1～7辑），1996～2007年。

吉林省文物考古研究所：《历史与考古信息·东北亚》（总第1～72期），1984～2019年。

李其泰译：《桦甸县苏密城调查状况报告书》。

彭善国：《渤海遗迹调研报告》，2005年。

宋玉彬：《渤海瓦当研究》，2018年度国家社科基金一般项目结项成果，2018年。

三、日文资料

（一）著作

朝鲜総督府：《朝鲜古蹟圖譜》，1915年。

東亞考古學會：《東京城——渤海國上京龍泉府址の發掘調查》，東方考古學叢刊甲種第五册，雄山閣，1939年。

鳥山喜一、藤田亮策：《間島省古蹟調查報告》，"滿洲國"古蹟古物調查报告第三编，民生部，1941年。

島田正郎：《祖州城》，中泽印刷株式会社刊，1955年。

鳥山喜一：《渤海史上の諸問題》，风間書房，1968 年。

井内功：《朝鮮瓦塼圖譜》，日本井内功文化研究室，1976 年。

斎藤優：《半拉城と他の史蹟》，半拉城史刊行會，1978 年。

駒井和愛：《中国都城・渤海研究》，雄山閣，1977 年。

三上次男：《高句麗と渤海》，吉川弘文館，1990 年。

森郁夫：《日本の古代瓦》（増補改訂版），雄山閣，1991 年。

李殿福：《高句麗・渤海の考古と历史》，日本学生社，1991 年。

奈良文化財研究所学報第 70 册：《平成宮発掘調査報告 XⅥ——兵部省地区の調査》，独立行政法人文化財研究所奈良文化財研究所，2005 年。

田村晃一：《東ァヅァの都城と渤海》，財団法人東洋文庫，2005 年。

毛利光俊彦等：《古代東ァヅァにおける造瓦技術の変遷と伝播》，科学研究費補助金（基盤研究 A）研究成果報告書，2009 年。

山崎信二：《古代造瓦史——東ァジァと日本》，雄山閣，2011 年。

中泽寛将：《北東ァジァ中世考古学の研究》，六一書房，2012 年。

古田徹：《高句麗渤海史射程——古代東北アヅア史研究の新動向》，汲古書院，2022 年。

（二）论文

鳥山喜一：《渤海国上京竜泉府址に就いて》，《満鮮文化史観》，刀江書院，1935 年。

鳥山喜一：《渤海東京考》，《史學論叢》第 7 辑，岩波書店，1938 年。

中村亞希子：《渤海上京龍泉府出土軒丸瓦の編年》，東京大學考古教研室研究紀要（20），2006 年。

小嶋芳孝：《渤海平地城の檢討》，《扶桑——田村晃一先生喜寿記念論文集》，青山考古學会田村晃一先生喜寿記念論文集刊行會，2009 年。

田村晃一：《貞恵公主墓と貞孝公主墓の意味するもの——渤海の王陵・貴族墓とその被葬者（その1）》，《青山考古》第 27 号，2011 年。

田村晃一：《渤海王陵・貴族墓論（その）2——『六頂山渤海墓葬』を読んで》，《青山史学》第 32 号，2014 年。

田村晃一：《近時における渤海都城研究の動向と課題》，《青山考古》第 29 号，2013 年。

中村亞希子：《三次元測データを用いた瓦研究——東亞考古學會渤海上京城発掘資料の再検討》，《中国考古學論叢》第十七号，2017 年。

中村亞希子：《渤海瓦塼研究の諸問題——なぜ、考古學者は瓦を研究する﹅》，《高句麗渤海史射程——古代東北アヅア史研究の新動向》，汲古書院，2022 年。

四、韩文资料

（一）著作

［朝］조·중합동고고학발굴대 :《중국동북지방의유적발굴보고1963~1965》, 평양 : 사회과학원출판사, 1966.

［朝］주영헌 :《발해문화》, 평양 : 사회과학원출판사, 1971.

［朝］조선유적유물도감편찬위원회 :《조선유적유물도감 8(발해)》, 1991.

［韩］國立慶州博物舘 :《新羅瓦塼》, 2000.

［朝］김종혁 :《동해안일대의발해유적에대한연구》, 도서출판중심, 2002.

［韩］國立扶餘博物舘 :《百濟瓦塼》, 2010.

［韩］김은국·정석배 :《크라스키노발해성 - 발굴 40 년의성과》, 동북아역사재단, 2021.

（二）论文

［韩］송기호 :《渤海佛教의展開過程과몇가지特徵》,《伽山李智冠스님華甲紀念論叢韓國佛教文化思想史》上 , 논총간행위원회, 1992.

［韩］《발해 사회문화사 연구》, 서울대학교출판문화원, 2011.

五、俄文资料

（一）著作

Шавкунов Э. В. , *Государство Бохай и Памятники его Културы b Приморъе* , издательство《наука》ленинградско еотделение Ленинград, 1968.

Фонд исследований Когурё и др, *Отчёт об Археологических Исследований на Бахайском Храмовом Комплексе в Краскинском Городище Приморья РФ* , Сеул, 2005.

Фонд исследований Когурё и др, *Отчёт об Археологических Исследований на Краскинском Городище Приморского края России в 2004г* , Сеул, 2005.

Фонд исследований Когурё и др, *Отчёт об Археологических Исследований на Краскинском Городище Приморского края России в 2005г* , Сеул, 2006.

Фонд изучения Северо—Восточной Азии и др, *Отчёт об Археологических Исследований на Краскинском Городище Приморского края России в 2006г* , Сеул, 2007.

Фонд изучения Северо—Восточной Азии и др, *Отчёт об Археологических Исследований на Краскинском Городище Приморского края России в 2007г* , Сеул, 2008.

Фонд изучения Северо—Восточной Азии и др, *Отчёт об Археологических Исследований на Краскинском Городище Приморского края России в 2008г*, Сеул, 2009.

Институт истории археологии и этнографии народов Дольненого Востока ДВО РАН и др, *Бахайские памятники в Приморье и Константиновское 1 селище*, Сеул, 2010.

Инстит утистории археологии и этнографии народов Дольненого Востока ДВО РАН и др, *Городище Кокшаровка－1 в Приморье: истоги раскопок российско－корейской экспедиции в 2008–2011годах*, Тэджон, 2012.

Институт истории археологии и этнографии народов Дольненого Востока ДВО РАН и др, *Археологические памятники Кокшаровка－1 и Кокшаровка－8 в Приморье: итоги исследований российско–корейской экспедиции в 2012–2014годах*, Тэджон, 2015.

Институт истории археологи и иэтнографии народов Дольненого Востока ДВО РАН и др, *Итоги исследований на городище Синельниково－1 в Российском Приморье*, Тэджон, 2018.

Фонд изучения Северо—Восточной Азии и др, *Отчёт об Археологических Исследований на Краскинском Городище Приморского края России в 2018г*, Сеул, 2019.

（二）论文

Окладников А. П., *Остатки бохайской столицы у г. Дунцзинчэн на р. Уданьцзян* // Сов. Археология. 1957（3）：198–214.

Андреев Г. И., АндрееваЖ. В., *Отчёт об Археологических Исследованиях Прибрежного отряда Дальневосточной экспедициив Лазовском Ольгинском и Хасанскомрайонах Приморского края в 1958г* // Архив ИА РАН. —Р—1, №1777.

Шавкунов Э. В., *Декор бохайс койкровельной черепицы и его классификация* // Археология северной пасифики —Владивосток, 1996.

Ивлиев А. Л., Болдин В. И., *Исследования Краскинского городища и археологическое изучение Бохая в Приморье* // Россия и АТР—Владивосток, 2006（3）.

Колзунов И. В. *О, семантике растительного орнамента в оформлении черепиц средневековых государств когурё и бохай* // Декоративно—прикладное искусство Восточной азии символ ика и культурные традици—Владивосток, 2009.

六、学位论文

（一）中文

［韩］许仙瑛：《汉代瓦当研究》，（台北）台湾大学中国文学研究所博士论文，

2005 年。

　　巴姗姗：《唐代公主丧葬研究》，陕西师范大学硕士学位论文，2007 年。

　　宋玉彬：《渤海瓦当研究》，吉林大学博士研究生学位论文，2011 年。

（二）日文

　　中澤寛将：《北東ヅァにおける手工業生産・流通構造と地域社会——7 世紀から13 世紀を中心として》，中央大学大学院博士学位請求論文，2010 年。

（三）韩文

　　王飞峰：《高句麗瓦當研究》，高麗大學校大學院博士學位論文，2013 年。

后　记

　　《渤海瓦当研究》先后三易其稿，历时长逾 12 年。2011 年完成的第一稿，通过了吉林大学博士学位论文答辩。2018 年完成的第二稿，成为国家社科基金一般项目的结项成果。按照规定，该稿对第一稿进行了近 40% 的改动。2022 年完成的第三稿即本书，在进一步深化拓展性学术研究的同时，还核对出一些撰写一稿时便存在的细节问题。总之，12 年来，除了题目依旧，无论是信息梳理，还是章节设定，抑或学术认知均始终处于更新状态。现在，本着"丑媳妇总要见公婆"的心情，将此书呈现给学术界。虽然有"十年磨一剑"之说，由于愚钝，只能将其视为自己渤海瓦当研究的阶段性学术成果。

　　一路走来，感谢导师魏存成先生学术上的引领、认知方面的宽容。每当自己踟蹰不前而请先生答疑解惑时，先生总是在倾听之后给予宏观性鼓励、启发式点拨，从未进行过灌输式指导。这种授业方式，不仅唤醒了我的问题意识，也极大地激发了自己直面问题的自信与勇气。

　　在申请博士学位答辩环节，林沄先生曾问我：什么是类型学？先生问的简单，我的应对也极为简洁：类型学就是排序。时至今日，我仍不清楚，自己的回答是否符合先生的要求。清醒的是，10 余年来，如何开展瓦当类型学考察，尤其是如何围绕以构建时空框架为目的的排序进行学术解读，始终是萦绕在脑海中的一片既看得见却又抓不住、抹不去的浮云。一句话，排序容易，解读难，难在"云深不知处"，这也是书稿迟迟不能面世的原因。聊以慰藉的是，学术研究只能"走近历史的真实"，而非"走进历史的真实"。

　　进行博士学位论文写作期间，在思考如何进行渤海瓦当主题纹饰的类别区分时，接受了韩国庆熙大学金希燦教授界定的"复合主题纹饰"（복합문 와당）概念。开展国家社科基金一般项目研究过程中，在权衡如何辨识渤海瓦当纹饰图案的历时性差异时，得益于北京大学李零先生对秦汉瓦当、南北朝以降瓦当依次遵循的"四分法""裂瓣纹"构图理念进行的学术诠释。前者使笔者拥有了开启渤海瓦当类型学考察之门的钥匙，后者则成为笔者进行渤海瓦当年代学考察的标尺。

　　承蒙龙头山墓地龙海墓群发掘项目领队李强、苏密城发掘项目领队王志刚两位先生的慷慨相助，本书得以使用部分尚未发表的渤海瓦当标本。书中线图的清绘工作，由吉林省文物考古研究所刘玉成、王聪两位先生完成。参阅的日文资料，得到吉林大学陈国庆、滕铭予两位授课恩师以及亦师亦友的王培新先生的鼎力支持。参阅的韩文资料，得到吉林省文物考古研究所包艳玲女士的无私奉献。

本书的二校、三校，得到吉林大学任嘉敏博士研究生细致入微的查遗补漏。在此基础上，本书责任编辑吴然女士高质量的审核、编辑工作，相当于帮助笔者完成了第四稿的写作。

最后，《渤海瓦当研究》能够付梓印刷，得益于黑龙江大学给予的专项出版经费资助。

12 年来，经历了数不清的令我感动的人与事，谢谢国内外师友始终不弃的关注与帮助！学无止境，我将继续努力前行。

笔　者

2023 年 11 月